广东省高水平大学建设经费资助出版

高华平 著

义理·考据·辞章

中国传统学术的综合研究

中国社会科学出版社

图书在版编目（CIP）数据

义理·考据·辞章：中国传统学术的综合研究／高华平著．—北京：中国社会科学出版社，2020.12
ISBN 978-7-5203-7727-0

Ⅰ.①义… Ⅱ.①高… Ⅲ.①社会科学—文集 Ⅳ.①C53

中国版本图书馆 CIP 数据核字（2020）第 270937 号

出 版 人	赵剑英
责任编辑	郭　鹏
责任校对	刘　俊
责任印制	李寡寡

出　　版	中国社会科学出版社
社　　址	北京鼓楼西大街甲 158 号
邮　　编	100720
网　　址	http://www.csspw.cn
发 行 部	010-84083685
门 市 部	010-84029450
经　　销	新华书店及其他书店
印刷装订	三河弘翰印务有限公司
版　　次	2020 年 12 月第 1 版
印　　次	2020 年 12 月第 1 次印刷
开　　本	710×1000　1/16
印　　张	27
插　　页	2
字　　数	427 千字
定　　价	156.00 元

凡购买中国社会科学出版社图书，如有质量问题请与本社营销中心联系调换
电话：010-84083683
版权所有　侵权必究

自 序

中国传统学术有一个基本特点，就是它并没有现代学术中普遍存在的学科划分。它既没有与自然科学和社会科学相对的"人文学"概念，更没有今天"人文学"下的哲学、历史学和文学等学科的划分。中国最早的学术分科，应该是为了教学而形成的"六艺"（"大六艺"：礼、乐、射、御、书、数；"小六艺"：《诗》《书》《易》《礼》《乐》《春秋》）。春秋战国之际，孔门有"德行""政事""言语""文学"（《论语·先进》）四科之分，墨家有"谈辩者""说书者""从事者"之别（《墨子·耕柱》）。至汉代，学者因刘《略》班《志》的图书"六略"之分而论学术；魏晋以往，则多主经、史、子、集"四部"。直到清代，以"四部"概中国传统学术仍为通例；但就人文学科而言，则又或以义理、考据、文章三目概之。

近代以来，"中学"与"西学"、自然科学与人文学科既从此划界；而在人文学科内部又有文学、历史、哲学、政治、伦理等更细的学科的划分。这无疑给中国学术带来了巨大的冲击。延至今日，分工日细，中国的文、史、哲各科，皆既有依时段而划分的先秦、两汉、魏晋南北朝、唐宋元明清各朝之"学"，又有依各学科关系而形成的各种原理之"学"，还有以专书专人而命名的各种专门之"学"，如"老学""孔学""庄学""龙学""红学"，等等。分而又分，细之又细，穷年累月，"巧历不能止"。

近代以来中国人文学科的发展，应该说发生了历史性的飞跃，现代中国"人文学"及其各分支学科的学科体系已经基本建立，并取得了很大的成就。这是不能否定的。但由于今天的中国和人类社会都正处于深刻的历史变革之中，经济的飞速发展、科技的日新月异及由此而带来

自 序

的人的社会关系和价值观念的变化，还有人文学科自身的缺失，都给其发展带来了严重的困境和挑战。

经济的飞速发展、科技的日新月异，给传统的以文、史、哲为主要内容的"人文学"的发展带来的挑战，是显而易见的。它既造成了传统"人文学"的日益边缘化，也带来了对传统"人文学"及其成果的有效性和社会价值的不断质疑。

但更大的危机可能来自"人文学"本身。当前中国"人文学"自身的困境，主要在两个方面。一方面，由于人文学科的细分，在文、史、哲划分之后，又有按时段、地域、流派等的划分，以及由这些学科交叉而组成的新的学科领域，这样虽然带来了"人文学"研究的深入、深刻和专精；但这种分科过细的研究也给"人文学"中的文、史、哲各学科发展造成明显的局限、甚至阻滞。

其表现之一，是这种研究使我们在某一领域的研究很容易达到某种极限或"瓶颈"。《庄子·天下篇》记当时"辩者"的辩题曰："一尺之棰，日取其半，万世不竭。"所谓"万世不竭"，虽然从理论上来说是可能的，但实际上由于受人的观测手段和实验工具的限制，这又是不可能的，必然会使我们在某一领域的研究很快能达到某种极限或遇到"瓶颈"。

其表现之二，是它使我们传统"人文学"中的文、史、哲各学科研究越来越像机械和技术的工作，失去了传统学术所蕴含的人文价值。例如，在当今的古汉语、古文字学研究中，似乎研究"汉字文化学"已成为另类，它只要"认字"，最好是通过计算机进行"图像识别"，传统的"由字通其词，由词能其道"的学术道路基本被弃置不顾。又如文献学，现在似已变成了追求电子文献检索的工具，与章学诚所提倡的"辨章学术，考镜源流"距离越来越远。

同时，对中国传统"人文学"的这种精细化的分科，还极大地破坏了传统"人文学"具有的学科标准、学术规范与学术生态。中国传统学术由"小学"通"经学"，再由"经学"通"史学"的治学路径，几乎再已无人提及，各学科的规范和准则荡然无存，故出现了数百乃至数千人云集的所谓学术大会，各种文、史、哲经典被随意解读，"宏论"骇人听闻。

在当前中国的学术语境下，该如何进行传统"人文学"中的文、史、哲研究呢？我认为，学习和借鉴西方在内的各种学术经验固然是必要的；但由于中国"人文学"中的大部分内容多属于中国传统学术的范围，所以学习、借鉴和回归中国传统的学术方法，就显得特别需要。

对中国传统学术方法的回归，大致体现在如下几个方面：

一是认识学术与文化的界限。

从某种意义上讲，中国传统学术是明确区别于一般的文化、特别是大众文化的，它的目标是要完成传之久远的"名山事业"，属于所谓"大传统"或"精英文化"。从这个意义上讲，我们所从事的"人文学"是"学"或"学术"，而不是一般的人文活动或一般的文化（普及）工作，更不是所谓的"文化传播"。"学术"可以是广义的"文化"的一部分，但却是其中的特殊部分，它是专门的学问。因此，我们所说的文学、历史和哲学，它与一般的所谓文学创作、史书编撰或哲学思考是完全不同的。它真正科学的名称应该是"文学学""历史学""哲学学"等等，它们是研究文学、历史和哲学的专门学问。这种划分，一是可以明确"人文学"自身的科学性，增强其人文实证主义的成分；二是可增强人文学学习和研究方法的科学性，真正做到循序渐进，有章可循。中国传统学术其实是不缺少科学的传统的，先秦名家或"名辩家"的"白马非马""坚白石"之论，既是纯粹的逻辑概念辨析，梁启超等又曾以乾嘉考据学的"无征不信"和严密的逻辑之归纳与推演为真正的科学方法。在一定程度上讲，回归这种传统既可以建立起中国的形而上学和人文实证主义；同时，各种"非学术"的无意义的争论也将会在"学术"领域内极大地减少、甚至消歇。

二是明确中国"人文学"的基本特点和方法。

中国现在的"人文学"虽然已被划分为文学、史学和哲学等不同学科，但在古代却是没有这种界限的。中国古代的一个学者，可能既是文学学者、历史学者，又是哲学学者，在面对一本经典（如"六经"之一）展开研究之时，古人不会说我只是要研究中间的文学价值、历史真实或哲学思想的某一方面，而必是一种有侧重的综合研究。这样，可使我们的人文学研究成果，既有文学的情怀和价值理想，又不失历史实证的严谨——可使我们的人文学不至于因现代学科的精细划分而日益"碎片化"；同时，因古人的

◆◆◆ 自　序

人文学研习存在由"小学"入"经学"和由"经学"入"史学"的循序渐进的研习程序，这样就可以有章可循，可以真正做到由"专"而"通"。

三是实现义理、考据、辞章的结合，达到事、理、情的统一。

中国传统的"人文学"因为不强行做现代文、史、哲等学科的划分，故既不会使义理、考据和文章殊途，也不会造成事、情、理的分离与紧张。古人研究历史和哲学时，从来不缺少"诗"的情怀，故有大量诗（文）、史、哲研究相结合的"咏史诗""哲理诗"传世。历史学和哲学的研究亦然。韩愈、欧阳修、朱熹、王夫之等人可谓登峰造极。近代陈寅恪亦有"解释一个字，可作一部文化史"之说。回归中国传统学术的方法以治现代中国的文、史、哲等"人文学"，既可以实现义理、考据、文章在现时代语境下新的融合，也可以在保持事、情、理之间必要张力的同时，实现三者新的和谐与统一。

回顾我个人的学习和学术研究的经历，所谓"向中国传统的学术方法回归"，走文、史、哲等"人文学"综合的治学之路，可以说经历了一个由自发到自觉的过程。我的研究生以前的学历，虽然是以学习中国语言文学为主，但实际上似乎有点更像是不知道方向的"乱读书"。在南京大学硕士研究生学习阶段，始得导师周勋初先生等诲以王国维、陈寅恪等前辈大师"通人之学"，然后略知中国传统学术本无所谓文、史、哲之畛域，义理、考据、辞章相结合实为治中国文史学术之通途。硕士毕业后至武汉工作，先在华中师范大学著名历史文献学家张舜徽先生麾下研习中国历史文献之学，后入武汉大学诗人哲学史家萧萐父先生门下研习中国古典哲学，益知所谓"由小学入经学而后经学可信，由经学入史学而后史学可信"和所谓"文、史、哲不分家"之义。由于受此种学术环境的熏染，本人亦日渐对中国传统学术之特点和方法萌生出些许的自觉，遂有向中国传统学术固有方法回归、以治中国学术之意。

以中国传统的方法研究中国传统的学术，我的具体方法，就是走以文献学为基础的文、史、哲综合研究之路。在从事任何一项研究的时候，我一般都不会局限于从文、史、哲的某一个领域展开研究，而是会先考虑这项研究课题中包含了哪些文学、史学或哲学的问题；前人主要是从文、史、哲中的哪个学科来研究这一问题的。如果前人已主要从某一学科研究过这一问题，那么我除了要进一步思考从该学科继续研究这一问题的可能性之外，则会更多地尝试从其他相邻学科或多学科综合的途径来展开探索，力求借助中国传统学术文、史、哲综合的方法，从学科的交叉和边缘处寻找突破点。从中国传统的文字、音韵、训诂等"小学"和目录、版本、校勘等文献学的知识，到中国传统的"经学"和"史学"等科目，只要对这个问题的解决能带来实质性的帮助，都是我所必须借鉴和采用的方法。例如，中国古代《诗经》四言诗体的研究，我既不会囿于传统的"经学"，也不会局限于现代文体学的观点去进行探讨，而是考虑因中国早期诗歌具有"合乐"的特点而从音乐的角度进行考察；因中国古文字（先秦"古文"）具有很强的表意功能，而从出土文献中"诗""歌"等文字的形义来印证当时诗体的特点；到魏晋隋唐之际，我则会结合当时主要的哲学社会思潮（玄学、佛学等）进行更广泛的考察。又如，对先秦"小说"和"小说家"的研究，我并不沿袭目前学术界或以"小说"和"小说家"为文学问题的老路来进行研究，而是将其放在中国早期经典形成过程中的"经""传"（"说"）关系的角度，通过对先秦的"小说"和"小说家"概念的哲学分析（包括借助文字、音韵、训诂等"小学"方法对"传""说""知"概念或字词的解析等），对其进行文、史、哲的综合研究。对于先秦"道""仁""义""贤""美""教"等哲学概念及相关思想的研究，我不会局限于现代哲学对概念的逻辑分析，而是会继承中国传统学术"由字通其词，由词通其道"的思路，力求从古文字（包括出土的文字材料）的演变中，对中国早期哲学观念进行实证性的研究，以期为中国哲学概念范畴的研究找到新的突破；而如果这个哲学问题涉及文艺审美或历史事实的辨析，我会毫不犹豫地采用文学和历史的方法展开研究，例如在对魏晋山水美意识的演变与当时哲学思想关系的讨论时就是如此。对于历史研究，我甚至执拗地认为，中国传统的、如今常被人讥讽为"豆饤琐屑"的考据之学，那应该才是我国史学的正途。在具体的历史研究中，应该是不分哪些是专门的文学史、哲学史或政治史、经济史研究的。因为说到底，任何历史研究都是对历史存在着的人的研究，而在我们生活的这个世界上，从来都只有具体的人，没有抽象的或

自 序

纯粹的"文学人""哲学人"或政治学、经济学的人。所以你的历史研究，也应该是以问题为中心的对具体历史人物的研究，而且这种研究还必须是以对历史事实和历史人物的考证为基础和前提的。因此，我在从事文、史、哲的任何研究时，都是从以文献学为基础的历史考据为出发点的，然后才是对其进行文学的、哲学的、政治思想等领域的逻辑分析和理论评议。只不过由于我平时的兴趣于文学、哲学思想为多，故在我为数不多的考据文章中，以对与文学和哲学相关的人物和事件的考据为多，例如我对墨子生卒年的重新考证，对吴起、环渊、詹何、段业其人其事的考辨，对何晏、谢灵运著作的考辨等。

到底应该以何种方法研究以文、史、哲为主要内容的中国"人文学"，这恐怕并没有一个唯一正确的标准答案。我不过以自己的体会，尝试"向中国传统的学术方法回归"。我坚信中国传统的学术方法应该是最契合中国"人文学"研究对象的方法；并且我也坚信，自己以这种方法研究，的确实质性地解决了属于中国"人文学"的文、史、哲各学科领域某些长期悬而不决的疑案，推进了相关研究的发展（我之所言是否属实，原文俱在，有疑者可以覆核）。

这本论文集共收论文21篇，其中文学、历史和哲学的论文各7篇。论文收入时于文末注明了该文最初发表的刊物和时间，并对个别改动做了说明，但对于论文转载和收录（包括收入论文集）的情况则一律未加注明。

学术慧命，薪火相传。为了我们民族的传统学术和文化的发展繁荣、发扬光大，不论我们能力的大小，每个人都应当尽自己应尽的使命和义务。

高华平

二〇一九年十一月于暨南大学

目 录

一 文学之思 ……………………………………………………（1）

古乐的沉浮与诗体的变迁

  ——四言诗的音乐文学属性与兴衰探源 ………………（3）

先秦诗歌的基本特点及演进历程

  ——结合楚简文字的新探讨 ………………………………（19）

玄学清谈与魏晋四言诗的复兴 ……………………………………（48）

先秦的"小说家"与楚国的"小说" ………………………………（68）

佛理嬗变与文风趋新

  ——兼论晋宋间山水文学兴盛的原因 ……………………（91）

"四声之目"的发明时间及创始人再议 ……………………………（108）

赞体的演变及其所受佛经影响探讨 ………………………………（124）

二 历史考据 ……………………………………………………（141）

墨子生卒年新考 ……………………………………………………（143）

吴起守西河事迹考 …………………………………………………（157）

环渊新考

  ——兼论郭店楚墓竹简《性自命出》及该墓墓主的

   身份 ………………………………………………………（179）

先秦名家及楚国的名辩思潮考 ……………………………………（198）

何晏著述考 …………………………………………………………（216）

谢灵运佛教著述考 …………………………………………………（229）

北凉王段业事迹考述 ………………………………………………（246）

三　哲学智慧 ……………………………………………………… (259)

中西传统哲学的美育与素质教育思想及其现代转换 ………… (261)

郭店楚简中的"道"与"术" …………………………………… (303)

中国先秦时期的美丑概念及其关系
　　——兼论出土文献中美、好二字的几个特殊
　　　形体 ………………………………………………………… (321)

"心无义"与"以玄对山水"
　　——论"心无义"的形成及其与魏晋山水审美意识的
　　　关系 ………………………………………………………… (343)

论先秦教育思想观念的演变
　　——由楚简中"教"字的几种不同写法来考察 ………… (360)

试析庄子对先秦诸子的学术批评 ……………………………… (380)

阴阳"八卦"的演变及阴阳家与《周易》的关系 …………… (400)

一　文学之思

古乐的沉浮与诗体的变迁

——四言诗的音乐文学属性与兴衰探源

四言诗，或称"四言体""《诗经》体"，是我国古代文学中一种借《诗经》的产生而闻名的诗歌体裁。对于这种古老诗歌体裁的艺术属性，从古至今都有人进行过讨论，结论基本上都是将包括《诗经》在内的四言诗界定为与音乐、舞蹈密不可分的原始艺术性质的作品。如清代陈启源在《毛诗稽古编》之《总诂》中，论述《诗经》为全部"入乐"的作品云：[1]

> 三百十一篇，皆古乐章也。二南、雅、颂之入乐，载于《仪礼》之《燕礼》《乡饮礼》及（《春秋》）内外传列国燕享所歌，无论矣。至鲁人歌周乐，则十三国（风）继二南之后。《周礼·籥章》："迎寒暑则吹豳诗，祈年则吹豳雅，祭蜡则吹豳颂。"大戴《投壶记》称"可歌者八篇"，则《魏风》之《伐檀》在焉。汉末杜夔能记雅乐，则《伐檀》之诗与《鹿鸣》《驺虞》《文王》并列，十三国、"变风"之入乐，又历历可考也。[2]

---

[1] 案：《诗经》曾有"部分入乐"和"全部入乐"之争，"全部入乐"之说可以郑樵及其《通志》为代表，"部分入乐"一说始于南宋程大昌及其《诗论》。《诗论》云："春秋战国以来，诸侯卿大夫赋诗道志者，凡诗杂取无择；至考其入乐，则自《邶》至《豳》无一在数……然后知《南》《雅》《颂》之为乐诗，而诸国之为徒诗也。"然据两派论点及论据看，"部分入乐"说实因所见史料不全所致，故本文采取《诗经》"全部入乐"说。

[2] 《毛诗稽古编》卷二五，文渊阁《四库全书》本。

一 文学之思

古往今来的学者们对四言诗自产生到鼎盛时期——《诗经》时代以来诗歌作品艺术属性的认识，对于理解我国早期文学之诗歌、音乐、舞蹈三者于一体的性质，其意义是很大的。还需要进一步探讨的是：作为早期具有音乐（包括舞蹈）性质的四言诗，它的音乐性质在不同的历史发展阶段是否会有变化？而这种音乐性质的改变，对于诗歌形式的兴衰变革又会有何影响？本文打算主要以四言诗的经典作品集《诗经》为例，对此进行一些探讨。

一 四言诗与音乐的具体联系

在我国古代文学中，"合乐"（"入乐"）并不是四言诗所独有的现象，无论是最早的二言体，还是后起的五、七言体，无论是"词"还是"散曲"，它们当初都曾是"合乐"的作品；但这些诗体却并没有以四言的形式出现，这是为什么呢？看来，在原始诗歌特别是四言诗与音乐之间，还存在着一些更具体、更深层的关系，有待我们去进一步发掘。

先看原始诗歌与音乐的关系。

众所周知，原始艺术中诗、乐、舞是三位一体的，所谓"乐"实兼指"诗"和"舞"而言。《礼记·乐记》云："故歌之为言也，长言之也。说之故言之，言之不足故长言之，长言之不足故嗟叹之，嗟叹之不足，故不知手之舞之，足之蹈也。"王灼《碧鸡漫志》亦云："故有心则有诗，有诗则有歌……永言即诗也，非于诗外求歌也。"但是，如果我们对原始艺术及史料做进一步考察，就会发现人们通常所说的原始艺术诗、乐、舞不分的特征，至少还可分衍出两种更具体的规则来。

（1）从创作状态而言，原始艺术中音乐（包括舞蹈）与诗歌既然是不可分离的天然综合体，那么作为综合艺术的要素之一的诗歌（即歌词）的创作，同音乐创作（包括舞蹈创作）多半是同时产生，具有一种共时并发的性质。例如《吕氏春秋·古乐篇》载："昔葛天氏之乐，三人操牛尾，投足以歌八阕：一曰《载民》，二曰《玄鸟》，三曰《遂草木》，四曰《奋五谷》，五曰《敬天常》，六曰《建帝功》，七曰《依地德》，八曰《总鸟兽之极》。"就是一场原始的综合艺术表演的场面。

从这场诗、乐、舞三位一体的即兴艺术表演中,我们不妨来设想一下其创作状态。从时间轴上看,诗歌和乐曲(含舞蹈)看来是齐头并进,步调一致的,你很难分辨出哪是作"诗",哪是"谱曲";这种情形正如普列汉诺夫在《没有地址的信》中讲到非洲原始部落人们歌唱的情形那样:"划桨人配合着桨的运动歌唱,挑夫一面走一面唱,主妇一面舂米一面唱。"①"一面……一面……"的并列连词,正说明了原始艺术中诗(歌词)、乐(歌曲)在创作状态上是共时并发、不分先后的。

(2)从形式特点而言,原始诗歌与音乐(包括舞蹈)密不可分的特征,还决定了音乐和诗歌均以节奏为基本要素,和诗、乐节奏完全相同的特征。以现代音乐语言来比拟就是:在原始的综合艺术中,诗歌(歌词)的节拍和音乐(包括舞蹈)的节拍是完全相同的。关于原始音乐的这一特征,一些著名的音乐史家们说:"这时候的音乐是比较简单的,从它和原始集体劳动、集体跳舞密切结合看来,可以推知,节奏是它的基本因素。"② 又说:"说及上古唱法的,例如《虞书》说'诗言志,歌永言。'《乐记》说'歌之为言也,长言之也。'两说的意思,同样指出唱歌用'长言'的方式,就是逐字将声拖长来唱。……一字一音拖长来唱,歌词的句读便即是曲调的句读。"③ 这是因为"每一首原始的诗,不仅是诗的作品,也是音乐的作品"④,诗歌和音乐密不可分;同时这种以节奏为主的原始综合艺术中,音乐和诗歌的节奏是一致的。比如原始人抬木头(今天某些简单劳动亦如此),如果在曲调上唱一拍,腿跨出一步,那嘴里也正好唱出"杭育"一词;三者在时间上起讫完全一致。因为只有这样才能做到"歌的拍子总是十分精确地适应于这种劳动所特有的生产动作的节奏"⑤,达到在生产劳动中减轻劳动强

---

① [俄]普列汉诺夫著,曹葆华译:《普列汉诺夫美学论文集》(第1卷),人民出版社1983年版,第338页。
② 杨荫浏:《中国古代音乐史稿》(上册),人民音乐出版社1980年版,第9页。
③ 张世彬:《中国音乐史论述稿》(上册),(香港)友联出版社有限公司1975年版,第20页。
④ [德]格罗塞著,蔡慕晖译:《艺术的起源》,商务印书馆1984年版,第188页。
⑤ [俄]普列汉诺夫著,曹葆华译:《普列汉诺夫美学论文集》(第1卷),人民出版社1983年版,第339—340页。

度和协调动作的效果。

再让我们来看四言诗和音乐的具体关系。

(1) 原始的四言诗

据文献记载,我国现存最早的四言诗,是属于所谓四方音乐之"始"的《候人歌》,《破斧篇》《燕燕篇》等诗歌作品。《吕氏春秋·音初篇》云:

> 禹行功,见涂山之女,禹未之遇,而巡省南土。涂山氏之女乃令其妾候禹于涂山之阳。女乃作歌,歌曰:"候人兮猗!"实始作为"南音"。
>
> 有娀氏有二佚女,为之九成之台,饮食必以鼓。帝令燕往视之,鸣若"谥隘"。二女爱而争搏之,覆以玉筐。少选,发而视之,燕遗二卵,北飞,遂不反。二女作歌一终曰:"燕燕往飞。"实始作为"北音"。

考察《吕氏春秋》所载的这两篇属于原始诗歌已经无疑。因为:第一,《吕氏春秋》的原文已明确说明这两首诗是诗(歌词)、乐(歌曲)的结合体,其创作状态是歌和诗共时并发;第二,在这两个"作歌"过程中,"词"与"歌"两者同起同落、步伐一致。如《候人歌》中"兮猗"这类词,闻一多先生在《歌与诗》一文中就认为它们本是无意义的语助词,只是由于"长言"的需要才出现于歌词中的。[①] 而这种早期四言诗创作状态,不仅符合西方艺术史家所说的原始艺术中诗歌(歌词)为了与音乐(歌曲)同步,常常"遵循节拍""迁就节奏"的情况[②],而且也与我国古代乐论中的看法相一致。唐代元稹《乐府古题序》云:

> ……起于郊祭、军宾、吉凶、苦乐之际。在音声者,因声以度词,

---

① 参见《闻一多全集》(第1卷),生活·读书·新知三联书店1982年版,第181页。
② [德] 格罗塞著,蔡慕晖译:《艺术的起源》,商务印书馆1984年版,第189页。

审调以节唱。句度短长之数,声韵平上之差,莫不由之准度。……斯皆由乐以定调,非选词以配乐也。①

(2) 个人创作的四言诗

根据目前学术界公认的事实来看,《诗经》四言诗从产生的时间和地域来划分,可以分为两类不同性质的作品。一类是《诗经》中占绝大多数的作品,包括差不多整个"十五国风"160篇,和"雅""颂"中的部分篇什。这些作品不论是《周南·关雎》《豳风·氓》因情感发,歌咏爱情,还是《小雅·采薇》《陈风·击鼓》触景生情,描述征伐,都是属于"饥者歌其食,劳者歌其事"的民歌②,是属于原始性质的四言诗。

《诗经》四言诗中另一类作品,是少数可以指出作者的、属于个人创作的"诗歌",如《鄘风·载驰》为"许穆夫人"作,《小雅·巷伯》为"寺人孟子"作,《小雅·节南山》为"家父"作……但由于时代的特殊规定性,即使这部分属于个人创作的作品不一定都具有原始艺术中诗、乐创作状态上的共时并发性,但仍然保持着原始民歌诗、乐节奏上完全相同的特征。这是因为:

首先,当代《诗经》研究成果表明,在《诗经》305篇作品7249句歌词(诗句)中,四言诗句就有6669句,占全部歌词总数的93%以上;而且这些诗句(词句)不论其句法结构如何,又大致表现为一种二字一顿,一句二顿的节奏形式(如关关雎鸠、采采苤苢等)。这就是说,《诗经》这种歌词句型的广泛一致性不会是偶然的,它既不可能是在创作前预先强制性规定的,也不可能是史料所说的包括孔子在内的什么人"删《诗》"所造成的。看来《诗经》305篇作品主要是四言形式说明一个问题,即:《诗经》诗句形式的一致性,暗示着与之配合的《诗经》音乐的一致性——产生《诗经》四言诗的各地区的长达近五百年间的音乐(歌曲),在节奏上是基本一致的。

---

① 《四部丛刊》本《元氏长庆集》卷二三。
② 何休:《春秋公羊传·宣公十五年解诂》,阮刻《十三经注疏》本。

一 文学之思

其次，在整个时代音乐（歌曲）和诗歌（歌词）节奏完全相同、诗歌全部"合乐"的前提下，任何个人要进行歌词（诗）的创作，只能是类似后世词作者填词（指曲子词）时按照词谱填词的情形，同一词调的每首不同的词，其词句形式都相同。同理，《诗经》四言诗中那些属于个人创作的诗篇，在当时的情况下，不论谁来写，也只能主要写成四言形式。

二　四言形式的建构原则及兴盛原因

一种音乐（歌曲）节奏上的模式固然可为与之密不可分的曲词的大量复制提供必要条件，然而谁又能规定这种音乐（歌曲）节奏的长度必须等于四个汉字的语音长度呢？当时为什么主要选择了四言的节奏形式而非三、五、七、八言的形式呢？下面我们就从两方面来考察这一问题。

（1）四言形式的源头

同其他一切新的艺术形式的产生一样，"合乐"四言诗的出现，也包含着对比它更古老的艺术形式的继承和发展。

首先，从音乐的继承关系来看。《汉书·礼乐志》云：

> 王者未作乐之时，因先王之乐以教化百姓，说乐其俗，然后改作，以章功德。……昔黄帝作《咸池》、颛顼作《六茎》、帝喾作《五英》、尧作《大章》、舜作《招》、禹作《夏》、汤作《濩》、武王作《武》、周公作《勺》。《勺》，言能勺先祖之道也。……《夏》，大承二帝也。《招》，继尧也。……故孔子适齐闻《招》，三月不知肉味，曰："不图为乐之至于斯！"美之甚也。

这就说明：第一，《诗经》音乐之前，已有《咸池》《六茎》《五英》《招》（即《韶》或《箫韶》）《大夏》《大章》《濩》（又作《护》）《武》《勺》等大量音乐（包括舞蹈）作品存在（根据上古史料记载，上古乐（舞）曲除《汉书·礼乐志》在录者外，另有葛天氏"八阕之乐"，黄帝时的《云门》、颛顼时的《承云》、帝喾时的《六列》《六英》，夏后启时的《九辨》《九歌》，以及殷周时的《桑林》《万舞》等，此处不详论）；第二，由于后世官方往往"因先王之乐又自作乐"①，所以后世音乐不仅在内容上"勺（绍）先祖之道"或"大承二帝"，而且在形式技巧上也存在"今之乐由古之乐也"的继承关系。②再以《诗经》四言诗音乐（歌曲）的成型为例，如果"孔子删《诗》"之类的记载属实，那么孔子推崇的是《韶》《武》等乐曲③，他删《诗》的目的也是为了使三百篇"合《韶》《武》《雅》《颂》之音"④。这些都反映了《诗经》音乐与前代音乐之间的继承关系。

其次，从古代诗歌体裁的前后继承关系来看。

我国当今上古文学和文体研究的成果告诉我们，我国的原始诗歌同样是起源于劳动的，诗歌的节奏决定于劳动的"呼声"，最原始的诗体便是语言和有节奏的"呼声"互相结合而产生的。"适应着短促的劳动节奏，适应着单音词较多的语言情况而在我国最早产生的诗体，是二言体的短章。"⑤ 随着社会的发展和人类生活的日益丰富，语言也不断发展变化，也要求"……把诗句加长以扩大容量，从而适应日益丰富的社会生活和语言的发展。……把二言诗的两句重叠起来成为四言，则是最简便的方式"⑥，四言诗体也就应运而生了。

这就是说，不管我们前面提到那些先于《诗经》的古乐曲（除《武》《勺》，《候人》《燕燕》等曲外）具体失传的年代如何，它们的歌词是否都在二言之列，也不论二言体到四言体转化的过程如何，在上古文体研究界的普遍观念中，有一点是完全可以肯定的：二言体是四言体的源头，四言形式是由二言形式发展而来的。

（2）由二言形式到四言形式的必然

二言诗和四言诗既是前后相承，就还需要说明为什么二言体到四言

---

① 《墨子·三辨》。
② 《孟子·梁惠王》（下）。
③ 《论语·述而》。另外，《论语·卫灵公》"乐则《韶》《舞》（《武》）"数语亦可供参阅。
④ 《史记·孔子世家》。
⑤ 褚斌杰：《中国古代文体概论》，北京大学出版社1990年版，第39、41页。
⑥ 同上。

体的转化是文体最自然的发展趋势，说明造成二言诗向四言诗，而没有向三、五、七、八言诗定向发展的内在机制。

下面我们就先以一首目前被普遍认为可能产生在传说中黄帝时代的作品——《弹歌》为例，来发掘和寻找二言形式到四言形式转化的必然。《吴越春秋》记载《弹歌》云：

　　断竹，续竹；
　　飞土，逐宍（古"肉"字）！

这是一首相当原始的"二言体"歌谣。从内容看，它和原始劳动结合得很紧；从语言形式看，它简单朴素，以两个汉语音节一顿，作为语法上一句，构成其语调上的基本特征，短促而分明。

作为一件原始的艺术品，《弹歌》是诗、乐（包括舞）的综合体，所以《弹歌》是具有诗歌和音乐的双重性质的：从音乐属性方面看，尽管作为原始歌谣，《弹歌》的音乐（歌曲，主要是节奏）全貌已经难知，但当初它们当是与歌词共时并发的；从歌词（诗歌）性质上看，由于原始音乐中的歌词必须与歌曲共时并发，因而和节奏相一致。

值得注意的是，《弹歌》中所表现的原始音乐（歌曲）中歌曲与歌词节拍的对应关系，并非是个别的和偶然的现象。《易经》等上古典籍中所保存的古歌，如"迍如，邅如；乘马，斑如"之类的二言诗就很多。

夔曰："戛击鸣球，搏拊琴瑟以咏。祖考来格。虞宾在位，群后德让，下管鼗鼓，合止柷敔，笙镛以间，鸟兽跄跄，《箫韶》九成，凤凰来仪。"①

于《武观》曰："启乃淫泆康乐，野于饮食，将将（锵锵）铭（鸣）苋（管）磬以力，湛浊于酒，渝食于野，《万舞》翼翼，章

---

① 《尚书·益稷》。

闻于天，天用弗式。"①

帝颛顼生自若水，实处空桑，乃登为帝，惟天之合，正风乃行，其音若"熙熙，凄凄，锵锵"。帝颛顼好其音，乃令飞龙作乐，效八风之音，命之曰《承云》，以祭上帝。乃令鱓先为乐倡，鱓乃偃寝，以其尾鼓其腹，其音"英英"②。（着重号均为引者加）

史料中所记载的《承云》《箫韶》《万舞》等乐曲的详细情况固已难论，但这些材料显示出，在我国音乐以节奏为主的时期，"跄跄""翼翼""熙熙"这类原始艺术节奏形式是漫长的上古社会所普遍采用的形式：颛顼时是这样，尧时是这样，夏启时也是这样；《承云》是这样，《箫韶》是这样，《万舞》也是这样。而且正如阮籍所云："黄帝咏'云门'之神，少昊歌凤鸟之迹，《咸池》《六英》之名既变，而黄钟之宫不改易。"③ 两个汉字语音长度为一拍的节奏形式，直到《诗经》音乐产生时，也仍然占统治地位。这是因为：

其一，《诗经》属原始型艺术，它的音乐仍是节奏性音乐。这不仅可从其歌词形式上见出，也可以据史料推知。《周礼·乐师》云："凡射，王以《驺虞》为节，诸侯以《狸首》为节，大夫以《采蘋》为节，士以《采蘩》为节。"同书《钟师》《磬师》《籥章》《籥师》及《仪礼·乡饮酒礼》《燕礼》诸篇亦有类似记载。《周礼·钟师》贾公彦疏曰："凡射，则大射、宾射等同，用此以为射节。"闻一多先生亦考证云："周乐，也该用缶（缶，就是一种土鼓）作为主乐的"，"《诗经》的演奏当是以缶为主的"④。由此可知，《诗经》音乐是用来供人分辨节数的节奏性音乐。

其二，上文已提到《韶》乐的节奏为"跄跄"，而据《史记·孔子世家》载孔子曾为"合《韶》《武》《雅》《颂》之音"而把"三百五篇"入乐歌唱过，则《诗经》之乐理应与《韶》乐节奏相合，符合春

---

① 《墨子·非乐》（上）。
② 《吕氏春秋·古乐篇》。
③ 阮籍：《乐论》，载《全三国文》卷四六。
④ 《闻一多论古典文学》，郑临川述评，重庆出版社1984年版，第31页。

◆◆◆ 一 文学之思

秋"六合同风,九州共贯也"的说法。①

事实也正是如此。据笔者统计,今本《诗经》中言及当时音乐和舞蹈节拍的共8篇,这8篇中所描写的音乐舞蹈节奏,除《邶风·击鼓》和《陈风·宛丘》两篇为"其镗"与"坎其"外②,其余皆同于远古两个汉字语言长度为一拍的节奏模式:

坎坎鼓我,蹲蹲舞我。(《小雅·伐木》)

鼓钟锵锵,淮水汤汤。
鼓钟喈喈,淮水湝湝。
鼓钟钦钦,鼓瑟鼓琴,笙磬同音。(《小雅·鼓钟》)

舍其坐迁,屡舞仙仙。
乱我笾豆,屡舞僛僛。
侧弁之俄,屡舞傞傞。(《小雅·宾之初筵》)

钟鼓喤喤,磬筦锵锵。(《周颂·执竞》)

鼓咽咽,醉言舞。
鼓咽咽,醉言归。(《鲁颂·有駜》)

奏鼓简简,衎我烈祖。
鞉鼓渊渊,嘒嘒管声。(《商颂·那》)

这说明二言体时的音乐节奏直到《诗经》音乐仍占绝对优势;两个

---

① 《汉书·王吉传》。
② 笔者以为:《邶风·击鼓》一篇拟写鼓声不是叠词,因所述并非乐声;至于《陈风·宛丘》,朱熹《诗集传》言其旨曰:"国人风此人常游荡于宛丘之上,故叙其事以刺之。言虽信有情思而可乐,然无威仪可瞻望矣。"若依此而论,则本篇所言鼓声,亦非当时一般规则乐声,实乃荡子即兴所为。

汉字语音长度等于音乐中一拍的上古音乐规则，直到《诗经》时代基本上没有改变。我们可由此推断出：在诗乐一体的漫长的远古社会里，只要那个时代的音乐如现代音乐理论所概括的那样，是按事物发展的规律由简到繁、由粗到精地逐渐进化与完善，只要乐曲每个音步内的节奏数总是以完整的一拍、二拍……的形式，而不是以零点五拍、一点五拍……的形式出现，那么，我国原始音乐（歌舞曲）中每一音步内的节奏（拍）数，也就会以两个汉字、四个汉字、六个汉字的语音长度……的形式递进出现。两个汉字语音长度的节奏形式之后，就自然是四个汉字语音长度的节奏（节拍）形式。

同理，原始型二言体诗歌之后，也就自然而然地是四言、六言、八言体……的诗歌形式；四言诗的出现是原始诗歌发展中的必然环节和最自然的发展趋势。——这就是四言形式的建构原则和兴盛原因。

三　四言诗衰落的历史必然性

艺术发展的规律和史实都告诉我们，人类的艺术并没有也不可能总停留在原始形态。当人类的语言、乐器、书写工具以及音乐舞蹈理论等方面发生了质的飞跃之后，旧的综合性艺术将会逐渐解体，而新的各自独立的诗歌、音乐、舞蹈则会从中脱颖而出。

同样，作为原始节奏性音乐发展中的必然环节而兴盛的四言诗，当它处在原始艺术渐趋解体的大背景之下，伴随着诗歌与音乐新关系的产生，四言诗的衰落过程就开始了。

（1）诗歌从音乐中独立出来

在原始型艺术中，是没有真正的诗歌的，有的只是歌曲（音乐）的附属和陪从——歌词。而且从四言诗看，歌词的形式特点几乎都是由音乐（歌曲）决定的。因而，当脱离音乐支配的"新型"诗歌出现时，旧的从属于音乐的诗体也就会随之逐渐衰落。

从现有资料来看，我国到殷商时期还没有"诗"的概念。"诗"这个字甲骨文中没有，金文和《易经》中也没有。《尚书·尧典》和《金滕篇》中曾出现过，但此二篇产生的年代实际较晚，并不可信；比较可

◆◆◆ 一 文学之思

信的，只有《诗经》之《巷伯》《卷阿》《嵩高》三篇中出现的"诗"字。这说明，我国古代文学史上"诗"（诗歌）概念的出现，大约是西周正式建国以后的事情。

但是，诗歌概念的出现，并不等于真正独立的诗歌创作的广泛流行，更不等于旧有合乐歌词创作的迅速解体。根据现存文献资料来看，诗歌的独立是以"赋诗言志"的形式在春秋时代逐步完成的。

从"赋"的文字学义项来看，这种诗歌独立的过程又可分为两步。第一步是将原先作为"合乐"作品的歌词从歌曲中分离出来，只诵读其歌词而不伴以乐曲。《左传·襄公十四年》所载：

……孙文子如戚，孙蒯入使。公饮之酒，使大师歌《巧言》之卒章。大师辞，师曹请为之。初，公有嬖妾，使师曹诲之琴，师曹鞭之。公怒，鞭师曹三百，故师曹欲歌之，以怒孙子，以报公。公使歌之，遂诵之。

《巧言》本是原始型合乐作品《诗经·小雅》中的歌曲，采用的是歌唱性质的艺术形式，但师曹却"不歌而诵"——以"赋"的形式表达出来。初看上去，这种表达方式的变化似对歌词并无影响，但细察则会发现，这一改变实具有重大意义，它标志着在"赋"的表达方式下，《巧言》一诗的性质起了根本的变化，它已是"诗"而不再属于歌曲（音乐）的附庸了。

《左传》中这类记载还很多，例如《左传·襄公二十七年》记载的"子展、伯有、子西、子产、子大叔、二子石"等七人的一次"赋诗言志"尤为详尽，根据《左传》这些记载我们可以看到，由于当时的政治和外交需要，"赋"大约在春秋中叶前后由师曹这类个别行为，变成了一种时代风尚——"行人"们的"赋诗言志"。而《诗经》中的很多作品也就由此而获得解放，变成了"行人"见"志"的手段和途径，变成了脱离音乐束缚的独立的"诗歌"。

诗歌独立过程的第二步，是不受音乐影响的全新的诗歌的产生。如《左传·隐公元年》载："公入而赋：'大隧之中，其乐也融融。'姜出而赋：'大隧之外，其乐也洩洩！'"《正义》曰："赋，谓自作诗也。"《左传·僖公五年》载：士蒍"退而赋曰：'狐裘尨茸，一国三公，吾谁适从！'"杜预《注》曰："士蒍自作诗也。"

同"赋诗"第一步相比，第二步更显出长足的发展。它不再是歌词的改装品，它从创作准备到完成已与音乐毫无关系了。"结言短韵，词自己作"[①]，从此独立的"新型"的、不受音乐支配的诗歌就形成了。

春秋时期这种诗歌的逐渐独立，对诗歌和音乐的影响都是巨大的。它不仅表明了原来的综合性音乐已经解体，独立形态的乐曲同时或即将产生；而且也宣告了音乐支配诗歌局面的结束。对四言诗而言，它原先以与音乐节奏相一致为基础的繁荣，也就从此成为过去。——四言诗不可避免地将走向衰落。

（2）"古乐"被"新声（乐、音）"代替

诗歌从原始艺术中独立，既使自己挣脱了音乐的束缚，也为音乐的发展创造了条件，引起了音乐性质的变革；旧的节奏性歌舞曲为新的旋律性器乐曲所代替，"古乐"让位于"新声"。先秦史籍多有这方面的记载。如《国语·晋语》载："平公悦新声。师旷曰：'公室将卑乎！君之明兆于衰矣……'"《韩非子·十过》载："昔者，卫灵公将之晋，至濮水之上……夜分而闻鼓新声而悦之。"《礼记·乐记》载："魏文侯问于子夏曰：'吾端冕而听古乐，则唯恐卧；听郑卫之音，则不知倦；敢问古乐之如彼何也？新乐之如此何也？'"《孟子·梁惠王》（下）载："王变乎色，曰：'寡人非能好先王之乐也，直好世俗之乐耳。'"

"古乐"即"先王之乐"，也就是"三代"的节奏音乐；"新声"，即"世俗之音"或"郑卫之音"，它所以被冠以"新"字，就说明它跟"古乐"相比，已发生了根本性的变化。《礼记·乐记》载子夏之言曰：

> 今夫古乐，进旅（《史记·乐书》有"而"字）退旅，和正以广；弦匏笙簧，会（《史记·乐书》作"合"）守拊鼓。……此古乐之发也。

[①] 《文心雕龙·诠赋》。

一　文学之思

　　这是从音乐品性和演奏乐器上定义"古乐"。从性质上讲,"古乐"是节奏乐,节奏简朴整齐;从演奏乐器上讲,较适合演奏节奏音乐的"鼓"类占有最重要的地位。这一点,《周礼·鼓人》"鼓人掌教六鼓四金之音声",郑《注》《周礼·钟师》"钟师掌金奏"曰:"击金以为奏乐之节。"均可为证。至于"新乐",则与"古乐"有根本的区别。《礼记·乐记》又载子夏之言曰:

　　　　今夫新乐,进俯退俯,奸声以滥(《史记·乐书》作"淫"),溺而不止;及优侏儒,獶杂子女,不知父子……此新乐之发也。

　　这种"新乐",举例来说,就是"郑音好滥淫志。宋音燕女溺志。卫音趋数烦志。齐音敖辟乔志"[1]。"新乐"除了在内容表达方面世俗情感剧增外,其音乐技巧方面的特点,则可以当时常说的"繁乎淫声"一语概括。而所谓"繁乎淫声"又无非是借"节奏急促的听觉印象","描述乐曲变化多端"[2]。很显然,这样的"新乐",已经不是过去陈陈相因的节奏音乐所能范围,它已属于旋律性音乐了。

　　同时,从我国古代音乐概念、音乐理论和乐器等方面进行考察,情况也正是如此。

　　根据现有文献,"乐"这个字虽然甲骨文中已经出现,但根据许慎《说文解字》的解释,其义应为"象鼓鞞木虞(柱)也"。现代考古资料也表明,在殷商以前(含殷商)我国的乐器主要为鼓、磬、埙等粗朴的节奏乐器。这说明殷商时虽已有"变乱正声"[3]和"恒舞于宫"[4]的现象,但当时音乐的整体性质实仍为诗、乐、舞不分的原始节奏乐,也就是说,独立的乐曲在当时是不存在的。

　　音乐史研究成果表明,只是在诗歌从原始艺术中脱离出来,我国音乐本身才具备了产生旋律性音乐的条件。据记载,大约在周景王二十三

---

[1]《礼记·乐记》。
[2] 参见修林海《古乐的沉浮》,山东文艺出版社1989年版,第34页。
[3]《尚书·泰誓》。
[4]《墨子·非乐》(上)。

年（公元前522年）我国才出现五声、十二律的概念，至于"五声、六律、十二管旋相为宫"①，则可以肯定是后来的事情。这些说明，从音乐理论的发展看，在春秋中叶以前我国还不大可能产生旋律性音乐，只有在《诗经》作品之后，音乐才具备了由原始节奏性音乐向旋律性音乐转化的条件。

从乐器方面看，到周末止，见于记载的周朝末期以前的乐器近70种，其中《诗经》中出现的29种，而且管弦乐器的数量明显上升。古乐研究者认为，据1978年湖北随县擂鼓墩一号墓出土的曾侯乙编钟的实物和模拟演奏效果看，至迟在公元前400年中叶，我国古代乐器在乐学设计和整体结构上，"已经完成了殷周以来，从主要作为节奏乐器而成为演奏用旋律性乐器的转变"②。而如果将公元前500年中叶五声、十二律的出现作为起点，则《诗经》以后我国的音乐史，正好处于"礼崩乐坏"的时代，处于"古乐"逐渐被"新声（乐、音）"取代的阶段。

不言而喻，音乐自身的这种根本变革与诗歌从音乐中独立，这二者对原始型四言诗的影响是同样巨大的。这种影响的最直接的表现便是原始型四言诗在其发展过程中被釜底抽薪，拆除了四言形式的基础，使歌词失去了原先赖以生存的"古曲"，四言诗的衰落从而不可避免。

（3）创作状态的变革

诗歌摆脱原始艺术对它的束缚和音乐中的"新声"代替"古乐"，造成了合乐四言诗的衰落，但这并不等于说古代文学中再也没有"合乐"的诗体，或者音乐中再也没有诗乐相配的歌曲了。这里有一个现象发人深思，那就是，作为完全合乐的诗歌，例如汉乐府，它们相当一部分当初也是民间口头创作，但它们为什么没有采取四言体的形式，以阻止和缓解四言诗的衰落呢？

这里的原因有二。首先，"新声"代替"古乐"之后，如果歌曲创作要依曲填词，也只能依新曲而填；这样产生的诗歌的具体形式如何虽

---

① 《礼记·乐记》。
② 修林海：《古乐的沉浮》，山东文艺出版社1989年版，第37页。

难以确考，但必不同于四言体的形式，则当属无疑。

其次，更重要的是，如汉乐府的创作，已远非原始时期诗、乐一体的创作状态可比，歌曲、歌词的写作既异地异时进行，则其词、曲的节奏也不必求其相同。《史记·秦始皇本纪》载："三十六年……始皇不乐，使博士为《仙真人诗》，及行所游天下，传令乐人歌弦之。"《史记·乐书》载："高祖过沛诗《三侯之章》，令小儿歌之。高祖崩，令沛得以四时歌舞宗庙。孝惠、孝文、孝景无所增更，于乐府习常肄旧而已。"《汉书·礼乐志》载："至武帝定郊祀之礼……乃立乐府，采诗夜诵，有赵、代、秦、楚之讴。以李延年为协律都尉，多举司马相如等数十人造为诗赋，略论律吕，以合八音之调，作十九章之歌。"《汉书·佞幸传》载："（李）延年善歌，为新变声。是时上方兴诸祠，欲造乐，令司马相如等作诗颂。延年辄承意弦歌所造诗，为之新声曲。"

根据上引史料，有一点是可以肯定的：自原始艺术解体后，所有合乐歌词创作——歌曲的产生，都彻底改变了原始歌曲（音乐）创作中诗、乐共时并发的特征，二者节奏更不必完全相同了。而追寻造成这一新局面的根源，则又只能归结到这种歌曲产生时先"采诗"（或"造为诗赋"），然后再由乐工异地异时"协之音律"的创作状态上来。

从此，四言诗及其原始的节奏形式，便退出了最后的一块栖息地。在这种状态下，不论诗歌是否为"合乐"，也不论乐曲按什么原则建构，四言诗创作的衰落都将是不可避免的。

这就是我国古代文学史上古老的四言诗体走过的曲折历程，这就是四言诗兴衰变革的音乐原因。古乐的沉浮同诗体的变迁就这样紧密地联系在一起。

（原载《中国社会科学》1991年第5期）

先秦诗歌的基本特点及演进历程

——结合楚简文字的新探讨

"诗""歌"二字的本义是什么,中国早期诗歌的特点和演进历程如何,这是中国文学史和文艺理论中最基本的问题。《尚书·尧典》曰:"诗言志,歌永言";《礼记·乐记》曰:"歌之为言,长言之也";孔颖达《毛诗正义》曰:"诗是乐之心,乐为诗之声",等等;都曾从不同方面涉及到这些中国诗学的基本问题。但是,由于中国古代的诗论多属随感录式的评语,少有严密的逻辑论证。近代以来,包括杨树达、闻一多、朱自清、钱锺书等著名学者在内,中国学者或许受到了近代西方关于人类原始诗歌具有诗、乐、舞三位一体特点论述的进一步启发①,先后从文字训诂学开始探讨中国诗歌的源起,欲由"诗"字之本义而论中国先秦诗歌的特点及演变。他们也认为中国早期诗歌是诗、乐、舞三位一体的,而在这三位一体的艺术形式中,最重要的乃是音乐,"节奏是它的基本要素"②。闻一多先生曾说:"原始人最初因情感的激荡而发出有如'啊''唉''呜呼''噫嘻'一类的声音,那便是音乐的萌芽,也是孕而未化的语言。"又说:"原始舞蹈看来简单",其实"它是一切艺术中最大综合性的艺术。它包有音乐和诗歌,那是不用

---

① 案:近代西方学者论人类早期诗歌艺术诗、乐、舞三位一体的艺术特征,以德国学者格塞罗和俄国学者普列汉诺夫的观点影响最大,格塞罗的《艺术的起源》、普列汉诺夫的《没有地址的信》二书最初皆发表于1900年以前,我国学者杨树达、闻一多、朱自清、钱锺书等曾分别于20世纪初留学(或游学)欧美和日本,故他们论原始诗歌艺术的特点时应该曾受到西方学者的影响。

② 杨荫浏:《中国古代音乐史稿》(上册),人民音乐出版社1980年版,第9页。

说的"①。

　　近代学者之所以多藉由文字训诂开始来研讨先秦诗歌的特点及演变，是因为他们认为，汉字乃是一种具有很强表意性的文字，越是先秦的古文（汉）字就越是如此。故可以在（汉）文字的研究中"既就形以明义，亦即义以说形"，而创建我国的"文字形义学"。杨树达先生即曾说："文字之要素三：曰形，曰音，曰义——文字之作，始则因义而赋形，继则即形而表义。故本始之字形，其于义也，必相密合。此确定不移之理也。……既就形以求义，复即义以说形，而音义之相关，亦时时阐明而不废，可谓握文字之机钤，洞艺术之旨要者也。"② 这也是前辈学者由"诗"字的形义以窥视中国早期诗歌及诗学观念演变的原因。只是由于历史条件的限制，前辈学者的此类研究既比较零碎，多集中于一个"诗"字上；而且他们的此类研究又主要是依据传世文献进行的，故而可能与中国先秦时期诗歌发展的实际存在距离。

　　但自 20 世纪以来，在我国的湖北等地出土了大量的战国楚简，其中有众多与中国古典诗学中"诗""歌""情""志"等概念相关的文字，且写法特殊，这无疑为我们考察中国早期诗歌的原貌及特点提供了新的材料和例证。本文拟以此为契机，结合这些新近出土的文字材料，借鉴"就形以求义"和"即义以说形"的"文字形义学"方法，尝试从这一新的角度对中国先秦诗歌的基本特点和演进历程进行一些新的探索。

一　楚简中"诗""歌"二字的形义与先秦诗歌

　　无论是中国近代学者藉由中国传统的文字训诂之学"就形以明义"或"即义以说形"来解说"诗"字之本义，还是我们今天借助对新近

---

① 闻一多：《歌与诗》《说舞》，《闻一多全集》（1），生活·读书·新知三联书店 1980 年版，第 181—195 页。
② 杨树达：《文字形义学》，《中国文字学概要·文字形义学》，上海古籍出版社 2006 年版，第 8—9 页。

出土的楚简文字材料的"文字形义学"分析来探讨先秦"诗""歌"的原始形态。从文字学的角度来探讨中国先秦诗歌的基本特点及诗学观念，都必须从考察"诗""歌"二字的形义开始。

先看"诗"字。"诗"这个字，迄今为止，不见于甲骨文和金文。在传世文献中，"《易经》中也没有。《今文尚书》中只见了两次，就是《尧典》的'诗言志'，还有《金縢》云：'于后（周）公乃为诗以诒（成）王，名之曰《鸱鸮》。'《尧典》晚出，（诗）这个字大概是周代才有的"①。但从文字形义学的角度而言，在传世文献中，"诗"这个字都写作从"言"从"寺"的结构，其字义则似指一种"言志"的文学形式。《说文解字·言部》曰：

诗，志也。从言、寺声。䛇，古文"诗"省。

许慎之前，《尚书·尧典》云"诗言志"，《诗大序》曰"诗者，志之所之也"，先秦经传与诸子也多称"诗以道志"，都把"诗"解释为一种表达"志"的形式，而许慎则似乎忽视了这一点，而径以"志"字解"诗"。这是什么原因呢？清人段玉裁的《说文解字注》说："《毛诗序》曰：'诗者，志之所之也。在心为志，发言为诗。'按：许不云'志之所之'，径云'志也'者，《序》析言之，许浑言之也。所以浑言之者，欲使人因属以求别也。"②近人杨树达《释诗》一文则认为，今本《说文解字》的"诗者，志也"，其实只是传本抄写过程中出现了脱文。《韵会》引《说文解字》在"诗者，志也"之后，就还有"志发于言"四字；《韵会》"是也，今本脱"③。

但由于"诗"字在甲骨文和金文中都没有出现，所以朱自清说

---

① 朱自清：《诗言志辨》，《朱自清古典文学论集》，上海古籍出版社1981年版，第201—202页。案：朱自清《诗言志辨》又云："按《卷阿篇》说，'诗'字出现是在周初，似乎和《金縢篇》可以印证。但《诗序》不可尽信，《金縢篇》近来有些学者疑为东周时所作；这个字的造成也许并没有那么早，所以只说大概到周代才有。"
② 许慎撰，段玉裁注：《说文解字注》，上海古籍出版社1981年版，第90页。
③ 杨树达：《释诗》，《积微居小学金石论丛》，上海古籍出版社2007年版，第40页。

一 文学之思

"这个字大概是西周才有的"。又由于前人见到的周代的"诗"字,都是传世文献中"从言、寺声"的这个"诗"字;而传世文献中的"诗"字,除《说文解字》中有省"寺"为"㞢"的"詘"字之外,没有任何其他异体,故可以说从前的人们实际可能并不了解西周及以前"诗"的原形和本义;而只能围绕着"诗"字所从之义符"言"和声符"寺"("寺"从"㞢",故实际声符为"㞢")打转,把"诗"字的本义定在"言志"之说上,也就谈不到由此探讨中国早期"诗""歌"的基本特点和演进历程。

实际上,尽管"诗"这个字不见于商周甲骨文和两周金文,但在战国楚简文字中却多处出现。而且,楚简中除了有后世常见的从"言"从"寺"的"诗"字之外,还有一些与"诗"不同的写法:①

(1) 寺:《寺(诗)》云:"靖供尔位,好是正直。"(上博简一《缁衣》)

(2) 時:《時(诗)》《书》《礼》《乐》,其始出皆生于人。(郭店简《性自命出》)

(3) 㞢:《㞢(诗)》云:"仪刑文王,万邦作孚。"(上博简一《缁衣》)

(4) 㖫:善哉!商也将可以教㖫(诗)矣。(上博简二《民之父母》)

(5) 峕:《虞峕(诗)》曰:"大明不出,万物皆暗。"(郭店简《唐虞之道》)

(6) 誌:誌(诗)无隐志,乐无隐情,文无隐言。(上博简一

---

① 案:本文在简文隶定时,主要参考了滕壬生的《楚系简帛文字编》(增订本)(长江出版集团·湖北教育出版社 2008 年版)和李守奎等编著的《上海博物馆藏战国楚竹书(五)文字编》(作家出版社 2007 年版),其中的文字除各种形体的"诗"字外,均直接隶写为该字的现代简体本字。又,郭店简中还有一个从"土"从"寺"的字(埥)和"陼"。"埥"或读为"持由敬作"(见《饶宗颐新出土文献论证》,上海古籍出版社 2005 年版,第 145 页);或读为"诗由敬作"(见刘钊《郭店楚简校释》,福建人民出版社 2003 年版,第 197 页)。"陼"也被一些人读为"志"。笔者认为"埥"读为"持"或"诗"可能都有问题,"陼"则不宜读为"志",故本文不用其说。

《孔子诗论》）

（7）志：无声之乐，无体之礼，无服之丧，何志（诗）是迡？（上博简二《民之父母》）

包括从"言"从"寺"的"诗"字在内，楚简中的"诗"字实际共有8种写法。在这8种写法中，从"言"从"寺"的"诗"字和后世通行的写法一样，不需要作更多的解释。"䚿"和《说文解字》中的"古文"基本相同，只是其中所从之"言"的位置由"㞢"的左边移到了"㞢"的下面，因此"䚿"与《说文》中的"古文""訨"，都可视为"诗"之省形，其形义与"诗"实际相同。"寺"字，相对于"時""峕""詩""侍"而言，应是独体字。而以汉字形成过程中独体字的出现要先于合体字的规律来看，"寺"的出现无疑要早于"時""峕""詩""侍"等字。或者说，"時""峕""詩""侍"诸字的字义，最初应该都是借"寺"字来表达的；后来，因为"時""峕""詩""侍"诸义使用频繁，"寺"字无力承担这样繁重的工作，人们这才另造出"寺"边加"口""言""日""阝"等义符的新字，来独立承担其中的某个义项。商周的金文字中只有"寺"而无"時""峕""詩""侍"诸字，楚简文字中"寺"与"時""峕""詩""侍"诸字同时混用，都说明在早期的汉字中，"時""峕""詩""侍"诸义都是借"寺"字来表达的；而战国时期人们尚未完全摆脱以往借"寺"表达"時""峕""詩""侍"诸字字义的习惯。因而，"寺"与"時""峕""詩""侍"之间，应是古今字兼通假字的关系。"志"字，杨树达先生已指出传世文献中存在以"寺"为"志"的"音同假借"之例[1]，有学者亦曾借出土文献中存在"寺""志"二字字形讹混的现象，进一步说明了先秦"寺""志"混用的文字形义学原因[2]。这也就是说，楚简中"以志为寺"的情况，正如以"寺"为"诗"一样，"志"和"诗"也辗转形成了一种古今字兼通假字的关系。至于"時""峕""侍"三字

---

[1] 杨树达：《积微居小学金石论丛》，上海古籍出版社2007年版，第40页。
[2] 高华平：《诗言志续辨——结合新出楚简的探讨》，《文学评论》2008年第1期。

◆◆◆ 一 文学之思

与"诗"的关系，则又并不完全相同。"時"字，《说文解字·日部》曰："時，四時也。从日、寺声。𣅊，古文時，从日、㞢作。"① 可见，"诗"写作"時"，只是因为二字都是"寺声"字而假借的缘故。"峙""峙"二字，《说文解字》以来字书皆不见收录。《玉篇·山部》仅收有"峙"字，曰："峙，峻峙。""峙"从"阜""寺"声。"阜"字《说文解字》释为"山无石者，象形"。（《说文解字》释"山"字为"有石而高，象形"。）则"峙"应与"峙"字义相近。所以，"诗"写作"峙"与该字的字义应该也没有关系，同样只是它们都是"寺声"的缘故——"峙"属"诗"的通假字。

"呞"字最早见于曾侯乙墓中楚惠王为曾侯乙所作镈、鏄的铭文，读释为"持"。（说详后）传世文献中无见，故历来字书无说。但简文中的"呞"却只能读释为"诗"。初看起来，"呞"字从"口""寺"声，读释为"诗"似乎也与"時""峙"一样，由于它为"寺"声的缘故——"呞"也属于"诗"的通假字。但仔细考察则会发现，问题并非如此简单。因为"呞"与"詩"，和"時""峙"与"诗"不同，它们不仅都是"寺"声，而且其义符"口"与"言"实际也是义近相通的。《说文解字·口部》曰："口，人所以言、食也，象形。"段玉裁注："言语、饮食者，口之两大端也。"同书《言部》曰："直言曰言"，"从口、辛声"。这就是说，"口"和"言"都有"言语"之义，"口"可用来"言"，而"言"必须借助"口"，故字亦从"口"。所以从"口"之字与从"言"之字义亦相近，二者作为义符，甚至常被互换。如"咏"又写作"詠"，"喻"又写作"諭"，"呵"又写作"訶"，"喧"又写作"諠"，等等。如果按这一原理类推，则"呞"与"詩"就不能简单以通假字视之，而应该是字义相同、造字原理也相同的异体字。

但是，如果我们再进一步考察，就会发现"呞"与"詩"又并不是字义完全等同的异体字，而应该是有一种"呞"字的出现早于"诗"

---

① 许慎：《说文解字》，许慎撰，段玉裁注：《说文解字注》，上海古籍出版社1981年版，第302页。

的古今字的关系。这是因为：

首先，从对"时"与"诗"的文字形义学分析来看，"时"所从之"口"，与"詩"所从之"言"，并不是完全等同的。"口"的功能固然可以"言"、可以"语"，但也可以"饮食""呼吸"，还可以歌唱、吹啸等，而"言"则仅限于"直言"。从汉字产生的原理和人类认知活动的规律来看，人们应该先认识到了"口"有言语、饮食、歌唱、吹啸等众多功能，并在造字时先造出同时包含了其众多功能的从"口"的文字，然后才随着对"口"的功能认识的深入和细化，在缩小"口"字字义外延的情况下，保留了"口"的一些功能而造出从"口"的"呼""吸""唱"等字，而另造出从"言"的"诗""语""说"与从"欠"的"歌""吹"（《说文解字·欠部》曰："欠，张口气悟也。"[①]可见，"欠"亦与"口"有关）等字，来表示"口"的其他功能。这也就是说，在"時"与"詩"二字中，"時"应是记录了同时包括着人的言语、歌唱等较多活动的文字符号；而"詩"则仅仅记录了人以口"直言"或"徒言"这一种特定行为方式的文字符号——"時"字的出现应早于"詩"字的出现，"時"与"詩"的关系应该既是异体字，同时也是古今字。

其次，从中国早期文学发展的历史事实来看，中国早期诗歌（"诗"）也正是经历了一个由"诗"与"歌"（还包括"舞"）一体，到"诗"与"乐"初步分离（即由"合乐"的"诗"到"徒诗"），到最后"诗"完全变成为"口头诵读的歌词"、乃至于完全的书面文字创作的过程——而这，与先秦文字资料中"诗""歌"等字出现的时代先后也是正好吻合的。《汉书·礼乐志》曾说，从我国传说中的三皇五帝到西周之前的夏、商时代，历代都有自己的文艺创作：如黄帝作《咸池》，颛顼作《六茎》，帝喾作《五英》，尧作《大章》，舜作《招》，

[①] 以上分别见许慎撰，段玉裁注《说文解字注》，上海古籍出版社1981年版，第731、437、54、89、410页。案：许慎《说文解字·言部》曰："直言曰言，论难曰语。"可知"直言"就是"言"（"讲""说"的意思），是与"论难"之"语"相对的一个概念。段玉裁的注也集中于这一点上。本文所有"直言"概念都是与"永言"（"长言"，指"歌唱"）相对而言的，没有其他意义。

一 文学之思

禹作《夏》,汤作《濩》,等等。这些作品虽然在后世文献中一般只称为"乐",但中国古代早已有理论家指出,西周尚能见到这些"六代之乐",当初这些作品不可能只是"有乐而无诗"的,如"大庭有鼓籥之器,黄帝有《云门》之乐,至周尚有《云门》,其音声和集。既能和集,必不空弦,弦之所歌,即是诗也"①。这就说明当时"言志"的"诗"、"永言"的"歌"和手舞足蹈的"舞"是三位一体的。而近人逯钦立在明人冯惟讷《诗纪》基础上编成的《先秦汉魏晋南北朝诗·先秦诗》,其中所收录的全部西周以前的"诗歌"作品,自来几乎都被题上了"歌"或"谣"之名②,即使有三两篇被题为"辞"或"诗"的作品——如《礼记·郊特牲》中所记神农氏时代的《蜡辞》和《吕氏春秋·慎大篇》所载商汤时民间的"上天不恤,夏命其卒"两句"诗"——前者历来都被认定为祭歌,后者汉人高诱注为"志也",今人则认为是"当时(的)民俗歌谣"③。这又说明,在我国的西周之前既没有"诗"概念,也没有真正意义上的"诗"作。西周以后,我国的文学中才由于诗、乐的分离而开始出现"诗"。《诗经》中的作品本是合乐的,《仪礼》《左传》《礼记》等书多有当时演奏《诗经》作品的记载,但诸书同时也有许多"歌"和"诵"《诗经》作品的明文。④《诗·魏风·园有桃》"我歌且谣",《毛传》曰:"曲合乐曰歌,徒歌曰谣。"这就为我们描述了当时诗、乐最初走向分离阶段的艺术形态:"乐"是由乐器演奏的乐曲;"歌"是合着乐曲演唱的歌曲;"谣"是不用配乐的"歌曲清唱"(而因为这个"谣"是一种相对远离原始的诗、乐一体的艺术形式,所以它其实就是最早出现的较具独立意义的"诗")。如果说《礼记·乐记》中的"昔舜造五弦之琴以歌《南风》",

---

① 《毛诗正义》卷一,《十三经注疏》(上),中华书局1980年版,第271页。
② 参见逯钦立《先秦汉魏晋南北朝诗》(上),中华书局1983年版,第1—86页。
③ 陈奇猷:《吕氏春秋校释》(上),学林出版社1984年版,第851页。案:《荀子·王制》"审诗商",杨倞注:"诗谓四方歌谣。"其说可参。
④ 案:关于《诗经》原本诗、乐不分,而后因诗、乐逐渐分离而"诗"以"赋""诵"的形式走向独立,历代(特别是清代)学者对此有过十分深入的研究,兹不拟重复。参见高华平《古乐的沉浮与诗体的变迁——四言诗的音乐文学属性及兴衰探源》,《中国社会科学》1991年第5期。

在《孔子家语·辨乐解》中被记成"昔者舜弹五弦之琴造《南风》之诗",说明了尧舜时代本诗、乐不分,同一艺术品被称为"诗""乐""歌"皆可的话,那么明代《诗纪》中所录的西周时期箕子所作的《麦秀歌》,《史记·宋微子世家》称之为"(箕子)作《麦秀之诗》以歌咏之",则说明西周时称配乐的歌唱为"歌",不配乐演奏的"歌"为"谣",即"清唱"——"清唱"实已变成为"诗"。至春秋战国时期,中国文学中的诗、乐进一步分离,这时的"诗"先是指"不歌而诵"(背诵或诵读出)的"歌词",而后则是人们创作的与"乐"(包括乐曲、歌曲、歌词等)完全脱离了关系的文辞(即"徒言""直言",但它也与前面的"不歌而诵"一样被称为"诵")。前者如《左传》"襄公十四年"曾载"孙文子如戚,孙蒯入使。公饮之酒,使大师歌《巧言》之卒章——公使歌之,遂诵之"。所谓"诵之",即《国语·晋语三》"舆人诵之"韦昭注"不歌曰诵"之意①,指与所有配乐和不配乐演奏的歌唱均无关的背诵或诵读"歌词"——这种艺术形式实则也就是"诗"。故《诗·小雅·节南山》"家父作诵"郑笺:"家父作此诗而为王诵也。"②《汉书·艺文志》亦云:"诵其言谓之诗,咏其声谓之歌。"后者如《左传》"隐公元年"载:"(郑庄)公入而赋:'大隧之中,其乐也融融。'姜(氏)出而赋:'大隧之外,其乐也泄泄'。"孔颖达疏:"赋诗,谓自作诗也。"③此时,"诗"观念进一步发展,"诗"已成为与后世无别的、人们所作的完全与音乐和歌曲、歌词皆无关的文句。

以上是我们对"䇳""诗"二字的文字形义学分析和对中国文学史上早期诗歌发展史实的回顾。而由此我们可以看到,"䇳"字从"口",应该显示了早期诗、乐不分时期"诗"的歌唱("歌""谣")特征;从"言"的"诗"字,则反映出"诗""乐"逐步分离后,"诗"渐渐变成为一种纯语言艺术("直言""徒言")的时代特点——"䇳""诗"二字既是异体字,同时也是古今字。

---

① 徐元诰:《国语集解》,中华书局2002年版,第303页。
② 《毛诗正义》卷十二,《十三经注疏》(上),中华书局1980年版,第441页。
③ 《春秋左传正义》卷二,《十三经注疏》(下),中华书局1980年版,第1717页。

◆◆◆ 一 文学之思

"岢",与"時"省形为"峕""詩"省形为"訨"或"耆"一样,应该是"時"的省形或异体。故"岢"与"诗"的关系,和"時"与"诗"的关系是完全相同的。

再看"歌"字。

甲骨文中虽无后世的"歌"字,但有多个构成"歌"的字素——"可"字。"可"字,《说文解字·可部》曰:"可,肎(肯)也。从口、丂,丂亦声。凡可之属皆从可。"段玉裁注:"丂,口气舒也。"①章太炎《国故论衡·小学十篇》则更进一步说:"哥(歌)从可声,可从丂声,丂即今之阿声,发声词也。"② 向把"可"的字义解为"歌唱""歌声"靠近了一步。而今人何琳仪则发现甲骨文中本有表示歌唱的"可"字(京津二二四七),形义为"从口、从宔,会宝前歌咏之意";故他认为《集韵》"歌,古作可"之说是可信的,"可"确为"歌之初文"。③ 但"可"字后来既要表达"可以""许可"之义,又要同时表达"歌唱""歌声"等义,所以人们就在"可"旁再加字符以相区别。其方法一是在"可"的右边加"欠"造出"欨"字来表示"歌";二是如此后的春秋金文《余义钟》《蔡侯编钟》以及楚简文字一样,在"可"的左边加"言"成为"訶"字来表示"歌";三是在"可"上重叠一个"可"字构成"哥"来表示"歌"。在"可"的右边加"欠"造出"欨"字来表示"歌",是裘锡圭先生首先发现的,他认为甲骨文中的"欨"字,也就是后世的"歌"字。④"可"的左边加"言"成为"訶"字来表示"歌"之例,在出土文献中众多,不胜枚举。在"可"上重叠一个"可"字构成"哥"来表示"歌"的用例,传世文献中其例多有。《说文解字·可部》释"哥"曰:"哥,声也。从二可,古文以为'歌'(引者按:'歌'或作'謌')字。"段玉裁注:"《汉书》

---

① 许慎撰,段玉裁注:《说文解字注》,上海古籍出版社1981年版,第411页。
② 章太炎:《国故论衡》,上海古籍出版社2003年版,第33页。
③ 何琳仪:《战国古文字典》,中华书局1998年版,第849页。
④ 案:裘锡圭认为甲骨文中的"欨"即是"歌的初文"。(参见氏著《古文字论集》,中华书局1992年版,第649—650页)但从文字形成时独体字早于合体字的规律来看,"欨"的产生显然要晚于"可"字。

多用'哥'为'歌'。"徐灏《说文解字注笺》曰:"哥、歌,古今字。"① 因此,我们可以说,"可"与"歌""詞"(或"謌")、"哥"、(更不用说"歌"了)之间,实际是一种"古字"和"今字"、初文和孳乳字的关系;我们还可以看到,与"诗"的"古字"为"時""今字"为"诗"一样,凡"歌"的"古文"、初文皆从"口";而"歌"的"今字"、孳乳字皆在"可"边加"言"符。(除"哥"从二"可"外)

根据我们在上文阐述的文字形义学的观点,由于在中国古代的汉语中一个字往往就是一个词,也就代表了一个概念,一个文字是否已经出现、出现时间的早晚(是"古今字"还是"异体字"),实际上反映着在当时人们的思想(包括文艺思想)观念中是否已有某个概念或这一概念出现时间的早晚(时代越早就越是如此)。中国早期诗歌的发展经历了一个由诗、乐一体,到诗、乐逐渐分离,直到最后诗歌完全变成为语言艺术形式的过程,故"時"与"诗"在文字学上也就同时有一种古今字的关系。同样,在"歌"的众多古今字中,凡"歌"的"古文"、初文皆从"口";而"歌"的"今字"、孳乳字皆在"可"边加"言"符(除"哥"从二"可"外)。这就再一次证明了中国早期诗歌的发展历史确实经历了一个由音乐元素最为重要的合乐的"歌唱"②,到逐渐脱离音乐的"徒歌"或"谣"(即"清唱"),再到诗、乐完全脱离,"歌"中的歌词与"诗"("直言""徒言")合一的过程。在"六代之乐"中,"节奏是它的基本的要素"③,故商代的甲骨文中"歌"最初写作从"口"的"可"("歌"在"可"右边加"欠"符,

---

① 许慎:《说文解字》,许慎撰,段玉裁注:《说文解字注》,上海古籍出版社1981年版,第411、204页。案:《汉语大字典》(一)对此亦有辨析,可参看。(《汉语大字典》,湖北辞书出版社、四川辞书出版社1986年版,第624页。)

② [美]苏珊·朗格对歌曲中"乐曲"与"歌词"的关系有深入的研究,她说:"当歌词进入歌曲之中并与音乐结合一体时,作为一件独立的诗词便瓦解了。它的词句、声音、音义、短语以及它描写的形象也统统变成了音乐的元素。在一首千锤百炼的歌曲中,其歌词是完完全全地被音乐吞没了的。在其中简直就找不到有关歌词的蛛丝马迹。……歌词已经被音乐利用,并进入了一种全新的结构之中,从而使原来那独立的诗句完全消失在歌曲之中了。"见氏著,滕守尧、朱疆源译《艺术问题》,中国社会科学出版社1983年版,第8页。

③ 杨荫浏:《中国音乐史稿》(上),人民音乐出版社1980年版,第9页。

但"欠"与"口"义同);两周"曲合乐曰歌,徒歌曰谣",为了与"乐"(纯乐曲)相区别,"歌"差不多都写作"詞"(应是为了突出其不仅具有音乐性质,而且必有"歌词"),表示其为"徒歌"("谣")——只有在极少数文献中,如战国《朝歌鼎》中的个别"歌"字写作"謌"、湖北云梦秦简中有个别"从二可"的"哥"字①,以及《汉书》等传世文献以"哥"为"歌",它们似都是仍要突出"歌"的以"口"歌唱的特征,仿佛要凸显"歌之初文"("可")造字的"古意"。

在讨论了以楚简为主的文字材料中的"诗""歌"二字的形义之后,我们再由此来反观中国古代诗歌艺术理论中《尚书·尧典》的"诗言志,歌永言";《礼记·乐记》的"故歌之为言,长言之也";《诗大序》的"诗者,志之所之也……言之不足,故嗟叹之;嗟叹之不足,故永歌之;永歌之不足,故不知手之舞之,足之蹈之也";孔颖达《毛诗正义》所谓"诗是乐之心,乐为诗之声,故诗乐同其功也";"初作乐者,准诗而为声;声既成形,须依声而作诗,故后之作诗者皆主应于乐文也"②,以及这些文艺理论中对"诗""歌""谣""诵"等的界说。我们就会发现,这些中国古代各种对诗歌起源、特点和发展历程的论述,实际上可能有些是不完全准确和需要加以修正的。因为这些文艺理论虽然都看到了中国早期诗歌"诗、乐不分"和"诗乐同其功"的特点,但它们其实似乎对中国早期艺术发展史上"诗""歌"如何在诗、乐的逐渐分离中一步步走向独立的特点,缺乏十分准确的把握;特别是对早期"诗""歌"产生的时代先后,及其在各阶段具体的艺术特点,缺少十分清晰的认识。因为它们都将"诗"的产生置于"歌"的前面,而且在界说"诗""歌""谣""诵"的时候,往往忽视了这些

---

① 高明、涂白奎:《古文字类编》(增订本),上海古籍出版社2008年版,第122页。案:楚简文字中有很多重叠形体的繁化现象,如"月"重叠作"朤""各"重叠作"詧"等。"哥"字"从二可"的构形原理应与此同,它实际和以"可"为"歌"一样,突出的是"歌"唱须用"口"的特点。陶文中还有作"🈳""🈳"的"哥"(王恩田:《陶文字典》,齐鲁书社2007年版,第116页),为"哥"之形变。

② 《毛诗正义》卷一,《十三经注疏》(上),中华书局1980年版,第271页。

艺术形式特点的历史发展的阶段性。《尚书·尧典》所谓"诗言志,歌永言",既给人以"歌永'言志'之言"的感觉;《礼记·乐记》所谓"故歌之为言,长言之也。说之故言之,言之不足,故长言之;长言之不足,故嗟叹之;嗟叹之不足,故不知手之舞之,足之蹈之也。"(《诗大序》大意与之同)又明显是在说"歌"为"诗"之余也。而孔颖达说:"初作乐者,准诗而为声,声既成形,须依声而作诗。"似乎把早期诗、乐、舞三位一体艺术作品的产生,当成了后世个人创作一首歌曲时先创作出一篇歌词,然后再由自己或他人为之谱曲——这显然是与中国早期诗、乐艺术的发展历程完全不符的;而后世学者在界说"诗""歌""谣""诵"等艺术形式时,既没有注意仔细分别在诗、乐走向分离各阶段中它们的细微差别——把诗、乐逐步走向分离的各个阶段的"歌词"都称为"诗"或"歌";也没有区别"谣"有既表示"歌曲清唱"、又表示歌词谣谚,"诵"有既表示"不歌而诵"(背诵或诵读)歌词、又表示作者"作此诗而为(王)诵"之不同。实际上,在原始艺术时期,所有的艺术形式都是"乐";"诗""歌"观念产生后,最初的"诗"既写作"㝫",它的性质也和"可"("歌""哥")一样,都属于口头的歌唱艺术;而后则随着"诗""乐"的逐渐独立或分离,才有了被人关注到歌词的"长言之"或"永言"的"詷"("謌"或"谣""徒歌"),也才出现了"直言"或"徒言"的"诗"。——借助新近出土的楚简文字的材料,我们正可以实现文艺理论上和文字学材料上对中国早期诗歌艺术形式特点和诗学观念演变的互证。

二 楚简中"性""情""志"三字的形义与"诗言志"、诗"吟咏性情"

通过对以楚简为代表的出土文献中"诗""歌"二字的形义分析研究,我们讨论了中国先秦诗歌的基本特点及演进历程。但中国古代的诗论在《尚书·尧典》的"诗言志,歌永言"之外,还有《诗大序》的诗"吟咏情性,以风其上"之说。如《诗大序》在"诗者,志之所之也"之后,接着又说:

◆◆◆ 一　文学之思

  在心为志，发言为诗。情动于中，而形于言——国史伤人伦之废，哀刑政之苛，吟咏情性，以风其上，达于事变，而怀其旧俗者也。①

  上文曾经指出，《诗大序》与《尚书·尧典》《礼记·乐记》一样，在论"诗""歌"的起源时，虽然似颠倒了"诗"和"歌"产生的先后次序，但它们却也在一定程度上道出了中国早期"诗""歌"艺术诗、乐、舞三位一体的特征。故《今文尚书》似特意把"诗言志，歌永言"的"永"字改为了"咏"，仿佛是在说明那时所谓"诗言志"的"言"，实际上乃是"咏（永）言"的"咏"——"长言"和"咏（永言）"其实是没有区别的。

  当然，这只是就中国早期"诗""歌"的艺术形式特点而言，指出了二者的相同点。但二者也有不同，这就是，《诗大序》在继承《尚书·尧典》"诗言志，歌永言"之说时，把"诗"所"言"之"志"和"歌"所"咏"之"言"中包含的"志"，换成了"情"或"情性"，仿佛"在心为志"的"志"，就是"情动于中"的"情"，而"诗""歌"所"言"或"永（咏）"之包含于"言"的"志"，也就是"情"或"情性"——诗歌"言志""永言"，实际就是"吟咏情性"。

  那么，"诗言志，歌永（咏）言"，是否可以如《诗大序》所做的那样，换成"诗""歌""吟咏情性"呢？或者说，《诗大序》之所以如此做的根据何在呢？这是一个既属于中国古代诗学理论、但又并不限于这一领域的问题，而是一个跨入到了哲学思想领域的、因而也较前一问题更为复杂的重要问题。因为这个问题除了涉及到"诗""歌"艺术之外，还涉及到中国古代哲学思想中的"性""情""志"等重要概念的内涵及其关系。

  从中国哲学思想史来看，早在春秋战国时期，"性""情""志"就已是中国哲学中的基本概念。"第一个讲性的，是孔子。"② 孔子也谈到

---

①《十三经注疏》（上），中华书局1980年版，第271—272页。
② 张岱年：《中国哲学大纲》，中国社会科学出版社1982年版，第183页。

"志","肯定人有独立意志"。但孔子未论及"情",更没有涉及三者的关系。孟子论性,也言及情、志。在孟子那里,他"是以人之所以异于禽兽的先验道德意识为人性"的,"志指意志",而其所谓"情"则"非性情之情也","情犹素也实也"(戴震:《孟子字义疏证》卷下)。①《礼记》中的《乐记》和《中庸》等篇都把"天"赋予人的"先验道德意识"称为"性",而将"性之欲"或"之动"称为"情",而认为"修身"或艺术的作用,就是"反情以和其志"②。荀子是先秦时期全面论及"性""情""志"概念及其关系的集大成者,他说:"凡性者,天之就也。"(《荀子·性恶》)"不事而自然谓之性,性之喜怒哀乐谓之情。"(同上,《正名》)并广泛涉及了"志"概念。根据张岱年先生的研究,"荀子所谓性,乃指生而完成的性质或行为"③,其"所谓情的内容即是'好恶喜怒哀乐'",而其"志意即今所谓意志"④。至汉唐时期,中国的哲学思想家们基本上都认为"性""情""志"是一致的,很少有人对它们再做更清晰的区分,如董仲舒在定义"性""情"时说:"性者,质也";"天地之所生谓之性情。性情相与为一瞑。情亦性也"⑤。而唐代孔颖达主持编修《五经正义》时则更明确指出,"志"与"性""情"在经典中虽有时"所从言之异也",但其含义其实是一致

---

① 张岱年:《中国古典哲学概念范畴要论》,中国社会科学出版社1987年版,第201、197页。案:张氏又说:"孟子所谓性,指人之所以为人的特性,而非指人生来即有的一切本能。"(见氏著《中国哲学大纲》,中国社会科学出版社1982年版,第187页)。

② 案:《礼记·中庸》说:"天命之谓性。"又说:"喜怒哀乐未发之谓中,发而皆中节之谓和。"《礼记·乐记》说:"夫民有血气心知之性,而无哀乐喜怒之常";"人生而静,天之性也。感于物而动,性之欲也"。似乎都有把"性"视为人之本性,"情"视为本性之(欲)动,而其实则为一体两面的意思,而其目的乃是要"反情以和其志",即"是要使人的情感不为外在的各种邪恶的事物所引诱,反回正道"。(参见李泽厚、刘纲纪《中国美学史》(第一卷),安徽文艺出版社1999年版,第338页)又,郭店楚简《性自命出》亦曰:"道始于情,情生于性。性自命出,命自命降。"与上二者大意近似(参阅丁四新《郭店楚简思想研究》,东方出版社2000年版,第173—201页)。

③ 张岱年:《中国哲学大纲》,中国社会科学出版社1982年版,第189页。

④ 张岱年:《中国古典哲学概念范畴要论》,中国社会科学出版社1987年版,第198、201页。

⑤ 董仲舒:《春秋繁露·深察名号》,《春秋繁露义证》,苏舆撰,锺哲点校,中华书局1992年版,第292、298页。

一 文学之思

的。如孔颖达解释《左传》昭公二十五年所谓"民有好、恶、喜、怒、哀、乐,生于六气,是故审则宜类,以制六志"① 中的"情""志"关系时说:

> 民有六志,其志无限。是故人君为政审法时之所宜,事之所类,以至民之六志,使之不过节也。——此六志,《礼记》谓之"六情"。在己为情,情动为志,情志一也。②

而他又在《礼记正义》卷五十二释"性""情"二者的关系说:

> 贺玚云:"性之与情,犹波之与水。静时是水,动则是波;静时是性,动则是情"……则性之与情,似金与镮印:镮印之用非金,亦因金而有镮印。情之所用非性,亦因性而有情。则性者静,情者动。

孔颖达在前者是用了动静范畴来解释"情""志"的关系,而在后者则是使用了体用范畴来解释"性""情"的关系。通过这番疏释,孔颖达可以说基本解决了经典为什么有时言"性",有时又称"情"或"志"的问题。但《礼记·乐记》却说:"乐者,音之所由生也。其本在人心之感于物也。"将喜怒哀乐之"情"或"志",改称为"哀心""乐心""喜心""怒心""敬心""爱心"等;③ 而《礼记·中庸》还说:"天命之谓性","喜、怒、哀、乐未发之谓中"。似乎问题更为复杂。对此,孔颖达在《毛诗正义》卷一中进一步疏释说:

> 诗者,人志意之所之适也。虽有所适,犹未发口,蕴藏在心谓之为志;发见于言,乃名为诗。言作诗者所以舒心志愤懑,而卒成

---

① 《春秋左传正义》卷五十一,《十三经注疏》(下),中华书局1980年版,第2108页。
② 同上。
③ 《礼记正义》卷三十七,《十三经注疏》(下),中华书局1980年版,第1625、2527页。

于歌咏，故《虞书》谓之"诗言志"也。包管万虑，其名曰心；感物而动，乃呼为志。志之所适，外物感焉。言悦豫之志，则和乐兴而颂声作；忧愁之志，则哀伤起而怨刺生。《艺文志》云："哀乐之情感，歌咏之声发。"此之谓也。①

这可以视为是接着《礼记正义》"在己为情，情动为志，情志一也"而发的，等于是说，"心""志""情"三者和"性""情""志"三者一样，也只是动与不动、已发与未发的不同，它们其实是一回事。

现在的问题是，如果从本文所采用的文字形义学的角度来看，中国古代经学解释学者们的上述论证却还只是一种纯粹的逻辑推论，而并未能给出多少真正有力的事实和文献根据，因此就不能说已经使人确信无疑。而笔者认为，要真正使人对这一观点确信无疑，除了前人的那种逻辑论证之外，还应该以本文所提倡的文字形义学方法，通过对"心、志、情、性"等相关概念的文字形义学分析，借助对新出楚简文字资料与传世文献进行综合研究，提供更加坚实的事实论据。

考察"志""性""情"，三字皆以"心"为义符。《说文解字·心部》认为"心"指"人心也"，"象形"，"凡心之属皆从心"。此亦即孔颖达《毛诗正义》所谓"包管万虑，其名曰心"之义。在"心""志""情""性"四字中，"心"字的字义乃是一个统摄性的种概念，它是"志""情""性"的"大共名"，说"志""情""性"与它"其义一也"，那是不难理解的。而"志""情""性"三者之间，则是平等和并列的关系，它们并不是文字学上形异义同的异体字。它们虽然在字形上都以"心"为义符，但也必存在着各自独立为一字的理由。

从字形上看，《说文解字·心部》曰："志，意也。从心、之声。"又说："性，人之阳气性善者也。从心、生声。""情，人之阴气有欲者。从心、青声。"同书《青部》曰："青，东方色也。木生火。从生、

---

① 《毛诗正义》卷一，《十三经注疏》（上），中华书局1980年版，第270页。案：《汉书·艺文志》原文为"故哀乐之心感，而歌咏之声发"。殆此处的"心"本指"情"而言，故孔氏征引时改之。

一　文学之思

丹。丹青之信言必然。"① 这里我们暂且撇开《说文解字》对"志""性""情"三字的释义是否正确不论，单从文字构形学来看，应该承认《说文解字》的解释的确给了我们一些有用的信息：（1）《说文解字》告诉我们"志"字"从心、之声"，即"志"字的上部不是我们今天所见到的"士"，实乃"之"的隶变；（2）"情"和"性"不仅与"志"一样都属于《心部》字，而且"性""情"二字实际都从"生"（因为"性"既从"生"，而"情"所从之"青"亦从"生"，故可曰"性""情"二字皆从"生"。）这也就是说，如果我们要从文字形义学的角度论证"志""情""性"三字"其义一也"，就必须要在说明"性""情"二字形义相通相近的基础上，重点阐明"志"字所从的"之"与"性""情"所从的"生"之间的关系。

"性""情"二字都属《心部》字，都从"心"，那么其字义是否即是相同或相近的呢？"生"字，甲骨文中已多见，写作"ᴗ"。《说文解字·生部》曰："生，进也，象草木出土上。"② 表示的乃是一种草木初生的形象及其本性。《周礼·地官·大司徒》："以土会之法，辨五地之物生。"郑玄注："杜子春读'生'为'性'。"《荀子·劝学》："君子生非异也，善假于物也。"王念孙曰："'生'，读为'性'，《大戴记》作'性'。"故清人徐灝的《说文解字注笺·生部》曰："生，古性字，书传往往互用。""青"字，甲骨文中亦未见，到西周才出现，可见它和"性"一样，都是与"生"相对的"今字"，它的形义都应该是由"生"字孳乳而来。《说文解字》解"青"字，除了说"青"字"从生"是正确的外，其余都是缺乏根据的。今人何琳仪辨"青"字形义曰：

青，西周金文作 ᵛ（墙盘）。从生（本义为草生于地），井声。本义为草之青色。或作 ᵛ（吴方彝），井旁讹作丹形。或作 ᵛ

---

① 以上见许慎《说文解字》，许慎撰，段玉裁注：《说文解字注》，上海古籍出版社1981年版，第502、215页。

② 同上书，第274页。

（毛公鼎静作䇂），丹形又省作凡形。春秋金文作🙾（秦公镈静作䇂）、🙾（秦公簋静作䇂）。战国文字承袭两周金文。井旁多作凡形或丹形，或讹作口、冂、月、冃、一，六国文字下加口为饰（在偏旁中或省）。①

这就是说，"青"字的本义与所谓"丹青之信"并无关系。"青"字本是"从生，井声"的形声字，它的本义应与"生"有关。如果说"生"字表示的是"草生于地"的状态的话，那么，"青"的本义则应是反映了草出生后的色彩。"生""青"二字都是描述的同一个对象的同一存在状态，不过一个着眼于其生存状态，一个着眼于其呈现出的色彩而已。而从二者都状草之生这一点来看，"生"和"青"的本义应该是相同的。如果说"性""情"二字由"生""青"加"心"旁构成，但"性"字从"心"从"生"结体，其本义即为"生"的话；那么，从"心"从"青"的"情"字，其本义也就应该与"性"相同，也应该源于"生"义。

"情""性"既是形义相通的，那么"志"与"情""性"二字之最大差异——"之"与"生"字之间的关系又是如何的呢？因为如果"之"与"生"在文字形义学上也是相近相通的话，则"诗言志"替换成诗"吟咏情性"，就不仅仅是一种纯理论的逻辑推论了。

上文我们已经指出，"性""情"的初文"生"的字形，自甲骨文以来即为一种草木初生于地的形象。而"志"所从的"之"又如何呢？何琳仪《战国古文字典》又说：

之，甲骨文作业（粹一〇四三）。从止，从一。会足趾所至之意。止亦声。西周金文作业（毛公鼎），春秋金文作业（曾伯簠）。战国文字承袭两周金文。或作业，取其对称。或作业，斜笔穿透。或作业，加一赘笔。《说文》："之，出也。象草过中，枝茎益大有

---

① 何琳仪：《战国古文字典》，中华书局1998年版，第821页。

所之。一者，地也。"①

"之"字从"止"。虽然对于"止"字为"足趾之象"人们向无异议，但或由形讹、或出误解，后人见到的甲金文字中却有许多"止"字象草木出生（即"生"字）之形。（《甲》一八〇、《散氏盘》等）《说文解字·止部》曰："止，下基也。象草木出有阯，故以止为足。"许慎这是在解释为什么本象草木之出生的"止"字被认为是象"足趾"的原因。而"之"字的这种形义，与自甲金文献到战国楚简中"生"字的形义——"会草生长于地之意"是完全相同的，也与篆体"生"字的形义十分相近。《说文解字·生部》云："生，进也，象草木出生土上。"换言之，不论是由于什么原因，自先秦以来，"志"所从的"之"与"性"所从之"生"成为了形义相近的字符，这个事实的确是普遍存在的。而由于先秦文献中这种较普遍的将"止"和"生"的形义相混的现象，也就必然会产生出将从"止"或"生"的"志""性"相混淆的情况。虽然我们现在还不能证明在现代出土文献的释读中是否有因将"性""志"二字所从之"止"或"生"讹混，故而导致了在"志""性"二字的隶定中也出现了讹混的例子，但宋人的《古文四声韵》中注明有出于《古孝经》的、且写作上"生"下"心"结构的"悘"（性）字，《正字通·心部》亦曰："性，《孝经》'性'作'悘'。"应该说，像这样的"悘"（性）字，被误隶定为"志"，或者说这个"悘"字之所以写成了后人见到的从"生"从"心"的结构，其实乃是对从"止"的"志"字的误释，这些都是很有可能的。

因此，根据现有的文献，我们似乎可以这样推断：中国古代诗学中《尚书·尧典》的"诗言志"中的"志"，之所以到《诗大序》中被换成了"吟咏情性"中的"情性"，从文字形义学来看，极可能是源于"志"字所从的"之（㞢）"与"情""性"二字所从之"生"字的形义混淆——首先是金文中的"之（㞢）"与"止"的混淆，然后是"之（㞢）""止"与"生"混淆，再然后是从"之（㞢）"的"志"与从

---

① 何琳仪：《战国古文字典》，中华书局1998年版，第43页。

"生"的"性"(包括"情")的混淆。而这种文字形义上的讹混,也许开始只是发生在"志"与"性"二字的字形上,继而则扩展到二字所代表的概念的含义上,使"志"与"性""情"混淆无别了,再后来又因为先秦时期的"性"被普遍地称为"性情"或"情性",使偶然的"诗言志"与"诗言性"的讹误,进一步演变成"诗言性情"了——《诗大序》的诗"吟咏情性"之说,从文字形义学的角度来看,应该是因为这一隐晦原因而得以确立的。而这与我们在上文曾指出的中国哲学思想家们从逻辑上论证的"性""情""志"三者,其名虽异,"其实一也"的结论,也是正相一致的,二者也可以互证。

三 楚简中"持"字写作"峕"与 "诗者,持也,持人情性"

中国古典诗学中由"诗言志"到"吟咏情性"之间的转换关系,我们已论之如上。但中国古代的学者们的诗论,并未就此止步。他们在"诗言志"和"吟咏情性"之外,还提出了"持人情性"之说。汉代的《诗纬·含神雾》曰:

诗者,持也,持人情性。

严格地说来,《诗纬·含神雾》的这一观点,与"诗言志"和"吟咏情性"说之间,其实只有一个字的差别:那就是它把"诗言志"和"吟咏情性"说中的"言""永"(咏)或"吟咏",换成了一个"持"字。但问题是,这个"持"字是什么意思呢?它是否如我们在上文所说的那样,也是一个表示中国早期诗歌艺术形式诗、乐不分特点的文字符号?

从现有的文字材料来看,"持"这个字,在甲金、简帛及其他出土文献中都没有出现,东汉许慎的《说文解字》一书才第一次收录。因为"诗者,持也,持人情性"之说仅见于《诗纬》,所以历来的经典"注疏"中都没有对它的来龙去脉的说明;又因为"持"字最早只见于

◆◆◆ 一 文学之思

东汉许慎的《说文解字》一书，故似又可以说"持"字可能是个汉代（甚至有可能就在西汉后期）才造出不久的新字。当时人们对它代替了什么字、以及为什么要代替原来那个字，心里都十分清楚，没有人觉得有什么不明白的地方，也就没有人提出什么疑问。直到六朝和隋唐之时，人们对汉代的情况已感到陌生，包括记录有"诗者，持也，持人情性"之说的纬书都被列入"疑伪"的范围，人们在解释此说中的"持"字之义时遇到了很大的困难，这才想到了要解决这个问题。《文心雕龙·明诗》曰：

　　大舜云："诗言志，歌永言。"圣谟所析，义已明矣。是以在心为志，发言为诗。舒文载实，其在兹乎！诗者，持也，持人情性；三百之蔽，义归无邪，持之为训，有符焉尔。

　　在现有文献中，刘勰应该是第一个解释"持之为义"的人。他采用的方法是将其与《论语·为政》："子曰：诗三百，一言以蔽之，曰思无邪。"联系起来以解之，并认为二者"有符焉尔"。这应该是六朝人在不明"诗者，持也，持人情性"之说出现的学术背景下，结合先秦时即已广泛流传的、而在汉代又被定于一尊的儒家诗学所做的一种理论推导，也是当时对"持之为义"的最为合理的一种解释：《礼记·乐记》本有"君子反情以和其志"之说，《诗大序》又有"发乎情，止乎礼义"之论，都显示了明显的道德政教色彩[①]，故刘氏顺理成章地引入孔子"思无邪"之言以解说"持之为义"。至唐代孔颖达著《毛诗正义》时，则进一步将刘勰之论加以补充、强化和拓展。孔颖达注郑玄《诗谱序》时更明确地说：

　　名为诗者，《内则》说负子之礼云："诗负之。"《注》云："诗

---

① 关于《礼记·乐记》和《诗大序》"反情和志"与"发乎情，止乎礼义"两说的"道德政教色彩"，可参看李泽厚、刘纲纪主编的《中国美学史》（第一卷）中的论述（李泽厚、刘纲纪：《中国美学史》，安徽文艺出版社1999年版，第338页）。

之言承也";《春秋说题辞》云:"在事为诗,未发为谋,恬憺为心,思虑为志,诗之为言志也";《诗纬·含神雾》云:"诗者,持也。"然则"诗"有三训:承也,志也,持也。作者承君政之善恶,述己志而作诗,为诗所以持人之行,使不失坠,故一名而三训也。[1]

孔颖达不仅继承了刘勰"持之为义"即孔子"三百之蔽,义归无邪"之说,而且还似乎有意为刘勰补充了一些论据,即《礼记·内则》中的"诗负之"和《春秋说题辞》中的"诗之为言志也"之词。在孔颖达看来,"诗者,持也,持人情性"之"持",之所以要解释成孔子的"思无邪",这乃是整个诗歌创作过程的必然要求:因为诗歌的创作动机和作品的思想内容方面既然是"承君政之善恶,述己之志而作"的,那么它的客观功用和社会功能也就不能不是"义归无邪"——"持人之行,使不失坠"了。

中国古代以刘勰、孔颖达为代表的诗论家们,对"诗者,持也,持人情性"中"持之为义"的这种带有鲜明儒家道德政教色彩的解释,对此后中国的诗学又产生了极为深远的影响。以至于现代学者在谈"诗者,持也,持人情性"之说时,仍基本都沿袭了刘、孔二氏的说法。如,范文澜《文心雕龙注》在引孔氏《诗谱序正义》"诗有三训"一段文字后即说:"彦和训诗为持,用《含神雾》说。《论语·为政》:'《诗》三百,一言以蔽之,曰思无邪。'《正义》:'思无邪'者,此《诗》之一言,《鲁颂·駉篇》文也。诗之为体,论功颂德,止僻防邪,正于此一句可以当之也'。"[2] 钱锺书《管锥编》论《毛诗正义》"诗有三训"时也说:"持人之行","亦且自持情性,使喜怒哀乐,合度中节,异乎探喉肆口,直吐快心";而"'之'与'持'一纵一敛,一送一控,相反而亦且相成,又背出分训之同时合训者"[3]。皆是其例也。

---

[1] 孔颖达:《诗谱序正义》,《十三经注疏》(上),中华书局1980年版,第262页。
[2] 刘勰著,范文澜注:《文心雕龙注》(上),人民文学出版社1958年版,第69页。
[3] 钱锺书:《管锥编》(第一册),中华书局1979年版,第57—58页。

一 文学之思

中国学术界从古到今的文艺理论家们对"诗者，持也，持人情性"之说如是解读，既与中国此前的经学和诗学传统十分吻合，而且也有其文献根据。但是，如果我们从文字形义学的角度来探讨"诗者，持也，持人情性"之说的话，是仍然存在一些疑惑的：既然"诗者，持也，持人情性"之说就等于儒家传统的"持人之行，使不失坠"——这一"中正""无邪"的诗教，那么《诗纬·含神雾》为什么不像《古文尚书》只用"永"而不用《今文尚书》中的"咏"那样——不用"持"的"古文"，以便更强烈地表明自己是继承着上古儒家诗教的传统呢？汉代之前"持"的"古字"又是怎样的呢？

在我看来，《诗纬·含神雾》把"诗言志"和"吟咏情性"说中的"言""永"（咏）或"吟咏"，换成了一个"持"字的原因固然是非常复杂的，但仔细推敲起来，似可归结为这样两种可能：一是这个字本来即如自汉代以来的经学家们所认定的，写作从"手"从"寺"的"持"，其意义即经学家们（主要是今文经学家们）所讲的与道德政教相关的"持人之行，使不失坠"或"止僻防邪"；另一种可能则是《诗纬·含神雾》的作者，有意把这个本不该写成从"手"从"寺"结构的字写成了这样的形体，后人不明究竟，也只好照经学的旧说去讲了。而比较而言，我认为存在后一种"可能"的可能性似乎更大。我的理由是：

其一，汉代经学，本有"今、古文"之分，但汉武帝立"五经博士"，率用今文："传言《诗》，止有齐、鲁、韩三家，而无《毛诗》。"[①]而据学术界比较可信的观点，"谶纬出于汉代"，"零星的谶语虽然早已存在"，但如《诗纬》这样"依傍经术"的书籍，则"不大可能早于王莽时代"；[②] 如果说古文经学偏向于文字训诂一路的话，今文经学则最喜"微言大义"。故如《诗纬》这类不惜编造神灵妄诞之言来附会经义的作品，必然会在文义取向上与今文经学保持一致；[③] 而且，只要能与经义

[①] 皮锡瑞：《经学历史》，中华书局1959年版，第69页。
[②] 钟肇鹏：《谶纬论略》，辽宁教育出版社1991年版，第20—26页。
[③] 案：学术界向有"古文家无谶纬"之说。钟肇鹏先生亦云："纬书是西汉末的产物，纬以配经，故纬书中的经说都采用今文经说。"（钟肇鹏：《谶纬论略》，辽宁教育出版社1991年版，第116页）。

保持一致，什么样的故事和语录他们都是能够编造出来的。

其二，与之相联系的——就纬书的文字使用来说，纬书不仅语句上五花八门，文字的使用上也极不严谨。钟肇鹏先生曾列举了大量"纬书直接袭取《（春秋）繁露》的文字"，但却把其中的文字抄错了的例子。①《后汉书·儒林（尹敏）传》亦载尹敏明确地对汉光武帝刘秀说：谶纬之书"非圣人所作，其中多近鄙别字，颇类世俗之辞，恐疑误后生"。《隋书·经籍志》云：纬书"其文辞浅俗，颠倒舛谬，不类圣人之旨"。就都指出了其在文字使用上的特点。

仅以上两点而论，我们已不难看出，《诗纬·含神雾》把"诗言志"和"吟咏性情"之说，换成为"持人情性"之语，目的不过是为其经学中诗歌应符合儒家"中正""无邪"的道德政教标准的诗教张目，而在语辞的表达和文字的使用上亦是极为随便和缺乏根据的。因此，尽管《诗纬·含神雾》的"诗者，持也，持人情性"之说被后来的今文经学家采入儒家诗学，而成为了中国古代流传数千年的诗学传统的一部分，但这却并不妨害我们从文字学的角度去考证"持人情性"中"持"字的"古文"（亦即"正字"）是什么、以及作为"古文"（亦即"正字"）的"持之为义"是什么。当然，笔者这样做，并无意否认自汉代以来，中国传统诗学中一直存在着把"持人情性"解释成儒家"中正""无邪"道德诗教的这样一个事实，甚至也无意去评价这一道德诗教的是非曲直，而只是想从文字学的角度说明，在汉代如果用"古文"（或"正字"）来记录"诗者，持也，持人情性"一说的话，那么"持人情性"的"持"及"持之为义"都将会是另外一种面貌，而且将可能是与中国古代诗学儒家的道德诗教无关，而与其中关于先秦诗歌艺术的形式特点和诗学观念完全一致的面貌。

因此，以刘勰、孔颖达为代表的诗学理论家们对"诗者，持也，持人情性"之说中"持之为义"的解释，虽是与中国几千年的经学和诗学传统十分吻合的，而且也有其文献根据。但是，如果我们将其与"诗言志，歌永言"或"吟咏情性"说相联系来仔细分析，就仍然会发现

---

① 参见钟肇鹏《谶纬论略》，辽宁教育出版社1991年版，第121—128页。

一　文学之思

其中可能还是存在着某些问题的：

（1）"诗者，持也，持人情性"之说与"诗言志"和"吟咏情性"说之间，其实只有一个字的差别：那就是它把"诗言志"和"吟咏情性"说中的"言""永"（"咏"）或"吟咏"，换成了一个"持"字。尽管我们现在还不知道"持之为义"的确切内涵是什么，但根据我们在本文第一节的分析可知，"诗言志，歌永言"中的"言""永（咏）"和诗"吟咏情性"中的"吟咏"（还包括《礼记·乐记》和《诗大序》中的"长言"等），其实都只是一些关于诗歌艺术形式或表示诗歌艺术形式发展特点的文字或概念，而与诗歌的思想内容的关系应该很小、甚至完全没有。这也就是说，不论"诗者，持也，持人情性"之说中"持之为义"到底是什么，但有一点似乎可以肯定，即"持"应是一个关于诗歌艺术形式特点的文字或概念。《说文解字·手部》将释"持"为"握也。从手，寺声"[①]。既很难把"持人情性"中的"持"解释清楚；以刘勰、孔颖达为代表的诗学理论家们把"持之为义"与孔子的"三百之蔽，义归无邪"，或"承君政之善恶，述己之志"，"持人之行，使不失坠"等等联系起来，也可能把讨论问题的方向弄错了。——而且说严重一点，可能犯了逻辑上的偷换概念的错误。

（2）从文字学上来说，"持"这个字既然在先秦的甲金、简帛及其他出土文献中都没有出现，直到许慎的《说文解字》才收录，因而"持"字应该是西汉末期以后造出来的新字。那么，我们研究"持"这个字或概念时，就必须把汉人本十分清楚，故没有说明的问题——"持"代替了原有的什么字、以及为什么要代替原来那个字的原因了解清楚。至于说"持之为义"是否与孔子的"三百之蔽，义归无邪"，或是否为"持人之行，使不失坠"，则要等我们解决了这个首要问题之后才能决定。而我们在上文曾反复指出，"诗者，持也，持人情性"之"持"字，应该与"诗言志，歌永言"中的"言""永（咏）"和诗"吟咏情性"中的"吟咏"（还包括《礼记·乐记》和《诗大序》中的"长言"等）一样，其实都只是一些关于诗歌艺术形式或表示诗歌艺术形式发展特点

[①] 许慎撰，段玉裁注：《说文解字注》，上海古籍出版社1981年版，第596页。

的文字或概念，而不可能是（至少主要不是）一个关于诗歌思想内容方面的文字或概念。而根据我们在上文的研究，中国先秦诗歌的基本特点和发展历程是可以在当时的文字上找到其痕迹的：在殷商时期，中国的文学中尚没有作为一种文学艺术形式的"诗"，有的只是作为音乐的"歌"，故在甲骨文中既无"诗"，也无"寺""時"字，只有写作"可"（"哥"）的"歌"；两周时期虽已有"诗"，但当时的"诗"还只是一种唱出的"诗"，故两周金文中仍无"诗"字，但已有"寺""時"和"詞"字；直到战国时期从"言"的"诗"字出现，这才有了"直言"的"诗"的出现，故战国文字中"寺""時""诗"和"詞""哥""歌"字都有；西汉以后的传世文献，则有"诗""謌""哥""歌"，而不再能见到表示歌诗的"時"和作为"歌"字"初文"的"可""哥""詞"。① 所以我推断："诗者，持也，持人情性"之"持"字，原本也应写作"時"，因为"時"既是"诗"的"古文"，其字义也反映了早期"诗"与"歌"一体的歌唱艺术的特点，即它是异于"直言"的"永言""长言之"的口头艺术形式，故写作"時"——此时的"時"既是一个名词，也可用作为一个动词。在它表示当时的"诗歌"为一种文艺形式时，它是一个名词，读为"诗"；而在表示这一艺术形式的"永（咏）言""长言之"的特点时，则又变成了一个动词，读为"持"。

从字源学的角度来看，既然"持"这个字在先秦的甲金、简帛及其他出土文献中都没有出现，直到许慎的《说文解字》才加以收录，故而大概是西汉末期以后才造出来的，即"持"字应该是个很晚才出现的"今字"。故《说文解字·手部》的"持，握也。从手、寺声"之说②，

---

① 案：此处的"初文"是一个相对的概念，"可"是"哥""诃""哥""謌""歌"的"初文"，而"哥""诃"则为"謌""謌"的"初文"。"可""哥""詞"三字汉代以后文献中仍存在，但"可"既仅表许可，"哥""詞"字典皆以笑声、大笑解之，已与"歌"无关，故它们只可视为表"歌"之"可""哥""詞"三字的同形字。

② 案：日人高田忠周认为"持"从"寺"，而"寺"字从"寸"即同从"又"，故"寺"即为"持"之本字。（说见《金文诂林》，周法高主编，张日升、徐芷仪、林洁明编纂，香港中文大学出版社1975年版，第1854—1855页）此说若以"握也"为"持"之本义，则是正确的；若以"持"之本义有"持续""持久"义，则显然不符。故可以说，表示"握也"的"持"与表示"持久""持续"之义的"持"字，实是字义并无关系的同形字。

一 文学之思

与刘勰、孔颖达以来的关于"持之为义"的充满道德教化色彩诗学的训释应该是毫无关系的。因为"持"只能表示"握"义,而不能表示与先秦诗歌"永(咏)言""长言之"特点的"持久""持续"之义。甲骨文、金文和楚简文字中皆无"从手、寺声"的"持"字,"持"字两周金文中都写作"寺",而战国文字则"诗"与"峕"混用,"持"字差不多都写作"峕"字。①

现在可见到的古文字中"持"写作"峕"的例子,基本上都来自于楚文字的材料。在楚文字材料中,战国早期的楚王酓璋作曾侯乙镈铭文中的"永峕(持)用臺(享)"、曾侯乙编镈十七号甬钟铭文"曾侯乙乍(作)峕(持)",各处"持"字皆写作"峕";② 战国中后期的楚简,如上博简(二)《从(甲)》·七中的"三折(誓)峕(持)行"和上博简(二)《从(甲)》·一二中的"峕(持)善不厌",两处的"持"也无一作"从手、寺声"之形,而皆为"从口、寺声"的结构,写作"峕"。③ 这似乎也正好证明本文前面提出的看法:在先秦时期,"从手、持声"的"持"字应该尚未出现,后世的"持,握也"之义,是由"寺"字承担的;其"持续""持久"之义,则因为"峕"(诗)字表示有早期的诗歌艺术形式"永(咏)言""长言之"的特点,故写作"峕"字。而所谓"诗者,持也,持人情性"之"持",原也本该写作"峕",它不过和"诗言志,歌永言"或"吟咏情性"说一样,是说早期的"诗"乃是一种"永(咏)言""长言之"的艺术形式,其功能是"咏"(永)"形于言"的"志"或"吟咏"人之"情性"的,与孔颖达所谓"持人之行,使不失坠",或"诗之为体,论功颂德,止僻防邪"等"中和""温柔敦厚"的"诗教",可以说是并没有多大关系的。《诗纬·含神雾》的"诗者,持

---

① 案:楚简文字中有的为"衍"的通假字"訨""志"等(但必须注意,它们并非即是"持"字,这是它们与"衍"不同的地方)。
② 参见何琳仪《战国古文字典》,中华书局1998年版,第44—45页;刘彬徽、刘长民《楚系金文汇编》,长江出版集团·湖北教育出版社2009年版,第199、201、214页。
③ 滕壬生:《楚系简帛文字编》(增订本),长江出版集团·湖北教育出版社2009年版,第123页。

也，持人情性"之说，之所以要把《尚书·尧典》"诗言志"中和《诗大序》"吟咏情性"中的"言""永（咏）"或"吟咏"换成了一个"持"字，既是由于纬书爱用"近鄙别字"的文字使用习惯使然，也是由于其编造妄诞之言来附会经义的需要；而以刘勰、孔颖达为代表的诗学理论家们之所以对"持之为义"做出具有强烈儒家道德政教色彩的解释，则反映出谶纬之学的部分内容，已附会着汉代的今文经学而融入到了中国古代经学的河流之中，并且对中国古代的文艺理论和诗学观念发生了深刻的影响。

（原载《学术月刊》2014 年第 7 期）

玄学清谈与魏晋四言诗的复兴

中国古代诗歌发展到中古时期，出现了新的时代特点和发展格局，新兴的五、七言体诗异军突起，特别是五言诗这种诗歌形式，开始以它崭新的姿态"独秀众品"[①]。刘勰《文心雕龙·明诗》篇曰："暨建安之初，五言腾踊，文帝、陈思，纵辔以骋节；王、徐、应、刘，望路而争驱。"钟嵘《诗品序》云："夫四言文约意广，取效风骚，便可多得，每苦文繁而意少，故世罕习焉。五言居文词之要，是众作之有滋味者也，故云会于流俗。"都先后指明了这一点。

但是，很显然，包括刘勰、钟嵘上述论断在内，古今学术界对我国中古诗歌特点和格局的论述，均只是对当时诗歌发展的某种整体性概括，并不是为了精确地描述（亦不足以描述）中古诗坛各个时期诗体的发展及其相互关系。因为就魏晋时期四言诗和五言诗发展的历史状况而言，这一时期不仅是"五言腾踊"的时代，同时也是四言诗创作繁荣与复兴的时代。

具体来讲，在魏晋不到二百年的诗坛上，不仅涌现了如曹操、嵇康、陆云、孙绰等以四言诗名家或四言诗成就特别突出的诗人，即使是曹植、阮籍、陆机、陶渊明等以五言诗闻名的诗人，也无不时时假手于四言。笔者据今人逯钦立辑《先秦汉魏晋南北朝诗》，对起自曹操、止于许翙的诗人和作品进行了初步统计[②]：魏晋时期共有四言诗作者102

[①]《南齐书·文学传论》。
[②] 本文的统计依以下原则：（1）诗人的朝代归属概依逯氏；（2）全篇少于四句的诗篇作残句处理；（3）甄述、荀组、温峤、司马曜等21位仅存残句的诗人及作品不计在内；（4）蜀汉、东吴两朝诗人及作品不计在内。

人；作品432篇（其中含郊庙诗及杂歌谣辞78篇），合927章。这个数字表明：（1）在魏晋时期近210位诗人中，今天仍存留四言诗作品的占了将近半数；（2）魏晋四言诗的数量，不仅超过了《诗经》三百篇、两汉85篇（含郊庙诗及杂歌谣辞）的数量，而且也大大超过了宋、齐、梁、陈、隋五朝四言诗作品327篇的总和（其中含郊庙诗及杂歌谣辞252篇）；（3）如果以我国古代某些文学作品选集将四言诗一章视为一篇的惯例来计算，则魏晋四言诗的总数，还要超出同一时期五言诗作品843篇（郊庙诗、杂歌谣辞五言诗不计在内）的总数。①

四言诗在魏晋时期创作的繁荣与数量的激增，以及在魏晋以后的衰退，除了文学发展的内部因素的制约外，显然有其特定的历史原因。于是，魏晋玄学作为一种流风遍及当时整个社会生活和各种文艺形式的学术思潮，不能不引起我们的关注。问题在于，玄学清谈和魏晋四言诗创作的繁荣和数量的激增，这二者之间有何必然联系呢？换言之，玄学清谈作为一种并不能直接和简单地与文学——特别是与四言诗这种古老诗歌体裁对接的学术思潮，它何以会影响到魏晋诗人对体裁的选择，并促成了这种古老诗体的复兴，这二者发生作用的具体契机、方式和途径如何呢？本文拟通过对玄学清谈造成魏晋时期崇尚简约、务求雅致、酷爱音乐的时风的考察，回答这一问题。

一

众所周知，魏晋玄学是一种可溯源至《易·系辞上》"书不尽言，言不尽意"之说、先秦名家以及汉末清议与人物品藻的学术思潮，它的影响不仅遍及整个魏晋南北朝，而且还涉及唐宋乃至明清的理学心性之学。② 像这样一种贯通今古、纵横千百年的学术思潮，它的建立必有赖

---

① 五言魏晋郊庙诗、杂歌谣辞271篇未计算在内，是因为上述作品的朝代归属，学术界尚无一致看法；且列入"晋诗"中大量的"吴声"和"西曲"，是一种类似楚辞的地方性音乐文体，不必与散见于各朝的民歌民谣同等看待。

② 可参阅顾炎武《日知录》卷七"夫子之言性与天道"条和钱大昕《十驾斋养新录》卷一八"清谈"条。

一　文学之思

于当时学术思想界"所发现之新眼光新方法"①，这就是玄学清谈的根本思想方法——"得意忘言""得意忘象"（包括"寄言出意"）的思辨方法。王弼在《周易略例·明象》中发明此种思想方法曰：

> 夫象者，出意者也。言者，明象者也。尽意莫若象，尽象莫若言。言出于象，故可寻言以观象；象出于意，故可寻象以观意。……象生于意而存象焉，则所存者非象也；言生于象而存言焉，则所存者非其言也。然则，忘象者，乃得其意者也；忘言者，乃得其象者也。得意在忘象，得象在忘言。故言象以尽意，而象可忘也；重画以尽情，而画可忘也。

借《易》学中"言不尽意"、老庄"六籍糠秕"和魏初"象不尽意"等概念②，王弼在此首次系统地提出了玄学"得意忘言""得意忘象"的根本思辨方法。这一思辨方法在逻辑上虽然具有高度的抽象性，却与东汉中叶以后学术思想界"鄙章句之烦琐而重经典之本义"③的潮流十分吻合，迅速成为全社会用于解经、见诸行事的根本思想方法和重要指导原则。玄学名士们依此种方法谈理著论，即造成了一种强烈的崇尚简约的风尚。何劭《赠张华诗》云：

> 西瞻广武庐，既贵不忘俭。处有能存无，镇俗在简约。

孙绰《赠温峤诗》五章其三亦云：

> 爰在冲龀，质巍韵令。长崇简易，业大德盛。

玄学清谈之所以会在当时全社会造成强烈的崇尚简约的倾向，这是

---

① 参见汤用彤《言意之辨》，《汤用彤学术论文集》，中华书局1983年版，第214页。
② 参见《庄子·外篇·天道》篇及《三国志·魏书·荀彧传》裴松之注引何劭《荀粲传》。
③ 参见余英时《士与中国文化》，上海人民出版社1987年版，第362页。

因为：

　　从理论上讲，"得意忘言""得意忘象"既然是基于"言（象）不尽意"的认知前提而提出的一种重"意"轻"言"（象）、重神轻形的主张，它就必然会要求人们在玄学清谈中遵循这样一个原则：废"言"然后得"意"。晋人张韩（严可均谓"韩"疑为"翰"之误）《不用舌论》引孔子"天何言哉"之说而论之曰：

　　　　余以留意于言，不如留意于不言。徒知无舌之通心，未尽有舌之不通心也。仲尼云："天何言哉，四时行焉。""夫子之文章可得而闻也；夫子之言性与天道不可得而闻。"①

　　这就是说，在"言"（象）和"意"（性、道）的关系上，玄学家们认为汉人"立言以垂教，将以通性，而弊至于泅；寄辞传旨，将以正邪，而势至于繁"的方法是不可取的，最佳的方法应该是"修本废言，则天而行化"②，即"得意"而"忘言"。用"格义"的形式来讲，也就是当时佛门所说的"筌我兼忘，始可几乎实矣"③。然而，玄学界"得意忘言"方法所提倡的"修本废言"和"留意于言，不如留意于不言"的主张，不仅与"圣人立象以尽意，设卦以尽情伪，系辞焉以尽其言"④之教存在着尖锐的冲突，而且在实际生活中也滞碍难通。因此，玄学家在社会生活乃至思辨活动中可能采取的、既保留了"得意忘言"的精神，而又最切实可行的方式，就应该而且只能是以尽量少的"言""象"，表现出最丰富、深邃的意旨，并在"得意"之后迅速弃掉"言"（象）。而这样做的结果，就势必造成一股强大的时风：崇尚简约。

　　从玄学清谈的实践活动来看，魏晋玄学名士们在他们交游谈理、讲

---

　　① 《艺文类聚》卷一七。案："未尽有舌之不通心也"一句，原文作"未尽有舌之必通心也"，汤用彤《言意之辨》谓"必"当为"不"之误，今据以改正。
　　② 以上均见《论语集解》皇疏九引王弼之言。
　　③ 僧叡：《十二门论序》，《全晋文》卷一六。
　　④ 《易·系辞上》。

一　文学之思

文论道乃至选举执政等各个方面，的确表现出了一种人简要为尚，个个精于"乘一总万、举要治繁之术"的时代风尚。《世说新语》载乐广、裴楷、王戎"以约言厌人心"①，张凭、王承、王述"言约旨远"②，《三国志》《晋书》称誉曹氏父子、竹林七贤、王谢诸子弟"简至""简易""清通简要"，等等，皆可以为证。

《世说新语·文学》：

> 客问乐令旨不至者，乐亦不复剖析文句，直以麈尾柄确几曰："至不？"客曰："至。"乐因又举麈尾曰："若至者，那得去？"于是客乃悟服。乐辞约而旨达，皆类此。
>
> 阮宣子有令闻，太尉王夷甫见而问曰："老庄与圣教同异？"对曰："将无同。"太尉善其言，辟之为掾，世谓"三语掾"。

不仅如此，有关魏晋思想史料还表明，玄学清谈"得意忘言"思辨方法所造成的遍及当时社会生活各个方面的崇尚简约之风，也深刻地影响到了文学和艺术活动，影响到了诗、赋、音乐、书法等多种文艺形式——在玄学家们看来，它们均是玄学致意的工具，均应遵循"以少总多""以一揆万"这一玄学清谈思辨方式。

阮籍《乐论》：

> 乾坤易简，故雅乐不烦；道德平淡，故五声无味。

陆机《文赋》：

> 诗缘情而绮靡，赋体物而浏亮……虽区分之在兹，亦禁邪而制放。要辞达而理举，故无取乎冗长。

---

① 《世说新语·赏誉》刘注引《晋阳秋》。
② 《世说新语·文学》。

玄学清谈与魏晋四言诗的复兴

陆云《与兄平原书》：

> 云今意观文，乃好清省，欲无以尚。意之至此，乃出自然。

《文心雕龙·练字》：

> 自晋来用字，率从简易，时并习易，人谁取难？

张怀瓘《书议》：

> 子敬（王献之字）之法，非草非行……挺然秀出，务于简易，情驰神纵，超逸优游，临事制宜，从意适便。有若风行雨散，润色开色，笔法体势之中，最为风流者也。

由此可见，由于玄学清谈思辨方法的影响，魏晋文学艺术领域中实亦弥漫着浓厚的崇尚简约的风气，所谓"南人学问，清通简要"[①]，不仅是对魏晋学术思想的准确概括，而且也应是对当时文学艺术特点的最好总结。

从现存魏晋时期的文学作品来看，崇尚简约的时风在文学创作中的深刻影响，主要表现在：

（1）它要求并使得当时的文学作品在遣词造句、篇章结构等方面，做到简练、精致，即稍后刘勰用"核字省句、剖析毫厘者也"所界定的"精约"。前人常以"字句坚实，去经不远"[②]，"造语精圆""功夫精密"[③] 评魏晋名家之诗；而永嘉南渡以后，魏晋诗坛四言多"虽有惠音，莫过《韶》《濩》；虽有腾蛇，终仆一壑"（庾阐《吊贾谊诗》）和"亭亭椅桐，郁兹庭圃；翠微疏风，绿柯阴宇"（伏系之《咏椅桐》）一

---

① 《世说新语·文学》。
② 《文心雕龙·体性》。
③ 方东树：《昭昧詹言》卷一。

◆◆◆ 一 文学之思

类短小精悍之作,均属此例。故《世说新语》常赞当时玄学家精粹名论为"辞难简切"①,而《晋书·张辅传》更明确以言辞多寡褒贬史书:

> (辅)又论班固、司马迁云:"迁之著述,辞约而理举,叙三千年事唯五十万言;班固叙二百年事乃八十万言,烦省不同,不如迁一也……"

(2)它要求并使得魏晋文学作品在辞句简省的基础上,力求意赅旨远,"深文隐蔚,余味曲包",具有"文外之重旨"②。历代诗评家盛赞曹植诗"多留弦外之音,不尽之意"③,嵇康诗"响逸调远"④,阮籍诗"言在耳目之内,情寄八荒之表"⑤,称刘桢诗初"读之亦无甚深意",细嚼则"只觉缠绵悱恻,萦绕简编,十日不散"⑥,陶渊明诗"清腴简远,别成一格"⑦。其原因正在于魏晋文学作品在言词"精约"的基础上,达到了言简意赅,言近旨远,含蓄隽永,余味无穷的艺术境界。《世说新语·言语》载桓玄见"前为琅邪时种柳已十围",不由得吟出"木犹如此,人何以堪"二句,自己感动得"泫然流泪",同书《文学》又曰:"郭景纯诗云:'林无静树,川无停流。'阮孚云:'泓峥萧瑟,实不可言'。每读此文,辄觉形超神越。"桓、郭二氏上述言辞和诗句的魅力,同样在于其以简短的形式包含了丰富的内蕴:桓氏言咏中暗藏了对个人遭际、人民生活和国家命运的无限感慨;郭氏诗句里寄寓了难以言喻的自然神韵和超然洒脱……而这些,才是玄学清谈简约之风深刻影响魏晋文学创作的根本原因之所在。

不言而喻,这种力求简约的趋向和特点,也必然会影响到当时文学的形式,包括诗歌体裁,促使诗人们在选择诗歌体裁时,自觉地倾向于

---

① 陈绎曾:《诗谱》评曹植、陶渊明语,丁福保辑《续历代诗话》本。
② 《文心雕龙·体性》。
③ 《昭昧詹言》卷二。
④ 《文心雕龙·体性》。
⑤ 《诗品》卷上。
⑥ 厉志:《白华山人诗说》卷二。
⑦ 沈德潜:《说诗晬语》卷上。

运用古老的四言诗体。因为体裁既为文学的基本要素之一，就必须贯彻"庞言繁称，道所不贵"①的原则，而由《诗经》开先河的四言诗体正是当时诗歌体裁中"文约意广"和"最附深衷"的诗体的一个标本。

《文心雕龙·宗经》：

> 《诗》主言志，训诂同《书》；擒"风"裁"兴"，藻辞谲喻，温柔在颂，故最附深衷矣。

《诗品序》：

> 夫四言文约意广，取效《风》《骚》，便可多得……

《本事诗》：

> （太白）尝曰："兴寄深微，五言不如四言，七言又其靡矣……"

《诗薮》内编卷二：

> 四言简质，句短而调未舒；七言浮靡，文繁而声易杂。

从此可见，玄学清谈造成的崇尚简约的风尚，必然在诗体上择取四言。这可以说是促使魏晋时期四言诗数量激增并形成复兴态势的重要原因之一。

二

玄学清谈在造成魏晋社会崇尚简约时风的同时，也给魏晋人的精神带来了相对的自由与解放，促使他们在思想和言行上一味地追求"超然

---

① 参见沈德潜《说诗晬语》。

绝俗的哲学的美":"雅致""绝俗"①。史传及《世说新语》中《雅量》等篇多记魏人临行弹曲、奔丧鼓琴、起居种竹、调侃赋诗等高雅之举，便可见务求雅致，亦是当时社会又一盛行的时尚。

玄学清谈之所以能够造成魏晋时代务求雅致的风尚，这是因为：

从世界观上讲，玄学清谈"得意忘言"（象）的思辨方法，其根本点乃是物质世界与精神世界之"形神分殊"②。因此，在玄学家以"言"（象）是否简约作为衡量清谈或粗迹的尺度时，就必然要用"雅致"作为检验玄理高下的标准；在崇尚简约的同时，也就必然会务求雅致。

从认识论上讲，玄学清谈"得意忘言"（象）思辨方法的实质，是重理性而轻感性，强调超越"言"（象）而致玄理。因此，在玄学家因不能完全废弃"言"（象）而退求简约的同时，也就必然要在"得意"的途径和过程中下工夫，以期最大限度地远离"粗迹"，显得超脱、绝俗，即"雅致"。

显然，玄学清谈造成的这种务求雅致之风，也会影响到当时的文学思想和创作，给魏晋的文艺打上"辞气雅正"③的烙印。近人陈寅恪称魏晋南人言咏必力避土音而用"雅言"④；《世说新语·文学》载谢安、谢玄以"偏有雅人深致"评《诗经·小雅·采薇》篇中的诗句，似已可见这种影响在当时文学创作和批评中之一斑。

但是，上述魏晋文学创作和批评的尚雅现象，尚不足以说明玄学清谈对当时文学影响的深刻性，更难以见出玄学清谈务求雅致之风促使四言复兴的必然。因为作为一种哲学思想和学术潮流，玄学清谈对文学特别是诗歌创作的作用并不是简单而直接的，它必须而且只能通过影响作家诗人们的思想和世界观，特别是审美观来完成。因此，我们认为，玄学清谈及其务求雅致风尚对魏晋文学的深层影响或促使当时四言诗复兴

---

① 参见宗白华《〈世说新语〉和晋人的美》，《艺境》，北京大学出版社 1987 年版，第 126、136 页。
② 参见汤用彤《言意之辨》，《汤用彤学术论文集》，中华书局 1983 年版，第 225 页。
③ 《晋书·孝友传·王裒传》。
④ 参阅陈寅恪《东晋南朝之吴语》，《金明馆丛稿二编》，上海古籍出版社 1980 年版，第 271 页。

的原因之一,乃是由于它在魏晋文坛造成了一种契合玄学雅致精神、贯通儒道二家美学趣味的审美观念:"以古为雅"。

玄学清谈所以会造成"以古为雅"这种"尚古"与"尚雅"相结合、儒道两家审美趣味相统一的美学观念,这是因为:

首先,魏晋文学中的尚雅倾向,其产生的根本基础,乃是玄学清谈"得意忘言"(象)的思辨方法。而玄学清谈思辨方法的产生过程虽很复杂,但说它是基于老庄"圣人之言,古人之糟粕"的观念和汉末以孔子"天何言哉"为依据的儒学简化运动,则应无大错。这也就证明,"得意忘言"(象)的思想方法,不仅是玄学名士用之解经、见诸行事的工具,且亦是用以会通儒道二学的手段①,儒道二家不仅可能而且事实上已被玄学调和过。

其次,从美学的层次来看,尽管儒家所要求的"思无邪"②"王政之所由废兴也"③和道家所主张的绝圣弃智、皈依自然的观点大相径庭,但在"以古为雅"这一点上,儒道二家却是可以契合的。道家追求精神的超越、雅致、遗世独立,在这一过程中,往往以"古"为口实;而儒家如孔子,一生"恶郑之乱雅也"④,言必采"雅言"⑤,乐必择"雅乐",其倍加推崇的乃是《韶》《武》等简质古朴的三代节奏乐⑥;汉代硕儒班固以儒家正统观点释"雅"云:"乐尚雅。雅者,古正也。"⑦ 皆为儒家"以古为雅"之例证。所以,魏晋玄学能因此而将"古"等同于"雅",用以造成一种合儒道两家美学观念和"尚古"与"尚雅"于一体的玄学审美观,并以"夫推类辨物,当先求之自然之理。理已足,然后借古义以明之耳"⑧ 作为玄学论物析理的具体方法之一。

---

① 参见汤用彤《言意之辨》,《汤用彤学术论文集》,中华书局1983年版,第220页。
② 《论语·为政》。
③ 《诗大序》。
④ 《论语·阳货》。
⑤ 《论语·述而》。
⑥ 参见拙作《古乐的沉浮与诗体的变迁》,《中国社会科学》1991年第5期。
⑦ 《白虎通·礼乐》。
⑧ 嵇康:《声无哀乐论》,《全三国文》卷四九。

一　文学之思

　　这种由玄学清谈务求雅致之风而来的"以古为雅"的审美观，对当时的文学创作产生了深刻的影响。其最直接的效应，就是促使魏晋文学创作出现了普遍的"拟古与作伪"现象①，产生了诸如《古文尚书》《列子》《孔丛子》《神异经》《西京杂记》《燕丹子》《十洲记》《汉武帝故事》《汉武帝内传》《洞冥记》以及《长门赋》《美人赋》《菟园赋》《柳赋》《鹤赋》《与苏武诗》等一大批假托古人的书籍和文学作品，使魏晋文学创作在题材内容和形式风格上，均呈现出了一种鲜明的复古主义特征。

　　（1）题材内容的因袭模拟。魏晋文学鲜明复古主义特征的表现之一，就是当时以诗赋为主体的文学创作，在题材内容上对古人亦步亦趋，因袭模拟。以诗歌创作而论，王粲、曹植、陶渊明三人皆有《咏三良诗》，左思有《咏史诗》，张载有《拟四愁诗》，陆机有《拟古诗十四首》（今存十二首），陶渊明有《拟古诗九首》，证明魏晋诗歌创作中本多"就乐府古题咏古事""咏史""拟古"等作品，而当时诗人新发明之"借乐府古题写时事""补亡""代……作"等模仿古制的形式，更为各体诗歌创作在题材内容上广泛拟古提供了新的途径。曹子建有《鰕䱇篇》《吁嗟篇》《豫章行》《薤露行》诸篇，但《乐府解题》却称"曹植拟《长歌行》为《鰕䱇》""拟《苦寒行》为《吁嗟》""拟《薤露行》为《天地》"②。晋人傅咸有《七经诗》（今存六首），但清人汪师韩《诗学纂闻》却称陈绎曾《诗谱》有言曰："傅咸作《七经诗》，其《毛诗》一篇，皆集《诗经》语。"③《抱朴子·外篇·钧世》云："近者夏侯湛、潘安仁作'补亡诗'"，而《文士传》却援引夏侯湛本集《叙》，称作"补亡诗"的起因，乃是见《诗经》中《白华》《南陔》《华黍》《由庚》《崇丘》《由仪》六篇"有其义而亡其辞"，才产生

---

① 参见王瑶《拟古与作伪》，《中古文学论集》，上海古籍出版社1982年版。
② 转引自郭茂倩《乐府诗集》第30卷第446页、第33卷第499页、第27卷第397页，中华书局1979年版。
③ 汪师韩：《诗学纂闻》，《清诗话》本。案：今本陈绎曾《诗谱》中本无"皆集《诗经》语"一句，汪师韩引用其言而加入，当另有所本。

"续其亡"的念头的①，这又说明，风行于魏晋南朝的所谓"补亡热"，其实不过是一种揣测《诗经》"笙诗"内容而加以模拟的"拟古"之举。唯其如此，历代文学史家多概魏晋诗歌而论之曰："多拟古题，述古事者。魏晋以下，平原兄弟、陆、傅、颜、谢、江、鲍之俦，操翰擒文，莫不拟古。"②

就魏晋赋创作的题材内容而言，情况也是如此。例如魏晋时期产生的众多借用《七发》旧题而创作的"七"体作品，就显然是对汉代古制的步趋和模拟。洪迈《容斋随笔》卷七云："枚乘作《七发》，创意造端，丽旨腴词……其后继者，如傅毅《七激》、张衡《七辨》、崔骃《七依》、马融《七广》、曹植《七启》、王粲《七释》、张协《七命》之类，规仿太初，了无新意；傅玄又集之以为《七林》，使人读未终篇，往往弃诸几格。"又，魏晋时期有骚体、连珠和遂志、闲情等题材的赋，亦多属模拟之作，在内容上同古制陈陈相因。如傅玄《连珠序》就称自己和张华的"连珠体"作品，是依此体的汉代"古义"而"广焉"③；陆机《遂志赋序》称自己作《遂志赋》，乃是要与前人"相依仿"，"聊复用心焉"④。宋玉、司马相如、张衡以言"情"为题创立"定情"之赋，魏晋时期陈琳、阮瑀又作《止欲赋》，应玚作有《正情赋》，曹植作有《静思赋》，张华作有《永怀赋》，陶渊明又作《闲情赋》，不断加以模仿。陶氏《闲情赋序》云："初张衡作《定情赋》，蔡邕作《静情赋》，检逸辞而宗淡泊，始则荡以思虑，而终归于闲正。将以抑流宕之邪心，谅有助于讽谏。缀文之士，奕代继作，并因触类，广其辞义。余园间多暇，复染翰为之，虽文妙不足，庶不谬作者之意乎！"正说明了这一点。

（2）形式风格的返璞归真。魏晋文学鲜明复古主义特征的另一重要表现，就是当时的诗歌创作在形式风格上一味地返璞归真，使作品显示出一种简质古朴的特色。

---

① 《世说新语·文学》刘孝标注引《文士传》。
② 刘永济：《十四朝文学要略》，黑龙江人民出版社1984年版，第105页。
③ 傅玄：《连珠序》，《全晋文》卷四六。
④ 陆机：《遂志赋序》，《全晋文》卷九六。

◆◆◆ 一　文学之思

　　就魏晋乐府诗来看，由于多采用"就乐府古题咏古事""借乐府旧题写时事""拟古"等形式，多属模拟古辞之作，故就多数魏晋乐府诗的风格特征而言，仍然是以古朴相尚，"淳朴余风，隐约尚在"①。后人常以"雄浑高古"②，"似古逸诗、古铭、古谣"③ 和"得古之神"④ 论魏晋乐府，其道理也在于此。

　　就魏晋五言诗而言，同样也是简质古直之作居多。仅钟嵘《诗品》一书，在《序》以"平典似《道德论》"总论魏晋五言诗之后，就对十几位诗人同时许以"古"字评语。如评曹操诗为"悲凉古直"；评应璩诗"善为古语，指事殷切，雅意深笃，得诗人激刺之旨"；评阮瑀、欧阳建、应璩⑤、嵇含、阮侃、嵇绍、枣据等"七君诗，并平典，不失古体"，评陶渊明诗"笃意真古，辞兴婉切，每观其文，想其人德，世叹其质直"。无不如此。

　　同样，魏晋四言诗作为当时沿用的一种最为古老的诗体，其作品更是力求简古，欲返璞归真。胡应麟《诗薮》内编卷一既称当时作者"浮慕三百，欲去文存质"，而章太炎《国故论衡·文学·辨诗》又在感慨整个古代四言诗的衰落趋势时，概括魏晋四言诗的基本风貌云：

　　　　……三百篇者，四言之至也。在汉独独有韦孟，已稍淡泊；下逮魏氏，乐府独有《短歌》《善哉》诸行为激昂也。自王粲而降，作者抗志，欲返古初……嵇、应、潘、陆，亦以楛窳，悠悠太上，民之厥初。于时皇晋受命既固，盖庸下无足观。非其材劣，四言之势尽矣。

　　毫无疑问，这种由玄学清谈务求雅致风尚而来的"以古为雅"的审美观，也会深刻地影响到当时文学创作中与内容和形式均密切相关的体

---

① 胡应麟：《诗薮》外编卷二。
② 方东树：《昭昧詹言》卷一。
③ 钟惺、谭元春《古诗归》卷七曹植《矫志诗》评语。
④ 陆时雍《诗镜总论》傅玄诗评语，《历代诗话续编》本。
⑤ 指"晋文学应璩"，与上文"魏侍中应璩"非一人。

裁，促使魏晋诗人们偏向于选择古老的四言诗体进行创作，并成为玄学清谈促使魏晋四言诗复兴的另一重要原因。因为四言诗不仅是当时文坛上一种最为简约的诗体，而且也是当时乃至整个中国古代文学中唯一既"古"且"雅"的诗体——"雅体"。

《文章流别论》：

> 夫诗虽以情志为本，而以成声为节，然则雅音之韵，四言为正，其余虽备曲折之体，而非音之正也。

《文心雕龙·明诗》：

> 四言正体，雅润为本；五言流调，清丽居宗。

《古诗镜·诗镜总论》：

> 诗四言优而婉，五言直而倨……四言大雅之音也，其诗中之元气乎！

三

作为一种强大的时代思潮，玄学清谈及其"得意忘言"思辨方法还诱发了魏晋时人对琴、棋、书、画等民族艺术的强烈热情，并促进了它们的飞速发展。以对琴——音乐为例而论，便已可看出魏晋时人对它们嗜爱的程度。

魏晋人普遍地酷爱音乐，与他们处于玄学清谈思潮中的思想观念密切相关：

首先，魏晋人认为音乐深契玄学清谈"得意忘言"、重神轻形之旨，是玄学清谈中辨物致"意"的天然和最佳手段之一。

众所周知，我国古代士大夫向有好乐的传统，自夏商至周秦再至两

一　文学之思

汉，爱乐之风可以说日盛一日。人们如此热情地投身于音乐歌舞，是因为他们认为，"闻歌以咏言，舞以尽意。是以论其诗不如听其声，听其声不如察其形。激楚结风，《阳阿》之舞；材人穷观，天下之至妙"①。但随着玄学清谈之风的兴起，魏晋人对音乐的爱好至少在两方面发生了很大的变化。一是魏晋人爱好音乐的程度更为痴迷；二是魏晋人爱好音乐的着眼点，已由汉人的"听其声""察其形"，转变为追求音乐中某种犹如《庄子·齐物论》中描述的"天籁"般的神韵。繁钦《与魏太子书》：

> 顷诸鼓吹，广求异妓，时都尉薛访车子，年始十四，能喉啭引声，与笳同音。白日呈见，果如其言，即日故共观试，乃知天壤之所生，诚有自然之妙物也。

繁钦此处所云音乐中的"自然之妙物"，正是嵇康、阮籍反复阐扬的无关于"声音"的"欢戚"②和"天地之本，万物之性"③。故嵇康在《琴赋序》中又云："余少好音声，长而玩之。以为物有盛衰，而此无变；滋味有厌，而此不倦。可以导养神气，宣和情志。处穷独而不闷者，莫近于音声。"

其次，魏晋人希望并相信音乐有助于提高他们的清谈水准，使他们"声作钟声"④；文章掷地，"要作金石声"⑤，达到泠泠然悦耳的艺术效果。《世说新语·文学》"裴散骑娶王太尉女"条刘注引邓粲《晋纪》曰：

> （裴）頠以辩论为业，善叙名理，辞气清畅，泠然若琴瑟，闻其言者，知与不知，无不叹服。

---

① 傅毅：《舞赋》，《全汉文》卷四三。
② 嵇康：《声无哀乐论》。
③ 阮籍：《乐论》。
④ 《世说新语·赏誉》。
⑤ 《世说新语·文学》。

或许正是出于上述原因，魏晋时人才如此普遍地沉浸于音乐氛围之中。可以毫不夸张地说，在魏晋时代，一个人如果不懂音乐，那必将如曹植所云："夫君子而不知音乐，古之达论，谓之通而蔽。"① 是必定要受到冷遇和讥讽的。

魏晋社会这种普遍酷爱音乐的浪潮，不能不在文学的理论和创作领域产生深远的影响。

在文学理论领域，由于受酷爱音乐时风的影响，特别是受嵇康、阮籍、刘劭、夏侯玄等人"乐论"（嵇康著《声无哀乐论》、阮籍著《乐论》、刘劭著《乐论》十四篇、夏侯玄著《辨乐论》）中偶然出现的将音乐和文学相提并论现象的启发，魏晋文论家纷纷以乐喻文。如曹丕《典论·论文》云："文以气为主，气之清浊有体，不可力强而致。譬诸音乐，曲度虽均，节奏同检。"葛洪《抱朴子·外篇·辞义篇》云："夫文章之体，尤难详赏。苟以入耳为佳，适心为快，鲜知忘味之《九成》，《雅》《颂》之风流也。"而陆机的《文赋》，在全篇包括序文不足二千字的篇幅中，更有十多处借音乐为喻，开创了文论史上以乐譬文的新纪录。

在文学创作领域，酷爱音乐的时风既影响到魏晋赋作家，也影响到当时广大诗人；既影响到文学创作的题材内容，也影响到文学作品的体裁形式。从题材内容方面看，这种影响的最明显的效果，就是它激发了魏晋作家对音乐题材创作的浓厚兴趣，促使他们创作了诸如嵇康的《琴赋》《筝赋》，傅玄的《琵琶赋》《琴赋》《筝赋》，潘岳的《笙赋》，成公绥的《啸赋》，顾凯之的《筝赋》等许多以音乐（主要是以乐器）为描写对象的文学作品，以至梁太子萧统选赋，不得不特立"音乐"一门，以便揽括进这一新兴赋体作品。②

从体裁形式方面看，魏晋社会酷爱音乐的时风使得当时广大诗人更倾向于使用具有"雅乐"属性的四言诗体，并从一个侧面促成了四言

---

① 傅植：《与吴季重（质）书》，《全三国文》卷一六。案：原文"知"上无"不"字，经赵幼文《曹糟集校注》考辨，当有"不"字，今据以补。
② 萧统《文选》选赋，"音乐"赋编于赋类之末，且全为汉末魏晋作品，故云。

一 文学之思

诗创作在魏晋时期的复兴。兹仅就此,略陈其因。

首先,现存魏晋诗歌作品虽数量颇丰,题材各异,但如果依它们与音乐的关系来划分,却实际只有两类:乐府诗或非乐府诗。就当时已标明为乐府性质的作品而言,不论它们是五言、七言还是杂言;也不论它们的作者是谁,是"以古题咏古事",还是"借古题写时事",它们都属于音乐性质的作品,这一点不言自明。就广大并未标明是"乐府诗"的魏晋诗歌而言,如前文所言,由于酷爱音乐时风和"拟古"风气的影响,人们也会尽量采用拟古、拟乐府的形式进行创作,从而使这些作品大多和音乐发生直接或间接的联系,完全或部分地具有音乐(乐府)性质。比如四言诗,由于以《诗经》为代表的四言诗经典作品都是音乐性质的作品,四言诗四字成句的基本特点亦根源于远古音乐两个汉字一拍的节奏形式,所以,同所有后世四言诗一样,魏晋四言诗从根本上讲,也全都是"披之管弦,皆成乐章"的[1]——是属于音乐性质的作品;尽管那种适合于四言诗的"古乐"到魏晋时可能早已失传。又比如五言诗,因为魏晋五言诗多拟古、咏史之作,其模拟对象多为两汉古诗,而由于这些被模拟的两汉作品,如"班婕妤《团扇》,乐府也;'青青河畔草',乐府也;《文选》引古诗……《十九首》亦乐府也。"[2]所以,正如魏源在《诗比兴笺序》中所云,魏晋多数五言诗,"皆以'比兴'为乐府、琴操"。也是属于和音乐相关的作品。

其次,魏晋诗人虽由于酷爱音乐而倾向于具有音乐性的诗体,但他们既不可能毫无选择地爱好一切音乐,更不可能对于各种同属音乐(乐府)性的诗体等量齐观。事实上,由于玄学清谈之风的影响,通常他们都会选择那些最能体现玄学简古雅致宗旨的形式:"雅乐"及其与之相配合的四言诗体。

(1)从现有文献资料来看,魏晋官方宗庙、祭祀等各种场合所采用的音乐,基本上全无例外地属于所谓"雅乐"。

据史书记载,魏晋时期虽然战乱频仍,"礼崩乐坏",但各朝统治

---

[1] 《三国志·魏书·武帝纪》裴注引《魏书》。
[2] 冯班:《钝吟杂录·古今乐府论》,《清诗话》本。

者仍然致力于修复"雅乐",以便为最大限度地恢复旧有的统治秩序服务。曹操在南征北战的戎马生涯中,尚没有忘记招揽杜夔等音乐人才,以"创定雅乐"①;司马氏集团更先后选定傅玄、张华、荀勖、阮孚、庾亮、谢尚等辈修复"雅乐"。而且,据史载,为了能够使雅乐最大限度地符合古制,在两晋朝廷内外,还就雅乐的律度展开了热烈的讨论。《晋书·挚虞传》载:

> ……将作大匹陈勰掘地得古尺,尚书奏:"今尺长于古尺,宜以古为正。"潘岳以为习用已久,不宜复改。虞驳曰:"……今尺长于古尺几半寸,乐府用之,律吕不合;史官用之,万象失占;医署用之,孔穴乖错。此三者,度量之所由生,得失之所取征,皆缃阁而不得通,故宜改今而从古也……"

这场讨论的结果是,崇尚古制的一方获胜。从此,两晋雅乐又得以依古乐尺为准。《世说新语·术解》"荀勖善解音声"条刘注引干宝《晋纪》云:

> 荀勖始造《正德》《大象》之舞,以魏杜夔所制律吕校大乐本音,不知后汉至魏,尺长于古四分有余,而夔据之,是以失韵。乃依周礼,积粟以起度量,以度古器,符于本铭,遂以为式,用之郊庙。

(2)魏晋时人特别是玄学名士们所爱好和日常自愉的音乐,已被严重地"雅化",因而也基本属于雅乐的范围。

魏晋时人日常使用的音乐,所以会被"雅化"或者说基本属于雅乐范围,是因为从本质上讲,唯有雅乐或"雅化"的音乐,才具备"周通""质静""易简""静重"等特性,符合"先王造乐之意"②,并最

---

① 《三国志·魏书·方技传》。
② 阮籍:《乐论》。

◆◆◆ 一 文学之思

终和玄学清谈崇尚简约与务求雅致精神相吻合。嵇康是魏晋玄学界备受推崇的人物，《世说新语·雅量》载："嵇中散临刑东市，神气不变。索琴而弹之，奏《广陵散》。曲终曰：'袁孝尼尝请学此，吾靳固不与，《广陵散》于今绝矣！'"而《三国志·魏书·王卫二刘傅传》裴注引《魏氏春秋》云："康临刑自若，援琴而歌，既而叹曰：'雅音于今绝矣！'"则恰好从另一侧面证明了魏晋人求之若渴的音乐，如《广陵散》，均是近于雅乐标准的音乐。

不难推想，在魏晋诗坛热衷于选择富有音乐性的诗体进行创作，而魏晋音乐界又倾向于雅乐的情况下，魏晋诗人们在选择诗歌体裁时会出现怎样的情景——它的最直接的产物，就是当时诗坛四言诗数量的迅速增长。因为正如前文所言，四言体诗既是中国古代文学中公认的"雅体"，《诗经》雅乐又一直是从两汉到魏晋各朝宗庙祭祀音乐模拟的范本。近人汪辟疆在《〈汉魏诗选〉按语》中指出：

> 汉本无雅乐，（杜）夔所肄习，乃制氏所传《文王》《伐檀》《驺虞》《鹿鸣》四诗之音节耳，非别有所谓汉雅、魏雅也。其篇既不传于晋宋，则知无所创定矣。①

魏晋文坛既沿袭着这样的"雅乐"去制辞作诗，其诗体当然也就多为四言。故《晋书·乐志》云：

> 杜夔传旧雅乐四曲：一曰《鹿鸣》，二曰《驺虞》，三曰《伐檀》，四曰《文王》，皆古声辞。……及晋初，食举亦用《鹿鸣》。至泰始五年，尚书奏，使太仆傅玄、中书监荀勖、黄门侍郎张华，各造正旦行礼及王公上寿酒、食举乐歌诗。……又以魏氏歌诗或二言，或三言，或四言，或五言，与古诗不类，以问司律中郎陈颀，颀曰："被之金石，未必皆当。"故勖造晋歌，皆为四言，唯王公上寿酒一篇为三言、五言焉。

---

① 《汪辟疆文集》，上海古籍出版社1988年版，第180页。

就这样，玄学清谈造成了魏晋社会酷爱音乐的时代风尚，而这种普遍酷爱音乐的风尚，又深刻地影响到当时的文学，促使诗人们在选择诗体时，更多地倾向于四言诗体，并由此构成了魏晋四言诗复兴的另一个重要原因。

一种文体的兴起或衰落，必然有其复杂的内部和外部原因。至于魏晋四言诗在一度复兴之后的衰落，以及此期五言诗的兴起，除了失去了玄学清谈这一特殊背景之外，还有四言诗和五言诗在音乐品性、题材技巧、语言音韵方面的差异等原因。关于这一问题，只能另作探讨。

（原载《中国社会科学》1993年第2期）

先秦的"小说家"与楚国的"小说"

小说是当代主要的文学体裁之一,它包括长篇小说、中篇小说、短篇小说、小小说(微型小说)等;小说家则是以创作小说为职业者(或者说是擅长小说创作的作家)。但这只是今天人们的观点,并非是古已有之的定义。在中国的先秦时期,小说概念才刚刚产生,小说家的名称则尚无人正式提出。所以,那时的小说和小说家如何,便成为后代研究中国先秦学术史、特别是中国早期文学史时,人们必须首先解决的问题。而学术界研究中国小说及小说历史者,亦必人人自论先秦小说概念、作品及小说家开始——尽管这些探索因研究资料的匮乏,结论往往陈陈相因、多凭空推测之辞。

一 先秦的"小说"和"小说家"

中国的小说概念,最早出现于《庄子·外物篇》。其言曰:

> 夫揭竿累,趣灌渎,守鲵鲋,其于得大鱼难矣。饰小说以干县令,其于大达亦远矣。

对于《庄子·外物篇》的这段话,唐以前司马彪、崔譔、向秀《庄子注》的佚文以及郭象的《庄子注》,都未见任何注解;直到唐代成玄英的《庄子疏》,才可见到古人第一次对《庄子》"饰小说以干县令"云云的注解。成玄英曰:

先秦的"小说家"与楚国的"小说"　◆◆◆

干，求也。县，高也。夫修饰小行，矜持言说，以求高名令［闻］者，必不能大通于至道。字作"县"（字）［者］，古"悬"字多不著"心"。

成玄英的《疏》将"饰小说以干县令"解释成"修饰小行，矜持言说，以求高名令［闻］者"，将"小说"解释成"小行"和"言说"两件事情，似乎是不够准确的。因为刘歆的《七略》和班固的《汉书·艺文志》中已将"小说家"作为先秦"九流十家"之一，而他们对"小说家"的界定也只是说："街谈巷语，道听途说者之所造也"——只涉及"谈说"而未涉及"小行"；而后人亦认为"沈诸梁为叶县尹，穆公召县子而问"，则"县令"不当作"高名令［闻］"解，当即是县官，"作县令解，方与灌渎之喻相符"。① 所以，我们认为，"小说"只能是一个偏正结构的名词，指的就是后世作为一种语言文学之体的"小说"，而不可能是"小行"和"言说"两件事情。

"小说"既是后世作为一种语言文学之体的"小说"，那么先秦时的"小说"和"小说家"是怎样的呢？要弄清这两个问题，我们有必要从分析"小"和"说"两个文字或概念开始。"小"这个字，《说文解字·小部》曰："小，物之微也。"历代字书、词书更有微小、低微、短暂、狭隘、年幼、轻视等众多训解。但概括起来说："小"乃是一个与"大"相对的概念，从词性上说它是一个形容词，是从形式（面积、体积、形制等）和价值两方面对人或事物的一种评判。而"小说"则是一个偏正结构的名词（或词组），其中的"小"是修饰和限定"说"的，是对"说"的一种分类——实际上暗示着还有一种与之相对的"大说"②。如果从形式上讲，"小说"是指一种体制短小之"说"的话③，那么，从价值评判的角度来讲，"小说"则就是一种价值比"大说"要小得多的"说"了。

----

① 刘方苞撰：《南华雪心编》（下），中华书局2010年版，第679页。
② 李致忠：《四部分类的应用及其类表的调整》，《国学研究》第十卷，北京大学出版社2002年版。
③ 东汉桓谭《新论》曰："小说家，合丛残小语，近取譬喻"云云，似正与此同。

◆◆◆ 一 文学之思

"小说"虽然在形式和内容上都是与"大说"相对的一个概念,但现在问题在于,我们在现有文献中却只能看到"说"和"小说"这两个概念,并不能发现"大说"这个概念。这是什么原因呢?看来,我们有必要对中国先秦时期的"说"的来龙去脉有更细致和更深入的探讨。

学者们对先秦"说"概念的探讨,一般也是从文字学的研究开始的。有学者曾说,从字源学上看,"说"字是由"兑"字孳乳而来,"它的基本义项为愉悦、开解、言说三义"。仅从春秋战国时期先秦诸子们对"说"的使用情况来看,"在'说'的基本义——言说上,前期多用比较单纯的言说义,而后期则多用为辩说义和学说义,这不仅反映出言论作为社会手段和知识形态的迅猛发展,而且反映出各种言论之间的交流和碰撞"。而从词性上来看,则"说"的以上词(字)义又可分为动词和名词两种性质。当"说"——愉悦、开解、言说作为一种行为及其过程时,它是一个动词;"当'说'和某一类知识和言论方式联系在一起时","说"也就"是一种言论方式",或是一种"被记录下来"的"特定的言论方式",即"一种文体类型"[①]。——这时,它就是一个名词。如《韩非子·外储说右上》曰:"师旷之对,晏子之说,皆合势之易也,而道行之难,是与兽逐走也,未知除患。患之可除,在子夏之说《春秋》也。"《吕氏春秋·重言》曰:"成公贾之谏也,贤于太宰嚭之说也。太宰嚭之说,听乎夫差,而吴国为墟;成公贾之谏也,喻乎荆王,而荆国以霸。"这两例中的"晏子之说"和"太宰嚭之说",显然都是指"一种言论方式"或"一种文体类型"。因此,先秦诸子书中很多以"说"名篇之文,其篇名的"说"字,实际上都是该文属于"说体文"的标志。如《墨子》一书中的《经说上》《经说下》,《韩非子》一书中的《说林上》《说林下》等。

但是,我认为,这种以先秦诸子文章篇名的"说"即是"一种文体类型"的看法,似乎尚有将问题简单化之嫌。因为先秦诸子文中有一

---

① 王齐洲:《说体文的产生及其对中国传统小说观念的影响》,《稗官与才人——中国古代小说考论》,岳麓书社2010年版,第103页。

先秦的"小说家"与楚国的"小说"

些以"说"字名篇的作品,其中的"说"字就有不是表示文体的,其内容有的也不是一篇完整的言论或言说,而是在讲如何游说人主或向人主进言这种事情。如《吕氏春秋·顺说》《韩非子·说难》二篇篇名中的"说"字,理解为"一种言论方式"或"一种文体类型",就是不够确切的。这说明,作为名词使用也只是"说"的众多词性(名词、动词、形容词等)中的一种,即使是就仅作为名词使用的"说"来看,其表示"一种文体类型",也只是其众多名词性义项中的一项。如《周易·系辞上》"原始反终,故知死生之说"中的"说",就是一个名词性的"说",但词义为道理、学说。《墨子·小取》:"论求群言之比,以名举实,以辞抒意,以说出故。"其中的"说"也是一个名词,但它是古代墨家逻辑学的专有名词,特指推理。《周礼·春官·大祝》:"(大祝)掌六祈以同鬼神示:一曰类,二曰造,三曰禬,四曰禜,五曰攻,六曰说。"郑注:"皆祭名也。"可见,这里的"说"是一个专有名词,指周代大祝所掌的一种祭祀。这就说明,我们在分析作为名词的"说"的"文体类型"义项时,必须首先把它和"说"的其他众多名词性义项区别开来;我们在分析由"说"所分化出来的"小说""大说"概念时,也必须首先把它限定在作为"一种言论方式"或"一种文体类型"的范围之内,这样才有可能厘清它的内涵和特点。

而根据我们以往的研究,先秦时期作为"一种文体类型"的"说",其实是相对于"经"出现的一个概念,是解说"经"的"一种文体类型"[1]。这种解说"经"的"说",一般被称为"经说",有时又称为"经解""经传"等,也就是人们所谓的"大说"。因为先秦的"经"并不止儒家的"六经",其他诸子学派都有自己的"经",所以他们把自己的"经说""经解""经传"也都视为"大说",只有那些不入"流"的"说",才被他们称为"小说";造作这些"小说"的一派则被称为"小说家"。先秦时期南方墨者就把自己所诵的墨家先贤之言称为"墨经",而把他们自己的解说文称为"经说"。现存《墨子》一

---

[1] 高华平:《中国先秦小说的原生态及其真实性问题》,《天津社会科学》2007年第4期。后收入《先秦的文献、文学与文化——高华平自选集》,华中师范大学出版社2012年版。

一 文学之思

书中既有《经上》《经下》，又有《经说上》《经说下》就是明证。《韩非子》一书中的《内储说》《外储说》等篇，一篇中既有"经"，也有"说"，且皆用"说在某"以标明之。而这种"大说"性质的"经说"，在《韩非子》一书中又有"解""喻"等名称（如《韩非子》中解说《老子》的著作名《解老》《喻老》等）。在《管子》一书中，前有《牧民》《形势》《立政·九败》《版法》《明法》诸篇，后则有《牧民解》《形势解》《立政九败解》《版法解》《明法解》诸多以"解"名篇的解说文。今本《吕氏春秋》一书各篇中虽不见以"某某说"或"某某解"名篇者，一篇中也不见标有"经""说"之例，但该书《应同》《听言》《谨听》《务本》《谕大》诸篇篇末都有"解在某"的文字，说明当初这些篇章应是前为"经"，而后则如《韩非子》之《内外储说》一样，是有与之相应的解经文字存在的；而且这些"经说"也应该是以"解"名篇的。另外，如《管子·心术上》，一篇之中，前半叙全篇大旨，后半则对前半逐字逐句加以解说，虽篇中无"经""说"或"解"字样，但此篇显然是由"经"和"说"或"解"组成的长文。1972 年长沙马王堆汉墓出土的帛书中也出现过前半叙述大旨，后半虽"解说"前文、但并无"解""说"字样——两部分组成的《五行》篇（而 1993 年在湖北荆门出土的战国楚简《五行篇》，则只有前半"经"文，而无后半"解"或"说"的部分），也说明当时一篇中可以同时有"经"和"说"（或"解"），却不用"说"或"解"以标明之。

因此，从某种意义上讲，在先秦诸子的时代，除不入流的"小说家"之外，所有诸子的著作实际应只有两大类的文体：一类是"经"，一类是解经的名之曰"说""解""传"等的解说文。而根据儒家的观点，儒学的历史就是一部"（著）述经"和"解经"的历史：孔子删定"六经"，"孔子之前，不得有经"；孔子删定"六经"之后，后儒的著作皆具"经说"的性质："得谓之传，或谓之记，弟子辗转相授谓之说。"① 以孔门之《礼》学为例："古人以《仪礼》为经，《记》则所以解之。故《仪礼》有《士冠礼》，《礼记》则有《冠义》；《仪礼》有

---

① 皮锡瑞：《经学历史》，中华书局 1959 年版，第 19、67 页。

《士昏礼》，《礼记》则有《昏义》；《仪礼》有《乡饮酒礼》，《礼记》则有《乡饮酒义》；《仪礼》有《乡射礼》，《礼记》则有《射义》；《仪礼》有《燕礼》，《礼记》则有《燕义》；《仪礼》有《聘礼》，《礼记》则有《聘义》；《仪礼》有《丧服》，《礼记》则有《丧服小记》。记之大用，在于解经，此其明证矣。"①

先秦这种为解"经"而作的"说""解""传""记"等文章，尽管它们有的被称为"说"，有的被称为"解"，有的则被称为"记"，等等，但因为它们解"经"的性质，所以实际都应该被称为"经说""经解""经传"等等，也就是所谓"大说"。只要我们看看历史上那些解"经"的著作，它们的"说""解""传""记"之前有时被直接冠以"大"字，被称为"大传""大义"之类，就不难明白这一点。如《周易·系辞传》，在司马谈的《论六家之要指》中就被称为《易大传》，《汉书·艺文志》中的《尚书传》，在《隋书·经籍志》中则被著录为"《尚书大传》三卷"，即是其例。以此例彼，诸子书中那些解各家之"经"的"说""解""传""记"等，不论它们前面是否曾被冠以"经""大"等字，被称为"经说""经解""经传""经记"或"大说""大解""大传""大记"之类，是没有问题的。至于那种不与"经"相联系的不入流的"说"，则只能是"小说"。"小说家"则是先秦时期热衷于造作"小说"的一个诸子学派。《汉书·艺文志》曰：

　　小说家者流，盖出于稗官。街谈巷语，道听途说者之所造也。孔子曰："虽小道，必有可观者焉。致远恐泥，是以君子弗为也。"然亦弗灭也，闾里小知之所及，亦使缀而不忘。如或一言可采，此亦刍荛狂夫之议也。

《汉书·艺文志》的这段"序"文，有几点值得注意：一是它说"小说家"出于"稗官"，这是说"小说家"和其他诸子学派一样都"出于王官"。——这实际是很牵强的。二是它说"小说"是"街谈巷

---

① 张舜徽：《汉书艺文志通释》，华中师范大学出版社2004年版，第211页。

◆◆◆ 一 文学之思

语,道听途说者之所造也",这是说"小说"的创作主体不是那些以道自任的先秦诸子(士人、知识分子),而是民间的民众、百姓,都是些不入流的人物。三是说"小说"或"小说家"之所以被定义为"小",主要是因为这些"说"的价值"小",乃属于"小道"和"小知(智)"。四是——这一点常常被人们忽视,这实际是在说明"小说"在形式上的特点——属于口头创作和篇幅体制短小的特点。因为"小说"既是"街谈巷语,道听途说者之所造也",那自然是属于口头创作、而且是"丛残小语"。不可能如朝廷文书或诸子解"经"的高头讲章那样,前者是要"书之竹帛"或"琢之盘盂,镂之金石"(《墨子·明鬼下》)的;后者也当如王充在《论衡·量知篇》所云:"截竹为简,破以为牒,加笔墨之迹,乃成文字,大者为经,小者为传记。"是想要藏之名山,传之永久的。

至此,我们可以将先秦时期"小说"的内涵和特点概括为:从价值评判的角度来看,"小说"是相对"大说"而言的一个概念,它是不解说"经义"的"小道"和"小知(智)";从形式上看,它与官方文书或诸子"经说""经解""经传""经记"等不同,它是既不"书之竹帛"或"琢之盘盂,镂之金石",也不"加笔墨之迹"而"成文字"的。——它属于民间口头创作的、篇制短小的"说"。

二 楚国学者在中国古代小说理论上的贡献

中国先秦时期的《庄子》一书已出现了小说概念,其他先秦诸子的著作中也或多或少地涉及到中国早期小说的内容和形式方面的某些基本特点。但如果从文化地理的角度来看这些问题,我们则会发现,不论是先秦小说概念的提出,还是对小说概念之内涵和形式特点的自觉探讨,实际都与楚国有着很大的关系。甚至可以说,中国先秦时期有关小说概念和关于小说性质特点的最初研究,差不多都是楚国学者(更具体地说,是战国时期的楚国学者)的理论贡献。

我们已经指出,先秦时期的小说概念最早出现于《庄子·外物篇》的"饰小说以干县令",而《庄子》一书属庄子学派的丛书,因此可以说,道家的庄子及其学派,无疑就是中国最早提出小说概念的学者。但也许有人会说,《史记·老子韩非列传》称庄子为"蒙人",刘向《别录》云"宋之蒙人也",班固的《汉书·艺文志》则曰"宋人"。那么即使《庄子·外物篇》首先提出了小说概念,是否可以归为楚国学者的理论贡献恐怕也存疑问。

我以为,是可以把《庄子·外物篇》提出小说概念视为楚国学者的理论贡献的。因为根据我的研究,在庄周时代,庄子的籍里"宋之蒙(城)"不仅可能已为楚国所有,宋国似早已近乎楚国的附庸,而且宋国和楚国还具有文化上深厚的血缘关系,都属于南方文化的代表。所以说,《庄子·外物篇》首先提出小说概念,归为楚国学者的理论贡献,这应该是可以成立的。只要看看《左传》和《史记》里记载的楚昭王和宋景公面对灾异时宁可自己承受、也不愿移于臣民的一致表现,就不难发现他们在思维方式上是何等相似。故孔子所谓"南人有言:人而无恒,不可以作巫医",或"人而无恒,不可以卜筮也",虽历来被人解为是"楚人"或"南国之人",但在新近出土的郭店楚简《缁衣》中却被引作:"宋人有言曰:'人而亡恒,不可以卜筮也。'"似乎自古"宋人"就是和楚人一样被视为"南人"的,他们也的确有着相同或相似的思想文化传统。[①] 因此,我们也可以说,中国先秦时期的小说概念,最早是楚国道家学者(或者说有楚国文化背景的道家学者)提出来的,是楚国学者在中国古代小说理论史上的一个重要贡献。

当然,我们也必须承认,尽管《庄子·外物篇》首先提出了小说概念,但该书并未对小说概念作过哪怕一句说明,就连汉魏时期注《庄子》的学者也没有对小说概念做过任何注解。这就会使我们对当时楚国学者何以能最早提出小说概念产生疑惑。

现有先秦文献提到小说的材料本来就极少,关于楚国学者讨论小说的材料就更难稽考了。但任何一种思想观念或概念、术语的出现,都绝对不会是凭空产生的,也不会是某个人突发奇想提出来的,它有其一定的生长的土壤,是在适当的环境中经过长久的酝酿、发育才形

---

① 高华平:《由詹何看先秦道家思想的发展演变》,《哲学研究》2013 年第 9 期。

◆◆◆ 一 文学之思

成的。小说概念在楚国的提出，同样也应该是这样。经过对先秦诸子相关著作的研究之后，我们发现在庄子时代，墨家学派经惠施、宋钘等人的交流，使楚国原有的墨学发生了分化，形成了南方"相里勤之弟子，五侯之徒"与"苦获、己齿、邓陵子之属"相对的"别墨"[1]。现存《墨子》一书中的《经上》《经下》《经说上》《经说下》《大取》《小取》六篇，学术界向来都认为是楚国"别墨"的著作。而就在这六篇"别墨"们"以坚白同异之辩相訾，以觭偶不仵之辞相应"的辩论中，"别墨"们还曾第一次对知识获得的过程、知识的具体来源及其种类做过相当细致的分析。《墨子·经上》把知识的获得分为三个步骤（或者说三个条件）：

  知，材也。
  知，接也。
  恕，明也。

  这里所谓的"知，材也"，是指人获得知识所必须具备的才能或生理基础，即《经下》所谓"惟以五路知"中的"五路"（即"五官"），故《经说上》云："知材，知也者，所以知也，而必知，若明。"[2] "知，接也"，是指人获得知识的第二个步骤，是要用人的天生的"材"与外物相"接"，即所谓"知，知也者，以其知过物而能貌之，若见"。获得知识的第三步，是所谓"恕，明也"。"恕"，应该是"别墨"们自己新造的一个字，它表示一个人要真正使感官获得的感觉经验变成知识，还必须经过人的理性思维活动，对人的感觉经验进行分析加工，故他们就依据孟子所谓"心之官则思"的原则，在"知"下加上一个"心"字偏旁，以标示出作为人的认识活动的这种特征。

  这就是"别墨"们对人类获取知识过程的分析。不过，"别墨"们的知识论并不止于此，他们还对上述获得知识的每个步骤和细节都有更

---

[1] 高华平：《"三墨"学说与楚国墨学》，《文史哲》2013年第5期。
[2] 此句胡适、冯友兰均改为"不必知，若明"。

先秦的"小说家"与楚国的"小说" ◆◆◆

进一步的论证。如他们又就逻辑方面,对"吾人知识之来源"作出过分析。①《墨子·经说上》曰:

> 知:传受之,闻也;方不㢓,说也;身观焉,亲也。

又说:

> 闻:或告之,传也;身观焉,亲也。

"别墨"是墨学中以逻辑分析见长的一派,故他们在这里既把"吾人知识之来源"分为"闻""说""亲"三种,对之作了条分缕析,还对作为"吾人知识之来源"的"闻""说""亲"三者的具体内涵,做了更明确的逻辑界定。不仅如此,还特别对"闻"做了更进一步的说明。他们认为,"闻"实际上又有两种形态:一种是一般的"听闻"或"听说",社会上都这么"传",我就听到了,并没有人正式来告诉我;另一种则是比较正式或正规的告知,"别墨"们把它称为"传"。《墨子·经说上》说:"传受之,闻也。"又曰:"或告之,传也。"这说明"闻"本来就包含了"传",而"传"则是"或告之"的"闻"。

"别墨"们对"闻"的这一细分,从文字学的角度来看,也是很有道理的。"闻"中所包含的"传",繁体写作"傳",《说文解字·人部》曰:"傳,遽也。从人,專声。"而从甲骨文以来,"傳"字的字形就一直从"車",与车马之交通有关。《礼记·玉藻》:"凡自称……士曰傳遽之臣。"郑注:"傳遽,以车马给使者也。"《尔雅·释言》曰:"驲、遽,傳也。"郭璞注:"皆傳车驿之名。"可见,"或告之,传也"的"传",当是官方使人正式告知的"闻",与一般无意中听到某种消息的"闻"是不一样的。《文心雕龙·论说》曰:"说者说语,传者转师。"范文澜引《释名·释书契》曰:"传,转也,转移所在,执以为信也。"又说:"转师,谓听受师说,转之后生也。"说的虽是"传"的

---

① 冯友兰:《中国哲学史》(上),重庆出版社2009年版,第213页。

引申义，但仍可看出"传"的正式传达的意思。

从另一方面来看，任何形式的"闻"都是接受他人传递来的信息，都是被动的，都有一个语音信息的来源。所以，后世汉语里除有"传闻"一词以外，还有"听闻"一语。而如果从这一角度来说，则"听闻"又可写作"听说"。这既是对"闻"的获取渠道和方式的分类，同时也可以说是对"说"的渠道和方式的一种分类。而在《墨子·经上》对"说"做了"说，所以明也（孙诒让《墨子间诂》卷十曰：'《经说上》无说。《说文·言部》云："说，说怿也。一曰谈说。"谓谈说所以明其意义。毕云："解说。"'）"的解说之后，《经说上》又补充曰："方不㢓，说也（毕沅注：'非方土所阻，是人所说也。'）。"即可说是对"说"再作了进一步的分类：一类是使人明了某种重要意义的"解说"，另一类则可以是"非方土所阻"的"人所说也"。——结合我们上文先秦诸子著作本分"经说"（"大说"）和"非经说"（即"小说"，《荀子》名之曰"俗说"）以及《墨子》一书分"闻"为带有官方性质的正式的"传闻"和一般不明来源的"听闻"的情况来看，"别墨"们这里对"说"的分析，实际也就是把当时的"说"分成了"解说"某种重要"意义"的"说"（即"经说"或"大说"）和那种"非方土所阻"的在民间口耳相传的"说"（即"小说"）两种。《庄子·外物篇》的所谓"小说"概念，应该是在这样的理论背景下提出的。而通过逻辑分析的形式对先秦的"说"加以分类区别，则可以说既是先秦"小说"概念提出的基础，也可以说是楚国学者在中国小说理论史上所做出的重要理论贡献。

三 楚国"小说"的特点和成就

从根本上讲，任何理论都必来自实践，都是实践经验的总结。先秦时期中国小说的概念是由楚人首先提出、并给予了最早的逻辑分析和理论探讨的，这无疑应该是当时楚国小说十分兴盛、流传极广的见证。因为，只有在当时楚国小说创作极其兴盛，小说流传十分广泛的背景和前提下，那种关于小说的概念和理论探索才有形成的可能。否则，那就是无源之水和无本之木。

但是，正如我们在上文归纳的那样，先秦小说乃属于非官方的民间口耳相传的"说"，它是不"琢之盘盂，镂之金石"或"书于竹帛"的，即不是以"书面文学"而只是以"口头文学"的形式而存在的。所以，这就给后世的研究者造成了很大的困难，使我们无法获得充分的原始材料来开展我们的研究。

不过，尽管先秦时期没有现代的录音技术，小说又在"道听途说，德之弃也"之列，但在当时仍有一些不受偏见所囿的人士，记录下了一些他们认为"必有可观焉"的"小说"。《汉书·艺文志》本刘向《别录》和刘歆《七略》而来，在其《诸子略》中即著录有"小说家"十五家"千三百八十篇"，而属于先秦时期的小说则有九家二百五十七篇。[①] 但这九家二百五十七篇著作今天全已亡佚[②]，根本无法据以讨论当时小说之特点。即使其中有少数著作有后人辑本，如马国翰《玉函山房辑佚书》有宋钘之《宋子》辑本，鲁迅《古小说钩沉》辑有《青史子》三条佚文，等等，但这些著作不仅前人多认为其"不当侪于小说也"，即使那些辑佚者本人也认为这些著作同经解、传、记一样，"不知当初何以侪于小说"[③]。所以，我们仍是难以据之而确知先秦小说的原貌的。

当然，这并不是说《汉书·艺文志》著录的这些小说对我们的研究没有任何价值。依据《汉书·艺文志》的这些著录，我们仍然可以获得一些有用的信息：一是小说家之"小说"，因其为"街谈巷语，道听途说"，故属于"说"，这样的"说"是可以在书名或篇名中标出的，

[①] 张舜徽曰："今计家数篇数，实为十五家，千三百九十篇。"《汉书艺文志通释》，华中师范大学出版社2004年版，第344页。

[②] 《汉志》道家类著作有"《鬻子》一卷"，小说家有"《鬻子说》十九篇"，后世有以"《鬻子》一卷"当"《鬻子说》十九篇"者，清人严可均曰："《隋志》道家《鬻子》一卷，《旧唐志》改入小说家。隋唐人所见，皆道家残本。其小说家本，梁时已佚失，刘昫别移道家本当之，非也"。又《汉志》所著录小说，班固常谓"其语浅薄"，"非古语"，因而断定其为"依托"，殊谬也。因为小说本乡野小人所传，只能以当时通俗口语相传，绝不可能用"雅言"，故不能据以断其伪。

[③] 鲁迅：《中国小说的历史变迁》，《鲁迅全集》第9卷，人民文学出版社1982年版，第304页。

一 文学之思

如《汉志》之"《伊尹说》二十七篇""《鬻子说》十九篇""《黄帝说》四十篇"等。而且,这些小说与我们上文提到的《韩非子》书中的《说林》《内外储说》一样,都只名"说",而不名"小说"。换言之,先秦时期的小说是可以被标名为"说"的,那些篇名(或书名)中有"说"字的著作,比那些篇名(或书名)中没有标明"说"字的著作,是更能肯定其属于小说的。二是在《汉书·艺文志》著录的九家二百五十七篇"小说家"著作中,"《鬻子说》十九篇"中的鬻子,是楚人的先祖鬻熊,有关其逸事传闻的"《鬻子说》十九篇",自然应该属于楚人的小说了。——在《汉志》可以确定为先秦小说的三部以"说"名篇的先秦作品中,楚人的小说就占了其中的三分之一,这可见楚人小说在先秦的分量(另外,《汉志》"小说家"中还有"《宋子》十八篇"。宋子,即宋钘。《孟子·告子下》曰:"宋牼将之楚,孟子遇于石丘。"则宋子尝游楚,而"《宋子》十八篇"或许其中也有关于他游楚的故事亦未可知。①)。由此可知,先秦小说概念首先出现于楚文化圈内、并由楚人最早进行了较深入的逻辑分析与理论探讨,那就是不足为怪的了。

根据我的长期研究,《汉志》著录的那些小说虽然都已经亡佚,我们难以据此而确知先秦小说的原貌,但在先秦某些不为官方偏见所囿的那些士人学者那里,却也在无意中记录了一些他们认为"必有可观焉"的小说。如《韩非子》一书中《说林》(上下)、《内外储说》中的那些"说",就是我们今天所能看到的中国先秦小说的原生态——至少可以说,是我们今天能够确认的原生态的中国先秦小说。

之所以认为《韩非子》一书中的"说",乃是我们今天能够确认的原生态的中国先秦小说,我在《中国先秦小说的原生态及其真实性问题》一文中曾较详细地说明过理由②,此处不拟重复,读者可以参阅。

---

① 作者曾撰《先秦名家及楚国名辩思潮考》一文,认为宋钘学说对楚国学术的影响,最明显的莫过于两方面:一方面如《庄子》所言,宋钘学说中道家成分对庄子产生了很大的影响;另一方面"是其对楚国墨家思想的影响"(《哲学研究》2016年第1期)。

② 高华平:《中国先秦小说的原生态及其真实性问题》,《天津社会科学》2007年第4期。后收入《先秦的文献、文学与文化——高华平自选集》,华中师范大学出版社2012年版。

先秦的"小说家"与楚国的"小说"

这里主要就《韩非子·说林上、下》和《内外储说》中所引关于楚国之"说"（小说、故事传说）举例分析，以窥先秦小说及楚国小说之特点。《韩非子·说林上》载：

> 子胥出走，边候得之。子胥曰："上索我者，以我有美珠也；今我已亡之矣。我且曰子取吞之。"候因释之。

子胥，即伍子胥，《史记》卷六十六有列传；先秦典籍，如屈原的《九章》、署名吕不韦的《吕氏春秋·异宝》等亦及之。屈原《九章·涉江》曰："伍子逢殃兮，比干菹醢。与前世而皆然兮，吾又何怨乎今之人！"《九章·惜往日》曰："吴信谗而弗味兮，子胥死而后忧。"对伍子胥忠而被害、建功亡身的遭遇寄予了深切的同情。《吕氏春秋·异宝》和《史记·伍子胥列传》都对其逃亡吴国时被渔父所救的情节有详细的记载，但均不见《韩非子·说林上》这则伍子胥诳言"上索我者，以我有美珠也"一事。因此似可以说，《韩非子·说林上》的这则"说"，应不出于先秦的官方记载。因为以常理推之，即使守关的"边候"真的遇到了逃亡的伍子胥，伍子胥诳言"上索我者，以我有美珠也"，他害怕将伍子胥解送至京后会有被子胥诬陷之事发生，也是绝对不会将此事张扬出去、以至于传到史官那里而被记入史籍的。——如果那样，就等于公开承认自己放跑了国家通缉的逃犯，其后果可想而知。所以，我们可以说，《韩非子·说林上》中的这则伍子胥边关脱险的故事（"说"），绝不可能来自于官方的史料，而只可能来自于民间。而从现有文献来看，我认为这则"说"出现的背景，可能与战国纵横家出入各诸侯国的诡异情形有关。《战国策·燕策三》载：

> 张丑为质于燕，燕王欲杀之，走，且出境，境吏得丑。丑曰："燕王所为将杀我者，人有言我有宝珠也，王欲得之。今我已亡之矣，而燕王不我信。今子且致我，我且言子之夺我珠而吞之，燕王必当杀子，刳子腹及子之肠矣。夫欲得之君，不可说以利。吾要且死，子肠亦且寸绝。"境吏恐而赦之。

81

◆◆◆ 一 文学之思

《战国策·燕策三》此处所载张丑骗境吏过关的故事，与《韩非子·说林上》所载伍子胥诳"边侯"过关之"说"，几乎如出一辙。[①]如果说《战国策》乃"战国纵横家书"，应该是"出于行人之官"的话，那么《韩非子·说林上》的这则"说"，则只能出自楚国某位既如屈原那样景仰伍子胥、同时也接触到《战国策》这类"行人之官"文书的民间人士的口头杜撰。而因为《说林上》中伍子胥过关的故事属于民间人士的口头编造，所以它远比《战国策·燕策三》编得简短，全没有《战国策》这类"书面文学"那种对事情将要产生的后果的详细推论——"燕王必当杀子，刳子腹及子之肠矣。夫欲得之君，不可说以利。吾要且死，子肠亦且寸绝"——这又更符合"口头文学"口耳相传的特征与要求。据笔者初步统计，《韩非子·说林》（上、下）和《内外储说》中，这类有关楚国的"说"共有23则，但这类"说"绝大多数都不见于其他先秦典籍、特别是带有官方史籍性质的典籍，如《左传》《国语》《战国策》等。而对于那些官方史籍原有记载的故事（"说"），《韩非子·说林》（上、下）和《内外储说》则多以"一曰"标明之。《韩非子·内储说下六微》载：

> 楚成王以商臣为太子，既而又欲置公子职。商臣作乱，遂攻杀成王。
>
> 一曰：楚成王（以）商臣为太子，既欲置公子职。商臣闻之，未察也，乃为其傅潘崇曰："奈何察之也？"潘崇曰："飨江芉（一作"芈"）而勿敬也。"太子听之，江芉（一作"芈"）曰："呼，役夫！宜君王之欲废女而立职也。"商臣曰："信矣。"潘崇曰：

[①] 吴师道云："《韩非子》记子胥语楚边候，同此。"已指出此点。参见《战国策笺证》下册，第1774页。《战国策·燕策三》中"张丑为质于燕"这则故事，应该也是"小说"，是载于战国策士游说之辞中的"小说"。《韩非子·说难》把战国纵横家的说辞也称为"说"，但是在纵横家和韩非看来，这种"说"应该是"大说"，和《说林》上、下篇中的"说"是不同的。故可以说，《战国策》中的"说"也有两种：一种是纵横策士们长篇大论的"说"（"大说"）；另一种则是藏于长篇大论的"说"之中的"小说"。如《燕策三》中的这篇"说"、《燕策二》中的"鹬蚌相争，渔翁得利"、《楚策一》中的"狐假虎威"等故事，就是这类"小说"。

"能事之乎?"曰:"不能。"曰:"能为之诸侯乎?"曰:"不能。""能举大事乎?"曰:"能。"于是乃起宿营之甲而攻成王。成王请食熊蹯而死,不许,遂自杀。

《韩非子·内储说下六微》中所载的这两则商臣杀成王的故事("说"),前一则十分简单,只有故事梗概,完全省略了事情的经过与细节。这与民间"道听途说"的传播方式十分吻合——往往都是三言两语,而对事情的经过则语焉不详。后一则故事("说"),把事情的前因后果及细节都叙述得十分详细,与《左传》文公六年对此事的记载基本相同。

按照传统的说法,《左传》乃"受经于仲尼"的鲁史官左丘明"躬览载籍,必广记而备言之"(杜预:《春秋序》)的史书,故我们可以说,《韩非子·内储说下六微》中的"一曰"所载关于楚成王欲废太子而被逼自杀之事,显然应该来源于《左传》这类官方史书的记载,所以它记事才不厌其烦、慢条斯理地把事情的每一个具体细节都记载得十分详尽。而前一则内容相同的故事,因为没有以官方的文书为依据,只在民间的人士中口耳相传,属于"街谈巷语,道听途说者之所造也",所以它在形式上也就明显带有"合丛残小语,近取譬论"的特点。

我们刚刚说过,根据初步统计,《韩非子·说林》(上、下)和《内外储说》中关于楚国的小说共有 23 则。但很显然,这并不是先秦时期楚国小说的全部。因为中国先秦的小说本是民间人士口耳相传的"道听途说",无书面文本保存;加之后代向以不入流的"德之弃也"视之,所以保存下来的数量就很少了。——但还是有些作品很幸运地被保存了下来。这种保存主要的方式,在先秦时期,是由韩非子这类不受主流价值观所囿的士人们记录下来的;到汉代以后,则是由刘向这类矢志于文献整理的学者有意识地加以整理和保存的。

《汉书·艺文志》"儒家类"著作著录有"刘向所序六十七篇",班固原注:"《新序》《说苑》《世说》《列女传颂图》也。"班固《汉书·刘向传》则说:"(刘)向采传记,著《新序》《说苑》凡五十篇。序次《列女传》凡八篇,著《疾谗》《摘要》《救危》及《世颂》凡八

◆◆◆ 一 文学之思

篇。"根据班固的这两处记载,"刘向所序"的这些著作中,既有刘氏"采传记""序次"而成的《新序》《说苑》《列女传》之类的作品,也有采摘"民间书"或从民间"道听途说"而来的《世说》《世颂》之类的作品。从资料来源来看,前者应属于官方文书的"传记"之类,后者则与之不同,乃属于世俗民间所流传的"说""颂"之类,故名之曰"世说""世颂"也。从刘向的《世说》乃采取民间世俗之"说"(《荀子》名之曰"俗说")而成的著作这一点而言,《刘向所序》中的《世说》,应该就是刘向所收集整理的一部小说集,而且,这其中自然也应该有不少属于楚国的小说作品。

令人遗憾的是,根据历代确切的文献记载来看,刘向所序的《世说》一书,似乎早已亡佚,人们并不能确切地知道其中的具体内容。但据近代向宗鲁撰《说苑校正》一书时考证,则似乎《世说》又并未亡佚。向氏"谓《世说》即《说苑》",《汉志》"刘向所序六十七篇"下班固原注其实只有"世说"而无"说苑"二字;"原注《说苑》二字,浅人加之"。向氏进一步考证说:

> 考《御览》三十五引《世说》(汤之时大旱七年云云),不见义庆书而见《说苑·君道篇》。《书钞》百四十一引《世本》(载雍门伏事,"伏"乃"狄"之伪),其文与《世本》不类,"世本"乃"世说"之伪,今见《说苑·立节篇》。(《御览》五百八十二引《世说》王大将军事,标题亦误作《世本》,正与此同例。)此所引皆中垒《世说》也。《初学记》十七引刘义庆《说苑》(人饷魏武云云),今见《世说·捷悟篇》。又卷十九引刘义庆《说苑》(郑玄家奴婢皆读书云云),今见《世说·文学篇》。黎刊《太平寰宇记》一百十八引刘义庆《说苑》(晋羊祜领荆州云云),今略见《世说·排调篇》。此所引皆临川《说苑》也。是则临川之《说苑》即《世说》,而中垒之《世说》即《说苑》审矣。①

---

① 向宗鲁:《〈说苑〉叙例》。刘向撰,向宗鲁校证:《说苑校证》,中华书局1987年版,第1页。

向氏之说诚为合乎逻辑的推论。但问题是，由于现在并无题名刘向的《世说》一书传世，甚至后世的传本《说苑》，北宋《崇文总目》已云："今存者五卷，余皆亡。"今本乃曾巩整理该书时"从士大夫间得之者十有五篇，与旧为二十篇"，这才合成了旧志所谓"刘向《说苑》二十篇"之数。仅据类书所引《世说》《说苑》时有将二书书名互伪之例，似尚难以断定后世《说苑》即是《世说》，今书题名"说苑"二字属"浅人加之"。我认为，由向氏所举类书中《世说》《说苑》二书互伪之例来看，尽管很难说传世本《说苑》即是《世说》之伪名，但当年曾巩从民间士大夫间得到的《说苑》十五篇中，是否有《世说》的内容掺杂其间，这是很难断定的；否则，类书引《说苑》时应该不会平白无故地将它称之为《世说》。另据刘向的《说苑序奏》说，他序《说苑》时，除了"采传记"及"臣向书""中书书"之外，还采集了"民间书"，是在除去了与《新序》的重复之后，将"其余者浅薄，不中义理"者"别集为一书"的结果——此书"号为《说苑》"①。这也就是说，即使《说苑》一书主要不是民间"道听途说"的"说"，其中也是不乏"浅薄"的民间故事——小说的。所以我认为，如果我们能把《说苑》一书中那些"说"加以仔细研究，把那些与《左传》《国语》《战国策》等官方"传记"中的相同部分除开，剩下的那些"浅薄""简短"的"丛残小语"，应该就是小说了。它们即使不是出自《世说》，也应该是和《世说》性质相同的作品。而据笔者初步统计，在今本《说苑》的二十篇"说"中，与楚国有关的"说"约有44则。在这约44则"说"中，相当一部分与《左传》《国语》《战国策》《吕氏春秋》《史记》等先秦或汉初著作的记载大致相同——应该说，这是由于刘向"采入"了这些"传记"的内容；但有一些属他书未见的内容，则应是刘向采自"民间书"或"道听途说"的"浅薄语"，属于所谓小说之列。《说苑·至公》载：

---

① 刘向：《说苑序奏》。刘向撰，向宗鲁校证：《说苑校证》，中华书局1987年版，第1页。

◆◆◆ 一 文学之思

  楚文王伐邓，使王子革、王子灵共捃菜。二子出采，见老丈人载畚，乞焉，不与；搏而夺之。王闻之，令皆拘二子，将杀之。大夫辞曰："取畚信有罪，然杀之非其罪也，君若何杀之？"言卒，丈人造军而言曰："邓为无道，故伐之，今君公子之搏而夺吾畚，无道甚于邓。"呼天而号。君闻之，群臣恐。君见之，曰："讨有罪而横夺，非所以禁暴也；恃力虐老，非所以教幼也；爱子弃法，非所以保国也；私二子，灭三行，非所以从政也。丈人舍之矣，谢之军门之外耳。"

  楚文王伐郑，使王子革、子露居。二子出游，老人戴畚。从而乞食焉，不与，搏而夺之畚。

  《说苑》此篇所载楚文王及其二子事，前一则故事情节详细而完整，后一则简单而似残篇，正同小说。对于这种情况，向宗鲁校正曰："案，《御览》九百七十六引此文，全同今本。而《类聚》十八、《御览》三百八十三引文全异，或旧有二本，或旧有二条（如下文'《韩非子》一曰之法'之例）。"向氏此处以《说苑》同篇两录《韩非子·外储说右上》"荆庄王有茅门外之法"故事例之，不管他是否要以此说明《说苑》所载此事两则文本应有不同来源，但这客观上却是在表明，这两条楚文王及其二王子的故事中，至少得有一条来自"民间书"，属于小说的性质。故《说苑·至公》同时采入《韩非子·外储说右上》中的两段文字，更清楚地显示了其与《韩非子》中"说"相同的小说性质。

  《说苑·至公》有两处记"楚王有茅门者"的文字，前一段与《韩非子·外储说右上》中的"荆庄王有茅门之法"，仅有个别文字的差异。如：《说苑》中的"马蹄蹂雷"，《韩非子》作"马蹄践雷"；《说苑》中的"臣弃君则主威失"，《韩非子》作"臣乘君则主失威"，等等。这说明二者应该是采自同一"传记"。但《说苑·至公》的第二段文字，则与《韩非子·外储说右上》中的"一曰"差异很大：不仅《外储说右上》"一曰"中的"楚王"在《至公篇》变成了"楚庄王"，而且《外储说右上》"一曰：楚国之法"，也和太子犯法的原因一同被

先秦的"小说家"与楚国的"小说" ◆◆◆

省略了——太子泣诉于楚王及楚王处理事情的过程都被大大简省——这无疑更能显示这一条属"传闻异辞"的"道听途说者之所造也"的性质,说明这个故事乃属"丛残小语"——小说。

在我们统计的《说苑》所记的有关楚国约44则"说"中,到底有多少可以确切地肯定属于楚国的小说,由于可资比较的文献的缺乏,我们很难作明确的回答。但我们相信,即使是那些属于刘向"采传说",依官方文书而编著的"说",刘向也可能根据"民间书"或"道听途说"的传闻进行过修改,或至少在官方的"传记"之外,同时也有一种民间传说的可能。——从这个意义上讲,《说苑》中的那些"说"未始不可当成小说看待。从刘向《说苑》中那些有关楚国的"说",以及我们在上文曾提到的《韩非子》中的那些有关楚国的"说",我们才多少可以推知先秦楚国小说的一些基本特点和成就。而因为讨论先秦楚国小说的特点和成就,必先从《韩非子·说林》(上、下)和《内外储说》及刘向《说苑》二十篇中,确定出哪些"说"属于先秦楚国的小说。而这项工作最基本的一条依据,就是看这些"说"是否说的是先秦楚国的人和事。如果是,我们就认为它是先秦楚国的小说;反之,则不认为它是先秦楚国的小说。而如果按对小说的内容和形式的两分法来判断的话,我们判定《韩非子》和《说苑》中的"说"是否属于先秦楚国的"说"的依据,其实主要乃在于这些"说"的内容方面。换言之,我们这里所说的先秦楚国小说的特点和成就,主要乃是就这些楚国小说的内容方面而言。据此,我们认为先秦楚国小说应具有如下几个方面基本的特点和成就。

首先,先秦楚国小说所说的人和事,乃是发生于楚王或楚国有重要影响的王子、令尹和其他官吏身上的事,如楚庄王、昭王和孙叔敖、令尹子文、伍子胥等。这是先秦楚国小说在内容上的一个显著特点。如在上文我们所举的《韩非子·说林》(上、下)和《内外储说》中与楚国有关的33则"说"中,就有10则发生于"荆(楚)王"身上,这还不算标明发生于楚成王、楚厉王、荆庄王的故事各一则。在《说苑》约44则有关楚国的小说中,标明故事主角为楚庄王的有13则,楚昭王的6则,楚文王3则,楚恭(共)王2则,还有3则标明为"楚王",

◆◆◆ 一 文学之思

其他的故事主角则为楚将军子囊、楚令尹子文、孙叔敖、伍子胥等，就是不见一个庶民百姓。这种情况和上古的神话传说往往将人类早期的各种发明归功于帝王或部落首领的情形是相同的。因为只有借助于那些著名的王侯和将相，人们才能比较容易记住这些小说，也才能唤起人们对这个小说的兴趣。

其次，先秦楚国小说的题材十分广泛，除了关于楚国政治、军事等重大题材之外，还有一些有关先秦诸子百家的小说，这些小说为我们研究先秦诸子的学术思想，特别是这些诸子思想在楚国的传播，提供了重要的参考资料。如《说苑·杂言》记"楚昭王召孔子，将使执政，而封以书社七百"，结果因子西进谗而"遂止"。与《史记·孔子世家》的记载大同小异，这既说明司马迁著《史记》时，有可能采用了楚国小说的材料，也为我们深入考察当初孔子及其学说传入楚国的境遇提供了宝贵的资料。《韩非子·解老》篇记"詹何坐，弟子侍，牛鸣于门外"云云，这是小说文献中完整地记载战国中期楚国道家学派人物詹何的一处材料，对研究战国中期楚国道家的思想演变具有重要价值。《说苑·善说》中"庄周贫者，往贷粟于魏文侯"，以及同篇《指武》篇的"吴起为苑守，行县适息"，则透露了法家吴起和道家庄周其人及其思想传播的信息。可以说，先秦诸子及其思想，很多都可在先秦楚国小说中找到其流传痕迹，而且每个学派都可能曾根据自己的立场对这些小说进行过改造。《说苑·至公》载：

楚共王出猎，而遗其弓。左右请求之。共王曰："止，楚人遗弓，楚人得之，又何求焉！"仲尼闻之曰："惜乎其不大！亦曰'人遗弓人得之'而已，何必楚也。"仲尼所谓大公也。

《说苑》一书原在《汉志·诸子略》儒家类中的"刘向所序六十七篇"之中，因此刘向所记载的这则小说，显然是来自儒家流传的"说"，故它与儒家的《孔子家语》《孔丛子》等书一样，都不约而同地称赞孔子"所谓大公也"。但这则小说在名家《公孙龙子·迹府》篇和杂家的《吕氏春秋·贵公》篇却另有记载。《公孙龙子·迹府》篇曰：

"龙闻楚王张繁弱之弓，载忘归之矢，以射蛟兕于云梦之圃，而丧其弓。左右请求之。王曰：'止，楚王遗弓，楚人得之，又何求乎！'仲尼闻之曰：'楚王仁义而未遂也！亦曰"人亡弓人得之"而已，何必楚。'"这里对楚王的弓、矢、圃都有明确的界定，而且也没有对"仲尼大公也"的称赞，正反映了名家的特点。《吕氏春秋·贵公》篇载："荆人有遗弓者而不肯索，曰：'荆人遗之，荆人得之，又何索焉！'孔子闻之曰：'去其荆而可矣！'老聃闻之曰：'去其人而可矣！'故老聃则至公矣。"这里不仅把楚共王改为了"楚人"，而且在孔子之外又增加了老聃，把老聃置于孔子之上——实则以老子来贬抑孔子——说明这则小说应该是出于道家的改造。可以说，由先秦楚国小说似可以看出先秦诸子学在楚国传播和交流的思想史样态。

最后，反映了先秦楚国民间的价值观念，对研究先秦社会心态具有重要的意义。先秦小说属于民间人士"街谈巷语，道听途说者之所造也"，所以尽管有些小说可能属流落民间的士人转述"传记"的产物，但就在这种转述或改编中已经明显带上了民间的色彩，反映了民间的价值观。例如我们在上文提到的《韩非子·外储说右上》和《说苑·至公》篇中都有的"楚庄王有茅门之法"处罚太子的故事，《至公》篇中记载的"楚文伐邓"（一作"楚王伐郑"）中杀夺老人载畚的王子革和王子灵（一作"子露"）的故事。在这些小说中，我们看到楚国民间的法制观不仅有"王子犯法与庶民同罪"的法律公正观念，而且还有要对王子、贵戚犯法加重惩罚的要求。《至公》篇中楚文王处罚二王子时，大夫辞曰："取畚信有罪，然杀之非其罪也。"但那位夺载畚的老人却不依不饶，"呼天而号"曰："邓为无道，故伐之。今君公子之搏而夺吾畚，无道甚于邓。"直到楚文王杀二王子这才罢休。又例如，《韩非子·外储说左下》载"孙叔敖相楚，栈车牝马，粝饼菜羹，枯鱼之膳"云云。《说苑·敬慎》载："孙叔敖为楚令尹，一国吏民皆来贺；有一老父，衣粗衣，冠白冠，后来吊，曰：'位已高而意益下，官益大而心益小，禄已厚而慎不敢取。守此三者，足以治楚矣。'"从这些例子来看，在先秦楚国民间的确普遍有一种抱朴守素和戒满的心态，老庄道家柔弱守后的哲学思想产生于南方楚国的文化区域，这绝不是偶然的。

以上是我们对先秦楚国小说特点和成就的简略分析。由以上的分析可知，中国先秦小说观念的形成和"小说家"的出现，与楚国特有的学术文化背景有着极为密切的关系。无论是先秦小说概念的提出，还是先秦学术界对小说观念最初的理论探讨，最早实际都出现于楚文化圈之内。《韩非子》和《说苑》二书中有关楚人的"说"，是现存可知的先秦楚国小说，它们在中国古代的小说史和学术思想史上都具有重要的价值与意义。

（原载《文学评论》2016年第1期）

佛理嬗变与文风趋新

——兼论晋宋间山水文学兴盛的原因

中国文学自晋末宋初开始，在思想内容、表现手法及审美特征上，均逐渐呈现出新的时代特点。对此，早在南朝的文学史家和文学理论家们就已有过明确的论述。《世说新语·文学》刘孝标注引檀道鸾《续晋阳秋》《宋书·谢灵运传论》《南齐书·文学传论》《诗品》及《文心雕龙》之《明诗》《时序》诸篇，无不作如是观。而《文心雕龙·明诗》中所言当时诗歌的发展风貌，较其他诸篇尤为详实：

> 江左篇制，溺乎玄风，嗤笑徇务之志，崇盛亡机之谈。……宋初文咏，体有因革，庄老告退，而山水方滋。俪采百字之偶，争价一句之奇；情必极貌以写物，辞必穷力而追新，此近世之所竞也。

然而，近年来，随着学术界对魏晋南北朝哲学社会思潮和山水文学发展历程的不断溯源和探流，刘勰等人的观点受到了一些学者的质疑。他们以为，中国山水文学的兴起乃由于魏晋玄学的盛行，而魏晋玄学始于汉末，流行于整个六朝；晋宋之际释家性空之说，全同于老庄虚无。所以，山水文学实不起于司马朝末叶，东晋义熙以后文学思想仍沿用玄学"得意忘言（象）"之谈，其时诗学与魏晋无别。笔者认为，学术界的上述质疑，对于深入探讨魏晋南北朝哲学社会思潮及其与文学的关系，其意义固然是不容忽视的。但这只是问题的一个方面。问题的另一方面是，在魏晋南北朝这段历史时期中，作为在当时思想领域占统治地位并给文学乃至社会生活的各个方面以深刻影响的玄学佛理，其自身内涵和地位

◆◆◆ 一　文学之思

不可能不发生变化；而这种玄学佛理的自身变化，又不可能不给当时社会的思想方法和认知模式——特别是给当时文人的山水观念和文学创作以新的影响。笔者认为，这一点同样是不容忽视的，故在此试作探讨。

一　"得意忘言"思想方法的危机

自东汉末年玄学思潮兴起以后，中国思想史便进入了举世讨论本末体用之学的魏晋玄学时代。王弼在《周易略例·明象》中所标举的"得意忘言""得意忘象"之说，风靡一时，迅速成为全社会的指导思想。释家此时亦皆以"格义"形式附会玄学①，现存《安般守意经》既多杂道家之言，以"清净无为"解释"安般守意"，释道安《安般注序》又云："故安般寄息以成守……寄息故有六阶之差，寓骸故有四级之别。阶差者，损之又损之，以至于无为；级别者，忘之又忘之，以至于无欲。"② 全用老庄"无为""无欲"之言。

但是，作为魏晋时代潮流的玄学本末体用学说，也不时遇到挑战，受到来自思想界的种种质疑，特别是在涉及"本无"与"末有""意旨"与"言象"的关系时，玄学"得意忘言（象）"的思想方法常常让人疑窦丛生。这一点，既可从西晋时裴頠作《崇有论》、欧阳建著《言尽意论》，提出与"贵无""言不尽意"相反的看法中见出一斑，亦可从"郭璞举其灵变"③，倡说"寄言出意"以补救"废言"之偏等史实中窥其端倪；而且，早在王弼倡言虚无忘言之始，便已有人揭示出了玄学观念中这一矛盾之处，《世说新语·文学》云：

> 王辅嗣（弼）弱冠诣裴徽，徽问曰："夫无者，诚万物之所质，圣人莫肯致言，而老子申之无已，何邪？"弼曰："圣人体无，无又不可以训，故言必及有，老、庄未免于有，恒训其所不足。"

---

① 参见汤用彤《汉魏两晋南北朝佛教史》（上册），中华书局 1983 年版，第 98—100 页。
② 释道安：《安般注序》，《全晋文》卷一五八。
③ 《南齐书·文学传论》。

裴徽此处提出的问题似乎是：万物既以"无"为本，体"无"又必须要舍弃"言象"，那老子为什么还要"言"而及"有"呢？所以，"有"与"无""言"与"意"的关系，其实并非后来一般玄学名士理解的那种简单对立关系，而应似欧阳建所云："名逐物而迁，言因理而变……不得相与为二矣。"① 二者乃辩证统一的关系。当然，王弼回答"无又不可以训，故言必及有"，也似乎并没有将"有"与"无"绝对对立，还多少保存了一点老庄哲学中矛盾双方相倚为用的朴素辩证法精神。只是由于后来玄学进一步发展，士流人人崇尚"本无"，个个主张"贱有"（"忘言""废言"），玄学"得意忘言"思辨方式中残留的些许辩证法因素已被抛弃殆尽。不仅裴頠、欧阳建之论因"彼众我寡"，"世虽知其益治而莫能革也"②，而且就连裴徽那样的疑问似乎也很少有人提出了。

永嘉南渡之后，士林有干宝、范宁等人，深感神州陆沉，痛斥王弼、何晏，以为罪过桀纣，然均非从理论上对玄学加以批判和反思，殊不足以动摇玄学之根本。所以，江左思想界玄风反更炽烈，史家所谓"在晋中兴，玄风独振，为学穷于柱下，博物止乎七篇，驰骋文辞，义单乎此"③，可见名士群体的精神风貌。而佛学与玄学合流，释子耽玩外典，"六家七宗"，不论是本无宗、本无异宗、幻化宗、缘会宗，亦或是支道林（遁）之即色义、于法开之识含宗、支愍度之心无义，处处以"性空"比附"本无"，口唱玄虚，更显示出天下滔滔，溺而不返。支道林注《庄子》而作《逍遥论》，以揭橥"至人之心"，以为"至人乘天正而高兴，游无穷于放浪，物物而不物于物，则遥然不我得；玄感不为，不疾而速，则泠然靡不适"④。优游林泉，吟咏山水，然观其所运用"即色义"思想方法，乃借用庄子之"坐忘"，实不过"得意

---

① 欧阳建：《言尽意论》，《全晋文》卷一〇九。
② 《群书治要》三〇引臧荣绪《晋书》。
③ 《宋书·谢灵运传论》。
④ 《世说新语·文学》刘孝标注引《逍遥论》。又同篇刘注引《支道林集·妙观章》云："夫色之性也，不自有色，色不自有，虽色而空。故曰色即为空，色复异空。"亦同于玄学本无之谈。

一 文学之思

忘言"之翻版。

魏晋时期这种全社会重本轻末、崇无贱有的风尚,仅仅加深了玄学思想方法中"有"与"无""言象"与"意旨"之间固有的矛盾,却不能化解或消除它。这种矛盾即使在当时最著名的玄学家头脑中亦复存在,并有所反映。东晋玄学名士孙绰的《游天台山赋》,取支道林"即色义"以观山水,即有"遗有之不尽""涉无之有间"的感慨:

> 于是游览既周,体静心闲,害马已去,世事都捐。投刃皆虚,目牛无全。凝思幽岩,朗咏长川……散以象外之说,畅以无生之篇。悟遣有之不尽,觉涉无之有间。泯色空以合迹,忽即有而得玄。释二名之同出,消一无于三幡。恣语乐以终日,等寂然于不言;浑万象以冥观,兀同体于自然。

孙绰此文所使用的思想方法,似全同于支道林"即色义",其特征为亦玄亦佛,老释参用。所谓"泯色空以合迹","消一无于三幡"[①],不过支道林《咏怀诗五首》其二中"消液归空无"之同义语;而"投刃皆虚,目牛无全"及"恣语乐"以下四句,袭用《庄子》中《养生主》《寓言》两篇文义,又不过支氏所谓"至人乘天正而高兴"文句之演绎,与"道会贵冥想,罔象掇玄珠"等言辞无异。唯有"悟遣有之不尽,觉涉无之有间"二句,似与作者所具物我两忘境界不符。盖"兀同体于自然"本为当时玄释两家"尽意""体道"或"涉无"的最佳境界,能达到这种境界,不仅能"览无"与"通圣",实堪称"至人"或"神人"。这一点,既为一般玄学家的思维逻辑,也是玄学名士们思想中万万不可动摇的信念。但由于孙氏生活在东晋玄学极盛时期而非魏初,所以孙氏虽深知"道释二典皆以无为宗",却不能不面对"今悟有为非而遣之,遣之而不尽;觉无为是而涉之,涉之而有间,言皆滞

[①] 《文选》李善注引郗超《与谢庆绪书》云:"近论三幡,诸人犹多欲既观色空,别更观识,同在一有,而重假二观,于理为长。"郗氏为支遁信徒,汤用彤先生以为郗氏此论同持即色义。参见汤用彤《汉魏两晋南北朝佛教史》(上册),中华书局1983年版,第183页。

于有也"①的事实；虽能承认"遣有"既"不尽"，"涉无"亦"有间"的矛盾，却又不能如王弼那样用"圣人体无，无又不可以训，故言必及有"来为自己辩解，而只能将这"有"与"无"的矛盾隐藏在玄佛物我两忘的企望中，以免被人察觉，引起当日群情非难。②然仅此即足以说明，在东晋末年以前的整个魏晋时期，学术思想上把"道"等同于"无""空"乃至"佛身"，并与"末有"相对立，虽是当日社会公认的真理，但在深研玄理者那里是不难察觉到矛盾与困惑的。

当然，面对玄学思想方法在理论上日益加深的矛盾和在实践中的"不周世用"，玄学家们并非不愿设法加以解决，如上文所述，当时般若"六家七宗"便多借老庄"坐忘""心斋"之义，让人在物我两忘的境界中"得玄""涉无"。只是由于玄学家们（包括当时一般的佛徒）害怕动摇了"得意忘言"、去"有"存"无"的根本，不敢偏离玄学将"有"与"无""言"与"意"绝对对立的轨道，因而显得力不从心，欲益反损。兹就导致魏晋玄学"得意忘言"思想方法危机的原因概而论之，析为三端：

首先，从哲学之范畴学的角度来看，"有"与"无""言"与"意"作为一组对立统一的范畴，它们是客观存在的，谁也无法否认或回避。而作为对立统一的矛盾范畴，对立双方的关系必然是既对立又统一的：离开了"矛"无以言"盾"，离开了"有"无以明"空"（"无"）。从这种意义上讲，弃"有"得"无"、舍"言"得"意"，乃根本不可能之呓语。退而言之，即使将弃"言"（"象"）能否得"意"在观念形态里存而不论，将"得意忘言"方法用诸实践亦必扞格不通。

其次，从本体论来看，魏晋玄佛二家运用"得意忘言"思想方法时，对"本无"（"空"）的理解往往存在两种偏向：一种是偏于"不空心神"，另一种是以"无"（"空"）为"顽空"。前一种偏向，如用

---

① 以上均见《文选》卷一一李善注，中华书局1977年影印本。
② 案：《世说新语·文学》云："孙兴公（绰）作《天台赋》成，以示范荣期，云：'卿试掷地，要作金石声。'范曰：'恐子之金石，非宫商中声。'然每至佳处，辄云：'应是我辈语。'"以此可知孙氏曾以此赋自负，而名士未之许也。若其中有显违玄学思想方法处，则必遭名士群起而攻之。

◆◆◆ 一　文学之思

般若"中观"思想来分析，乃是执著"言""象"，视"实相"为物所致，也就是在"实相"之外别立自性。用现代哲学语言来讲，就是这种本体论把"空"（"无"）绝对化了，欲凝固成为某种物质实体。而后一种偏向则将"无"（"空"）等同于没有现实世界中人所能感触的"假有"，从而否定"假有"的存在。这就不仅使"得意忘言""即有览无"等玄学命题实际上成为假命题，失去其存在的意义，而且从根本上讲，也背弃了玄学思想源头中庄子所谓"道无所不在"[①] 的观点。

再次，从体用关系来看，玄学"得意忘言"的思想方法在此时就已将"有"与"无"绝对对立，主张废"有"得"无"，舍"言""象"而致玄理，而其中"无"与"道"又偏为"顽空"，则可知其"得意"既没有天师道教的长生目标，释子成佛的幻想也同样成为了泡影。玄学思想方法从此于人生实用全无关系，丧失了生命力。故陈寅恪先生在《陶渊明之思想与清谈之关系》一文中有曰：

　　……清谈在东汉晚年曹魏季世及西晋初期皆与当日士大夫政治态度实际生活有密切关系，至东晋时代，则成口头虚语，纸上空文，仅为名士之装饰品而已。夫清谈既与实际生活无关，自难维持发展，而有渐次衰歇之势，何况东晋、刘宋之际天竺佛教大乘玄义先后经道安、慧远之整理，鸿摩罗什师弟之介绍，开震旦思想史从来未有之胜境……宜乎当时士大夫对于此新学说惊服欢迎之不暇。回顾旧日之清谈，实为无味之鸡肋，已陈之刍狗，遂捐弃之而不惜也。[②]

二　佛理新义与晋宋间思想及艺术认知方式的变革

东晋末年玄学"得意忘言"思想方法的深刻危机，不仅给其自身的

---

① 《庄子·知北游》。
② 陈寅恪：《金明馆丛稿初编》，上海古籍出版社1980年版，第194页。

发展设置下难以逾越的障碍,而且也对魏晋以来一直依附玄道而将"空""无"等同,视佛之法性、法相、佛身同于玄学之"道"的中国佛理提出了严峻的挑战。玄学思想方法既已将"有""无"绝对对立,使二者相离而不能相即,这就势必会使某些敏锐的佛教理论家们扬弃"得意忘言"的旧有思想方法,自立门户,对佛教领域的许多实际问题,如"神"的有无与存灭,法身"有相"与"无相",以及普通人能否成佛等等,进行新的独立的思考。

事实正是如此。佛教思想领域的上述诸问题,正是先从玄学相对薄弱的环节开始,由鸠摩罗什、僧肇、僧睿、慧远等人批判玄学和"六家七宗"的学说,发展般若实相学,并由竺道生将般若实相学与涅槃佛性说结合,倡导《涅槃》学而逐步加以解决的。

般若实相学作为对玄学"得意忘言"思想方法(包括"六家七宗"佛理旧义)的一种否定,其最突出的特点在于,它抛弃了后期玄学思想中的极端形而上学,恢复了其早期思想中所包含的某些朴素辩证法精神。它认为,玄学"得意忘言"之谈及"六家七宗"学说"格义迂而乖本","本无"又"偏而不即"[1],"直好无之谈,岂谓顺通事实,即物之情哉!"[2] 因而它们在世界观和方法论上都是殆失厥中的。正确的世界观和方法论应是般若实相学关于"空"("无""无我""非身")、"法性"("法身""佛性""佛身")的新义和中观思想方法。

具体来讲,般若实相学的本体论认为,作为宇宙本体的"真谛",是独立于名教之外,"非文言所能辩者"。它既非有非无,又亦有亦无;并非"有相",亦非"无相"。俗谛中所谓"有""无、"形""神""本""末"种种繁称,乃宰割混沌世界而"求通"的产物,而佛经中言及"有""无"等辞也只是为了利用这扇教化众生的方便之门,实则整个宇宙无所谓"形""神""本""末"之别。万物皆非有非无,又亦有亦无。说它"无",是因为万物均没有自身质的规定性,即自性空寂;说它"有",是说世界并非绝对虚空——"顽空",仍有种种使人

---

[1] 僧睿:《毗摩罗诘提经义疏序》,《全晋文》卷一六〇。
[2] 僧肇:《不真空论》,《全晋文》卷一六四。

◆◆◆ 一 文学之思

迷惑的"假象""假名"。宇宙就是这样神秘地构成的,佛也就是这样神秘地存在着的,所以"有""无"辞异而事一。这种"真谛",于宇宙曰"实相",于佛曰"法身",鸠摩罗什名之曰"毕竟空",而竺道生乃将般若实相学与《涅槃》学相结合,名之曰"佛身"和"佛性"。

从认识论角度来讲,般若实相学的认识论与玄学"得意忘言"和"六家七宗"的根本区别乃在于,它不谈废弃"言""象"而致玄理,而倡言所谓"虚其心而实其照",断言语道,灭诸心行,与超"有""无"的宇宙本体冥符,做到无知而无所不知。① 因此,这种认识论以动静而论,主张"必求静于诸动,不释动以求静"②。以"有""无"而论,主张"沤和之门涉有,涉有未始迷虚";"常处有而不染,不厌有而观空"③。以处事而论,主张"智虽事外,未始无事;神虽世表,终日域中"④。故僧肇云:"非离真而立处,立处即真也。"⑤ 慧远又称:"故游其樊者,心不待虑,智不待缘,不灭相而寂,不修定而闲,不神遇以期通焉。"⑥

般若实相学这一宇宙观和认识论的出现及其与《涅槃》学相结合的流布,不仅是我国佛教理论史上的一次重大转折,而且对于中国整个中古思想史和艺术哲学史亦具有划时代的意义,它宣告玄学及其各种附会于玄学的思想观念和方法即将结束其在意识形态领域的统治地位,全社会对于"道"、对于"佛"、对于"真谛"、对于世间万事万物的态度和包括艺术创造在内的生活实践方式,均将发生深刻的历史变革。

般若实相学引起晋宋间思想和艺术认知方式发生深刻历史变革的突出表现之一,是它在思想方法上赋予了人们认识"道""佛""真谛"及其与世间万事万物的关系以新的基准和指向。如前文所言,魏晋玄学和"六家七宗"等佛理"旧义"的根本特点在于,它们把"道""佛"

---

① 《大般涅槃经集解》卷一引竺道生所谓"夫真理自然,悟亦冥符,真则无差,悟岂容易"云云,意即谓此,可参阅。
② 僧肇:《物不迁论》,《全晋文》卷一六四。
③ 僧肇:《宗本义》,《全晋文》卷一六四。
④ 僧肇:《般若无知论》,《全晋文》卷一六四。
⑤ 僧肇:《不真空论》。
⑥ 释慧远:《大智度论抄序》,《全晋文》卷一六二。

"真谛"说成了某种不食人间烟火的、永远不可能被常人把握的"空无",它从不光顾凡人,更谈不上一切含生是否具有佛性的问题了;而艺术创造活动要"得意"则必须先要"忘言"。这就不仅抛弃了老庄"道无所不在"观点中的合理因素,而且也使得"道""佛""真谛"变成了与人生实用毫无关系的空洞之物,失去了其生命力。但如果以般若实相学这一佛理新义来考察"道""佛""真谛"及其与万物和现实生活的关系,情形就完全不同了。因为这里的"道""佛""真谛"虽然一方面仍具有无生无死、超越万有的神秘性,但更多的已经与万物和世俗生活融而为一。从僧肇的"道远乎哉?触事而真;圣远乎哉?体之则神"①,到慧远的"若乃语其筌寄,则道无不在"②,再到竺道生的"一切众生皆有佛性"和所谓"青青翠竹,尽是真如;郁郁黄花,无非般若"③,正显示了人们观念中的"道""佛""真谛"从神坛走向现实生活的变化。而这种种变化后的"道""佛""真谛",在当时一般人心目中,实已有似斯宾诺莎所谓"具有一切或无限多属性的存在物"——具有泛神论意义的"神""自然"或"实体"④。宇宙间万事万物无不就是"真如",具有生命,而可与之交流;人间俗言俗语,无不可以"得意"致理,而用以进行艺术创造。

般若实相学引起晋宋间思想和艺术认知方式发生深刻历史变革的突出表现之二,是它为人们"体道""成佛"、接近"真谛"——特别是艺术实践活动,提供了新的思路和实践方式。这就是不离众生、万事万物和运动而"体道""成佛",认知"真谛"。"道""佛""真谛"既然与万物统一不可分割,那么"道""佛""真谛"便不再偏于"无",不再属于观念中的"顽空"。而这样的"道""佛""真谛"既不会像玄学思想方法那样导致"言象"与"意旨"的绝对对立,也与庄子所谓"道无所不在"稍异其趣。盖庄子所说的"道"仍只是万物身上的

---

① 僧肇:《不真空论》。
② 释慧远:《佛影铭序》,《全晋文》卷一六二。
③ 《祖事庭苑》五《俱舍颂疏》。
④ 参见[荷兰]斯宾诺莎著,洪汉鼎、孙祖培译《神、人及其幸福简论》,商务印书馆1987年版,第138页。

一 文学之思

一种附着物,并对万物具有统摄意义;而在般若实相学思想中,"道"与万物统一于一体,"道"乃万物的一种自身固有的质的规定性。(这种质的规定性即所谓"非有非无,亦有亦无",与自性空寂并不矛盾。)

在新的思想和艺术认知方式的指导下,人们可以自然而然地认为,"道""佛""真谛"虽至高至大,神秘难测,断言语道,却又俯拾皆是,平易亲切,无时无处不在,人可以与之交流,还可以借助一定的艺术形式摹写其形象,以便自己顿悟成佛。因此,晋末宋齐之际颇多佛身显影之说,佛像雕塑艺术亦风行于世。释慧远作《襄阳丈六金像颂》《万佛影铭》《佛影铭序》,谢灵运作《佛影铭》,鲍照作《佛影颂》,释道高作《答李交州森难佛不见形》,皆视"道""佛""真谛"与万物为形与影之关系。释慧远的《佛影铭序》在批评"今之闻道者,咸慕圣体于旷代之外,不悟灵应之在兹"时说:

> 法身之运物也,不物物而兆其端,不图终而会其成;理玄于万化之表,数绝乎无形无名者也……是故如来……或独发于莫寻之境,或相待于既有之场。独发类乎形,相待类乎影。推夫冥寄为有待邪?为无待邪?自我而观,则有间于无间矣;求之法身,原无二统。形影之分,孰际之哉!

这说明,由于以"道"为有形与无形的统一,以"佛身"为有相与无相的统一,所以"真谛"虽"数绝乎无形无名者",却"灵应之在兹",有形象可以摹写。而且,在艺术实践活动中,只要心中不执著于"言""象",又何妨如同佛像的雕塑那样,力求形象逼真,装饰得金碧辉煌呢?故慧远《佛影铭》歌颂雕塑涂彩的佛像曰:"仰观玄度,妙尽毫端。运微轻素,托彩凌虚。殆映霄雾,迹以像真。"谢灵运《佛影铭》称"岂惟象形也笃"[1],何承天《与宗居士书论释慧琳〈白黑论〉》亦言"形象彩饰,将谐常人耳目"[2]。而晋宋之际的学术和社会风尚遂

---

[1] 谢灵运:《佛影铭》,《全宋文》卷三三。
[2] 何承天:《与宗居士书论释慧琳〈白黑论〉》,又名《答宗居士书》,《全宋文》卷二三。

为之一变。从此以往，由佛教思想带来的新的体道形式、思想方法和艺术实践方式遂与玄学分道扬镳，学术界亦全改魏晋以来佛道合流、华夷界限不严的局面，而夷夏之争再度兴起。《南齐书·高逸传》载宋齐之间道士顾欢作《夷夏论》，称"泥洹（涅槃）仙化，各是一术"；"佛教文而博，道教质而精"；"佛言华而引，道言实而抑"；"佛经繁而显，道经简而幽"。这也是对般若实相学佛理新义流行前后学术和艺术风貌的区分与概括。

三 山水观念的转变与文风的趋新

般若实相学佛理新义的流行，造成了晋宋之际思想方法的重构和艺术认知方式的深刻变革，自然也将会影响到当时社会的审美理想和文学创作，并促使晋宋间文人学士的山水观念发生重大变化，而文风亦随之趋新。在汉末至东晋义熙时期，由于受玄学思想中"道"与"言""象""本无"与"末有"关系的制约，山水在文人士大夫眼中，如孙绰所云："太虚寥廓而无阂，运自然之妙有，融而为川渎，结而为山阜"，实为"神明之所扶持"[①]，是一种由"无"而衍生出来的"末有"。这样，文人名士虽喜爱登山游水，却又不能过多地留恋于山水的形迹，而只能是"悟道"或"散怀""畅十神"。他们对待山水描写也必然会采取与之相一致的表现手法，仅仅注重一己情怀的抒发，而对山水本身取"废弃"态度。如果客观上确实不能或无法"废弃"山水"粗迹"，也只能在描写时采取写意手法，粗略勾勒，崇尚简约，如陶渊明的山水田园诗歌，"笃意真古"，"文体省净"。

但是，魏晋文人学士这种由玄学思想方法支配的山水观念及其在文学表现中忽略模范山水的特点，随着佛理新义的流行和新的思想与艺术认知方式的兴起，发生了根本的变化。东晋义熙以后文人学士认为："理既不从我为空"，则林泉山石均非土偶桃梗，山水与万物皆"非不

[①] 孙绰：《游天台山赋》；钟嵘：《诗品》卷中。

有佛性我也"①。晋宋之际有位著名的佛教信徒宗炳,随庐山慧远奉佛,思想亦类似慧远的存神之论。其著《明佛论》,虽于言"群生之神,其极齐一"时力辨形神之别,但其以山川为"有相"与"无相"的统一,则类似佛理新义中"道""佛""真谛"与万物关系的观点,似可引为旁证:

> 若使形生则神生,形死则神死,则宜形残神毁,形病生困……夫五岳四渎,谓无灵矣,则未可断矣;若许其神,则岳唯积土之多、渎唯积水而已。得一之灵,何生水土之粗哉!而感托岩流,肃成一体。设使山崩川竭,必不与水土俱亡矣。②

无可讳言,宗炳此处标示的"山川神灵"之说,既残留有魏晋玄学存神论的某些痕迹,又存在着为宣扬"神不灭"论而极力区分形神的倾向(这也是以慧远为代表的南方佛徒的共同思想特点之一,而与鸠摩罗什师徒的本体论稍有差别)。但就其本质精神来看,宗炳此说的主要精神,仍是主张山水乃形神之"一体"——如他在《画山水序》中所云,山水乃"质有"与"趣灵"的统一体;在他的"山川神灵"之说中,"山川"与"神灵"的关系也是和佛理新义中"佛"("道""真谛")物关系论大同小异的。他在《画山水序》中有"圣人以神法(效法)道"的话,可以佐证他所谓"山川神灵"之说中的"神",近似于佛理新义中"道"("佛""真谛')物关系中的"道"。他在《又答何承天书》中曾对"即色义"有过新的论述:

> 夫色不自色,虽色而空;缘合而有,本自无有。皆如幻之所作,梦之所见,虽有非有,将来未至,过去已灭,现在不住,又无定有。③

---

① 参见《注维摩诘经》卷一"于我无我而不二是无我也"竺道生注文,《大正藏》卷三八。
② 宗炳:《明佛论》,《全宋文》卷二一。
③ 宗炳:《又答何承天书》(又名《又答何衡阳书》),《全宋文》卷二〇。

这种认识，似和支道林所谓"即色义""直语'色不自色'，未领色之非色也"不同①，实已悟僧肇"不真空"之义。因此可以断定其"山水神灵"说中"山水质有而趣灵"、神灵"感托岩流，肃成一体"诸论，已有"形""神"既相区别又相联系、既相对立又相统一之意，而近似于佛理新义中"道"（"佛""真谛"）与万物关系的观点。

晋宋间文人学士们这种由于接受佛理新义及其认知方式而形成的新的山水观念，必然会在他们的文学理论和创作中反映出来，并赋予当时的文学创作以一种崭新的思想和艺术风貌。文艺创作中描写山水尽可以效法图写佛影、雕塑佛像，只要心中不执著于"言""象"，不妨求之以"迹"，尽情地彩绘雕饰。故刘宋王微《报何偃书》云："（吾）又性知画缋，盖亦鸣鹄识夜之机，盘纡纠纷，或记心目。故兼山水之爱，一往迹求，皆仿像也。"② 而宗炳《画山水序》更详及山水之"质"与"灵"，进一步提出了"以形写形，以色貌色"的创作纲领和方法：

> 圣人含道应物，贤者澄怀味象。至于山水，质有而趣灵，是以……又称仁智之乐焉。夫圣人以神法道而贤者通，山水以形媚道而仁者乐，不亦几乎？夫理绝乎中古之上者，可意求于千载之下；旨微于言象之外者，可心取于书策之内。况乎身所盘桓，目所绸缪，以形写形，以色貌色也！……是以观画者徒患类之不巧，不以制小而累其似，此自然之势……夫以应目会心为理者，类之成巧，则目应同应，心亦同会。应会感神，神超理得，虽复虚求幽岩，何以加焉？又神本亡端，栖形感类，理入影迹，诚能妙写，亦诚能尽矣。

从文艺理论和美学的层次来讲，宗炳此文的意义主要有三。其一，它表明当时的文艺界不仅已清晰地认识到山水的"质有"和"趣灵""神"的"本亡端"和"栖形感类"之间的对立统一关系，而且已经懂

---

① 参见僧肇《不真空论》。
② 王微：《报何偃书》，《全宋文》卷一九。

一　文学之思

得了"道""理""神""旨"是完全能够由"影迹""形类""言象""书策"来"寻求"或"妙写"的。其二，"尽理"或"求旨"的基本方法为"以形写形，以色貌色"。其三，在当时的美学理想中，审美创造以形象巧似为最高艺术境界。在这种文艺理论和美学理想的指导下，晋宋之际山水体物文学自不能不兴盛，文艺创作的表现手法亦不能不趋于繁富。晋宋间佛像雕塑艺术注重刻画形象，涂金饰彩；书画理论与创作亦往往注重赋彩绘形，不同于此间前后所谓"以形写神"和追求"神似"。如《世说新语·排调》载桓混甚讳"形似"其舅，而《宋书·谢灵运传论》反以"巧构形似之言"赞誉司马相如辞赋，顾恺之重传神写照、以形写神，而谢赫《古画品录》竟以"生动""用笔""象形""赋彩""位置""模写"为"六法"，而置顾氏于下品。王微《叙画》云：

夫言绘画者，竟求容势而已。且古之作画者，动以案城域，辨方州，标镇阜，划浸流，本乎形者融灵，而动变者心也……然后宫观舟车，器以类聚，犬马禽鱼，物以状飞。此画之致也。

谢赫《古画品录》评顾骏之云：

神气气力，不逮前贤；精学谨细，有过往哲。始变古则今，赋彩制形，皆创新意。……宋大明中，天下莫敢竞矣。

姚最《续画品录》评谢赫云：

操笔点刷，意在切似。目想毫发，皆无遗失……至于气韵精灵，未穷生动之致；笔路纤弱，不副壮雅之怀。

而文学界更是如此，人人趋新，视昔日全社会重意轻言、重神轻形之时风宛如隔世，竟使仍执玄学"得意忘言"思想和艺术认知方法者如范晔之伦，不得不反复感叹刘宋文章多为不免"事尽于形，情急于藻"，"政可类工巧图绩，竟无得也"。而他自己"文当以意为主，以文传意"的主张，已"多不能赏"①。《南齐书·文学传论》云：

> 今之文章……一则启心闲绎，托辞华旷，虽存巧绮，终致迂回……此体之源，出灵运而成也。……次则发唱惊挺，操调险急，雕藻淫艳，倾心动魄……斯鲍照之遗烈也。

《文心雕龙·物色》云：

> 自近代以来，文贵形似，窥情风景之上，钻貌草木之中。……体物为妙，功在密附。故巧言切状，如印之印泥，不加雕削，而曲写毫芥。故能瞻言而见貌，即字而知时也。

《诗品》卷上评谢灵运云：

> 故尚巧似……颇以繁芜为累……内无乏思，外无遗物，其繁富宜哉！

同书卷中评颜延之云：

> 尚巧似，体裁绮密，情喻渊深，动无虚散，一字一句皆致意焉。

就这样，晋宋之际佛教般若实相学新义通过其新的世界观和方法论的传播，推动了全社会思想方法和艺术认知方式的重构；而新的思想方法和艺术认知方式，又通过对文艺理论和审美趣味的变革，对当时的文艺创作产生了深刻的影响。东晋义熙以后文风的趋新就是这样形成的，中国山水文学的兴盛也是由此而来的。

---

① 范晔：《狱中与诸甥侄书》，《全宋文》卷一五。

一　文学之思

四　余论

由于佛理本身及其对文艺发生作用的过程极为复杂，此处仍有数点需略加申述。

其一，般若实相学佛理新义肇自鸠摩罗什，而流行则应归功于释慧远与竺道生等。然佛理新义在诸家亦有大同小异。竺道生重在宣传涅槃佛性义固不必说，即使是慧远与罗什师弟之主张也不尽相同。这主要表现在，慧远以圣人成道之神明为"法身"，而罗什师弟从来不分极微与灵魂；慧远同时注重小乘禅法，而罗什师弟则排斥小乘《阿毗昙经》等。盖因慧远长期处身南方[1]，受玄学影响较多，论述亦常袭用玄学习语；观其《沙门不敬王者论》《庐山记》《游石门诗并序》等作于义熙以前的诗文，便可窥见一斑。但因限于篇幅，本文讨论佛理新义及其对当时文艺的影响时，并不对各家各派学说作具体分析，而仅就般若实相学各家主要相同点立论。

其二，般若实相学佛理新义在晋宋之际逐步取代了玄学"得意忘言"的思想和艺术认知方式，这也仅仅是就当时学术界的整体面貌而言。事实上，魏晋玄学既不可能在短期内销声匿迹，玄学清谈的形式也仍在一定程度上保存着。史传载刘宋文帝时立儒、玄、史、文四馆，称颜延之、慧严无愧支（道林）、许（询）[2]，感慨当时"清言妙绪，将绝复兴"[3]，以及范晔"文当以意为主"的主张，均可以说明这一点。

其三，就文艺美学的发展历程而言，山水观念及文风在东晋义熙前后的区别是非常明显的；但这并不排斥义熙以前已有个别对山水作过细致刻画或文风繁复的作家作品，也并不等于说刘宋以后文坛再无重意轻文、重神轻形之论。恰恰相反，随着南北朝后期特别是隋唐时期儒、释、道思想的进一步发展与融合，中国思想与文艺的发展又呈现出新的

---

[1] 案：释慧远约在东晋义熙元年前后始得闻鸠摩罗什之学，并开始接受其影响。详见汤用彤《汉魏两晋南北朝佛教史》（上册）"慧远与罗什"一节。

[2] 参见《高僧传·慧严传》。

[3] 《高僧传·慧亮传》。

时代特点和发展格局，注重"神似"和"写意"终于成为审美创造的基本原则。但这些都只能说明，中国思想史和文艺美学史是沿着否定之否定的规律辩证地发展的。结果并不等于过程，不能因为"神似"和"写意"的确立而推翻或掩盖晋宋之际佛理新义反拨玄学思想与艺术认知方式的事实。

"四声之目"的发明时间及创始人再议

四声的发明,不仅是中国语言文学史上的一件大事,也是中国文化史上的一件重要事情。在其发明之初,其创始为谁,本应是十分明了的;可能由于无论发明者本人或是他人,皆并不十分看重此事,故在现有相关文献中无有明文。直到南朝齐梁之际,沈约等人在文学创作中正式使用"四声八病"规则,文人学士翕然宗之,并由此形成了中国文学史上延绵久远的格律诗体,四声的首创权问题方始为社会所重视,而此时该问题已成悬案。于是异说纷纭,各执一词。至近代以来,陈寅恪先生著《四声三问》,以为四声的发明人虽为沈约、周颙等人,但其根据则在于佛经之转读;而四声的创始时间及创始人问题遂再度成为学术界争议之焦点。笔者认为,陈寅恪先生的《四声三问》发表以后,论者普遍注意从佛教与语言文学的关系等广阔的文化视野来考察四声的发明,无疑已是一个重大的进步,但人们在讨论"四声之目"时,似乎有意无意地混淆或忽视了许多问题,如"四声之目"的发明与四声在文学创作中的应用之不同、佛经梵呗转读与四声性质之差异、由"四声之目"的出现到"四声八病"说的历史演变问题等。而如果不对这些内容先加甄别,欲讨论所谓"四声之目"的问题,则可能会治丝益棼。

一 四声发明于南齐永明诸人说之误

四声的发明时间及创始人,虽自古以来众说纷纭,无有定论,但细究起来,历代众说又有异中之同者,即其结论之时间不出南齐永明之际，创始人则可归纳为沈约发明，周颙首创，沈约、周颙、王融、谢朓、刘绘诸人共同创立说。① 这些观点，有的是互相排斥的，如你若认定"四声"为周颙发明，就不能同时认为"四声"是沈约或王融首创；有的则是具有综合前人成说的性质，如《梁书·庾肩吾传》所谓王融、沈约、谢朓始用"四声"之说。但如果从另一个角度来看，以上诸说实有异中之同，这就是它们都将"四声"发明的时间定为齐梁之间，而创始人则为齐"永明体"著名诗人。

将四声的发明时间和首创者归之于南齐永明年间的周颙、王融、沈约或其诸人的共同创造，如果仅仅从史实上加以考辨，即使可以提出足够的反证，也不足以说明这些结论的错误；而如果将从史实考证与从逻辑或理论上的考察结合起来——这就是历史与逻辑统一的方法，则似乎可更清楚地看出前代成说的症结。

细绎前人所说四声发明的论据，我们认为，论者似乎有意无意地混淆了两个概念：文字音韵上发明四声和文学创作中应用四声的不同。换言之，四声的发明，乃属于文字音韵上的新成果，而文章"始用四声"，属文学创作领域创作方法之运用。具体来说，古代文献中真正言及发明四声的地方，实只有沈约《四声谱论》"起自周颙"与宋人阮逸注《中说·天地》所谓"四声起自沈约"之说；其余诸人所言，仔细推敲，实乃论四声应用于文学创作之始，故有所谓起自沈约、周颙、谢朓、王融、刘绘诸人之说。如《南史·陆厥传》"汝南周颙善识声韵，为文皆用宫商，以平、上、去、入为四声，以此制韵"云云，所说的就是周颙很擅长语言声韵之学，并依其规则"为文"，使用平、上、去、入"四声"，而非是周颙首次发现了"四声"规则并创为"四声之目"。又如沈约的《宋书·谢灵运传论》云："自灵均以来，多历年代，虽文体稍精，而此秘未睹。"灵均，指屈原，乃一诗人，而非音韵学者，说屈原不懂"四声"是可以的，但已嫌苛责；但如果说屈原以来的诗人们没有将音韵学的成果及时运用到创作实践中去，不管这种指责是否符

---

① 刘跃进：《四声八病二题》，见《门阀士族与永明文学》，生活·读书·新知三联书店1996年版，第352—353页。

◆◆◆ 一　文学之思

合事实，至少作为对诗人的要求有其合理性。而沈约所说，正是就诗人的创作而言的，而非就文字音韵之学立论。这从后面"文体稍变"中的"文体"一词即可见出。故王国维《五声说》一文云：沈约等人"四声之说专主属文，不关音韵"。近人郭绍虞亦谓："只是永明时文学上的声病说，而不是永明时文字学上的声韵学说。这二者固然有联系，但也必然有分别，因为这是看问题的两个不同角度。"[①] 至于说钟嵘《诗品序》《梁书·庚肩吾传》《南史·陆厥传》等，明言"齐永明中，王融、谢朓、沈约，文章始用四声，以为新变"，即明显只是就诗歌创作中应用四声而言，而非指发明四声，故不可视为关于四声之发明时间和首创者的观点。而隋人刘善经《四声指归》云：

> 夫四声者，无响不到，无言不摄，总括三才，苞笼万象……且《诗》《书》《礼》《乐》，圣人遗旨，探赜索隐，未之前闻。宋末以来，始有四声之目。

刘善经的《四声指归》一卷，原书已佚，但《隋书·经籍志》载有此书，唐代日僧遍照金刚《文镜秘府论·天卷·四声论》引之，故此得而言之。《隋书·文学传》云："河间刘善经，博物洽闻，尤善词笔，历仕著作佐郎，太子舍人，著《酬德传》三十卷、《诸刘谱》三十卷、《四声指归》一卷行于世。"今人饶宗颐先生以《续高僧传》等载释僧旻解"悉昙十四音"，别创"复解"，又著有《四声指归》一书，颇疑刘氏《四声指归》即僧旻之书"传写至于北方，故善经采用其名"而成者。[②] 而逯钦立先生则径云，由刘善经"宋末以来，始有四声之目"，可"知四声之创立实始于刘宋，而齐永明中沈约等人文用宫商则尚在其后也"[③]。

[①] 郭绍虞：《声律说考辨》，见《照隅室古典文学论集》（下），上海古籍出版社1985年版，第254—255页。
[②] 饶宗颐：《梵学集》，上海古籍出版社1987年版，第178页。
[③] 逯钦立：《四声考》，见《汉魏六朝文学论集》，陕西人民出版社1984年版，第514页。

二　四声发明与佛教梵呗转读

四声发明于南齐永明年间沈约诸人，这一结论乃由文字音韵学成果在文学创作中的应用而论四声的发明，因而在逻辑上存在混淆概念的问题，从而导致了难以克服的理论困难，因此，后来的论者不能不另辟蹊径，试图寻求一条可将语言学上四声的发明与文学创作上四声的应用统一起来的路径，以说明四声之确乎发明于齐永明之际的周颙、沈约诸人。这一努力自近代陈寅恪先生的《四声三问》以齐永明七年竟陵王萧子良集京师善声沙门考音辨声开始，直到今日众多由佛教梵呗转读之影响而论四声之发明者，历久不息。

佛教梵呗转读与四声的发明到底有什么关系？佛教梵呗转读是否直接就导致了四声的发明？回答亦是否定的。

梵呗，即梵音呗匿，梵文写作 pāthka，意为"止断止息"或"赞叹"，原指佛教徒以短偈形式赞唱佛、菩萨之颂歌，应入管弦，类似中国"合乐"之歌曲。《高僧传》卷十三《经师论》云："东方之歌也，则结韵以成咏；西方之赞也，则作偈以和声。虽复歌赞为殊，而并以协谐钟律，符靡宫商，方乃为妙。故奏歌于金石，则谓之以为乐；赞法于管弦，则称之以为呗。"赞宁《宋高僧传》卷二十五《诵读论》亦云："……则知言与音别，所言呗匿者，是梵音，如此方歌讴之调欤？"显然，天竺这种文辞与弦乐合一的佛教艺术形式，在中土虽亦有与之相对应的音乐歌曲，但要同时将其乐曲与歌词译为汉音汉语，则是非常困难的，故《高僧传·经师传》又云："自大教东流，乃译文者众，而传声者盖寡。良由梵音重复，汉语单奇，若用梵音以咏汉语，则声繁而偈迫；若用汉曲以咏梵文，则韵短而辞长。是故金言有译，梵响无授。"

当然，中土也有小部分僧侣或文人梵汉双解，兼善呗匿，如支谦、康僧会、昙迁、道慧以及齐竟陵王萧子良所招致的"造经呗新声"的名僧等，至于大多数中国僧侣文士，对此则与鸠摩罗什有同感："天竺国俗，甚重文制，其宫商体韵，以入弦为善，凡觐国王，必有赞德，见佛之仪，以歌叹为贵……但改梵为秦，失其藻蔚，虽得大意，殊隔文

111

体，有似嚼饭与人，非徒失味，乃令人呕秽也。"（《高僧传·鸠摩罗什传》）歌咏与偈颂既难兼善，于是在中国的佛教界就采取了一种变通的方式：通晓梵音歌咏者可咏歌呗匿，但知汉语汉音者则以一种转读形式诵经。故《高僧传·经师论》又曰：

> 然天竺方俗，凡是歌咏法言，皆称为呗。至于此土，咏经则称为转读，歌赞则号为梵音。昔诸天赞呗，皆以韵入弦管。五众既与俗违，故宜以声曲为妙。

通俗地讲，"转读"乃是以一种类似后世私塾教师的唱读方法诵读佛教偈颂，此时的经文听起来虽有"曲折声之妙也"（《宋高僧传·诵读论》），但已属于"徒诗"的性质，是诵读者对诵经的一种音乐效果的追求；梵呗则必须与佛曲相配合演奏，它在整体属于音乐的范围，属于佛教音乐的性质。《高僧传·诵经论》云："若乃凝寒靖夜，朗月长霄，独处闲房，吟讽经典，音吐遒亮，文字分明，足使幽显忻踊，精神畅悦，所谓歌诵法言，以此为音乐者也。"

值得注意的是，佛教的"转读"虽严格地讲不再属于佛教音乐的范围，但"转读"者追求的仍旧是诵读时的音乐效果。而由于汉地佛教僧侣对这种"转读"之特别爱好，业精于勤，遂在佛教僧侣中出现了一批以擅长此道而著名者，而佛教寺院在宣讲佛理之先亦常以此类僧人为先导，故形成了"唱导"职业和"唱导师"。《高僧传》卷十三《唱导论》云："唱导者，盖以宣唱法理，开导众心也。……至若响韵钟鼓，则四众警心，声之为用也。辞吐俊发，适会无差，辩之为用也。"这说明，如果就"转读"或"唱导"与梵呗或呗匿的关系而言，只是发音器具的差别，即唇吻的"自然的旋律"与管弦的"器乐的旋律"的差别；若就其与语言文字上的平仄顿挫的差别而言，则存在二者之目的和对象上的根本区别，即是单个文字上声调的变化与连续音乐旋律起伏的不同。显然，无论是佛教的呗匿、"转读"还是"唱导"，虽可能为人们认识文字声调上的四声提供某种背景或机遇，但毕竟难以有直接的帮助。有人认为四声的发明，"首先肇自于对中国本土的音律的体会，然后参照了佛教转读的所谓'缓、切、侧、飞'以及'起掷荡举、平折放杀'的声调……进而将汉语声调定为平、上、去、入四声的"①。这种观点如果作为对四声发明与佛教关系的宏观把握未始不可，如果要进一步落实，则持论者可能会语塞。故唐释皎然《诗式》卷一"明四声"条云："乐章有宫商五音之说，不闻四声。"饶宗颐先生亦曰："顾转读重在声，诸天赞呗，皆以韵入弦管，此音乐之事也。"② 固执音乐上之旋律而求文字声调抑扬之原委，无异于胶柱鼓瑟，其不可必也。

不仅如此，我们从现有文献中还不难发现佛教梵呗、转读与文字音韵之学、特别是四声无关的例证。我们前文曾提及梁代名僧释僧旻著有《四声指归》一书，饶宗颐先生疑刘善经《四声指归》是采用僧旻之成果而成。释僧旻既著《四声指归》，其善声韵涉及四声自不待言，但如此之人却不解或至少是无意于佛经之转读、唱导。《续高僧传·释僧旻传》云：

> 释僧旻姓孙氏，家于吴郡之富春。有吴开国大皇帝其先也……七岁出家，住虎丘西山寺，为僧回弟子……年十三，随回出都，住白马寺。寺僧多以转读、唱导为止，旻风韵清远，了不厝意。

这是深究"四声"不问转读、唱导的例子。同时，又有谙熟乐律，精通梵呗却不解"四声"者，如梁武帝萧衍。萧衍多才多艺，《梁书·武帝纪》记其"六艺备闲，棋登逸品，阴阳、纬候、卜筮、占决并悉称善"。《资治通鉴》卷一百四十五《梁纪》"天监元年"又载：

> 上素善钟律，欲厘正雅乐，乃自制四器，名之为"通"。……于是被以八音，施以七声，莫不和韵。

---

① 蒋述卓：《四声与佛经的转读》，见《佛经传译与中古文学思潮》，江西人民出版社1990年版，第94页。
② 饶宗颐：《梵学集》，上海古籍出版社1987年版，第112页。

◆◆◆ 一 文学之思

萧衍不仅懂一般的音乐，对佛教音乐与梵呗亦极精通。《隋书·音乐志》记其事云：

> 帝既笃敬佛法，又制《善哉》《大乐》《大欢》《天道》《仙道》《神王》《龙王》《灭过恶》《除爱水》《断苦轮》等十篇，名为"正乐"，皆述佛法。又有"法乐童子伎"，童子倚歌梵呗，设无遮大会则为之。

但是，就是萧衍这位谙于乐律并精于佛曲之人，却不仅不好，且完全不懂文字音韵上所谓"四声"。《梁书·沈约传》载：

> ……（约）又撰《四声谱》，以为在昔词人，累千载而不寤，而独得胸衿，穷其妙旨，自谓入神之作。高祖（萧衍）雅不好焉，帝问周舍曰："何谓四声？"舍曰："天子圣哲是也。"然帝竟不遵用。

类似的记载又见于《太平御览》卷六百五十五引《谈薮》，此不赘引。此处只想指出，由释僧旻和萧衍这两位颇具代表性人物对佛教梵呗、转读与"四声"音韵之学的睽违，似可以进一步说明佛教梵呗转读与文字上"四声"的发明之间，确实没有必然的、直接的联系，而由佛教梵呗、转读以直接说明"四声"发明之原因，也是无益的。

那么，在中国音韵学史上"四声"的发明到底与佛教有何关系？我们认为这种关系不应从佛教梵呗音乐上探源，而主要地应从随佛教而传入中国的天竺声明之学、特别是悉昙章法中寻求原因。《大唐西域记》卷二记印度的教育内容有声明、工巧明、医方明、因明、内明等"五明之学"。义净《南海寄归内法传》卷四记"西方之学"曰：

> 夫声明者，梵云摄拖苾驮，摄拖是声，苾驮是明，即五明论之一也。五天俗书，总名毗诃羯喇拏。大数有五，同神州之五经也。一则创学《悉昙章》，亦云《悉地罗窣堵》。斯乃小学标章之称，

但以成就吉祥为目,本有四十九字,共相乘转,成一十八章,总有一万余字,合三百余颂。……二曰《苏呾啰》,即是一切声明之根本经也,译为略诠意明……三曰《驮睹章》,有一千颂,专明字元,功如上经矣。四谓《三弃拶章》,是荒梗之义,意比田夫创开畴畎,应云《三荒章》……五谓《苾栗底苏呾啰》,即是前《苏呾啰》释也。乃上古作释,其类实多,于中妙者,有十八千颂。演其经本,详谈众义。尽寰中之规矩,极人天之轨则。十五童子,五岁方解。神州之人,若向西方求学问者,要须知此,方可习余,如其不然,空自劳矣。①

据此,天竺声明之学乃其"释诂训字,诠目流别"之学(《大唐西域记》卷二)。而因梵文乃拼音文字,故此种"小学"科目又必须从拼音字母及拼音法知识学起,这就形成了"声明"中的《悉昙章》。

《悉昙章》作为梵天"声明之学"的基础部分何时传入中国,今固难言其详,但至迟魏晋之时中国已有此学,则是可以肯定的。理由如下:其一,中国古代的反切注音法,乃"在学习梵文中受到梵文字母悉昙的启发,懂得体文(辅音)和摩多(元音)的原理"后创造的②,而反切的创始人不论为服虔、应劭,还是孙炎,均为魏晋或其以前人。其二,梁代释僧祐《出三藏记集》卷第三《新集安公失译经录》内已有《悉昙慕》二卷,注云:"先在《安公注经录》,或是晚集所得。"则至迟西晋末释道安所见梵籍中已录有《悉昙》之书。③ 其三,东晋末年释法显赴天竺取经,求得《大般泥洹经》六卷,其中有《悉昙》"十四音""半字""满字"之名,在当时佛学界引起了讨论"十四音"及学习、研究梵文的热潮。谢灵运是竺道生"顿悟义"的信奉者,又曾参与《大般涅槃经》之翻译。《高僧传·释慧睿传》曰:

---

① 《南海寄归内法传校注》,唐义净原著,王邦维校注,中华书局1995年版,第188—197页。
② 唐作藩:《音韵学教程》,北京大学出版社1987年版,第76页。
③ 参见饶宗颐《梵学集》,上海古籍出版社1987年版,第143页。

◆◆◆ 一 文学之思

陈郡谢灵运笃好佛理，殊俗之音，多所达解，乃咨睿以经中诸字并众音异旨，于是著《十四音训叙》，条例梵汉，昭然可了，使文字有据焉。

释慧睿曾"游诸国，乃至南天竺界，音译话训，殊方异义，无不必晓"。谢灵运或以译经时于经中之"十四音""半字""满字"诸义不解，乃咨慧睿讲解，谢氏已习得"悉昙章法"，故得以著《十四音训叙》，条例梵汉。谢书今已失传，日僧安然《悉昙藏》卷五引"宋国谢灵运云"，学者以为即谢氏《十四音训叙》遗文，其言有曰：

《大涅槃经》中有五十字，以为一切字本。牵彼就此，反语成字。其十二字，两两声中相近，就相近之中复有别义。前六字中，前声短后声长；后六字中，无有短长之异，但六字之中，最后二字是取前二字中余声。又四字非世俗所常用，故别列在众字之后。其三十四字中，二十五字声从内转至唇外，九字声从外还内。凡五字之中，第四与第三字同而轻重微异。凡小字皆曰半字。其十二字，譬如此间之言，三十四字譬如此间之音（按：此处"音"当为"者"之误——引者注），"者"以就"言"，便为"诸"字。譬如"诸"字，两字合成名满字。声体借字，以传胡音。复别书胡字。①

《悉昙藏》接下便转引了谢氏所罗列之梵文"五十字"。梵文"悉昙五十字"，即其五十个拼音字母。谢氏认为，这五十字中前十二字，除第十一、十二两字庵（am）、疴（ah）为噁（a）、阿（ā）之余势，不计在内外，加上鲁（ṛ）、流（ṝ）、卢（ḷ）、楼（ḹ），共为十四音，即《大般涅槃经》所谓"十四音名曰字本"的"十四音"。《悉昙藏》卷二曰："谢灵运解（前十二字）以后鲁流卢楼四字足之，若尔则成十六，何谓十四？"云："前庵、疴二字非是正音，止是余势，故所不取，

---

① 《悉昙藏》卷五，《大正藏》第84卷，第409页。

若尔前止有十，足后四为十四也。"① 即此义也。谢氏又说，梵文五十字，单个皆为半字，拼合则为满字。但半字之中又有区别：前十二字"譬如此间之言"，后三十四字"譬如此间之者"，"者以就言，便为诸字"。这个"诸"字便是"满"字。而拼成一个"诸"字的"言""者"两个"半字"又有"体文"与"声势"的不同名称："言"字相当于今天汉语拼音中的"声母"，是辅音，当时称为"体文"；"者"字相当于今天汉语拼音中的韵母，当时称为"声势"。所谓"声体借字，以传胡音"，是说梵文乃声母、韵母两相拼合而成的拼音文字。章太炎《国故论衡·小学略》曰："慧琳《一切经音义》称梵文阿等十二字为声势，迦等三十五字为体文。声势者，韵；体文者，纽也。"亦是此义。

《悉昙藏》所引谢灵运《十四音训叙》之文虽非全篇，但对于我们今天认识晋宋之际中国文字音韵学的发展状况，仍具有十分重要的意义：

首先，此时学者已认定汉语中每个字的字音由声母、韵母拼合而成，且以反语（反切）标注一个汉字字音的方法已普遍运用。所谓"半字""满字""声势""体文"，"牵此就彼，反语成字"，"声体借字，以传胡音"，正是对这一规律的认识。

其次，此时学术界不仅已认识到汉语声母、韵母的拼合成字（反切）规律，而且对声母、韵母间（特别是不同韵母之间）发音方法上的差异也已有相当的了解。就梵文而言，"其十二字，两两声中相近，就相近之中复有别义：前六字中，前声短后声长；后六字中无有短长之异，但六字之中最后二字取前二字中余声"。这是说韵母间既有发音长短之别，还有以辅音收尾与以元音收尾者之分。而这种对梵文韵母发音规律的认识，在汉语中亦很容易导致对同一个韵母声调高下曲折及"入声"的发现。谢灵运之时已称韵母为"声势"，应隐含着这种区别在内。章太炎《国故论衡·小学略》又曰："所谓声势者，谓韵所收之余势，若水之走间尾也。"虽未明言是声调上之变化，但中国古代文献中的"势"，从来都是表明由人物所处地位而形成的力量，故此处的"声

---

① 《大正藏》第84卷，第377页。

势",必含有韵母声调由高至低的演变之义。换言之,汉字韵母声调上的平、上、去、入"四声"的变化,虽尚未被明确提出,或者说尚未正式发现,但离发现的时间已经不远了。因为据汤用彤先生考证,北凉昙无谶译北本《涅槃经》在玄始十年,即刘宋武帝永初二年(421),后至宋文帝元嘉中,此本乃传至建业。释僧祐《出三藏记集》与隋朝硕法师《三论游玄义》皆谓在元嘉七年(430)始至南朝。① 谢灵运与慧严、慧观共依南来"北本"改治《涅槃》,时间当在元嘉七年之后。唐颜真卿《抚州宝应寺翻经台记》云:"抚州城东南四里有翻经台,宋康乐侯谢公元嘉初于此翻《涅槃经》,因以为号。"(《颜鲁公文集》卷十四)即记其事。谢灵运于元嘉八年(431)任临川内史(《宋书·谢灵运传》),若依颜氏之记,则谢灵运改治《涅槃经》当在元嘉八年到十年(431—433)上半年之间,此时谢氏在临川内史任上,他才有可能在抚州翻经。元嘉十年(433)谢灵运即在广州被杀,这已使他没有可能再深究汉语音韵上声调的演变规律,并发明"四声之目"。但谢灵运的音韵学成就,确已表明"四声"的发明为期不远了。另外,据佛史记载,南朝"建康经呗之盛,实始自宋之中世"②,即是说,如果把佛教的梵呗、转读不作为导致四声发明的直接原因,而只作为当时学术界研究文字声韵的学术背景的话,这种背景在谢灵运活着的时候也尚未形成——"宋末以来,始有四声之目"是必然的。

三 四声的创始者应为王斌

"四声"创始于刘宋之末,具体的创始人自然不能为齐梁之际著《四声谱》一类著作的沈约、周颙、王融之辈,必当早于此数人无疑。而根据现有文献,此人应是很多相关史籍皆提到的王斌。刘善经《四声指归》在叙沈约《四声谱》的内容时,提及另两位探讨"四声"的人,一位是王斌,另一位是甄琛,其言曰:

---

① 汤用彤:《汉魏两晋南北朝佛教史》(下册),中华书局1983年版,第434—435页。
② 陈寅恪:《四声三问》,见《金明馆丛稿初编》,上海古籍出版社1980年版,第333页。

洛阳王斌撰《五格四声论》，文辞郑重，体例繁多，剖析推研，忽不能别矣。魏定州刺史甄思伯，一代伟人，以为沈氏《四声谱》不依古典，妄自穿凿，乃取沈君少时文咏犯声处以诘难之。又云："若计四声为纽，则天下众声无不入纽，万声万纽，不可止为四也。"

这里的"四声"，即平、上、去、入四声，自不待言。"五格"，唐皎然《诗式》卷一"诗有五格"条曰："不用事第一，作用事第二，直用事第三，有事无事第四，有事无事、情格俱下第五。"此处"格"字当指"用事"而言。饶宗颐先生认为"五格，当指五音之宫商"，可备一说。[①] 关于甄琛，史载其人字思伯，是北魏人，晚年官任定州刺史。《魏书》《北史》二书皆有《甄琛传》，且称"其所著文章，鄙碎无大体，时有理诣。《磔四声》《姓族兴废》《会通缁素》三论及《家诲》二十篇、《笃学文》一卷，颇行于世"。其与沈约论四声之文，或即《磔四声》之一篇。磔，《字汇·石部》："磔，裂也。"本指古代分裂肢体的酷刑，此处殆为分析之义。其文今虽不见，但从刘善经《四声指归》引甄琛与沈约关于四声的辩论来看，甄琛的论点似主要为："若计四声为纽，则天下众声无不入纽，万声万纽，不可止为四也。"似未解沈氏"四声说"中以"四声为纽"或"四字一纽"之义。甄琛《磔四声》所论或即其与沈氏讨论四声之内容。

王斌，刘善经《四声指归》言其洛阳人，著有《五格四声论》，似亦为齐梁时以音韵学名家者。此且不论其所著《五格四声论》，请先言王斌其人。《南史·陆厥传》云：

> 时有王斌者，不知何许人，著《四声论》行于时。斌初为道人，博涉经籍，雅有才辩，善属文，能唱导，不修容仪。尝弊衣于瓦官寺听云法师讲《成实论》，无复坐处，唯僧正慧超尚空席，斌直坐其侧。超不能平，乃骂曰："哪得此道人，禄簌似队父唐突

[①] 饶宗颐：《梵学集》，上海古籍出版社1987年版，第114页。

人?"因命趋之。斌笑曰:"既有叙勋僧正,何为无队父道人?"不为动。而抚机问难,辞理清举,四座属目,后还俗,以诗乐自乐。人莫能名之。

与刘善经所言之王斌相比较,《南史》所记至少有两点差异:一、刘善经言王斌为洛阳人,《南史》则云"不知何许人";二、刘善经言王斌著《五格四声论》,《南史》则云其"著《四声论》行于时"。古书传人特重郡望,王氏郡望之隆莫过于琅邪或太原,今《南史》作者见有"洛阳王斌"之说故而生疑,云其"不知何许人",亦属情理之中。又,古人著作诸史记载异名亦为常见,无足为怪,故后世多以刘善经所言王斌,与《南史》之载为同一人。由此,王斌应为与沈约、周颙同时之人。因为据《南史》所载,此王斌虽"不知何许人",但却尝于瓦官寺听云法师讲《成实论》,且与僧正慧超为坐席发生争执。

梁初为《成实论》极盛之时,当时以《成实论》名家者有释道宠、释法云、释僧曼、释智藏等[①],一般认为《南史·陆厥传》所载:讲《成实论》之"云法师",即释法云也。释法云,《续高僧传》卷五有传,而慧超为僧正,乃在梁天监之初。《续高僧传·释慧超传》曰:

……自齐历告终,梁祚伊始,超现病新林,情存振溺,信次之间,声驰日下。寻有别敕乃授僧正。……而超鸣谦蹈礼,好静笃学,从之游处,未睹愠喜之仪。

此王斌在瓦官寺听云法师讲《成实论》,当在梁天监初以后。根据《南史》及怀信的《释门自镜录》(详后),《南史》所载听云法师讲《成实论》之王斌当处于其"少年"时,似尚不可能作《四声论》。而若梁天监初王斌仍为"少年""道人",则《南史》所谓《四声论》之作者应当是另一王斌可知矣。这也可能就是《南史·陆厥传》虽详载王斌之事,但却又说其"不知何许人",而刘善经的《四声指归》中却

---

① 汤用彤:《汉魏两晋南北朝佛教史》(下册),中华书局1983年版,第520—521页。

说王斌为洛阳人,著《五格四声论》,并把他放在北魏的"一代伟人"甄琛之前的原因。

根据《魏书·甄琛传》,甄琛于正光五年(梁武帝普通五年,524)冬卒。北魏高肇死(时为北魏延昌四年,梁天监十四年,515)后岁余,约在梁天监十六年(北魏熙平二年,517),甄琛"赴洛,除镇西将军、凉州刺史,时年六十五岁。则甄琛生于北魏太武帝太平真君十一年、宋文帝元嘉二十七年(450),卒年约七十四岁。据史载,沈约、周颙等人文章始用四声在齐永明之末。永明为齐武帝年号,始于公元483年,终于公元493年,共十一年,如果沈约诸人始用四声在永明十年(492),则沈约为五十二岁[①],甄琛为四十二岁,与沈约等人年龄相差不大。而王斌其人及其著《五格四声论》一事,放在甄琛这位在刘善经看来是"一代伟人"之前叙述,如果他的生活年代和甄琛之间与甄琛和沈约一样只有数载的差距,刘善经是不会如此做的。他这样叙述只有一种可能,就是以刘善经手头掌握的材料,王斌与甄琛之间年龄相差较大,王斌应是甄琛的前辈。而联系到刘善经《四声论》中否定"四声之目"为永明沈约等人发明,而言"宋末以来,始有四声之目"之说,我们有理由相信,刘善经肯定是见过有关王斌的另一些不同记载。《续高僧传·释僧若传》云:

> 释僧若,庄严寺僧璩之兄子也……年三十二,志绝风尘。末,东返虎丘,栖身幽室,简出人世,披文玩古,自足云霞,虽复茹菜不充,单复不赡,随宜任运,罕复经怀。琅邪王斌守吴,每筵法集,还都谓知己曰:"在郡赖得若公言谑,大忘衰老。见其比岁放生为业,仁逮虫鱼,爱及飞走,讲说虽疏,津梁不绝,何必灭迹岩峤,方谓为道?但出处不失其机,弥觉其德高也。"天监八年,敕为彼郡僧正。……以普通元年卒,春秋七十。

释僧若返虎丘及王斌守吴的具体年月不得而知,但释僧若以"梁普

---

① 曹道衡、刘跃进:《南北朝文学编年史》,人民文学出版社2000年版,第292页。

通元年（520）卒，春秋七十"，卒年较甄琛早四年，亦小四岁，则二人为同龄。而由王斌任吴郡太守时"赖得若公言谑，大忘衰老"之言考察，则王斌与当时高僧僧若之间的年龄差距，亦即王斌与甄琛的年龄差距，若王斌与甄琛年龄相距二十岁，则此王斌应生于宋文帝元嘉七年（430）前后。刘宋之末时（齐代宋在公元479年），此王斌综合前人成果而作《四声论》是完全可能的。汤用彤先生著《汉魏两晋南北朝佛教史》时，曾注云此人"或即《南史·陆厥传》著《四声论》之王斌"[1]。虽其朝代可能存在错误，但就其时代言则为有得。

当然，刘善经的记载中也有一个未能弥合的漏洞，就是他记王斌的著作为《五格四声论》，与《南史·陆厥传》所记《四声论》不同，给人的印象似乎是他不经意的省称或者是此书有异名，但实际则应是他另有依据。怀信《释门自镜录》上《梁伪沙门智棱传》后附记有一位名王斌的事迹：

> 王斌者，亦少为沙门，言辞清辩，兼好文义。……频怜僧众，遂反缁向道，以藻思清新，乃处黄巾之望。邵陵王雅相赏接，号为三教学士。所著《道家灵宝大旨》，总称四玄、八景、三洞、九玄等数百卷，多引佛经。……又改六通为六洞……亦有大梵观音三宝、六情、四等、六度、三业、三灾、九十六种、六斋等语，又撰《五格八（"八"后疑脱"病"字——引者注）》，并为论难之法。[2]

依此，王斌之与四声有关著作，或原为《五格八病论》，《文镜秘府论》西卷"文二十八种病"一节，即引有王斌释"鹤膝"之说，可知王书原来应为"八病论"。或刘善经以其中多有论"四声"之处，且有如《南史》所用之史料亦云王斌著《四声论》，故名王斌书曰《五格四声论》。不管怎样，关于王斌其人其事尚另有记载则是可以肯定的。饶宗颐先生以为上文中的邵陵王即梁武帝之第六子，天监十三年封邵陵

---

[1] 汤用彤：《汉魏两晋南北朝佛教史》（下册），中华书局1983年版，第312页。
[2] 《大正藏》第51卷，第810页。

王，而"王斌实为梁人"①。李延寿著《南史》时当同时见到了《续高僧传·释僧若传》、怀信《释门自镜录》所引关于王斌的史料以及刘善经之说，但又感到难以统一诸说，故以"不知何许人"一语以示存疑欤？

实际上，如果从历史与逻辑相统一的观点来看，以上二说是可以并存的。殆南朝有两王斌，一为宋齐时人，一为齐梁时人。宋齐时之王斌，为琅邪王斌，曾与当时名僧释僧若等交往，因受谢灵运等"十四音"说中"声势""体文"之说的启发，创为汉语文字声韵"四声之目"，并著为《四声论》。齐梁时之王斌，为略阳或洛阳人，早年曾为沙门，曾听释法云讲《成实论》，并与僧正慧超争座，且其人善言谈，好文义，在沈约、周颙文章始用"四声八病"说之后，亦对之发表己见，著为《五格八病论》。两王斌均对声韵之学感兴趣且做过深究，勒为专论，只是由于宋齐时的王斌之《四声论》，虽在谢灵运等《十四音训叙》基础之上而作，却是当时将梵文声韵理论引入汉语音韵学且著成专论之第一人，因而实堪称中国音韵"四声之目"的发明者或创始人；而齐梁之王斌，虽其著作"文辞郑重，体例繁多"②，但内容基本上仅属对当时"四声八病"说之转述，殊少自主创新，故其价值反不如刘宋王斌之《四声论》。

中国音韵"四声之目"的创始人应是宋齐时的琅邪王斌，其发明时间当在刘宋之末。刘善经说"宋末以来，始有四声之目"，这一说法是可信的。

（原载《文学遗产》2005年第5期）

---

① 饶宗颐：《梵学集》，上海古籍出版社1987年版，第114页。
② 《文镜秘府论·天卷·四声论》引刘善经评语，《文镜秘府论校注》，[日]弘法大师原撰，王利器校注，中国社会科学出版社1983年版。

赞体的演变及其所受佛经影响探讨

赞是中国古代文学中的一种重要文体，而且在中国古代的佛教文学中占有重要位置，所以现代的中国佛教文学研究者也很重视此体。日本学者加地哲定在其所著《中国佛教文学》中讨论赞体时，认为："赞的本意是称赞人物"；而"称颂佛菩萨的文章"，"中国从三国六朝时起就有了这样的文章"①。加地哲定注意到了佛教输入中国后，给赞体内容和形式上带来的变化，这是值得肯定的。不过，由于赞体本身的情况比较复杂，类似加地哲定的这种分析还不足以说明佛教、特别是佛经文本对中国古代文学和文体发展的影响。要准确把握中国古代赞体演变与佛教（经）的关系，有必要对赞体演变的始末作一个更细致的考察。

一 从《文心雕龙·颂赞》篇说起

刘勰的《文心雕龙》一书既是中国古代重要的文学理论著作，也是一部系统的文体论著作。它认为赞这种文体，也应该源于《诗经》，即所谓"赋颂歌赞，则《诗》立其本"（《文心雕龙·宗经》）。其《颂赞》篇合"赞"与"颂"二体而言，对赞体的源流、特点及与颂的关系，作了深入的阐发：

赞者，明也，助也。昔虞舜之祀，乐正重赞，盖唱发之辞也。

---

① ［日］加地哲定著，刘卫星译：《中国佛教文学》，佛光出版社1993年版，第41—42页。

赞体的演变及其所受佛经影响探讨

及益赞于禹，伊陟赞于巫咸，并飏言以明事，嗟叹以助辞也。故汉置鸿胪，以唱言为赞，即古之遗语也。至相如属笔，始赞荆轲。及迁《史》固《书》，托赞褒贬；约文以总录，颂体以论辞；又纪传后评，亦同其名；而仲洽《流别》，谬称为述，失之远矣。及景纯注《雅》，动植必赞，义兼美恶，亦犹颂之变耳。然本其为义，事生奖叹，所以古来篇体，促而不广，必结言于四字之句，盘桓乎数韵之辞，约举以尽情，昭灼以送文，此其体也。发源虽远，而致用盖寡，大抵所归，其颂家之细条乎！①

在这里，刘勰首先从文字上讨论了"赞"的含义："赞者，明也，助也。"但这并非是作为文体的赞的定义。作为文体的赞，刘勰则上推至《尚书·大禹谟》中的"益赞于禹"和《尚书序》中的"伊陟赞于巫咸"之辞，而将汉代行郊祀之祀鸿胪传呼"赞九宾"之言，也视为古赞词的"遗语也"。当然，刘勰应该很清楚《尚书》《汉书》的言辞，虽然已具备了赞体的某些因素，可以作为对赞体溯源的例证，但它们毕竟不能当成赞体成立的标志。所以刘勰接着说："至相如属笔，始赞荆轲。"即把西汉司马相如的《荆轲赞》②，作为赞体之为一种文体开始成立的标志。然后，刘勰以"迁《史》固《书》"和"景纯注《雅》"为例，概述了赞体的发展历程。最后，他用较多的笔墨，对赞体的本义及文体特点作了概括，即赞体的本义应是"事生奖叹"；其文体篇体短小——"促而不广"，四字为句，全篇数句，"致用盖寡"，性质与颂体相似。

客观地讲，刘勰对赞体的论述在整个《文心雕龙》文体论中，属于比较粗略的一种。

首先，他对赞体的本义与性质的阐述是含糊而矛盾的。《文心雕龙·颂赞》曰："赞者，明也，助也。"又说："本其（指'赞'——引

---

① 刘勰：《文心雕龙》卷二《颂赞》第九，范文澜：《文心雕龙注》上册，人民文学出版社1958年版，第158—159页。
② 案：司马相如"赞荆轲"的文字，原文已佚。刘永济《文心雕龙校释》曰："李详……疑彦和所见《汉书》本作《荆轲赞》。"见刘永济《文心雕龙校释》，中华书局1962年版，第31页。

一 文学之思

者注）为义，事生奖叹。"这是说，就"赞"这个词（概念）的词义来讲，刘勰认为它为"明也""助也"二义。但就文体发生学意义来看，则"赞"义似又源于"奖叹"或"赞叹"。而事实上，无论是就汉语词源学还是就现有文献的记载来看，刘勰的上述论断都是很不正确的，或者至少可以说，它是含糊的和自相矛盾的。因为就"赞"字的字形来看，"赞"的本义当如许慎所言为"见"或"进见"。"赞"字在许慎《说文解字》入"贝部"，曰："赞，见也。从贝，从兟。"段玉裁注："（徐）铉曰：'兟，音诜，进也。'（徐）锴曰：'进见以贝为礼也。'"①而"明也""助也"二义，一见于《周易·说卦传》："昔者圣人之作《易》也，幽赞于神明而生蓍。"（韩康伯注："赞，明也。"）二见于《吕氏春秋·务大》篇："细大贱贵，交相为赞。"（高诱注："赞，助也"）二义显系晚出。根据汉字"六书"造字之法，汉字的原始义涵，必与字形相关，则"赞"字的本义无疑当以许说为准，而所谓"明也，助也"，则只能是其引申义或后起义。刘勰在《颂赞》中以"明也，助也"为"赞"之本义，显然是不对的。

如果说刘勰所谓"赞者，明也，助也"，作为对"赞"概念本义的说明本不准确的话，那么，他接下来又说赞体"本其为义，事生奖叹"②，则几近于强词夺理，而与前文自相矛盾了。因为，在前面他自己既然已说"赞"的本义是"明也，助也"，后面就应该继续进一步说明赞体文是如何本其为义，"事生明（也）、助（也）"的；而不应该另生枝节，提出一个"事生奖叹"的问题来。而且，即使是"事生奖叹"与"明也，助也"语义一致，他也没有能提出"本其为义，事生奖叹"的任何证据来，而只是反复提到在自汉以来历代的作者那里，该文体"托赞褒贬""义兼美恶"的事例——这就不能不使他的论说显得前后混乱和自相矛盾了。

其次，刘勰将赞体视为颂体的"细条"，合赞、颂为同类而一并论

---

① 许慎撰，段玉裁注：《说文解字注》，上海古籍出版社1981年版，第280页。
② 案：黄侃《文心雕龙札记·颂赞》认为"事生奖叹"一句："奖叹，即托赞褒贬，非必纯为赞美"（黄侃：《文心雕龙札记》，上海古籍出版社2000年版，第75页），与刘勰同篇所谓兼褒贬为"颂之变"及"勋业垂赞"之说不符，似有曲解之嫌。

述，这又是并不具有任何逻辑说服力的。一句"大抵所归，其颂家之细条乎"的推断之词，既不足以阐明"赞者，明也，助也"与"颂者容也，所以美盛德而述形容也"二义之间的共同点，实际上也无法说明"颂主告神"，故"义必纯美"和赞体"托赞褒贬""义兼美恶"两者之间的差异性。——刘勰在这里实际并未很好地阐述颂、赞二体的关系，或者说他并未给出他为什么要合颂、赞为同类文体而加以论述的理由。

二 赞体的文体特征及其演变

刘勰的《文心雕龙·颂赞》篇在讨论"赞"概念的本义和赞体的属性时存在不够准确和自相矛盾的地方，那么依据刘勰的这篇文体论，显然就不足以说明中国古代文学中赞体的特点及其发展和演变的规律，对此有必要重新加以探讨。我们认为，根据现有文献资料来看，中国古代文学中的赞体乃起源于图赞，是用简洁的语言对图画内容加以评述的一种文体。这种评述可以是褒，也可以是贬，它对图画的内容有辅助说明的作用，故曰："赞者，明也，助也。"又因这种早期的图赞与早期的图颂或颂图一样，都是就图画中的内容做有褒有贬的评论，故而被当成了颂体的同类或"细条"。在后来的发展中，赞出现了多个发展方向：第一是出现了一种如后来的颂那样完全脱离图画的赞，如《史记》《汉书》"叙目"中的述赞和班固《汉书》诸传后面的赞。这种赞脱离了图画，但保留了早期赞体的评述性质，所以挚虞称之为"述"（《汉书·叙传下》颜师古注）[1]。而且，自范晔《后汉书》始，赞在形式上

---

[1] 颜师古注云："史迁则云：为某事作某本纪、某列传。班固谦不言作而改言述。……但后之学者，不晓此为《汉书》叙目，见有述字，因谓此文追述《汉书》之事，乃呼为'汉书述'，失之远矣。挚虞尚有此惑，其余曷足怪乎！"（《前汉书》卷一〇〇下《叙传》颜师古注，《二十五史》（1），上海古籍出版社、上海书店1986年版，第392页）。案：《文选》卷五十把《汉书·叙传》中的"叙目"称为"史述赞"，把它和范晔《后汉书》中的"赞"混为一谈，其实二者的区别是很大的。《文选》吕延济注班固"史述赞"曰："固修《汉书》自作叙传而重述其旨。"张铣注范晔《后汉书光武纪赞》云："晔修《汉书》作此《赞》以美之。"（李善等：《六臣注文选》，浙江古籍出版社1999年影印本，第930、932页）可见，一为"美"一为"述"，二者完全不同，且将《汉书·叙传》称为"赞"是萧统强自为之，不是班固原名，这是《文选》的失误。

改用韵语。黄侃《文心雕龙札记·颂赞篇第九》曰:"至班孟坚《汉书赞》,亦由纪传意有未明,作此以彰显之,善恶并施。故赞非赞美之意。而后史或全不用赞,或其人非善则亦不赞。此缘以赞为美,故歧误至斯。"① 指的还是这类赞。

赞体的第二个发展方向,是由图赞分蘖出一种与图赞并列的像赞、象赞或画赞。前者主要"赞"动植物,后者主要"赞"人,而且,"赞"动植物的图赞基本上保留了赞体原有的"赞兼褒贬""善恶并施"的特点,形式上则与当时颂体一样"结言于四字之句,盘桓乎数韵之辞",如郭璞的《尔雅图赞》《山海经图赞》等。"赞"人的像赞等,内容上一般似不再"兼褒贬",而变为比较纯粹的赞美之辞,如《文选》卷四十七所收夏侯湛的《东方朔画赞》,《初学记》卷九引挚虞所作的"赞"庖羲、神农、黄帝、帝尧等人的十四篇(首)赞,以及如唐代李白所作的《志公画赞》《当涂李宰君画赞》《宣城吴录事画赞》《江宁杨利物画赞》等。桓范的《世要论》说:"夫赞像之所作,所以昭述勋德,思咏政惠,此盖诗颂之末流也。"似正是就此类画赞或像赞而言的。可以设想,刘勰所谓"至相如属笔,始赞荆轲",其所说的赞,其实应该是《荆轲画(像)赞》。因为此时的赞还是一种不脱离图画的赞。当然,这种"赞"人的像赞、象赞或画赞的体式,是处在不断的演变中的。主要是这种赞体,由"赞"画中的人(一般为"古代的先贤")发展为"赞"脱离画像的现实中的人。如《世说新语》刘孝标注引有东晋孙绰对其同时代竺道潜、支愍度的赞,就很可能是与画像或史传无关的,而纯粹是对现实中二人的赞辞;又如李白既写作了上引诸画赞,又作有《朱虚侯赞》《李居士赞》等这类赞美现实中人的赞。

赞体的第三个发展方向,是赞与序相结合,形成了一种前为叙事传人或谈写作缘起的序,后为赞颂人或事的韵文——序赞。如《文选》卷四十七所载袁宏的《三国名臣序赞》《出三藏记集》卷第七所载王僧孺的《慧印三昧及济方等二经序赞》等,就是这种序、赞结合的赞体形式。

概括来说,赞乃是一种起源于图赞的文体,它最初有辅助说明图画

---

① 黄侃:《文心雕龙札记》,上海古籍出版社2000年版,第72页。

内容的功能，所以说它兼含美恶、褒贬。正是在这一点上，它才与颂体成了同类。因为根据有关史料，颂实亦起于图颂或颂图。《汉书·艺文志》"诸子略"中的"儒家类"载有"《刘向所序》六十七篇"，班固注："《新序》《说苑》《世说》《列女传颂图》也。"顾实《汉书艺文志讲疏》："称曰所序者，盖犹今之丛书也。本传云：'（刘）向采传记，著《新序》《说苑》凡五十篇，序次《列女传》凡八篇，著《疾谗》《摘要》《救危》及《世颂》凡八篇。'《别录》曰：'臣向与黄门侍郎歆所校《列女传》，种类相从为七篇。盖合《颂义》一篇为八篇也'。《疾谗》《摘要》《救危》《世颂》，盖皆《世说》中篇目，即《世说》也。《隋志》：'《新序》三十卷、《说苑》二十卷'，卷即是篇。是五十篇，合《世说》八篇、《列女传》八篇，凡十六篇。又加《列女传图》一篇，恰符《汉志》六十七篇之数。"① 顾实这里为满足《汉志》中"《刘向所序》六十七篇"之数，把刘向本传中的《疾谗》《摘要》《救危》《世颂》说成其已佚《世说》中的篇目，把"颂图"说成了《列女传图》一篇，臆测的成分太重，这是我们所不能接受的。但他认为当时刘向"所序"有"《列女传图》一篇"，则对我们具有一定的启示。因为既有《列女传图》，而班固的注文中又称"颂图"，则此《列女传图》就应该称为《列女传颂图》。今存《列女传》（如《四部丛刊》本）乃传、图、颂三者合一的本子，也说明当初应有图和颂结合在一起的"颂图"。或者因为后人看到《列女传》与《列女（传）颂图》内容相互联系，合则可互相阐发、互相补充，故而将二书合在一起了，也未可知。不管怎样，由现存《列女传》至少可知：1. 颂最初是与图结合在一起的颂图或图颂；2. 颂并非只是美盛德之形容的，颂的对象既可以是母仪天下的娥皇、女英、太姜、太任，也可以是孽嬖的妲己、褒姒。

而由赞体后来发展成为脱离图画的赞、纯粹赞美的赞和与序相结合的赞等多种形式来看，在中国古代文学史上，赞这种文体其实没有一种固定不变的文体特点，它的文体特点是动态的，是随着时代的变迁而不断地发展和演变的。

---

① 顾实：《汉书艺文志讲疏》，上海古籍出版社1987年版，第109页。

对于赞的以上文体特点，中国古代文体论者已有了充分的认识。李充的《翰林论》云："容象图而赞立，宜使辞简而义正，孔融之赞杨公，亦其美也。"① 萧统《文选序》曰："美终则诔发，图像则赞兴。"② 就都是将赞体的兴起，与图画联系在一起。《孔子家语·观周篇》记载说："孔子观乎明堂，睹四门墉，有尧舜之容、桀纣之像，而各有善恶之状、兴废之诫焉。"③《晋书·束晳传》载西晋太康年间汲冢人不准盗发魏襄王墓（或言安釐王墓）得"图诗一卷，画赞之属也"。可见，赞的源头——图赞或画赞是非常久远的，而且是兼美恶，并褒贬的。故有人视今本《诗经·大雅》中的若干篇章，"实际上是祭祀时的图赞诗"④。刘勰在《文心雕龙·颂赞篇》中虽云"赞者，明也，助也"，但并未将赞的兴起与图赞或画赞联系起来，已存在失误；又将赞体之本义归于"事生奖叹"，称托褒贬、兼述评的赞为"失之远矣"的变体，说明他不仅没能正确把握赞体的源头，而且对赞体的文体特点也存有一种僵化而非发展、固态而非动态的认识。

三　赞体演变与佛经的关系

赞体的原始形态为图赞或画赞，其内容是同时兼美恶、含褒贬的，后来才发展出了脱离图画的述赞、序赞和只褒不贬，纯为赞美的赞或像赞等形式。⑤ 明徐师曾在其《文体明辨序说》中说："（赞）其体有三：

---

① 严可均校辑：《全晋文》，中华书局1958年版，第1767页。
② 《文选》卷首，萧统《文选序》，浙江古籍出版社1999年版，第3页。
③ 《孔子家语》卷第三，四部丛刊本。
④ 李山：《〈诗·大雅〉若干篇图赞说及由此发现的〈雅〉〈颂〉间部分对应》，《文学遗产》2000年第4期。
⑤ 案：画赞或像赞述评而兼褒贬，直至晋代仍多如此。《晋书·嵇绍传》附《嵇含传》载："时弘农王粹以贵公子尚主，馆宇甚盛，图庄周于室，广集朝士，使含为之赞。含援笔为吊文……其辞曰：'迈矣庄周，天纵特放，大块授其生，自然资其量，器虚神清，穷玄极旷。人伪俗季，真风既散，野无讼屈之声，朝有争宠之叹，上下相陵，长幼失贯，于是借玄虚以助溺，引道德以自奖，户咏恬旷之辞，家画老庄之象。今王生沉沦名利，身尚帝女，连耀三光，有出无处，池非岩石之溜，宅非茅茨之宇，驰屈于皇衢，画兹象其焉取！嗟乎先生，高迹何局！生处岩岫之居，死寄雕楹之屋，托非其所，没有余辱，悼大道之湮晦，遂含悲而吐曲。'"（《晋书》卷八十九《嵇绍传》附《嵇含传》，中华书局1977年点校本，第八册第2301—2302页）此赞辞不仅有述评、兼美恶，还含讽谕，有古体风貌。

一曰杂赞，意专褒美，若诸集所载人物、文章、书画诸赞是也。二曰哀赞，哀人之没而述德以赞之者是也。三曰史赞，词兼褒贬，若《史记索隐》《东汉》《晋书》诸赞是也。"① 徐氏的论断虽考虑到了早期的赞体特点，但更主要则是就他所在时代的赞体面貌而言的。

赞体早期的文体形态与后来赞体的文体特征有很大的差别，那么导致赞体发生以上变化的原因何在呢？除了文体自身发展演变的规律起作用之外，是否还有其他社会文化方面的原因呢？在经过比较和考察中古时期赞体发展演变的多种因素之后，我们发现导致赞体形成后来文体特征的一个根本性的原因，乃是佛教、特别是佛经文体的影响。

赞作为一种文体，在天竺佛教文化中相对应的应该是"呗"或"梵呗"。《法苑珠林》卷三十六云："寻西方之有呗，犹东国之有赞。赞者从文以结章，呗者短偈以流颂。比其事义，名异实同。是故经言以微妙音声歌赞于佛德，斯之谓也。"② 马鸣菩萨著名的《佛所行赞》，义净《南海寄归内法传》卷四则径称之为《佛本行诗》，即偈颂。③

当然，如果仅仅将天竺的呗视为一种诗（偈颂），并不能准确表达呗的内涵。"呗"乃"梵呗"的简称，梵文 pāthaka（呗匿）的音译省略，也译为"婆师""婆陟"等，意译则为"止断止息"或"赞叹"，故又被人称为"呗赞"或"赞呗"。因此，如果要对梵呗或呗的内涵作全面的界定，就至少应该包括以下三个方面，即音乐的形式、文学的形式及其内容方面的特点。从音乐形式方面来看，呗乃是由管弦乐器伴奏的乐歌；从文学的形式来讲，这种乐歌用文字记录下来就是诗歌，天竺称之为偈或偈颂（gāthā）；而在内容方面，它与一般的诗歌或偈（偈颂）不同，它是专门赞颂佛、菩萨的功德的。《高僧传·经师论》云："东国之歌也，则结韵以成咏；西方之赞也，则作偈以和声。虽复歌赞

---

① 徐师曾：《文体明辨序说》，人民文学出版社1998年版，第143页。
② 《法苑珠林》卷三十六，上海古籍出版社1991年版，第285页。
③ 案：偈颂，又名伽他，梵文 gāthā 音译，是一种诗体。在梵文中称"slóka"之名，音译输洛迦、首卢迦，是古代印度的一种诗律，也是一种诗节单位（"数经法"也）。一个输洛迦或一颂分两行，行有两句，每句八个音节，写成汉字为三十二字。与汉文学中的颂体完全无关。

一 文学之思

为殊,而并以协谐钟律,符靡宫商,方乃奥妙。故奏歌于金石,则谓之乐;设赞于管弦,则称之以为呗。"① 这说明天竺的呗和汉地的赞既有音乐上是否入乐的不同,也有表现内容上的差别,中土的赞是不必入乐的,天竺的赞必协于金石,中土原有的赞是既可"美盛德",也可含贬斥和劝诫的;天竺的呗则只有赞佛德的作用。前引《法苑珠林》称"呗者,短偈以流颂。……经言以微妙音声歌赞于佛德,斯之谓也",指的正是其赞德功能。

佛教的呗赞与中土赞体更大的一个差异,是在其应用的广泛性上。《高僧传·鸠摩罗什传》云:"天竺国俗,甚重文制,其宫商体韵,以入弦为善。凡觐国王,必有赞德,见佛之仪,以歌叹为贵,经中偈颂,皆其式也。"② 这说明赞不仅用于"歌叹"佛德佛仪,世俗的国王的功德,也在其赞叹之列。故佛经中既然多有"以偈赞叹彼佛而说偈言"或"于佛前以偈赞佛"之表述形式,而《法苑珠林·呗赞篇》又有"依经赞偈,取用无方"之说,足见其使用的广泛。唐代义净的《南海寄归内法传》卷四有"赞咏之礼"一节,其言略曰:

> 神州之地,自古相传,但知礼佛题名,多不称扬赞德。何者?闻名但听其名,罔识智之高下,赞叹具陈其德,故乃体德之弘深……令其能者作哀雅声,明彻雄朗,赞大师德。或十颂,或二十颂。……经了之时,大众皆云苏婆师多。苏即是妙,婆师多是语,意欲赞经是微妙语……至如那烂陀寺,人众殷繁……每礼拜时,高声赞叹,三颂五颂,响皆遍彻。……故五天之地,初出家者,亦诵得五戒十戒,即须先教诵斯二赞(指《四百赞》和《一百五十赞》——引者注),无问大乘小乘,咸同遵此……③

又据《南海寄归内法传》同卷记载,天竺佛教自摩至里制吒,至无

---

① 慧皎:《高僧传》卷十三,上海古籍出版社 1991 年版,第 93 页。
② 慧皎:《高僧传》卷二,上海古籍出版社 1991 年版,第 13 页。
③ 义净撰,王邦维校注:《南海寄归内法传校注》,中华书局 1995 年版,第 175 页。

著、世亲、陈那、提婆、龙树、马鸣诸菩萨,也都造有许多著名的"诗赞","顺俗极美"而广为讽诵。然而,正如义净在文中所说:"西国礼敬,盛传赞叹,但有才人,莫不于所敬之尊而为称说。"但中土则"自古相传","多不称扬赞德"。而于那些"斯为美极"的"诗赞",如摩至里制吒的《四百赞》《一百五十赞》、提婆的《糅杂赞》等,则并"未曾译出"。更奇怪的是,即使古来那些对赞呗特别关注并颇有研究者,他们所关注和研究的重点,也主要不在作为文学的诗赞与中国古代文学中赞体在形式和内容(或功能)的异同上,而更重视能否和如何传译梵响——梵乐的问题。《高僧传·经师论》曰:

……自大教东流,乃译文者众,而传声寡。良由梵音重复,汉语单奇。若用梵音以咏汉语,则声繁而偈迫;若用汉曲以咏梵文,则韵短而辞长。是故金言有译,梵响无授……而顷世学者,裁得首尾余声,便言擅名当世。经文起尽,曾不措怀。或破句以合声,或分文以足韵。岂唯声之不足,亦乃文不成诠。①

梵音翻译和传授的困难,使得中古的佛教界在呗赞或梵呗的传习时更重视其音乐方面的成就,而有意无意地忽视其文词和内容方面的特点。《续高僧传》卷三十一《杂科声德论》曰:

……梵者,净也,实惟天音。色界诸天来觐佛者,皆陈赞颂。经有其事,祖而述之,故存本音,诏声为"梵"。然彼天音未必同此。……赞颂之设,其流实繁,江淮之境,偏饶此玩。雕饰文绮,糅以声华,随卷称物,住契便构。然其声多艳逸,翼覆文词。听者但闻飞弄,竟迷是何筌目。②

中古佛教界对呗赞形式中音乐方面的侧重,使历代僧传如《高僧

---

① 慧皎:《高僧传》卷十三,上海古籍出版社1991年版,第93页。
② 道宣:《续高僧传》,上海古籍出版社1991年版,第38页。

133

一　文学之思

传》《续高僧传》《宋高僧传》中所载通晓梵呗者，往往多强调其"精于乐律"、善"经呗新声"；而于那些结韵赞颂之文者，则多略而不谈。

但中国不重呗赞中的赞颂文词和内容，并不意味着呗赞中赞佛、菩萨功德的文词就没有文学上的贡献，更不等于说它对中国文学中的固有的赞颂文体没有产生过影响。胡适在其《白话文学史》中曾以"日本和敦煌保存的法照等人的《净土赞》"为例，说明这种赞体"其中多是五言七言"，可证明当时颂赞体已"逐渐白话化了"①。我们认为，比较佛教输入前后中国赞体文学作品的特点，不难发现此间中国赞体文学在内容和形式上都发生了很大的变化，已明显留有佛教呗赞影响的印迹。

首先，佛教呗赞是专门赞美佛、菩萨的功德的，而中土的赞体原本是兼褒贬、含善恶的。梵呗输入中国之后，使中国固有的赞体功能与性质亦渐渐发生了变化，如郭璞所作《尔雅图赞》和《山海经图赞》那样"动植必赞，义兼美恶"（《文心雕龙·颂赞》）的赞体作品已较为罕见，较为常见的则是赞美圣贤或高士列仙的功勋或美德的作品。故桓范在《世要论·赞象》中云："夫赞象之所作，所以昭述勋德，思咏惠政，此盖诗颂之末流矣。"汉末魏初刘熙《释名·释典艺》则明确地说："称人之美曰赞。赞者，纂也，纂集其美而叙之也。"②蜀汉杨戏《季汉辅臣赞序》云"昔文王歌德，武王歌兴"，汉季辅臣"济济有观焉，遂乃并述休风，动于后听"。曹植的《画赞序》虽有"观画者见三皇五帝，莫不仰戴；见三季暴王，莫不悲惋；见篡臣贼子，莫不切齿；见高节妙士，莫不忘食……是知存乎鉴戒者画也"之说，似乎有画赞存褒贬、兼美恶之意，但观其今所存画赞，除"赞"庖羲、女娲以至于班婕妤的31篇之外，其余为《长乐观画赞》《禹庙赞》《吹云赞》三残篇，似乎他的赞体作品皆只有褒扬赞美而无鉴戒讽刺者。③这说明在曹植那里，也已同后世所言："赞者，赞美之辞。"据笔者对严可均辑

---

①　胡适：《中国白话文学史》，安徽教育出版社1999年版，第167页。
②　案：刘熙为东汉末、三国初年人。参见孙德宣《刘熙和他的〈释名〉》（《中国语文》1956年第11期）、富金壁《训诂学说略》（湖北人民出版社2003年版，第282页）。
③　参见《全三国文》卷三十七、卷十七、卷六十二，《全上古三代秦汉三国文》（2），中华书局1958年版，第1263、1145、1391页。

赞体的演变及其所受佛经影响探讨

《全三国文》和《全晋文》中的魏晋约二百年间的文学作品进行初步统计，今天仍存留有三国两晋时期赞体作品的作者36人，除郭璞的《尔雅图赞》二卷和《山海经图赞》二卷"动植必赞，义兼美恶"之外，其余35人，共约290篇（首）赞体作品，几乎全部都是赞美先王圣贤功勋德操或动植物的高尚品性的。这也说明，到魏晋时期，中国文学中的赞体的"兼美恶""含褒贬"的功能，已递嬗为"称人之美""歌德""述勋德"或"述休风"的性质。之所以会发生这种嬗变，我认为并不是偶然的，它应与当时佛教赞体的影响有关。

佛教的呗赞或赞叹之赞体的写作，原来是颂佛或菩萨的功德，它以宗教的信仰为基础，不允许掺杂任何对神灵包含怀疑和非议的东西。黑格尔曾经说："虔诚态度是教众崇拜最纯粹最内在最主体的形式"[①]，所以，我们看到两晋之际许多佛教僧侣的佛、菩萨像赞或赞，如支遁所作的《释迦文佛像赞》和《阿弥陀佛像赞》以及《弥勒赞》《维摩诘赞》《善思菩萨赞》《月光童子赞》，释慧远所作《昙无竭菩萨赞》，王齐之所作《萨陀波仑赞》《昙无竭菩萨赞》《诸佛赞》，一直到谢灵运的《和范光禄祇洹像赞》（三首）《维摩经十譬喻赞》（八首），由于作者都是一些佛教信徒[②]，故他们笔下的赞体作品，无一例外都是赞德美善的，而不存在为鉴戒而"兼美恶"的情况。魏晋南北朝是中国佛教极其兴盛的时期，至南朝齐梁时代，竟以佛教为国教。汤用彤在《汉魏两晋南北朝佛教史》中曾经指出："晋宋以来，僧徒多擅文辞，旁通世典。士大夫兼习佛理。……又南（北）朝文人与佛教有密切关系者，自谢（灵运）、颜（延之）以下，几不可胜述。"[③] 中国古代的赞体的发展演变自亦不能不受佛教影响，其"赞"人一般都是对古代圣贤高士或名僧道仙的赞美，即使是对于当时普通的"人"或"物"，作者亦着眼于其道德美质而发，绝非客观评述，原因当与此有关。一直到唐宋文

---

① ［德］黑格尔著，朱光潜译：《美学》第1卷，商务印书馆1996年版，第132页。
② 谢灵运为佛教信徒，竺道生"顿悟义"已定论。参见汤用彤《汉魏两晋南北朝佛教史》，中华书局1983年版。王齐之事迹，史无记载，但依其所作诸佛赞来看，他应当为佛教信徒无疑。
③ 汤用彤：《汉魏两晋南北朝佛教史》（下册），中华书局1983年版，第347—348页。

◆◆◆ 一 文学之思

人的创作情况都是这样，如李白所作诸多赞人之作。兹录其《鲁郡叶和尚赞》于后，以备参考：

> 海英岳灵，诞彼开士。了身皆空，观月在水。如薪传火，朗彻生死。如去开天，廓然万里。寂灭为乐，江海而闲。道旅形内，虚舟世间。邈彼崐阆，谁云可攀？

其次，释迦教法，有所谓"九分教"和"十二分教"之说。[1] 佛教经教的这种划分，有的固然是着眼于经教的内容，如本生谭（jātaka）、本事谭（itivuttaka）等；有的则是形式上的不同，如契经（sūtra）、重颂（geyya）、偈颂（gāthā）等。特别是佛经形式上与汉语典籍的差异，使中土早期的佛经接受者十分奇异，以至于在佛经传授过程中形成了两种"变通"的处理方式，即翻译时的"删裁"和传经者的"抄略"。东晋、前秦时高僧释道安的《摩诃钵罗若波罗密经抄序》认为当时译经，"有五失本"：

> 译胡为秦，有五失本也：一者胡语尽倒，而使从秦，一失本也。二者胡经尚质，秦人好文，传可众心，非文不合，斯二失本也。三者胡经委悉，至于叹咏，叮咛反复，或三或四，不嫌其烦，而今裁斥，三失本也。四者胡有义说，正似乱辞，寻说向语，文无以异。或千五百，刈而不存，四失本也。五者事已全成，将更傍及，反腾前辞，已乃后说。而悉除此，五失本也。[2]

---

[1] "九分教"：指释迦的九种类型的教法，又称"九分经"，即契经（sutla）、重颂（geyya）、授记（vey）、偈颂（gāthā）、感兴语（udā）、如是语（itivueeaka）、本生谭（jāta）、未曾有法（abbhuta-dhamma）、方广（vedalla）。十二分教或十二分经为：修多罗（sūtra）、祇夜（geyya）、伽陀（gāthā）、尼陀那（nidāna）、伊帝目多伽（itivrtta = ka）、多伽（jātaka）、阿浮达磨（adbhuatdharma）、阿波陀那（avadāna）、优婆提舍（upadesa）、优陀那（udāna）、田比佛略（vaipulya）、和伽罗（vyākarana）等。从时间上来说，"九分教"的产生应早于"十二分教"。

[2] 释僧祐撰，苏晋仁、萧炼子点校：《出三藏记集》，中华书局1995年版，第290页。

如果说，道安所说"五失本"中的前"二失本"只是词句上的顺序和文质的改变的话，那么其余的"三失本"则是梵汉文本篇章上的差别了，它反映了梵汉文体乃至文化上的差异。佛经文体皆韵散间行，一般前有契经（散文），后有"应颂"或"重颂"（韵文）；散体用以宣示教义，韵文则将散体宣示的教义再提纲挈领地复诵一遍；而且，佛经文体中还有所谓"义说"和"傍及"之语。佛经文体的这种特点，与中土文体的固有传统迥异，对于具有悠久历史文化传统的中土文人学士而言，佛经这种怪异的文体形式是难以接受的。故译经者在翻梵为汉的过程中，往往将佛经中的这些繁复的"叹咏""义说"和"傍及语"一并删削，只求获得"大意"，因而造成了道安所谓"五失本"的情况。而佛经阅读者在接受过程中，则大规模地"节略"或摘抄佛经，形成了众多的"抄经"。梁朝释僧祐《出三藏记集》卷第五《新集抄经录第一》云："抄经者，盖撮举义要也。……此并约写胡本，非割断成经也。而后人弗思，肆意抄撮，或棋散众品，或瓜剖正文。既使圣言离本，复令学者逐末。"①

汉魏六朝文人学士这种接受佛经的态度和方式，就使当时的汉译佛经多为节译和抄本，释僧睿在《大智释论序》中称鸠摩罗什译经时遇"胡文委曲……师以秦人好简，故裁而略之"，释僧肇《百论序》则言罗什："陶练覆疏，务存论旨，使质而不野，简而必诣。"这说明，如鸠摩罗什这样的大师名匠的译经亦复如是。而不论释道安的直译还是鸠摩罗什的意译，"俱在不失原旨"，"务以信达为先也"②。即时人译经关注的重心，实在于经教教义而非文体形式。《高僧传·鸠摩罗什传》载鸠摩罗什感叹曰："改梵为秦，失其藻蔚，虽得大意，殊隔文体。有似嚼饭与人，非徒失味，乃令人呕哕也。"③ 当然，上面所述也只是问题的一个方面，问题的另一方面是，当时的佛学界乃至整个文化界又并不满意于对佛经原典的节译和抄略。释道安将译经时对"叹咏""义说"

---

① 释僧祐撰，苏晋仁、萧炼子点校：《出三藏记集》，中华书局1995年版，第217—218页。案：佛教中节抄佛经的作风，可能也与玄学删繁就简的风气有关。
② 汤用彤：《汉魏两晋南北朝佛教史》（上册），中华书局1983年版，第239页。
③ 慧皎：《高僧传》卷二，上海古籍出版社1991年版，第13页。

一　文学之思

和"傍及语"的删刈称为"失本",罗什认为这样的翻译"殊隔文体",僧祐称抄经为"肆意抄撮,瓜剖正文",实际表达的都是要求恢复佛经原貌的呼声。也正因此,当时才有同一佛教经典的多次重译。

　　佛经文体的上述特点及当时佛学界要求汉译佛经保持和恢复佛典原貌的呼声,也影响到当时文坛的赞体创作。当时的文人认为,赞体在内容上既然应以佛经呗赞为准的,专用于赞扬美德,那么它在形式上也可以向佛经学习,韵散间行,这就最终形成了一种序、赞结合的赞体。

　　根据现有文献的记载来看,中国古代的赞体当始于图赞或像赞。尽管我们现在并不能举出具体的作品来说明原始图赞或像赞的内容与形式特点,但由前人对赞"兼美恶""存戒鉴"的说明,以及与赞体相似的早期颂体作品可知,除"史述赞"的内容为对"史传"的评述之外,其他赞体的前面基本上都没有"传记"文字作为其内容上的依据;而且即使是"史述赞"的赞体文,形式上也多非"诗歌"(韵文),如西晋薛莹的《后汉纪光武赞》等六首赞体作品,就仍是散体而非韵文。这说明,在佛经文体影响中国之前,中国原有的赞体作品在形式上的特点是或图或否,或韵或散,并没有一定之规。

　　但这种形式特点在魏晋南北朝时期发生了变化:一是一般的赞体作品在纯韵文(赞)之前,都加上了一段或几段说明写作缘起与内容简介的序,如曹植《画赞》、杨戏《季汉辅臣赞》、夏侯湛《东方朔画赞》、支遁《释迦文佛像赞》和《阿弥陀佛像赞》,每篇赞前都有序。二是由这种序、赞结合的形式进一步发展成一种全新的文体形式——"序赞体",如袁宏的《三国名臣序赞》、孙琼的《公孙夫人序赞》以及载于《出三藏记集》卷第七的王僧孺所撰《慧印三昧及济方等学二经序赞》等。三是有许多赞体作品,即使未标明前面有序或为序赞,但实际写作中赞前亦有类似序的散体文字,如陆云的《荣启期赞》,陶渊明的《天子孝传赞》《诸侯孝传赞》《卿大夫孝传赞》《士孝传赞》《庶人孝传赞》,戴逵的《颜回赞》《尚长赞》《申三复赞》等。故刘勰的《文心雕龙》每篇前面皆为非韵文的论述文字,篇末则为"赞述"前文的四言韵语——也是一种韵散兼行的形式——实际是序赞的变体。

　　中国古代的赞体为什么最终走向了序赞或类似序赞的文体形式,其中的原因固然复杂，但自魏晋南北朝以来中国佛经翻译领域对"斥重省删"或"抄略"意译等行为的"失本"批评，以及要求在译经时恢复佛典原貌的呼吁，我们不难感到一种对佛经原典内容与形式的崇尚乃至模拟的强烈愿望。佛经中的赞本为呗赞，它们在形式上为重复咏颂"契经"（散文）的偈颂（诗歌），故被称为"应颂"或"重颂"。离开了契经，它的性质就改变了，即不能称为重颂或应颂，而应称为"孤起颂"或"偈颂"。从这个意义上讲，佛经中赞的原生态就应该是韵散间行的，它应同时包含契经和重颂或应颂。因此，中土的文士如果要学习吸收佛经的文体形式，即使是创作最原始的图赞，也不再是单纯的图像加赞语的形式，而是多在赞前加上一段序。而且，唐宋以往的那些出自佛教僧侣之手的赞体作品，往往一段序文夹一段赞语地重叠赓续，使整篇赞体作品成为长篇巨制，极似当时流行的变文作品。《大正藏》卷四十七《诸宗部》载唐代沙门善导集记的《转经道行愿往生净土法事赞》《往生礼赞偈》《净土五会佛念略法事仪赞》等即是如此。

四　余论

中国古代的赞体形式原本是与图像结合的图赞或像赞，它有辅助说明图画内容，兼美恶、含褒贬的功能，特别是它的后期发展往往赞前有序，与韵散兼行的变文体已十分相似。那么，图赞或像赞是否如有的学者所说，它属于中国上古时期的"看图讲诵"的形式，并可以视为"变文"在中国的"起源"的一部分呢？[①] 这个问题值得进一步探讨。

我们认为，说图赞、画赞等与变文一样，都与图画或图像有一定的关系，二者之间存在一定的类似之处，这是可以成立的；但如果由此而断定他们是变文在中国的源头，那就值得商榷了。因为中国上古时期的图赞、画赞或像赞，虽然与图颂一样，都是图文相配而行的，但却是与"叙事"的散文分开的，如我们在上文所指出的，刘向的《列女图颂》

[①] 参看伏俊琏《上古时期的看图讲诵与变文的起源》，见项楚、郑阿财主编《新世纪敦煌学论文集》，巴蜀书社2003年版，第144—155页。

与《列女传》当初就是各自独立的二书。中国上古时期的赞体虽不能确定其必为诗歌还是韵文形式，但它的重在对图像内容的评说——即"兼美恶""存鉴戒"，而不是如变文那样叙述图画中的经变或世俗故事，则是没有疑问的。可以说，赞体文字中没有长篇的叙事成分，既反映了中西（天竺）文学一长于叙事，一长于抒情言志的不同特点，也正是图赞、画赞或像赞与变文差别之所在，这正好说明"图（画像）赞"并非变文的源头。

从中国古代文学发展的历史来看，中国古代中外文学的交流主要表现为一种中国文学不断消化吸收外来文学的过程，而不是相反。如戏剧、小说（指章回小说等形式），论者尽可以从中国古代的百戏、史传或丛谈中寻找源头，但那样找到的很难说是其真正的源头。对于赞体的发展，也应当作如是观。赞体本是与图画相配合而行的，但由于受到佛教文体的影响，在赞语的前面多加上了一段（篇）叙述性的文字，并最终形成了序赞或类似序赞性的文体。客观地讲，这种类似佛经或佛教变文韵散间行的赞体，只是为佛经的传播或佛教变文体的兴盛烘托了气氛，创造了文化环境，而这种环境或气氛反过来则又正好加速了赞体自身的衰落。刘勰的《文心雕龙·颂赞》说赞体"致用盖寡"，应该是就当时赞体的衰落情况而说的，而并不代表此前的情势。我们只要看看西晋荀勖造《中经新簿》时，图赞与诗赋、汲冢书各占了"丁部"（即集部）的三分之一（《隋书·经籍志》），而此后的史志目录不再见有单列图赞一类著作，也就不难明白这一点了。

（原载《文史哲》2008 年第 4 期）

二　历史考据

墨子生卒年新考

墨子是中国先秦学术思想史上的重要人物，其学术思想曾广泛传播并产生过巨大的影响。《孟子·滕文公下》曰："杨朱、墨翟之言盈天下。天下之言，不归杨，则归墨。"同书《尽心下》则谓天下之学："逃墨必归于杨，逃杨必归于儒。"《庄子·外篇》中《骈拇》《胠箧》《天地》《徐无鬼》诸篇亦"杨、墨"并称。但就是这样一位在中国学术史上具有重要影响的思想家，对于其生平事迹，历代的文献中却很少记载。司马迁的《史记》仅于《孟子荀卿列传》篇末附有"盖墨翟，宋之大夫，善守御，为节用。或曰并孔子时，或曰在其后"诸语，语焉不详。现存《墨子》一书中虽有关于墨子事迹的诸多片断，却无关其生卒年月，故后人对墨子生卒年无从考实。

清代考据之学兴起，学者颇用力于此。其中汪中、孙诒让二氏考证最详，影响亦最大。孙诒让以墨子"当生于周定王之初年，而卒于安王之季，盖八九十岁，亦寿考矣"[1]。汪中则认为"墨子实与楚惠王同时，其仕宋，当景公、昭公之世，其年于孔子差后，或犹及见孔子矣！"[2] 章太炎以为"盖墨子去孔子亦四五十年矣"[3]，胡适"以为孙诒让所考不如汪中考的精确……墨子大概生在周敬王二十年与三十年之间（西历纪元前500至前490年），死在周威烈王元年与十年之间（西历纪元前425至前416年）。墨子生时约当孔子五十岁、六十岁之间（孔子生西

---

[1] 孙诒让：《墨子间诂》（下），中华书局2001年版，第693页。按：周定王公元前468年—公元前441年在位，周安王公元前401—公元前376年在位。
[2] 李金松：《述学校笺》（上），中华书局2014年版，第215页。
[3] 章太炎：《诸子学略说》，广西师范大学出版社2010年版，第28—29页。

二 历史考据

历纪元前551年)"①。其他学者，如梁启超、钱穆等人，则多从孙诒让之说。

我认为，前代学者之所以对于墨子的生卒年歧说纷纭，这不仅是因为史书上没有关于墨子生卒年的明确记载，更因为即使是学者们对于墨子生卒年的推测，也并未找到一个准确可信的参照系。如果我们对学术界已有的研究结论和得出这些结论的根据及其论证过程进行重新审视和检讨，就不难发现这一点。

在现有文献中，最早涉及墨子生活年代或生卒年的，是上面提到的司马迁的《史记·孟子荀卿列传》篇末"盖墨翟，宋之大夫，善守御，为节用。或曰并孔子时，或曰在其后"诸语。但必须指出，司马迁在此并未具体地说明墨子的生卒之年，甚至连墨子到底是与孔子同时还是后于孔子，这个大概的年代也未确定，但司马迁这一记载却仍是具有重要意义的。其价值在于，他对墨子生活年代的记载虽然简单而模棱两可，但却为后来对于墨子生卒年的讨论确立了一个重要的坐标——孔子；后人不论如何讨论墨子的生卒年，必不能离孔子这个中心人物太远。这也是历代学术界讨论墨子生卒年的一个基本原则。司马贞《史记索隐》引刘向《别录》曰："今按《墨子》书有文子，文子即子夏弟子，问于墨子。如此，则墨子在七十子之后。"这一说法虽然把墨子的生活年代定在离孔子较远的年代——"七十子之后"，但因为所谓"七十子"乃指孔子弟子"服役者七十人"或"受业身通者七十有七人"，所以这其实仍然是以孔子为参照系来说的。《汉书·艺文志·诸子略》有"《墨子》七十一篇"，班固自注："名翟，为宋大夫，在孔子后。"这也是以孔子为参照系来说的，采取了《史记》所谓"或曰在其后"之说。从汉代班固之后，除西晋的鲁胜和宋代的乐台二人注《墨子》中的"辩经"等部分篇章（鲁、乐二人著作亦早亡佚不传），或如司马贞著《史记索隐》云"墨子在七十子之后"、章怀太子李贤等注《后汉书》云墨子"当子思时，出仲尼后"，对墨子生卒年偶有涉及之外，对墨子其人其书，特别是其生卒年问题，其实长期少有人问津的。直到清乾隆四十

---

① 胡适：《中国哲学史大纲》，上海古籍出版社1997年版，第105页。

八年（公元1784年），毕沅《墨子注》出，《墨子》书和墨子其人（包括其生卒年问题）方始受到学术界的关注，并成为了学者们纷纷讨论的话题。但这些讨论仍然是以孔子为参照系的。毕沅虽对墨子的身世有所考辨，他说墨子是"六国时人，至周末犹存"；但他最终也不得不承认："沅亦不能定其时事。"毕沅之后，清代学者对墨翟生卒年的考证，则应以汪中、孙诒让二人为代表。汪中据《国语·楚语下》"惠王以梁与鲁阳文子"和《耕柱》《贵义》《鲁问》等《墨子》诸篇中墨子与鲁阳文子的问答，而推断说："墨子实与楚惠王同时，其仕当宋景公、昭公之世。其年于孔子差后，或犹及见孔子矣"；对于墨子的卒年，汪中则只是说墨子当楚惠王晚年犹存："（楚）惠王在位五十七年，本书既载其以老辞墨子，则墨子亦寿考人与？"① 孙诒让不认同汪中之说。他认为"墨子当仕宋昭公世，不得及景公"，故"墨子必不及见孔子"，而汪中所谓墨子仕宋景公和"犹及见孔子"之说有"不考之过"。对于墨子的卒年，他虽说"墨子卒年无考"，但否定孙诒让吴起楚悼王二十一年遭车裂"亦非墨子之所知也"之说，认定"吴起之乱，墨子似尚及见之"。并说："审核前后，约略计之，墨子当与子思并时，而生年尚在其后，当生于周定王之初年，而卒于安王季，盖八九十岁，亦寿考矣。"

  现代以来，学术界对墨子生卒年的讨论，基本上都是在清人、特别是在孙诒让的研究基础上展开的。其中，梁启超、胡适、钱穆三人的观点影响最大。梁启超以孙诒让的《墨子年历》为基础，以"本书（指《墨子》——引者注）所记墨子亲历的事为准，再拿他书所记的实事做旁证反证"，他得出结论说：墨子生于周定王元年至十年之间（公元前四六八年至四五九年），约当孔子卒后十余年（孔子卒于前四七九年）②；墨子卒于周安王十二年至二十年之间（公元前三九〇年至三八二年），约当孟子出生前十余年。胡适则在比较了孙诒让和汪中之说后，"以为孙诒让所考，不如汪中考的精确"，因为孙诒让所考有两个"错

---

① 孙诒让：《墨子间诂》（下），中华书局2001年版，第668—669、693页。
② 梁启超：《墨子学案》，商务印书馆1922年版，第4、170页。

二 历史考据

处":"第一,孙氏所据的三篇书,《亲士》《鲁问》《非攻上》,都是靠不住的书","第二,墨子决不会见吴起之死",所以他得出结论说:"我们可定墨子大概生在周敬王二十年与三十年之间(西历纪元前500至前490年),死在周威烈王元年至十年之间(西历纪元前425至前416年)。"① 钱穆除参考清人之说外,更主要是对梁启超的《墨子年代考》进行了修正。他说:"余考墨子止楚攻宋,在(楚)惠王四十四年后,五十年前。时墨子年三十余,下逮周安王十年,墨子当死于其时,年寿盖踰八十。"又说:"余考墨子之生,至迟在元王之世,不出孔子卒后十年。其卒当在周安王十年左右,不出孟子生前十年。较梁《考》移前十许年。以止楚攻宋一事为主眼,似粗得墨子年世之真。梁《考》又谓墨子之卒,最早不能早于郑繻公被弑之后三年。……梁氏以安王十二年起算,盖一时之误。"②

综合古今学者对墨子生卒年的探讨,我们可以得到如下几点结论:

其一,古今学者探讨墨子的生卒年,多以孔子为参照系,且多认为墨子生年"在孔子后",而墨子的卒年则应在吴起被杀之前(公元前381年)。至于墨子生年在"七十子后"、卒年在周末(吴起死后)的说法,则遭到了多数学者的反驳。

其二,古今学者考论墨子生年的根据,主要是《墨子》书中所记墨子言行。其中最重要的,是墨子见鲁阳文君(即鲁阳文子,下同)和见楚惠王止楚攻宋诸事。以鲁阳文君为"平王之孙司马子期之子公孙宽"(《国语·楚语下》韦昭注)、墨子止楚攻宋在宋景公之世的学者,多以为墨子生年当及见孔子;反之,则认为墨子生于孔子卒后。

其三,古今学者推断墨子卒年的基本依据,还是《墨子》书所记墨子言行及其所涉及的时事。这其中最主要的是《墨子·鲁问》所记"子墨子见齐大王""鲁阳文君将以攻郑"和《墨子·非乐上》所谓"昔者齐康公兴乐万"诸事。以"齐大王"为田齐太公田和、以"鲁阳文君将以攻郑"时所提出的理由——"郑人三世杀其父"为郑国哀公、

---

① 胡适:《中国哲学史大纲》,上海古籍出版社1997年版,第104—105页。
② 钱穆:《先秦诸子系年》,商务印书馆2001年版,第104—105页。

幽公、缥公被杀之事者①，皆以为墨子卒年应在吴起被杀之后；而坚持墨子不见吴起被杀之事者，则将墨子卒年定在公元前381年之前。

前代学者对于墨子生卒年的讨论，可以说已将现有文献中直接相关的史料网罗殆尽了，并对墨子生活年代范围有了一个大致清晰的把握。这就是，墨子生活的年代离孔子不远，他的生年可以孔子的卒年为参照；墨子的卒年当在此后约八十年的范围之内。但由于历代学者大多仅就某一史料进行孤立分析，即使有个别学者能就相关史料作综合研究，也往往受先入之见的限制而曲解史实，故未能弥合各方分歧，对墨子的生卒年给出一个比较准确和令人信服的结论。我认为，在现有文献的基础上探讨墨子生卒年问题、并得出一个比较准确和可信的结论，其实是并不困难的；关键是要对所有与墨子生卒年问题相关的史料——不论其是直接史料还是间接史料，进行更加全面和综合的研究，确定出一些可靠的历史坐标。确定了这样的历史坐标之后，也就不难推算出墨子的生卒年代了。

一

历代学者考论墨子生年的主要根据，为墨子见鲁阳文君和墨子见楚惠王止楚攻宋之事。这两件事的重要性在于，如果确定了墨子见鲁阳文

---

① 孙诒让《墨子间诂》云："苏云：'父'当作'君'。据《史记·郑世家》云：'哀公八年，郑人弑哀公而立声公弟丑，是为共公。三十年，共公卒，子幽公已立。幽公元年，韩武子伐郑，杀幽公，郑人立幽公弟骀，是为缥公。二十七年，子阳之党共弑缥公。'是三世弑君之事也。按：黄式三《周季略编》亦同苏说。又黄氏又据此云：'"三年不全"，以鲁阳文君攻郑在安王八年，即郑缥公被弑三年后也。'然二说可疑。考文君即鲁公孙宽，为楚司马子期子。据《左传》，子期死白公之难，在鲁哀公十六年，次年宽即嗣父为司马，则白公作乱时，宽至少亦已弱冠，郑缥公之弑，在鲁穆公十四年，上距哀公十六年已八十四年，文子若在，约计殆逾百岁，岂尚能谋攻郑乎？窃疑此'三世'并当作'二世'，盖即在韩杀幽公之后。幽公之死当鲁元公八年，时文子约计七十余岁，于事傥有合耳。"（孙诒让：《墨子间诂》（下），中华书局2001年版，第440页）今按：孙诒让此说贻误。据《史记·楚世家》记载，楚平王二年（前527年），楚昭王出生，时白公之父太子建十五岁。白公作乱在楚惠王八年（前481年），若太子建二十岁生白公，则此时白公当约四十岁（如太子建在世则已六十岁）。宽为司马子期子，司马子期为昭王庶兄，年岁当与太子建相仿，则宽年亦当与白公相当，此时在四十岁左右。孙诒让称"白公作乱时，宽至少亦已弱冠"，实属毫无根据的臆测，不足为据。

◆◆◆ 二 历史考据

君和墨子见楚惠王止楚攻宋之事发生的具体年代和此时墨子的大致年岁，由此上推墨子的生年就不会困难了。

墨子见鲁阳文君、并与之对话，见于《耕柱》《鲁问》二篇。唐人余知古《渚宫旧事》卷二亦载鲁阳文君曾对年老的楚惠王称"墨子，北方之贤人"①。《墨子·耕柱》"子墨子谓鲁阳文君曰"句下毕沅注引贾逵《国语注》曰："'鲁阳文子，楚平王之孙，司马子期之子，鲁阳公。'即此人。"又说："《国语·楚语》曰：'惠王以梁与鲁阳文子，文子辞，与之鲁阳。'是文子当惠王时，与墨子时世相值。"孙诒让加"案语"曰："《楚语》韦注说与贾同。文君即《左》哀十九年《传》之公孙宽，又十六年《传》云'使宽为司马'。《淮南子·览冥训》高注云：'鲁阳，楚之县公，楚平王之孙，司马子期之子，今南阳鲁阳是也。'"毕沅和孙诒让都注意到了《墨子》书及其相关史料中鲁阳文君的记载，并认为鲁阳文君与楚惠王及墨子的"时世相值"。但由于他们没能综合更多的楚国历史资料深入地考论鲁阳文君其人其事，特别是鲁阳文君年龄问题，故失掉一个由鲁阳文君的年龄来推断出墨子生年的机会。

考鲁阳文君之名，始见于《国语·楚语下》："（楚）惠王以梁与鲁阳文子，文子辞曰：'梁险而在北境，惧子孙之有贰者也。夫事君无憾，憾则惧偪，偪则惧贰。夫盈而不偪，憾而不贰者臣能自寿也，不知其他。纵臣而得全首领以没，惧子孙之以梁之险，而乏臣之祀也。'王曰：'子仁人，不忘子孙，施及楚国，敢不从子。'与之鲁阳。"《国语》贾逵和韦昭的旧注都说此鲁阳文子是楚国的司马子期（即公子结）之子"鲁阳公"也，但并没有关注鲁阳文君的年龄问题。不过，我认为前人在解读这段文字时，可能忽视了其中两个有重要价值的信息：一是《国语·楚语下》是将此事系于"子西使人召王孙胜（韦昭注：'王孙胜，故平王太子建之子白公胜也。'）"之前的。而根据《史记·楚世家》记载，此事发生于楚惠王二年（公元前487年），故"（楚）惠王以梁与鲁阳文子"（或者说"鲁阳文君"之始封），当在楚惠王二年（公元前

---

① 孙诒让：《墨子间诂》（下），中华书局2001年版，第682、431页。

487年）之年初或楚惠王元年（公元前488年）岁末。殆因鲁阳文君的父亲司马子期在楚昭王卒时（公元前489年），与子西、子闾皆有让王位而迎立惠王之功也。二是由《国语·楚语》和《史记·楚世家》的相关记载，此时鲁阳公的年龄是不难推知的；而到楚惠王十年（公元前478年）"白公作乱"时，鲁阳文君（公孙宽）又不如孙诒让注《墨子·鲁问》篇所云"宽至少亦必已弱冠"。因为只要我们对《左传》《国语》及《史记》的相关史料稍加综合，就会发现此时鲁阳文君（公孙宽）的比较确切的年龄是可以推算出来的。《史记·楚世家》载：

> （楚）平王二年，使费无忌如秦为太子建取妇。妇好，来，未至，无忌先归，说平王曰："秦女好，可自娶，为太子更求。"平王听之，卒自娶秦女，生熊珍（即楚昭王——引者注）。更为太子娶。是时伍奢为太子太傅，无忌为少傅。无忌无宠于太子，常谗恶太子建。建时年十五矣，其母蔡女也，无宠于王，王稍益疏外建也。

楚平王的太子建，即楚惠王十年（公元前478年）发动叛乱的白公胜的父亲。根据《史记》此处的记载，楚平王二年（公元前527年），楚平王本为太子建娶秦女为妻，因秦女美丽（"秦女好"）而自娶，"更为太子娶"。后又因听信费无忌的谗言而疏远、乃至要诛杀太子建。楚平王六年（公元前523年），太子建出奔宋，因宋国内乱而于郑定公八年（楚平王七年，公元前522年）奔郑。郑定公十年（公元前520年），太子建因密谋与晋"袭郑"而被杀（《史记·郑世家》）。这一年，太子建22岁。由《左传》《国语》《史记》诸书（及注）的相关记载可知，鲁阳文君（即公孙宽）之父司马子期，亦乃楚平王之子公子结，即后来继楚平王之位的楚昭王的庶兄。[①] 以《国语·楚语上》"司马子期欲以妾为内子，访之左史倚相"的记载来看，司马子期的年

---

① 按：《史记·楚世家》先云"子西，平王之庶弟也"，则子期亦当为"平王之庶弟也"。又于昭王卒时云："让其弟公子申为王，不可。又让次弟公子结，亦不可。"公子申即子西，公子结乃子期。《史记》既称二人为"平王之庶弟也"，又称二人为"昭王弟"，已是矛盾错误；而把二人与昭王庶兄关系，说成"庶弟"关系，则是错上加错。

二 历史考据

龄至少应与太子建相当（甚至可能略长于太子建，应该是太子建的庶兄）；而司马子期之子鲁阳文君（即公孙宽）的年龄亦应该与太子建之子白公胜（《国语·楚语下》之"王孙胜"）不相上下。白公胜与鲁阳文君的出生年月皆史无明文，不得而知；但由楚平王二年（公元前527年）平王"自娶"秦女，而后"更为太子娶"，再到楚平王九年（郑定公十年，公元前520年）太子建于郑被杀，其间不过六七年时间。假定楚平王二年（公元前527年）平王"自娶"秦女后，次年（公元前526年）"更为太子娶"，则太子建之子白公胜的生年，最早不过楚平王三年（公元前525年），最迟不过太子建被杀的郑定公十年（公元前520年）。① 而司马子期之子鲁阳文君（鲁阳文子）公孙宽的生年，亦与之相近。换言之，到楚惠王二年（公元前487年）司马子期（公子结）之子公孙宽被封为"鲁阳公"之时②，其年龄当和白公胜相仿，约在三十八岁至四十三岁之间。观《国语·楚语下》公孙宽辞惠王封梁而改封鲁阳时曰："纵臣而得全首领以没，惧子孙之以梁之险，而乏臣之祀也。"似不难感受到其中的老态语气，并由此而可揣测公孙宽此时或许已有孙辈矣。

墨子屡与鲁阳文君相与问答，并止其进攻郑国；《渚宫旧事》卷二又载楚惠王年老辞不见墨子时，鲁阳文君称"墨子，北方之贤人"。则墨子至少亦得与之年龄相仿。即墨子亦当生于公元前525年至公元前

---

① 按：据《史记·伍子胥列传》记载，楚平王的太子建在郑被诛杀后，"伍胥惧，乃与（白公）胜俱奔吴"；又曰："（伍子胥）到昭关，昭关欲执之。伍胥遂与胜独身步走，几不得脱。"司马迁此处言幼儿白公胜与伍子胥一同逃难（实应为伍子胥携幼儿白公胜逃难），情节几近"小说"，然由此亦可知当时白公胜已非1岁以下婴儿，至少得有4—5岁。若如此，则白公胜当即生于公元前525年。然此亦无确证。今姑定白公胜生于公元前525年至公元前520年之间。

② 按：以楚国封君沈诸梁称"叶公"而言，则公孙宽所封应为"鲁阳公"，"鲁阳文君"或"鲁阳文子"等称号应属"谥号"。而《淮南子·览冥训》所谓"鲁阳公与韩构难"之鲁阳公，显然非高诱注："楚平王之孙，司马子期之子，《国语》称鲁阳文子也。"因为鲁阳公始封之时，距离"三家分晋"（公元前454年，参见杨宽《战国史》，上海人民出版社2008年版，第288页），尚有35年；距离"三家始命为诸侯"的公元前403年更有85年。又《史记·楚世家》："（悼王）九年（前393年），伐韩，取负黍。""肃王十年（前371年），魏取我鲁阳。"故"与韩构难"之"鲁阳公"非"鲁阳文君"或"鲁阳文子"，而是其后世袭封子孙。高诱注有误。

520年之间。这个年数，与孔子弟子中的冉求（公元前522年）、颜渊（公元前521年）、宰我（公元前520年）、子贡（公元前520年）最为接近，而稍晚于孔鲤（公元前532年），早于子夏（公元前507年）。①《墨子·耕柱》载："巫马子问子墨子"和"子夏之徒问于子墨子"，前人或以巫马子为孔子弟子巫马旗（亦作巫马期）之后、以并"子夏之徒问于子墨子"为墨子"或在七十子之后"的证据，不知巫马旗（巫马期）"少孔子三十岁"（《史记·孔子弟子列传》《孔子家语·七十二弟子解》），正与墨子年岁相当；子夏少于墨子十三到十八岁，他的学生问于墨子应该是不存在任何问题的。《吕氏春秋·当染》云："子贡、子夏、曾子学于孔子，田子方学于子贡，段干木学于子夏，吴起学于曾子，禽滑䅲（氂）学于墨子……"而《史记·儒林传》云："如田子方、段干木、吴起、禽滑氂之属，皆受业于子夏之伦，为王者师。"墨子应即是"子夏之伦"。

墨子见楚惠王止楚攻宋之事，南宋鲍彪注《战国策·宋卫策》"墨子见楚王"止楚攻宋，将其系于宋景公（公元前516—公元前469年在位）时。而以孙诒让为代表的后世学者则否定此说，云：

  墨子止楚攻宋，本书不云在何时，鲍彪《战国策注》谓当宋景公时，至为疏谬。（详《年表》）惟《渚宫旧事》载于惠王时，墨子献书之前，最为近之。盖公输子（指公输班——引者注）当生于鲁昭、定之间，至惠王四十年以后、五十年以前，约六十岁左右，而是时墨子未及三十，正当壮岁，故百舍重茧而不以为劳。惠王亦未甚老，故尚能见墨子。以事情揆之，无不符合。②

但这其实只是孙诒让的自我感觉，是毫无根据的臆测，故后人不尽认同。近人范祥雍《战国策笺证》即指出："然如其说，墨子是时年未

---

① 按：本文孔子弟子生卒年，皆采用钱穆说。参见钱穆《先秦诸子系年》（商务印书馆2001年版，第694页）。
② 孙诒让：《墨子间诂》（下），中华书局2001年版，第685页。

◆◆◆ 二 历史考据

及三十，而云'臣之弟子禽滑釐等三百人'，似非甫壮之人所能有者。"[①] 我们刚刚已经论证过，鲁阳文君始封于楚惠王元年或二年，此时其年龄至少在三十八至四十岁之间；而墨子有与之相当的年龄。这早已不是所谓"未及三十"；而墨子之止楚攻宋，则显然又在此时之后。

考楚惠王自公元前488年即位，至公元前433年卒，共在位五十六年。这个时期在宋国是宋景公（公元前516—公元前468年在位）三十九年至宋昭公（公元前468—公元前422年在位）三十七年。而由《左传》《国语》《战国策》和《史记》等相关史料的记载来看，在楚惠王在位的这五十六年间，楚、宋两国间并无任何战争或因两国冲突而即将开战的记录；只有楚惠王十年（公元前479年），因楚国"灭陈而县之"的行动，曾引起过宋国的严重恐慌。《史记·宋微子世家》曰：

> （宋景公）三十七年，楚惠王灭陈。荧惑守心。心，宋之分野也。景公忧之。司星子韦曰："可移于相。"景公曰："相，吾之股肱。"曰："可移于民。"景公曰："君者待民。"曰："可移于岁。"景公曰："岁饥民困，吾谁为君。"子韦曰："天高听卑，君有君人之言三，荧惑宜有动。"于是候之，果徙三度。

宋景公三十七年，当鲁哀公十五年，楚惠王九年，公元前480年。《史记·楚世家》则记楚惠王"灭陈而县之"于楚平"白公之乱"及"惠王乃复位"之后——即楚惠王十年。《左传》则将"白公之乱"系于鲁哀公十六年（公元前479年），将"楚公子朝师师灭陈"系于次年的"秋七月己卯"，并在上文交代此事发生的原因为"楚白公之乱，陈人恃其聚而侵楚"。但不管怎样，这一年（公元前479年）是孔子的卒年，楚国发生了"白公之乱""灭陈"和计划侵宋等一系列的大事，《史记·宋微子世家》所记"楚惠王灭陈"而宋人恐惧之事，是可信的；而《史记·楚世家》将此事记于楚惠王十年则可能更为准确。墨子止楚攻宋，当即指"灭陈"和计划侵宋之事。但《墨子·公输》记

---

① 范祥雍：《战国策笺证》，上海古籍出版社2006年版，第1818页。

墨子止楚攻宋之后，由楚返鲁曰："过宋，天雨，庇其闾中，守闾者不内也。"似乎宋人对此事的详情并无多少了解，故宋国史官就误记了此事发生的年份。而从当时楚国的历史背景来看，在楚惠王即位之初，公孙宽受封为"鲁阳公"，其时必赴封地，而墨子与其问答之地亦必在鲁阳。至楚惠王十年，楚国发生"白公之乱"，时"子西、子期之族多见害"①；而公孙宽则以在鲁阳而见免。而当叶公率"方城之外以入（郢）"平叛之时，则公孙宽自亦会发自鲁阳参与其事，并于事后被任用为司马。而墨子则可能在鲁阳文君（公孙宽）参与平叛时，由楚国返回鲁国，而于次年闻楚将攻宋时"起于鲁，行十日十夜而至于郢"，制止了这场即将发生的战争。因为这场计划中的战争离鲁阳文君初封时已有十年之久，此时鲁阳文君已在四十一到四十六岁之间；墨子若与鲁阳文君年龄相当，则亦应有此年岁。故我们推断，墨子的生年当在鲁昭公十七年（公元前525年）至二十二年（公元前520年）之间。

二

古今学者推定墨子卒年的主要根据，在于《墨子·鲁问》所谓"子墨子见齐大王""鲁阳文君将以攻郑"和《墨子·非乐上》中"昔者齐康公兴乐万"诸事。但我以为，论者对以上几处文献的解读都是有问题的，存在某种曲解文义的主观故意；而真正可以确定墨子卒年的文献根据，应该是《墨子·贵义》"子墨子南游于楚，见楚献惠王，献惠王以老辞"和《墨子·鲁问》"子墨子游公尚过于越"，越王请以"故吴之地，方五百里，以封子墨子"。

《墨子·鲁问》中所谓"子墨子见齐大王""鲁阳文君将以攻郑"和《墨子·非乐上》中"昔者齐康公兴乐万"诸事，之所以不能作为推断墨子卒年的根据，是因为论者在对这几处文献的解读上存在明显的错误和曲解。《墨子·鲁问》"子墨子见齐大王"，毕沅注："《太平御览》无'大'字。"但后来的清代学者竟一改乾嘉朴学的严谨，或置这

---

① 《国语·楚语上》"子西使人如公孙胜"章末韦昭注。

◆◆◆ 二　历史考据

一异本异说的存在于不顾，或对这一现象曲予回护。如苏时学说："'大'当读'泰'，即太公田和也。盖齐僭王号之后，亦尊其祖为太王，如周之古公云。"这是无视异本异说的存在。俞樾亦曰："'大'公者，始有国者之尊称……田齐始有国者，和也，故称大公，犹尚父称大公也。……因齐大公之称，它书罕见，故学者不得其说，《太平御览》引此文，遂删'大'字。"这是不问有无根据，随意认定《墨子·鲁问》此处异本异说的出现，乃由于"因齐大公之称，它书罕见，故学者不得其说"而"删'大'字"。孙诒让则不仅认定"苏（时学）、俞（樾）说是也"："墨子见大王，疑当田和为诸侯之后""齐康公与田和同时，墨子容及见其事"①；而且还进一步推断说：这些说明墨子"及见齐太公和与齐康公兴乐、楚吴起之死"。可能完全没有想到墨子与鲁阳文君年龄相当，而鲁阳文君生于公元前525—公元前520年之间，至齐大公田和命为诸侯时已相距一百九十五年以上矣。且《墨子·非乐上》中"昔者齐康公兴乐万"云云，既非出自墨子之口，《墨子·非乐上》亦并非墨子自作，如何由此可知墨子"及见"齐大公呢？

同样，论者对《墨子·鲁问》中"鲁阳文君将以攻郑"的理由"郑人三世杀其父"的解读，也是极其荒谬的。且不说无故以"郑人三世杀其父"的"'父'当作'君'（字）"，已是对"父"的训诂学的无知（《诗·小雅·伐木》："既有肥羜，以速诸父。"毛传："古天子谓同姓诸侯、诸侯谓同姓大夫皆曰诸父。异姓则称舅。"可见，天子或诸侯的同姓叔伯皆谓之"父"，非指"君"也）；以之为"君"乃是臆改原文，违反了文献校勘的基本原则。而就其以"郑人三世杀其父"指郑哀公、幽公、繻公"三世"，郑人"弑"哀公、韩武子杀幽公和子阳之党"弑"繻公，或指郑哀公世"郑人弑哀公"、幽公世韩武子杀郑幽公之事而言，这也是毫无历史根据的。因为根据《史记·郑世家》记载，即使是韩武子杀郑幽公之事，亦发生于郑幽公元年（公元前423年），此时距鲁阳文君的生年（公元前525—公元前520年）已有百年时间，怎么可能如孙诒让推算的那样"据《左传》，子期死白公之难，在鲁哀

---

① 孙诒让：《墨子间诂》（下），中华书局2001年版，第467—468、255、692页。

公十六年,次年(公孙)宽即嗣父为司马,则白公作乱时,宽至少亦必已弱冠"呢①?更何况郑缥公二十七年(公元前396年)郑相"子阳之党共弑缥公"又在韩武子杀郑幽公之后二十七年呢?此时鲁阳文君如果活着,其年岁已在一百二三十岁之间,墨子还可能活在世上吗?所以,我认为,所谓"郑人三世杀其父",其实应该是指郑国釐公和简公二朝郑相子驷弑公立简公之后,先是诸公子杀子驷、子孔,既而是"诸公子争宠相杀,又欲杀子产"。(《史记·郑世家》)因为子驷、子孔皆"欲自立为君",甚或其曾一度自立为君,亦未可知,此处才有所谓"郑人三世杀其父"之说。而根据《左传》和《史记·楚世家》的记载可知,楚国鲁阳文君之所以"将以攻郑",原因其实是十分清楚的,无需前后牵合。因为在楚惠王二年(公元前487年)子西召回白公胜之后,白公胜一直想报郑人的杀父之仇:"(惠王)六年,白公请兵令尹子西伐郑",子西"许而未发兵"。也许子西允诺白公胜时,曾向楚国各地发出过准备伐郑的命令,这才有了"鲁阳文子将以伐郑,子墨子闻而止之"的事情。此事当发生在楚惠王六年(公元前483年)。鲁阳文君时年在四十二岁至四十七岁之间——离墨子的卒年还早。

要推断出墨子的卒年,我以为只要结合《墨子·贵义》"子墨子南游于楚,见楚献惠王,献惠王以老辞"和《墨子·鲁问》"子墨子游公尚过于越"、越王"请以故吴之地,方五百里,以封墨子"等有关史料,进行综合考察,就可以确定出墨子生活年代的下限。

根据《史记·楚世家》记载,越王勾践灭吴在楚惠王十六年(公元前473年)。"(楚惠王)四十二年,楚灭蔡。四十四年,楚灭杞。"此时,分别相当于越王朱勾二年和四年。朱勾是越国在位时间最长(公元前448—公元前412年)的君王,晚年灭滕和郯。可见,他是颇有建立霸业的气概和雄心的。故《墨子·鲁问》那位对公尚过说:"请裂故吴之地,方五百里,以封子墨子"的越王,很有可能就是此人。而其时又应在他即位的初期(公元前448年),因为此时他最需要显示自己求贤的态度,故能有以"方五百里"土地"以封墨子"的豪言。而此时

---

① 孙诒让:《墨子间诂》(下),中华书局2001年版,第469页。

二 历史考据

墨子至少应在七十二岁以上。但就在朱勾即位的次年（公元前447年），楚国灭了蔡国；紧接着又灭了杞国。很可能就在楚国即将进行这两次兼并战争之际、或者就在其间，墨子坐不住了，再次来到楚国，希望见楚惠王。这就有了《墨子·贵义》所谓"子墨子南游于楚，见楚献惠王，献惠王以老辞"的记载。楚惠王早已下定了兼并蔡、杞的决心，所以他不肯见墨子，而"以老辞"。（楚惠王此时为五十三岁，约少于墨子二十岁。）楚惠王躲着不肯见墨子，墨子的老朋友鲁阳文君实在看不过去了，这才对楚惠王说："墨子，北方之贤人，君王不见，又不为礼，毋乃失士！"楚惠王这才"使（鲁阳）文君追墨子，以书社五里封之"①。墨子连越王"方五百里"的封地都不肯接受，还会在乎"书社五里"之封地吗？故他"不受而去"。

以上，我们通过对有关文献中比较确切史料的综合研究，确定了墨子的生卒年代。墨子与鲁阳文君年龄相当，约出生于公元前525年至公元前520年之间；墨子最后一次出游楚国，约在楚惠王四十二年（公元前447年）至四十四年（公元前445年）之间。此时，墨子年龄在七十二岁以上。孙诒让说："葛洪的《神仙传》载墨子年八十有二，入周狄山学道。其说荒诞不足论，然墨子年寿必逾八十，则近之耳。"

墨子八十岁时，约当楚惠王五十一年（公元前438年）。这个卒年，约与孔子弟子曾参（曾参卒于公元前436年）相近；和子思（子思约卒于公元前402年）则相距稍远。②《史记·孟子荀卿列传》说墨子的生活年代："或曰并孔子时，或曰在其后。"依我在以上的考辨，此两说并不矛盾，皆可成立。

（原载《江西师范大学学报》2018年第5期）

---

① 孙诒让：《墨子间诂》（下），中华书局2001年版，第440、691页。
② 关于曾参、子思卒年，参见钱穆《先秦诸子系年》（商务印书馆2001年版，第694页）。

吴起守西河事迹考

吴起是战国前中期的一位重要历史人物,他出生于卫国,却在鲁、魏、楚诸国的政治舞台上扮演过重要角色。特别是在魏国,吴起曾先后仕于魏文侯、魏武侯两朝,前后达二十多年,并曾先后担任过魏国的将军、西河郡守及魏相等职,与这一时期魏国的政治、军事皆有极为密切的关系。

近代以来,学术界历来都很重视对吴起其人其事的研究,特别是20世纪上半叶,以钱穆、郭沫若为代表的学者对吴起的研究,更是将这一研究推到了一个新的高度。只是由于年代的久远和史料的不足(而且这些为数不多的史料本身还有不少互相矛盾和错乱之处),研究起来十分困难,有关吴起在魏国从政的经历就存在诸多疑点,迄今仍无法解决。例如,吴起曾长时间担任魏国的西河之守,但吴起是从魏文侯至魏武侯时一直不间断地担任此职,还是先后两次担任此职呢?如果是先后两次担任此职,那他分别担任此职和去职的时间与原因又是什么呢?吴起在两次任西河之守时都有哪些作为呢?弄清这些问题,对于研究吴起其人及其思想无疑是十分必要的。

一 吴起是一次、还是两次任西河守?

吴起始任西河守的时间,是在魏文侯之世,这是很清楚的。《史记·吴起列传》对此有明确的记载:

(魏)文侯以吴起善用兵,廉平,尽能得士心,乃以为西河守,

◆◆◆ 二 历史考据

以拒秦、韩。①

但根据史料和前人的研究，吴起并非一到魏国即被魏文侯任用为西河守的。《史记·吴起列传》说，吴起初到魏国时，魏文侯曾问李克"吴起何如人也"，而魏文侯在听了李克的介绍后，才"以（之）为将"的。而且，吴起在任魏将之前，还曾在鲁国为将。关于吴起何时何故去鲁之魏，《韩非子·说林上》说是在"鲁季孙新弑其君"的时候，因为当时有人劝吴起离开，说："今季孙乃始血，其毋乃可知也。"吴起也有些恐惧，所以他就"因去鲁之魏"。但根据现代学者的考证，季孙氏时代鲁国的国君是鲁哀公，而鲁哀公既非被季孙氏所弑，当时的鲁国也没有弑君之事，且此时距吴起被杀时的楚悼王二十一年（周安王二十一年，鲁穆公三十一年，公元前381年）已有八九十年，吴起若是在鲁哀公之世"去鲁之魏"，那么到他在楚悼王二十一年被杀时，至少已有一百岁以上了。所以学者推断，吴起离开鲁国到魏国的时间，"至晚在鲁缪公五、六年间"②。

吴起到魏国后，是先被魏文侯任用为将，然后才被魏文侯任用为西河之守的。那么，吴起在被魏文侯任用为西河守之后，是否一直担任此职呢？有些学者认为，吴起直到魏文侯之子魏武侯之世、甚至直到他离开魏国到楚国之前，都一直担任着西河守之职。《韩非子·内储说上七术》曰"吴起为魏武侯西河之守"，《吕氏春秋·长见》和《观表》曰"吴起治西河之外，王错谮之于武侯"云云，都明确地说到魏武侯时吴起仍为西河之守。不仅如此，《史记·吴起列传》和《战国策·魏策一》还记载有魏武侯"浮西河"时与吴起的对话。《史记·吴起列传》既说魏武侯听了吴起"山河之固""在德不在险"的话之后，"即封吴起为西河守"，《战国策·魏策一》又载魏武侯在听了吴起类似的崇德之言后说"善，吾乃今日闻圣人之言也。西河之政，专委之子矣"。

---

① 司马迁撰，裴骃集解，司马贞索隐，张守节正义：《史记》第七册，中华书局1959年版，第2166页。

② 郭沫若：《青铜时代》，《郭沫若全集·历史卷》（第1卷），人民出版社1982年版，第507页。钱穆：《先秦诸子系年》，商务印书馆2001年版，第186页。

《史记》和《战国策》中的这些记载，意思应该是很清楚的。它们的意思是说，魏武侯在"浮西河"的时候，因为听了吴起的"圣人之言"，所以当即"封吴起为西河守"，而且魏武侯还表示西河之政从此"专委之"吴起，不再换他人了。换言之，因为吴起在魏文侯时曾被任用为西河之守，那么魏武侯时的这次任用，对吴起来说显然就属于第二次任西河守了。

但就是这样一件原本十分明确的事情，却常常被人误解。梁玉绳《史记志疑》即认为《史记·吴起列传》所言魏武侯"即封吴起为西河守"之"即封"二字使用不当，因为"守不可言封。且起已守西河"，故"'即封'二字衍"，当删。①

客观地讲，以梁玉绳为代表的学者认为吴起自魏文侯任用为西河守之后、直到魏武侯世一直守西河的看法，是十分牵强的。这不仅因为《史记·吴起列传》既有明文称魏文侯"以吴起为西河守"，又有明文称魏武侯"即封吴起为西河守"，在没有任何旁证的情况下，即断定《史记》"即封"二字为"衍文"，单从校勘学上说就是行不通的。更何况，除了《史记》和《战国策》这两种史料之外，我们还可从其他材料中发现魏文侯之世吴起曾离职西河守的线索。《韩诗外传》卷九载：

> 魏文侯问于解狐曰："寡人将立（《太平御览》卷四百八十二引作"定"）西河之守，谁可为用者？"解狐对曰："荆伯柳者贤人，殆可。"文侯曰："是非子之雠也？"对曰："君问可，非问雠也。"于是将以荆伯柳为西河守。荆伯柳问左右："谁言我于吾君？"左右皆曰"解狐"。荆伯柳往见解狐而谢之曰："子乃宽臣之过也，言于君。谨再拜谢。"解狐曰："言子者公也，怨子者私也。公事已行，怨子如故。"张弓射之，走十步而没，可谓勇矣。《诗》曰："邦之司直。"②

---

① 刘向集录，范祥雍笺证，范邦瑾协校：《战国策笺证》（下册），上海古籍出版社2006年版，第1256、1257页。

② 韩婴撰，许维遹校释：《韩诗外传集释》，中华书局1980年版，第315、316页。

◆◆◆ 二 历史考据

此处且不论解狐公私分明和荐雠的雅量，仅就史实而言，它可以说就是对吴起自魏文侯到魏武侯时一直担任西河守之说的否定。而且，现代学者的研究也认为，《史记·六国年表》《秦本纪》《魏世家》《水经·河水注》等都说魏文侯十七年（公元前408年）魏始占有秦的西河地区。（如《史记·六国年表》载魏文侯十七年，"伐秦，筑洛阴、合阳"。《史记·魏世家》载："（魏文侯）十七年……西击秦，至郑而还，筑洛阴、合阳。"《水经注》卷四《河水注》曰："魏文侯伐秦，至郑还，筑汾阴、合（阳）县，即此城也。"）故《史记·吴起列传》即以此为魏文侯以吴起为将"击秦，拔五城"之役，而有学者则进一步推断说："从此，秦的河西地区全部为魏占有"，"魏在河西设郡，以吴起为郡守"[①]。说明这是吴起在魏文侯时开始担任西河守的具体时间。

不管事实是否真如有的学者所说，魏文侯是在其十七年（公元前408年）以吴起为将"击秦，拔五城"之后，即"在河西设郡，以吴起为郡守"的，上引《韩诗外传》载魏文侯问解狐"寡人将立（定）西河守，谁可为用者"，并以荆伯柳为西河守之事，都明确说明即使是在魏文侯之朝，吴起也并非是始终担任西河守之职的；在他担任此职之后，魏文侯至少还曾任用荆伯柳任西河守之职。所以，我们似可以得出结论，吴起并非是从魏文侯时起一直担任西河守，而是在魏文侯和魏武侯朝曾先后两次担任西河守之职。

二 吴起第一次任西河守

我们可以肯定吴起在被魏文侯以为西河守之后，也曾离职而由他人接替——他在魏文侯和魏武侯时期，应该是先后两次担任西河守之职。但《史记·吴起列传》在叙魏文侯"乃以（吴起）为西河守"之前，既记叙了以吴起为将"击秦，拔五城"之事，也记载了吴起为士兵吮伤而其母泣的故事。由于《史记·吴起列传》记载此二事时，没有说明此二事发生的时间，所以很容易给人留下吴起是在此二事之后才开始

---

① 杨宽：《战国史》，上海人民出版社2008年版，第291页。

担任西河守的印象。那么，吴起始任西河守的确切时间到底是在什么时候？《史记·吴起列传》所记载的这两件事件之间又是怎样的先后次序呢？是如《史记·吴起列传》记载的那样，吴起始任西河守的时间，既在魏文侯以吴起为将"击秦，拔五城"之后，也在吴起为士兵吮伤而其母泣的故事发生之后？还是如有的学者所说，魏文侯以吴起为将"击秦，拔五城"之后，魏国即全部占有秦的河西地区，并"在河西设郡，以吴起为郡守"——吴起为西河守之事，发生在魏文侯以吴起为将"击秦，拔五城"之后、吴起为士兵吮伤而其母泣的故事之前呢？

我们先看看《史记·吴起列传》所载吴起为士兵吮伤而其母泣的故事。此事在秦汉载籍中亦多有记载，《韩非子·外储说左下》曰：

> 吴起为魏将而攻中山。军人有病疽者，吴起跪而自吮其脓。伤者母立而泣，人问曰："将军于若子如是，尚何为而泣？"对曰："吴起吮其父之创而父死，今是子又将死也，今吾是以泣。"①

比较《韩非子》和《史记》的这两处记载不难发现，这两处记载中最大的不同在于，《韩非子》比《史记》的记载多出了"吴起为魏将而攻中山"一句。而我认为这是极为重要的，因为它实际上告诉了我们此事发生的时间和地点，是在吴起为魏文侯"伐中山"的时候；而且此时吴起只是"魏将"，还不是魏"西河守"。这也就是说，《史记·吴起列传》把魏文侯以吴起为西河守的时间，不仅放在吴起"击秦，拔五城"之后，而且也放在魏文侯"伐中山，以子击守"一事之后，是有根据的。有学者认为魏文侯以吴起为将"击秦，拔五城"之后，魏

---

① 王先慎撰，钟哲点校：《韩非子集解》，中华书局1998年版，第297页。案：《韩非子·外储说左下》中的这段文字，在《艺文类聚》《太平御览》等书中都有引用，但其中"吴起吮其父之创而父死"一句，皆作"吴起吮其父之伤而杀之泾水之上"。因为泾水正在西河地区，故学者历来都认为"杀之泾水之上"，本指吴起为魏将"击秦，拔五城"之战。杨宽等以"吴起为魏将攻中山"之事在为魏将"击秦，拔五城"之后，而魏文侯以吴起为将"击秦，拔五城"之后，魏国即全部占有秦的河西地区，并"在河西设郡，以吴起为郡守"。但今本《韩非子》的各种版本中皆无此句，《艺文类聚》《太平御览》等类书引文中的此句或是浅人所加，杨宽的观点也是值得商榷的。

◆◆◆ 二　历史考据

国即"在河西设郡，以吴起为郡守"，这一观点却是值得商榷的。因为我们有足够的史料证明吴起为魏文侯"伐中山"一事，是发生于魏文侯以吴起为将"击秦，拔五城"之前的：

其一，《韩非子·外储说左下》已明确地说"吴起为魏将而攻中山"，即是说吴起"攻中山"时只是任"魏将"，而非魏之西河守，这也是与《史记·吴起列传》所谓魏文侯以吴起为将"击秦，拔五城"的叙述形式是完全相同的，即都只是说，吴起此时只是"魏将"而非魏国的西河守。

其二，《韩非子·外储说左上》曰："田子方从齐之魏，望翟黄乘轩骑驾出，方以为文侯也，移车异路而避之，则徒翟黄也。方问曰：'子奚乘是车也？'曰：'君谋欲伐中山，臣荐翟角而谋得；果且伐之，臣荐乐羊而中山拔；得中山，忧欲治之，臣荐李克而中山治；是以君赐此车。'方曰：'宠之称功尚薄。'"[①]《史记·魏世家》载魏文侯二十年"卜相"，翟黄与李克的争辩之辞曰："翟璜（黄）忿然作色曰：'以耳目之所睹记，臣何负于魏成子？西河之守，臣之所进也。君内以邺为忧，臣进西门豹。君谋欲伐中山，臣进乐羊。中山已拔，无使守之，臣进先生。君之子无傅，臣进屈侯鲋。臣何以负于魏成子？'"[②]《韩非子》和《史记》都记载了翟黄（璜）的表功之辞。不同的是，《韩非子》中翟黄（璜）只谈到了伐中山和治中山，而《史记》中翟黄（璜）还谈到了荐吴起守西河（因为《说苑·臣术》载有与《史记·魏世家》中翟黄相同的言和事，但"西河之守，臣所进也"一句，《说苑·臣术》作"西河无守，臣进吴起，而西河之外宁"，故学者皆以翟黄"进西河之守"为荐吴起守西河）和荐西门豹治邺二事。虽然钱穆等学者认为《史记》所记翟黄（璜）之辞"实吴起之徒润饰为之"，"卜相"之事"当前移二十三年"，而魏文侯"用吴起，灭中山，均在晚世"[③]。但比较二者仍可见出，翟黄（璜）荐吴起守西河和西门豹治邺虽皆发生于

[①] 王先慎撰，钟哲点校：《韩非子集解》，中华书局1998年版，第317页。
[②] 司马迁撰，裴骃集解，司马贞索隐，张守节正义：《史记》，中华书局1959年版，第1840页。
[③] 钱穆：《先秦诸子系年》，商务印书馆2001年版，第156页。

魏文侯二十年"卜相"之前,但"伐中山"一事则在魏"西攻秦,至郑而还,筑雒阳、合阳"或吴起为魏将"击秦,拔五城"之前;因为即使魏文侯"卜相,李克、翟璜争"时真没有翟璜(黄)荐吴起守西河之事,但翟黄(璜)也不可能不提及荐西门豹治邺之事的。翟黄(璜)在向田子方夸耀乘轩车之因时未言及荐吴起守西河和荐西门豹治邺二事,这只能说明此二事在魏"伐中山"之时尚未发生,故翟黄(璜)无从言及。《史记·六国年表》将"魏文侯受经于子夏,过段干木之闾常式"系于魏文侯十八年(公元前407年),即魏文侯"卜相,李克、翟璜争"前二年,而《史记·魏世家》又将西门豹治邺置于"魏文侯受经于子夏"和"卜相,李克、翟璜争"二事之间叙述,这足见翟黄(璜)荐西门豹治邺事在魏文侯"卜相,李克、翟璜争"之前。如果翟黄(璜)荐吴起守西河之事确实存在的话,那一定也应该是发生在魏文侯"卜相,李克、翟璜争"之前,甚至在翟黄(璜)荐西门豹治邺一事之前的。

其三,不仅《韩非子·外储说左下》中的这段文字,可说明"吴起为魏将而攻中山"事发生在吴起为魏将"击秦,拔五城"之前,《史记》中除《吴起列传》以外的其他各篇也都可证明此点。如《史记·六国年表》虽把"(魏)击守中山。伐秦至郑,还筑洛阴、合阳"同系于魏文侯十七年,但显然"(魏)击守中山"在魏文侯以吴起为将"击秦,拔五城"之前。《史记·魏世家》曰:"(魏文侯)十七年,伐中山,使子击守之,赵仓唐傅之。……西攻秦,至郑而还,筑雒阳、合阳。"也是叙"伐中山"在"西攻秦"之前。因此,我们断定"吴起为魏将而攻中山"事发生在吴起为魏将"击秦,拔五城"之前,这是有充分的史料依据的。

现在,我们可大致确定吴起开始任西河守的时间。这个时间应在魏文侯"卜相,李克、翟璜争"之前、"魏文侯受经于子夏"之后和翟黄(璜)荐西门豹治邺之前(当然是远在魏文侯以吴起为将"击秦,拔五城"和"吴起为魏将而攻中山"时为士兵吮伤而其母泣二事之后了)。《史记·六国年表》将"魏文侯受经于子夏,过段干木之闾常式"系于魏文侯十八年(公元前407年),将魏文侯"卜相,李克、翟璜争"系

◆◆◆ 二 历史考据

于魏文侯二十年（公元前405年），则吴起为翟黄（璜）所荐为魏文侯守西河，或与翟黄（璜）荐西门豹治邺为同一年事，乃在魏文侯十八年（公元前407年）"魏文侯受经于子夏，过段干木之闾常式"之年末，也可能在其次年（魏文侯十九年，公元前406年）年初。殆此时为魏文侯急于求贤礼士的时期，故吴起最有可能在此时由翟黄（璜）所荐而为魏文侯西河守。

吴起最有可能在魏文侯求贤最切之时由翟黄（璜）所荐为魏文侯西河守，但由《史记·六国年表》可知，即使以魏文侯十九年（公元前406年）吴起任西河守计，到公元396年魏文侯卒[①]，其间有近十年的时间。吴起所处的战国时代，乃是中国历史上一个诸侯纷争和战争较为频仍的年代。如果此时一个国家让一位以"善用兵"闻名的战将长期担任某个地方官而不让他参加当时的任何重要军事行动，那是不可想象的。所以，在此段时间中吴起被调离西河守而改任其他率军作战的军职，那也就是必然的事。而也正因此，这才有了《韩诗外传》等史料中吴起为西河郡守之后，魏文侯又问解狐谁可用为西河守事情的发生。

而从历史的实际情况来看，就在吴起被魏文侯任用为西河守后两年（魏文侯二十一年，公元前404年），魏文侯就曾主导过一次三晋对齐国的重大战争。这次战争的目的是要胁迫齐侯向周王室要求正式"命三晋之君为诸侯"，所以魏文侯几乎动用了他全部的军事力量。这次重大的军事行动，《史记·魏世家》和《六国年表》虽然没有什么记载，但《水经·汶水注》引《竹书纪年》《淮南子·人间训》，出土文献《驫羌钟铭文》和《系年》[见《清华大学藏战国竹简》（贰）]，以及清人的考证，都证明当时确实曾发生过一场大规模的军事战争；而且在这场战争中，三晋上自君主，下至各路名将，皆置身其中，很难想像吴起不会被魏文侯征调领兵作战。《水经注》卷二十四《汶水注》曰：

[①] 案：关于魏武侯的卒年，《史记·魏世家》曰："三十八年……文侯卒，子击立，是为武侯。"《史记·六国年表》则定魏文侯三十八年为公元前367年。这个年代实际是错误的。杨宽《战国史》附录三《战国大事年表》及《战国大事年表中有关年代的考订》，以文侯三十八年为公元前396年。今采其说。

《竹书纪年》:"晋烈公十一年,田悼子卒,田布杀其大夫公孙孙,公孙会以廪丘叛于赵。(朱谋㙔笺:'今《竹书》作杀其大夫公孙孙,公孙孙以廪丘叛于赵。')田布围廪丘,翟角、赵孔屑、韩师(朱谋㙔笺:'《竹书》作"氏"。')救廪丘,及田布战于龙泽,田布败逋(朱谋㙔笺:'一作田师败逋。')是也。"①

晋烈公十一年,当齐宣公五十一年,魏文侯二十年(《史记·六国年表》在魏文侯二十年,实为魏文侯四十一年②),赵烈侯四年,韩景侯四年③,楚声王三年,亦即公元前405年。此《史记·魏世家》魏文侯"卜相,李克、翟璜争"之时,但翟黄(璜)未提到"荐翟角伐齐"之事,殆此役当发生于魏文侯"卜相,李克、翟璜争"之后(或在此年岁末),故翟黄(璜)尚未言及。④《史记·田敬仲完世家》曰:"(齐)宣公五十一年卒,田会自廪丘反。"司马贞《索隐》曰:"《纪年》'宣公五十一年,公孙会以廪丘叛于赵。十二月,宣公薨。'于周正为明年二月。"这正说明,魏文侯主导的这场三晋伐齐的战争,其起点是在此年(公元前405年)的十二月,但如果按周历则已是次年(公元前404年)的二月。所以在魏文侯二十年"卜相,李克、翟璜争"之时,翟黄(璜)只提及了伐中山之事,而并未言及"荐翟角伐齐"之事。而根据最新发表的清华简《系年》来看,此役三晋军队可谓倾巢而出。清华简《系年》叙此役自楚声王元年开始,将三晋伐齐

---

① 郦道元注,杨守敬、熊会贞疏,段熙仲点校,陈桥驿复校:《水经注疏》,江苏古籍出版社1989年版,第2044—2055页。
② 案:关于《史记》中魏文侯、魏武侯、魏惠王、魏襄王的年代,错误严重,清代以来学者即据《竹书纪年》等对之多有订正。参见杨宽《战国大事年表》及《战国大事年表中有关年代的考订》,《战国史》,上海人民出版社2008年版,第697—713页。陈梦家《六国纪年》,中华书局2005年版,第111—120页。此处取杨宽说。
③ 《史记·六国年表》为"魏文侯二十一年"对应"赵烈侯五年","韩景侯五年",公元前404年。此处据杨宽《战国大事年表》及其《战国大事年表有关年代的考订》。
④ 案:《韩非子·外储说左下》载"田子方从齐之魏……(翟黄)曰:'君伐中山,臣荐翟角而谋果得'"云云,然据《竹书纪年》,则翟角应为魏文侯伐齐主将,《韩非子·外储说左下》中翟黄所谓"君伐中山,臣荐翟角而谋果得",显然应是"君谋伐齐"之误。这样,《韩非子·外储说左下》中翟黄所谓"君谋伐中山"云云,才能与《竹书纪年》所记相符。

◆◆◆ 二 历史考据

之事系于其后。清华简《系年》第二十二章有曰：

> 楚圣（声）趄（桓）王即立（位），兀（元）年，晋公止会者（诸）侯于邔（任）……轪（韩）虔、蘆（赵）蘆（籍）、（魏）繫（击）銜（率）自（师）与戊（越）公殹（翳）伐齐……晋嵒（魏）文侯畀（斯）从晋自（师），晋自（师）大賍（败）齐自（师），齐自（师）北，晋自（师）述（遂）逐之，内（入）至汧水，齐人（且）又（有）陈尘子牛之（祸），齐侯明（盟）于晋军。……晋公献齐俘馘于周王，述（遂）以齐侯贵（贷）、鲁侯羴（显）、宋公皎（田）、卫侯虔、奠（郑）白（伯）（骀）朝周王于周。①

上文已经指出，此次三晋伐齐之役，始于魏文侯二十年（《史记·六国年表》在魏文侯二十年，实为魏文侯四十一年，公元前405年）。这一年，当晋烈公十一年，韩景侯（虔）四年，赵烈侯四年，楚声王三年，公元前405年。但由清华简《系年》来看，三晋早有称霸诸侯之心，《系年》说"楚圣（声）趄（桓）王即立（位），兀（元）年，晋公止会者（诸）侯于邔（任）"云云，即可见出此点。只不过在后来正好赶上齐国"发生内乱——田布杀了公孙孙，公孙会（即田会）就在廪丘（今山东鄄城东北）反叛，投靠了赵国；田布率兵包围廪丘，于是三晋联合出兵解救"②。故《水经注》卷二十六卷《汶水注》引《竹书》又曰："晋烈公十二年，王命韩景子、赵烈侯及我师伐齐，入长城……"这说明战事第二年才正式展开。

由于三晋的目的并不是掠取齐国的土地，而是如《淮南子·人间训》所云："求名于我也"，即胁迫齐侯等一同见周天子，让周天子"命三晋之君为诸侯"。所以，当"三国伐齐，围平阴"时③，齐国的牛子（应即《系年》中的"陈尘子牛"）不听无害子不应"出君以为封

---

① 《清华大学藏战国竹简》（贰），上海文艺出版集团、中西书局2012年版，第192页。
② 杨宽：《战国史》，上海人民出版社2008年版，第292页。
③ 原文"平阴"作"平陆"，据杨宽说改。同上书，第293页。

疆"的建议,而"用括子之计",交出齐康公贷(即《系年》中的"齐侯貣(贷)"),让三晋胁迫其一同见周天子,并使周天子答应了三晋的要求——"命三晋之君为诸侯"。而《吕氏春秋·下贤》说,这一时期魏文侯"东胜齐于长城,虏齐侯,献诸天子,天子赏文侯以上闻"。清人苏时学的《爻山笔话》、今人杨宽的《战国史》均认为这些记载所言正是始于公元前405年的、以魏文侯为主导的三晋伐齐之战。①

与传世文献有所不同的是,清华简《系年》把此战的经过描述得更为详细。据《系年》记载,在这次战争中,不仅韩、赵两国是韩景侯虔、赵烈侯籍亲领本国军队参战,魏国最初也是由魏王子击(即魏中山君,后来的魏武侯)率军,而非《纪年》所说的翟角(或《驫羌钟铭文》所说的翟员)。到战争的关键时刻,魏文侯更是亲自出马,即《系年》所谓"晋臬(魏)文侯畀(斯)从晋自(师),晋自(师)大(败)齐自(师)……齐侯明(盟)于晋军"。由此可见,魏文侯本人对此役的重视和魏国投入力量之大。可以说魏文侯在此役中几乎是倾魏国全国之力,以能否成功胁迫齐侯请周王命己为诸侯为在此一举。因此我以为,吴起结束第一次西河守任期(或者说《韩诗外传》中的魏文侯问解狐谁可用为西河守之事),应该就发生在此时。因为魏文侯既然如此重视此役,把自己的儿子和大将翟角、翟员等都派上了前线,后来自己还亲领三晋军队对齐作战,他又怎么会把自己认为"善用兵"的吴起闲置于西河而不用呢?《史记·魏世家》魏武侯九年,有"使吴起伐齐,至灵丘"一说,但《史记·田敬仲完世家》则记此事为"齐威王元年,三晋因齐丧来伐我灵丘"。尽管历来学者皆定此战为公元前387年魏"使吴起伐齐"②,但由于《史记》一书中关于魏文侯、魏武侯、魏惠王、魏襄王及齐威王、齐宣王、齐愍王的年代都存在严重的混乱和错误,且史书中魏文侯主导三晋伐齐后,再无所谓魏武侯联合三晋伐齐之事,故我以为《史记·魏世家》魏武侯九年,"使吴起伐齐,至灵丘"一说,虽有可能是其他史料漏载的确实发生于魏武侯九年的

---

① 杨宽:《战国史》,上海人民出版社2008年版,第294页。
② 钱穆:《先秦诸子系年》,商务印书馆2001年版,第219页。

◆◆◆ 二 历史考据

"使吴起伐齐，至灵丘"之事，也有可能是《史记·魏世家》误把公元前405年魏文侯主导三晋伐齐中"使吴起伐齐，至灵丘"之事误记在了这里。(当然，还有一种可能，就是魏文侯、魏武侯时都有"使吴起伐齐，至灵丘"之事，但《史记·魏世家》只记了魏武侯九年之事，而略去了此次魏文侯时期的"使吴起伐齐"之事)。如果是这样，则《史记·魏世家》的此条记载，正可为魏文侯主导三晋伐齐时吴起确曾参加该战役之确证。

根据《史记·六国年表》和三晋诸《世家》记载，魏文侯主导的三晋伐齐之战，最终于公元前403年[①]以周天子"命三晋之君为诸侯"而宣告结束。吴起当于此役开始或进行中，被魏文侯免去西河守之职、而抽调参加伐齐之战的。而根据东汉高诱《吕氏春秋注》的有关注文，吴起在魏伐齐胜利后似乎还得到了魏文侯的进一步重用，一度担任魏相。我的理由是：

东汉高诱《吕氏春秋注》中有关吴起的几条注释，主要在《长见》《执一》《义赏》《观表》《慎小》等篇。《长见》"吴起治西河之外"高诱注："吴起，卫人，为魏将，善用兵，故能治西河之外，谓北边也。"《义赏》"郢人以两版垣也，吴起变之而见恶"高诱注："吴起，卫人也，楚人以为将。"《观表》"吴起治西河之外"高诱注："吴起，卫人，仕于魏，为治西河。"《慎小》"吴起治西河之外"高诱注："吴起，卫人也，为魏武侯西河守。"都重在说明吴起属卫人，当时正仕魏，为魏将，治西河。但同书《执一》载吴起与商文争辩"事君"下，高诱注则曰：

> 吴起，卫人，为楚将，又相魏，为西河太守。[②]

《吕氏春秋》此篇"吴起谓商文曰：'事君果有命矣夫'"云云，

[①] 案：此年《史记·六国年表》系于魏文侯二十二年，而杨宽《战国史》附录三《战国大事年表》系于魏文侯四十一年。此处据杨表。

[②] 陈奇猷：《吕氏春秋校释》，学林出版社1995年版，第1137页。

《史记·吴起列传》记为吴起与田文争魏相之事，司马贞《索隐》曰："（田文），《吕氏春秋》作'商文'。"即以《史记·吴起列传》所记与《吕氏春秋·执一》所载为同一事。《史记·吴起列传》既将此事记于"魏文侯既卒，起事其子武侯"之后，其文中又与《吕氏春秋·执一》一样，有所谓"主少国疑"或"世变主少"之语，明显是将此事发生的时间定在魏武侯即位之初的。而这也说明，高诱在注《吕氏春秋·执一》"吴起谓商文曰：'事君果有命矣夫'"云云时，他是很清楚当时吴起并没有担任"魏相"的——吴起在与商文（田文）的相位争夺中落败了。这也就是说，高诱所谓吴起"相魏"之事，其实既非发生于魏武侯即位之初，也非发生于商文（田文）去魏相之后，因为《史记·吴起列传》已明确记载："田文既死，公叔为相，尚公主，而害吴起"，并最终逼迫吴起去魏之楚。因此我们只能说，如果吴起确曾"相魏"的话，那一定不会是在魏武侯继位以后，而应该是在魏文侯在位的时候，且最有可能就是在魏文侯统领三晋军队伐齐得胜，正式被周天子"命为诸侯"的时候，大约是在公元前403年或公元前402年。

三　吴起第二次任西河守

吴起在魏文侯晚年时曾经"相魏"，但由于除高诱注外我们找不到其他的文献记载，所以我们并不知道他"相魏"的任何细节；我们唯一能肯定的是，公元前396年（《史记·六国年表》在魏文侯三十八年，实为魏文侯五十年）魏文侯卒，次年（公元前395年）魏武侯即位后改元，吴起与商文（田文）"争相"落败。不久，吴起随魏武侯"浮西河"，并被再次任用为西河守。

我们上文引《吕氏春秋·执一》和《史记·吴起列传》记载吴起与商文（田文）"争相"时，都提到"主少国疑"或"世变主少"，说明二人"争相"之时当发生于魏武侯继位之初，而且吴起当时也是新朝"魏相"的一名候选人。这一是因为在刘向的《说苑·建本》一篇中，就有"魏武侯问元年于吴子（起）"的记载，可见当时新朝正在或刚刚"改元"，而吴起不仅正在刚即位的魏武侯身边，而且还是新君常

◆◆◆ 二 历史考据

常"备顾问"的大臣——不仅吴起与商文（田文）"争相"之事应该就发生在此时，而且吴起应该也是新朝"魏相"的一位合适的候选人。二是按照中国古代封建王朝的惯例，"一朝天子一朝臣"，新君即位，是不能不重新选择相国和左右大臣的。吴起曾经"相魏"，故他的此番"争相"，或许只是求得"留任"或"连任"；但这样做毕竟不合常规，所以他最后落败了。《荀子·尧问》载：

> 魏武侯谋事而当，群臣莫能逮，退朝而有喜色。吴起进曰："亦尝有以楚庄王之语闻于左右者乎？"武侯曰："楚庄王之语何如？"吴起对曰："楚庄王谋事而当，群臣莫逮，是以忧也。申公巫臣进问曰：'王朝而有忧色，何也？'庄王曰：'不谷谋事而当，群臣莫能逮，是以忧也。其在中蘬之言也，曰："诸侯自为得师者王，得友者霸，得疑者存，自为谋而莫己若者亡。"今不谷之不肖而群臣莫吾逮，吾国几于亡乎？是以忧也。'楚王以忧，而吾君以喜。"武侯逡巡再拜曰："天使夫子振寡人之过也。"

此事《吕氏春秋·骄恣》和《说苑·杂事一》也都有类似的记载，唯《吕氏春秋·骄恣》记为"李悝趋进曰"云云。郭沫若比较两处记载后说："荀子在前，应该更可靠些。"① 我以为这是有道理的。这不仅因为《荀子》的写作在《吕氏春秋》之前，更主要是因为李悝的年辈本与魏文侯相同，魏文侯在位五十年而卒，则魏武侯继位后李悝即使还在世也应无法再在魏武侯面前"趋进"②，故此处"对"魏武侯问的人就只能是吴起而非李悝了。而由吴起一句"亦尝有以楚庄王之语闻于左右者乎"，又可推见此事当发生于吴起与商文（田文）"争相"落败之后。因为吴起的此句反问，可谓"话中有话"。他似乎在向魏武侯说，

---

① 郭沫若：《青铜时代》，《郭沫若全集·历史编》（第1卷），人民出版社1982年版，第527页。

② 案：《汉书·古今人表》"李克"（《汉志》《李子》三十二篇"下原注："名悝，相魏文侯，富国强兵。"清人沈钦韩以来，皆以"悝""克"一声之转，而疑李克即是李悝。）紧接魏文侯之后，去魏武侯、吴起甚远，故魏武侯所问当为吴起而非李悝。

你不是选择了商文（田文）为相吗？现在你的表现可谓十分危险，商文（田文）他们看出了其中潜在的危险并向你指出来了吗？他们肯定没有。这可能是他们根本看不出来，也可能他们即使看出来了，为了讨好你也不肯说出来。故不管怎样，此事当发生于吴起与商文（田文）"争相"落败之后，其中表现了吴起微妙的心理，则是可以肯定的。而魏武侯在听了吴起的"进言"后"逡巡再拜曰：'天使夫子振寡人之过也'"，则也可以说明他在此后一段时间内对吴起的态度，即他认为吴起是一位真正的忠臣、一位有洞见的长者，应该得到应有的尊崇，并委以重任——这也应该就是吴起在魏武侯时被再次任用为西河守的契机。

吴起在魏武侯继位之初被第二次任用为西河守的具体时间，史料中也缺少明确的记载。只有《史记·吴起列传》和《战国策·魏策一》在记"魏武侯浮西河而下"，吴起对魏武侯"山河之固"乃"在德不在险"之后，还有魏武侯"即封"吴起，并对吴起说"吾乃今日闻圣人之言也。西河之政，专委之子也"等语。而从此数语之语意来看，正如本文开头部分所言，这应该就是吴起第二次被任用为西河之守的起始之日。

不仅如此，我们还认为，《史记·吴起列传》中的"魏武侯浮西河而下"和《战国策·魏策一》中的"魏武侯与诸大夫浮于西河"，原本就只是一次魏武侯送吴起到西河赴任的出行。因而，吴起被魏武侯任用为西河守的具体时间，应该就在此次西河之行之前——或许就在上面《荀子·尧问》所载进谏魏武侯自以为"谋事而当"，"退朝而有喜色"之后。《太平御览》卷六百二十五载有今本《吕氏春秋》中所没有的一段佚文，其言曰：

吴起行。魏武侯自送之西河，而与吴起辞，武侯曰："先生将何以治西河？"对曰："以忠以信，以仁以义。"武侯曰："四者足矣。"①

此段文字，与《群书治要》和《艺文类聚》卷二九所引文字稍有差异，但大体不殊。由这段文字来看，魏武侯的此次出行，其实只是为

---

① 陈奇猷：《吕氏春秋校释》，学林出版社1995年版，第1137页。

二 历史考据

了送吴起赴西河上任。尽管魏武侯时魏国的都城还在安邑（今山西省夏县西北禹王村），离黄河并不算很远。但魏武侯亲率众大夫将吴起送过黄河（即"西河"），仍可见他对吴起的敬重和对吴起此次为西河守的极大期待。

吴起此次担任西河守有多长时间，史书中也没有明确的记载。就现有史料而言，能间接考察吴起再次离开西河行迹的材料只有两条，一条是《史记·吴起列传》等关于吴起被谗而离开西河之说，另一条是《史记·魏世家》所记"使吴起伐齐，至灵丘"之事。《史记·吴起列传》曰："田文既死，公叔为相，尚魏公主，而害吴起。"钱穆等以《战国策·魏策一》云"公叔痤（瘗）为魏将，与韩、赵战浍北，禽乐祚。魏王赏田百万，痤（瘗）以让吴起之后"，而称公叔"不似害贤者"①。还有学者认为，《史记·吴起列传》所记为公叔痤（瘗）出谋害吴起者，乃"公叔之仆"；而《吕氏春秋·长见》等篇皆曰："吴起治西河之外，王错谮之于武侯。"因此，当时害吴起去西河守的谗佞王错，可能即是"公叔之仆"②。然而，由于史籍中并没有关于田文（商文）的卒年，我们也就无法据之推知田文（商文）为魏相终止于何年（或者说我们无法得知公叔是何时接替田文为魏相的），所以也无从得知吴起是何时被迫离开西河守之职的。我们所能知道的，只是吴起在离开西河、到达魏国的岸门邑时，"止车而休，望西河，泣数行下"。因自己拓展和巩固魏国西部边疆的事业中途而废而痛心不已。

现有史料中与吴起任西河守有关的另一条材料，是我们在上面提到的《史记·魏世家》所记"使吴起伐齐，至灵丘"之事。我们在上面曾对这条材料进行过分析，认为它有可能是把公元前405年魏文侯主导三晋伐齐中"使吴起伐齐，至灵丘"之事，误记在了魏武侯九年了（因为根据清华简《系年》的记载，公元前405年魏文侯主导三晋伐齐时，"使吴起伐齐，至灵丘"，魏国最初乃是以魏击——即后来的魏武

---

① 钱穆：《先秦诸子系年》，商务印书馆2001年版，第219页；郭沫若：《青铜时代》，《郭沫若全集·历史编》（第1卷），人民出版社1982年版，第514、515页。
② 陈奇猷：《吕氏春秋校释》，学林出版社1995年版，第611页。

侯为主帅的)。不过,学者们大多还是相信司马迁并没有记错,即《史记·魏世家》所记"使吴起伐齐,至灵丘"之事,应该确是魏武侯九年(公元前387年)之事;并依此对吴起去魏之楚的时间作出推断。如钱穆说,吴起去魏"当在(魏武侯)十年以后",郭沫若则说,吴起去魏"当在楚悼王十八年,魏武侯之十三年"①。

四 吴起治西河的主要功绩

吴起曾在魏文侯和魏武侯两朝先后两次担任西河守,其第一次任西河守应始于魏文侯十八年(公元前407年)"魏文侯受经于子夏,过段干木之闾常式"之年末,也可能在其次年(魏文侯十九年,公元前406年)年初,约结束于公元前405年魏文侯主导三晋伐齐之日。这次任期,前后约有三年左右的时间。吴起第二次任西河守,应始于公元前395年魏武侯即位或稍后,而结束于魏武侯九年(公元前387年),魏"使吴起伐齐,至灵丘"。这次任期共有八九年时间。吴起此次去职的原因,是由于受到公叔座(痤)之仆王错之谮。如果将吴起两次任西河守的时间相加,我们就会发现,吴起实际任西河守的时间总共在十一二年。这应该是个不短的时间。从吴起在魏武侯时期受谮被迫离开西河时"抆泪于岸门"的言行来看,他对为魏国经营西河原是有很长远的打算的,只是由于现实的困境使他的计划中途夭折,他的治理西河的计划竟成了未竟的事业!

综合现存吴起治西河的点滴史料,可将吴起治西河的功绩归纳为如下数端:

一曰设计规划,深谋远虑。《吕氏春秋·长见》和《观表》二篇都载有吴起因王错之谮离开西河时的情形。《长见》有曰:

> 吴起治西河之外,王错谮之于魏武侯,武侯使人召之。吴起至

---

① 钱穆:《先秦诸子系年》,商务印书馆2001年版,第219页;郭沫若:《青铜时代》,《郭沫若全集·历史编》(第1卷),人民出版社1982年版,第522页。

二 历史考据

于岸门，止车而望西河，泣数行而下。其仆谓吴起曰："窃观公之意，视释天下若释躧，今去西河而泣，何也？"吴起抿泣而应之曰："子不识。君知我而使我毕能西河，可以王。今君听谗人之议而不知我，西河之为秦取不久矣，魏从此削矣。"吴起果去魏入楚。有间，西河毕入秦，秦日益大，此吴起之所先见而泣也。①

《吕氏春秋》此篇内容与《观表》相同，但题名"长见"，正说明吴起对西河的思考十分长远，可谓深谋远虑。吴起所谓"西河之为秦取不久矣，魏从此削矣"，说明吴起对西河思考的出发点，并不是自己眼前的利益，甚至也不是魏国的现实利益，而是西河的未来命运和魏国的国家前途。从根本上讲，吴起的治西河的目的，是要为魏国谋划称霸天下的基业，即所谓"使我毕能西河可以王"也。从地理位置来看，西河地区位于黄河以西的洛河（即漆沮水）、渭水、泾水入黄河的交汇之所，既是魏国西部的天然屏障，也是一块肥沃的农业区，被称为"九州岛之膏腴"（《汉书·地理志下》），占有并巩固西河地区，可使魏国获得稳固的战略后方。因为当时的魏国，在地理上东、南、北各方分别处于韩、赵、齐、楚等大国的包围之中，只有西部的秦国"以往者数易君，君臣乖乱"（《史记·秦本纪》），力量相对薄弱。吴起正看到了这一点。吴起在西河的军事和行政措施，都是以此为目的和根本原则的；而吴起两番治理西河的成效也是显著的，即所谓"秦兵不敢东向，韩、赵宾从"（《史记·吴起列传》）。

二曰修德立信，移风易俗。《汉书·地理志下》对秦西河地区基本特点的叙述是"风俗不纯"："濒南山，近夏阳，多险阻而轻薄，易为盗贼，常为天下剧。又郡国辐辏，浮食者多，民去本就末，列侯贵人车服僭上，众庶效之，羞不相及，嫁娶尤崇侈靡，送死过度。"所以吴起第二次任西河守时，还在赴任途中即向魏武侯说"河山之险，信不足保也"（《战国策·魏策一》），国家政治的根本"在德不在险"（《史记·吴起列传》）。而吴起将修德主张落实于对西河的治理，就是要通过修德立信，移风易

---

① 陈奇猷：《吕氏春秋校释》，学林出版社1995年版，第605页。

俗，改变西河地区原来"不纯"的民风。在上文引《吕氏春秋》的佚文中，魏武侯送吴起至西河赴任，问吴起"何以治西河"，吴起的回答第一条是"以忠以信"，即"尽忠于主"和"施信于民"（高诱注语）。

《吕氏春秋·执一》载吴起与商文（田文）比较贤能时有曰：

> 吴起曰："治四境之内，成驯教，变习俗，使君臣有义，父子有序，子与我孰贤？"商文曰："吾不若子。"①

魏之"四境之内"虽然不止西河，但肯定包括西河在内。而吴起所谓"成训教，变习俗"，则显然应该是针对西河地区"轻薄""僭上""盗贼"和"侈靡"之风而言的。因为所谓"使君臣有义，父子有序"云云，从另一个侧面说，也正反映了当时魏国包括西河地区在内君臣、父子间无"义"无"序"情况的严重，而西河地区"轻薄""僭上""盗贼"和"侈靡"之风也正是其突出表现。

要移风易俗，改变西河原来的"不纯"民风，吴起采取的首要措施，就是重建当时社会的诚信。所以，他一如带兵打仗那样，身先士卒，从我做起。《韩非子·外储说左上》载：

> 吴起出，遇故人而止之食，故人曰："诺。"期返而食。吴子曰："待公而食。"故人至暮不来，吴起至暮不食而待之。明日早，令人求故人。故人来，方与之食。②

这个故事本是先秦的"小说"③，但先秦时期中国的"小说"原本是有根有据的，是不允许虚构的。④ 所以，尽管这个故事是否发生于吴

---

① 陈奇猷：《吕氏春秋校释》，学林出版社1995年版，第1133页。
② 王先慎撰，钟哲点校：《韩非子集解》，中华书局1998年版，第308—309页。
③ 郭沫若：《青铜时代》，《郭沫若全集·历史编》（第1卷），人民出版社1982年版，第515—518页。
④ 高华平：《中国先秦小说的原生态及其真实性问题》，《天津社会科学》2007年第5期。后收入作者自选集《先秦的文献、文学与文化》，华中师范大学出版社2012年版。

◆◆◆ 二 历史考据

起治西河时未可确知，但确有其事是不容怀疑的（当然，也存在另一种可能，就是这个故事也许就发生在吴起治西河之时）。吴起受教于曾（申）子、子夏，儒家"反身而诚"的修德方式和"曾（参）子杀彘"那样的守信原则，自然是他所熟知的。所以他才有这样的举动。

如果说"待故人而食"是吴起从我做起的修德之举的话，那么，下面的例证就可以说是他从小事做起，以期"取信于民"、移风易俗的具体措施。《吕氏春秋·慎小》载：

> 吴起治西河，欲谕其信于民，夜日置表于南门之外，令于邑中曰："明日有人偾南门外之表者，仕长大夫。"明日日晏矣，莫有偾表者。民相谓曰："此必不信。"有一人曰："试往偾表，不得赏而已，何伤？"往偾表，来谒吴起。吴起自见而出，仕之长大夫。夜日又复立表，又令于邑中如前。邑人守门争表，表加植，不得所赏。自是之后，民信吴起之赏罚。赏罚信乎民，何事不成，岂独兵乎？①

这个故事发生于吴起刚上任西河守的时候。那时，在西河民与民、官与民之间都缺少必要的诚信，所以吴起要从小处着手来解决这一问题。而且，吴起这样做的效果也是不错的，所谓"民信吴起"云云，正可作为上文的注脚。

三曰制定法令，著为兵法。《史记》既以《吴起列传》置于《孙子列传》之后，《韩非子·五蠹》又云"藏孙吴之法者家有之"，可见吴起和孙武都有兵法传世。《汉书·艺文志·兵书略》有"《吴起》四十八篇"，属之"兵权谋"②。而同书《刑法志》又曰："春秋之后，灭弱吞小，并为战国……雄桀之士因势辅时，作为权诈以相倾覆，吴有孙

---

① 陈奇猷：《吕氏春秋校释》，学林出版社1995年版，第1681页。
② 案：《汉书·艺文志·兵书略》"《吴起》四十八篇"，《隋志》著录为"《吴起兵法》一卷，贾诩注"。两《唐志》略同，《宋史·艺文志》著录为"《吴子》三卷"，今传本作二卷六篇，学者多以为其"辞意浮浅，殆非原书"（张舜徽：《汉书艺文志通释》，华中师范大学出版社2004年版，第375页）。

武，齐有孙膑，魏有吴起，秦有商鞅，皆禽敌立胜，垂著篇籍。"这里即是明确说吴起曾著作兵法，并认为吴起是魏国学者——这实际也就是说，吴起"著为兵法"的时间既非是在卫国、鲁国，也非是晚年"之楚"之后，而是他在魏国的时候。《战国策·魏策一》称吴起卒后公孙座（痤）论战胜之道时仍说："夫士卒不崩，直而不倚，拣挠而不辟者，吴起之余教也。"可见吴起兵法的形成确是他在魏国的时候。

吴起在魏国的时间虽然前后达二十年，但除却在西河任职的时间之外，其他时间他差不多都是在南征北战，基本没有著书立说的闲暇。故只有他在西河任职的时候才有专门的时间和精力来将自己"用兵"的理论和实践加以总结，著为兵法。《韩非子·内储说上七术》载：

> 吴起为魏武侯西河之守。秦有小亭临境，吴起欲攻之。不去，则甚害田者；去之，则不足以征甲兵。于是乃倚一车辕于北门之外，而令之曰："有能徙此南门之外者，赐之上田上宅。"人莫之徙也。及有徙之者，遂赐之如令。俄又置一石赤菽于东门之外，而令之曰："有能徙此于西门之外者，赐之如初。"人争徙之。乃下令曰："明日且攻亭，有能先登者，仕之国大夫，赐之上田上宅。"人争趋之，于是攻亭，一朝而拔之。[①]

这段记载与上文所引《吕氏春秋·慎小》"偾表"的故事相似，但又有不同。殆《吕氏春秋》中的"偾表"乃纯粹为了"立信"，而此处则有军事目的。故清人严可均等人径以其中吴起的三道"口令"为《吴起兵法》中的《南门令》《西门令》和《攻秦亭令》。[②] 而今本《吴子》中应属《吴起兵法》的《励士》一篇，则明言吴起为魏武侯制定的"严刑明赏"之兵法，曾被他用之于西河地区："行之三年，秦人兴师，临于西河。魏士闻之，不待吏令，介胄而奋之者以万数。"

以上是我们通过史料对吴起在西河事迹的一个简略梳理，但从这个

[①] 王先慎撰，钟哲点校：《韩非子集解》，中华书局1998年版，第247页。
[②] 张舜徽：《汉书艺文志通释》，华中师范大学出版社2004年版，第375页。

二 历史考据

简略的梳理中我们仍可见出，吴起不仅是战国时期一位著名的战将和军事家，而且也是一位杰出的政治家和一位本具有浓厚儒家思想特征的思想家。

（原载《诸子学刊》第十六辑，上海古籍出版社2018年版）

环渊新考

——兼论郭店楚墓竹简《性自命出》及该墓墓主的身份

环渊是战国中后期道家学派的重要学者，也是齐国稷下学宫的重要代表人物。司马迁《史记》之《田敬仲完世家》《孟子荀卿列传》等述稷下学术时都曾提到他，但语焉不详。自汉唐以来，学人则多以环渊与蜎子（蜎渊、蜎蠉、便蜎）、玄渊（涓子）三者为一人。至近代，钱穆、郭沫若、冯友兰、张岱年等递有考证。郭沫若、钱穆认为环渊就是关尹，冯友兰、张岱年则认为环渊并非关尹。[1] 1997年湖北荆门郭店一号楚墓出土了大批文物和简书，引起了学术界对楚简文献研究的热潮，饶宗颐先生曾结合该墓中出土的一件七弦古琴，特撰《涓子〈琴心〉考——由郭店雅琴谈老子门人的琴书》一文，对环渊其人其事做了新的考辨。饶先生认同李善《文选注》以环渊、蜎蠉、玄渊"三文虽殊，其人一也"的看法，认为"刘向《七略》及《汉书·艺文志》告诉我们，著书有十三篇的环渊是楚人，为老子弟子，其说必有根据。他后来到齐国稷下，又隐钓于菏泽，故被目为齐人"；饶先生还认为由郭店墓中陪葬的雅琴和郭店简书中反映的道家音乐思想，说明环渊可能与郭店一号墓墓主"有点关系"[2]。

---

[1] 参见郭沫若《青铜时代》，钱穆《先秦诸子系年》，冯友兰《中国哲学史料学初稿》，张岱年《中国哲学史料学》等。

[2] 饶宗颐：《涓子〈琴心〉考——由郭店雅琴谈老子门人的琴书》（原载《中国学术》第一辑，商务印书馆2001年版），沈建华编：《饶宗颐新出土文献论证》（上海古籍出版社2005年版）。案：饶氏之文广引各种史料，对蜎子（蜎渊、蜎蠉、便蜎、娟嬛）、玄渊、涓子事迹均有说，可参阅其文，此处不一一介绍。

◆◆◆◆ 二　历史考据

饶先生的研究较前人有了新的进展，其贡献是首次对向传为环渊所著的《琴心》一书做了详细考辨，补充了涓子其人的事迹和老子门下的音乐思想史料，为楚国学术文化史的研究填补了一项空白。

但是，由于年代的久远、特别是史料的缺乏，包括饶先生的最新研究成果在内，也并没有解决关于环渊其人其事及其著述的许多疑团。环渊与蜎子（蜎渊、蜎蠉、便蜎）、玄渊（涓子）乃至老聃、关尹到底是什么关系？《琴心》是否就是他的作品？其内容又是怎样的？郭店一号墓墓主及其随葬简书（如《老子》《性自命出》等）与环渊、蜎蠉、玄渊等人及其著作又是什么关系？对于这些问题进行深入的探讨，不仅可以深化对环渊本人的研究，而且对考察整个战国道家学派的思想演变，也具有重要的价值和意义。

一

《史记·田敬仲完世家》说："（齐）宣王喜文学游说之士，自如驺衍、淳于髡、田骈、接予、慎到、环渊之徒七十六人，皆赐列第，为上大夫，不治而议论。是以齐稷下学士复盛，且数百千人。"（《正义》曰："楚人。《孟子传》云：'环渊著书上下篇也。'"）同书《孟子荀卿列传》说："自驺衍与齐之稷下先生，如淳于髡、慎到、环渊、接子、田骈、驺奭之徒，各著书言治乱之事，以干世主，岂可胜道哉！淳于髡，齐人也。博闻强记，学无所主。……慎到，赵人。田骈、接子，齐人。环渊，楚人。皆学黄老道德之术，因发明序其指意。故慎到著十二论，环渊著上下篇，而田骈、接子皆有所论焉。"

《史记》的记载虽然简略，但却是十分明确的。即环渊是楚人，在齐宣王时，游学于齐稷下学宫，"学黄老道德之术"，"著上下篇"，以"言治乱之事"。但是，到了西汉末年，刘向、刘歆父子著《别录》和《七略》，却出现了一定程度的混乱，似把环渊当作了"《蜎子》十三篇"的作者。《史记·孟子荀卿列传》司马贞《索隐》曰："按：刘向《别录》'环'作'蜎也。'"《七略》于"诸子略（道家类）"亦沿《别录》之旧，著录了"《蜎子》十三篇"，并自注："名渊，楚人，老子弟子。"这也就是说,刘向他们认为蜎子是蜎渊,是"《蜎子》十三篇"的作者,也叫"环渊,楚人,老子弟子"。

刘向、刘歆的这一看法完全被班固所继承了。《汉书·艺文志》就采用了《七略》原文。东汉应劭的《风俗通·姓氏篇》还列出了"环"姓的来源:"环氏出楚环列之尹,后以为氏。楚有贤者环渊,著书上下篇。"《文选》卷三四枚乘《七发》云:"若庄周、魏牟、杨朱、墨翟、便蜎、詹何之伦,使之论天下之精微,理万物之是非",李善注曰:"詹子,古得道者也。《淮南子》曰:'虽有钩针芳饵,加以詹何、蜎螺之数,犹不能与罔罟争得也。'高诱曰:'蜎螺,白公时人。'《宋玉集》曰:'宋玉与登徒子偕受钓于玄渊。'《七略》曰:'蜎子,名渊,楚人也。'然三文虽殊,其一人也。"李善注引《淮南子》,出于《淮南子·原道训》;"《宋玉集》曰"云云,见于今存宋玉《钓赋》(《太平御览》卷八三四《资产部》引)。只是宋玉、刘安并未明确说环渊又名蜎螺、玄渊,故"三文虽殊,其一人也"之说,当自李善始。

至近代,学术界差不多都接受了李善之说,以为环渊又称蜎子、蜎渊、蜎螺、便蜎、娟嬛、玄渊、涓子等。以上诸名,其名虽异,其人则一。学者所做的工作,仿佛就是为李善寻找根据。他们认为环渊之所以又被称作蜎子、蜎螺、便蜎等等,凡名字中带"蜎""嬛""涓"字者,便是因为其字所从的"肙"与"环"字的繁体"環"右边所从之"睘"音近而互相通假。《史记·樗里子甘茂列传》记"楚王问于范蜎",《战国策·楚策一》作"楚王问于范環";《淮南子·原道训》"蠉飞蠕动",《新语·道基》作"蜎飞蠕动"。可见,上古音"蜎"与"蠉"可通假互用。故"環渊"就是"蜎渊",也就是"蜎子"("蜎螺""便蜎")。甚至有人说,"环(環)渊"是"便蠉"、玄渊(涓子)、它嚣、范雎……"或因辗转通假,已失其真;或显系他人名字之误;或为神仙家的杜撰……"①

当然,也有学者以微弱的声音表示着不同的看法。如东汉高诱注

---

① 白奚:《稷下学研究——中国古代的思想自由与百家争鸣》,生活·读书·新知三联书店1998年版,第72页。

二 历史考据

《淮南子·原道训》"蜎蠉"说："蜎蠉，白公时人。"实际似不以"蜎蠉"为"环渊"。唐代的颜师古注《汉书·艺文志》，于刘向"《蜎子》十三篇"自注"环，姓也"；"名渊，楚人，老子弟子"之外，另注曰："蜎，姓也，音一元反。"即明确表示"蜎子"（蜎渊、蜎蠉、便蜎）姓"蜎"，名叫"蠉"或"渊"（"蠉""渊"互作，当属音近通假）；与"环渊"姓"环"名"渊"者不是同一人。

那么，环渊到底是什么人，他和蜎子（蜎渊、蜎蠉、便蜎）、玄渊（涓子）又是什么关系呢？

我认为，这一点必须以《史记》的记载为准。环渊是齐宣王时期游学于齐稷下学宫的文学之士。他是楚人，但游学于稷下，"学黄老道德之术"，"以干世主"，"著上下篇"。而蜎子（蜎渊、蜎蠉、便蜎）、玄渊（涓子）则是另外两位早于或晚于环氏的楚国道家学者。三人的共同点是他们都属于战国时代的道家人物，与先秦道家有密切的关系；但其生活的具体年代各异，不容混淆。

班固的《汉书·艺文志》采用刘向之说，自注"蜎子"："名渊，楚人，老子弟子也。"

高诱注《淮南子·原道训》则说："蜎蠉，白公时人。"根据《史记·楚世家》："（楚）惠王二年，（楚令尹）子西召故平王太子建之子胜于吴，以为巢大夫，号曰白公"；"（八年，白公）袭杀令尹子西、子綦（期）于朝，因劫惠王，置之高府，欲弑之。惠王从者屈固负王亡走昭王夫人宫。白公自立为王。月余，会叶公来救楚，楚惠王之徒与共攻白公，杀之。惠王乃复位。"楚惠王八年，时当鲁哀公十四年，即公元前481年。白公杀子西、子綦（期）而劫惠王，《集解》引"徐广曰'惠王之十年'"。《左传》系其事于鲁哀公十六年，即公元前479年。但《左传》无"白公自立为王"之文，而有"白公欲以子闾（杜预注'子闾，平王子启，五辞王者'）为王"之语。可知白公作乱前后不过两年，"自立为王"仅月余即被杀。高诱注所以谓"蜎蠉，白公时人"，最大的可能当是由于蜎蠉成名、或其成名之作"《蜎子》十三篇"即完成于此时。否则，他自当谓"蜎蠉，惠王时人"。

但不管怎样，高诱的注文仍为我们了解蜎子（蜎渊、蜎蠉、便蜎）

其人提供了重要线索，也使我们相信刘向以来蜎子为"楚人，老子弟子也"一说是有根据的。因为白公被杀那一年，当鲁哀公十六年，即公元前479年，是孔子的卒年。而史书上向有孔子师事老子一说。假如蜎子（蜎渊、蜎蠉、便蜎）的年龄和孔子相仿，或略小于孔子，他做老子的弟子，受教于老子一说都是可以成立的，至少在年代学上来说不存在任何问题。但如果把环渊、玄渊（涓子）和蜎子（蜎渊、蜎蠉、便蜎）视为同一人，都作为老子的弟子，那么在年代上就相差太远了，无法自圆其说。因为《史记》上已明确说环渊齐宣王年间游学于稷下学宫。齐宣王于公元前319—前301年在位，时当楚怀王十年至二十八年。齐威王二十四年（前334），孟子曾游齐①；齐宣王即位（前319），孟子再自魏至齐。若环渊在齐宣王时游稷下，则其最早不会早于孟子，其与孟子当为同辈。孟子约生于周烈王四年（前372），当楚肃王九年，田齐桓公四年；卒于周慎靓王二十六年（前289），当楚顷襄王十年，齐湣王十二年。孟子受学于子思之门人，生不见孔子，连孔子之孙子思亦不曾见到，就更不用说孔子之师老子了。环渊（玄渊）曾教楚顷襄王时宋玉钓术，他也不可能见到孔子及其同辈，何得而为"老子弟子"呢？

同样，把环渊当作关尹、詹何、它嚣、范蜎，等等，与以环渊 蜎蠉、玄渊"三文虽殊，其人一也"一样，除了在语音通转上的猜测之外，在年代和地点上都是站不住脚的。至于说《列仙传》《集仙录》之类的神仙道教著作把环渊当作"涓子"，认为他是齐人，饵术，得道，钓隐于齐，著书若干卷，等等，那就更玄乎了，是无法考证的。

二

根据《史记》中的《田敬仲完世家》和《孟子荀卿列传》的记载，环渊的生平事迹十分简单，今天能够确定的大概只有两项：一是他游学于稷下学宫，并和驺衍、淳于髡、慎到、接子等七十六人一起，"皆赐

---

① 钱穆：《先秦诸子系年》，商务印书馆2001年版，第366页。

◆◆◆ 二　历史考据

列第，为上大夫，不治而议论"；二是他"学黄老道德之术，因发明序其指意……著上下篇"。

环渊是楚国人，他在楚国所学如何，又是在何时由楚国来到齐国的，史皆乏载，研究起来十分困难。

但环渊作为楚人，又是一位重要的道家学者，《史记》称之为"文学游说之士"，说他的出游属于"游学"，这应该是没有问题的。问题是，环渊的故乡楚地，是先秦时期道家学派的大本营，《汉书·艺文志》著录"道家类"著作，注明其作者为楚人的就有鹖子、老莱子、蜎子、长庐子、鹖冠子等六家七十篇，更不用说老子、庄子其人了。环渊要学道家的"道德之术"，他的身边就有很多老师，有必要跑到千里之外的齐国稷下学宫去吗？且齐国的稷下学士虽然"皆赐列第，为上大夫"，但亦只是"不治而议论"，并不如纵横家身挂相印，在诸侯间纵横捭阖。故环渊之游齐只能为纯学术的原因，而无关于仕禄矣。

说到道家，一般人都会归之于楚国的老、庄，但蒙文通、郭沫若等人早已指出，战国的道家实有北方的杨朱学派与南方的老庄学派之分。[①] 老子之后，楚国道家的代表是庄子："他只采取了关尹、老聃清静无为的一面，而把他们的关于权变的主张扬弃了。"[②] 故《史记·老子韩非列传》说庄子："其学无所不窥，然其要归于老子之言。"又评论说："老子所贵道，虚无，因应变化于无为，故著书辞称微妙难识。庄子散道德，放论，要亦归之自然。……皆原于道德之意，而老子深远矣。"史志中所载老子弟子及与孔子同时之道家人物的著述，今虽多已不存，但其学说应该都是与老子一样"无为自化，清静自正"[③] 的，这一点殆无疑义。只是在老子的这帮亲炙弟子之后，大约受到了吴起等外来儒、法势力的挤压[④]，在楚国，老子学说一时竟有消歇之势。直到庄

[①] 蒙文通：《杨朱学派考》，《古学甄微》，巴蜀书社1987年版，第243—267页。
[②] 郭沫若：《庄子的批判》，《十批判书》，人民出版社1954年版，第174页。
[③] 司马迁：《史记》卷六三《老子韩非列传》，中华书局1959年版，第7册，第2143页。
[④] 郭沫若认为吴起是由儒家蜕变而来的法家人物，此点可参阅《青铜时代》，中国人民大学出版社2005年版，第153—170页。

子出现,才"维系了老聃的正统,从此便与儒、墨两家鼎足而三了"①。

因此可以说,在老子的亲炙弟子之后、庄子学说流行之前,中国影响最大的道家学派实乃是稷下黄老道家的先驱——杨朱学派。杨朱,《庄子》书中又称"阳子居";《孟子》则称杨朱。《孟子·滕文公下》曰:"杨朱、墨翟之言盈天下。天下之言,不归杨,则归墨。"诸子亦称杨墨。由此,杨朱生卒年当与墨翟相近。钱穆《诸子生卒年约数》以墨翟生于公元前480年,卒于公元前390年;杨朱生于公元前390年,卒于公元前335年。②钱氏对杨朱生卒年的推定应该嫌晚。但不管怎样,杨朱应该是老子之后、孟子之前真正在中国广泛流传的、影响最大的道家学说。

南方道家和北方道家生活方式的差异很大:老子、老莱子、文子、庄子及战国中后期的詹何、鹖冠子等等,大多选择退隐出世的人生道路;而北方道家从杨朱到"稷下学者",都喜欢"言治乱"和"干世主"。从思想特点来看,楚国直到庄子时的道家学派,皆坚持"本归于老子之言……以诋訾孔子之徒,以明老子之术";"然善属书离辞,指事类情,用剽剥儒墨,虽当世宿学不能自解免也"③。杨朱学派则"贵己""为我""尊生"而"言仁义"④。南、北道家这一不同的思想特点,实亦影响到它们在当时社会的传播:老、庄道家"其言洸洋自恣以适己,故自王公大人不能器之";而杨朱学派则与墨学同称"显学":"天下之言,不归杨,则归墨。"

环渊是与孟子同时代的楚国道家学者,在他盛年的时候,一方面是楚国"老学"的式微,特别是"王公大人不能器之";另一方面是北方道家杨朱学派的兴盛。这就不能不使他产生了"游学"的要求,并终于成了著名的稷下学者之一。观其在齐稷下"学黄老道德之术",与稷下先生"各著书言治乱,以干世主",亦不难窥测其游学的年代与动机。同时,尽管环渊所著"上下篇"后世难言之,然由其著书之年代

---

① 郭沫若:《庄子的批判》,《十批判书》,人民出版社1954年版,第174页。
② 钱穆:《先秦诸子系年》,商务印书馆2001年版,第694—695页。
③ 司马迁:《史记》卷六三《老子韩非列传》,中华书局1959年版,第7册,第2143页。
④ 蒙文通:《杨朱学派考》,《古学甄微》,巴蜀书社1987年版,第243—267页。

◆◆◆ 二　历史考据

与动机，又不难窥测其内容当异于楚国之老、庄道家而近于稷下之黄老道家矣。至于说历代因以将环渊与蜎子（蜎渊、蜎蠉、便蜎）、玄渊（涓子）相混淆的钓鱼、弹琴二事，我以为此乃先秦所有道家人物、特别是楚国道家人物的普遍特点，很难作为区分环渊、蜎子（蜎渊、蜎蠉、便蜎）、玄渊（涓子）诸人的根据。楚地北据荆山，南及衡山之阳。《汉书·地理志》曰："荆及衡阳惟荆州，江、汉朝宗于海。九江孔殷，沱、灉既道，云梦土作乂。"又曰："楚有江汉川泽山林之饶……民食鱼稻，以渔猎山伐为业。"故《老子》一书好以水喻"道"，以烹鱼喻治国。《庄子》一书开篇《逍遥游》即曰："北冥有鱼，其名为鲲；鲲之大，不知其几千里也。"《齐物论》曰："毛嫱、西施，人之所美也，鱼见之深入，鸟见之高飞，麋鹿见之决骤。"《大宗师》曰："泉涸，鱼相与处于陆，相呴以湿，相濡以沫，不如相忘于江湖。"可见，庄子对鱼是极为熟悉的，而且庄子本人亦颇好垂钓。

可以肯定地说，庄子钓鱼并不是因为他听说楚王派人聘请而故做姿态，而是其生活习性使然。《庄子·刻意》说："就薮泽，处闲旷，钓鱼闲处，无为而已矣。此江海之士，避世之人，闲暇者之所好也。"就说明垂钓既为楚人渔猎的生活方式所致，亦乃道家隐居者之所好。唯一比较特殊的是，一般人用网罟在泥水中讨生活；而道家人士则"处闲旷"，持竿而钓，免除了在水中、草泽中的劳苦。当然，上古也有用直钩垂钓渭水之滨的姜尚，借垂钓之名以期遭遇明主。《庄子·田子方》载："文王观于臧，见一丈人而钓，而其钓莫钓。"记的正是同样的人和事。

所以，善钓一事并不能作为辨别环渊、蜎子（蜎渊、蜎蠉、便蜎）、玄渊（涓子）三人的根据。如果就最直接的文献记载而言，则只有蜎蠉、便蜎、玄渊（涓子）有善钓的明文，而环渊与钓鱼无关。

同样，弹琴作为音乐之事，亦不足以作为辨别环渊、蜎子（蜎渊、蜎蠉、便蜎）、玄渊（涓子）的依据。殆西周学在官府，保氏教国子六艺，"二曰六乐"，已含乐教；春秋战国，教育下降民间，儒门"六艺"之教，其二亦曰"乐"。则弹琴晓音在当时乃极为普遍之事。《老子》既曰"音声相和"（第二章）；又曰"五音令人耳聋"（第十章）；又曰"大音希声"（第三十四章）。《庄子·齐物论》既精论"天籁""地籁"

"人籁",《养生主》又谓庖丁解牛"合乎《桑林》之舞,乃中《经首》之会";而他自己则妻死"箕居鼓盆而歌",乃所谓长歌当哭也。故弹琴晓音在先秦道家为极普遍之事,而不足以区别环渊、蜎子(蜎渊、蜎蠉、便蜎)、玄渊(涓子)三人。而如果从最直接的文献记载来看,是环渊、蜎子(蜎渊、蜎蠉、便蜎)、玄渊均与弹琴无关,只有涓子著有琴书——《琴心》。此点除了《列仙传》《集仙录》等神仙家著作有载之外,《文心雕龙·序志》《大周正乐》亦有记录。《文心雕龙·序志》曰:"昔涓子《琴心》,王孙《巧心》。"《太平御览》卷五七八引《大周正乐》云:"涓子操《琴心》《玉篇》者也。琴高以琴养性,求仙于罗浮山中,鼓琴于郢中,奏《阳春》《白雪》者也。"[①]《文心雕龙》的作者生活于齐、梁时代;《大周正乐》之"大周",有可能是武则天之"武周"。据此,则此书初唐尚存。

三

环渊是齐国稷下学宫中的一位重要学者,《史记》上说他"学黄老道德之术,因发明序其指意","著上下篇"。郭沫若在其《老聃、关尹、环渊》一文中,以为"关尹即是环渊,关尹、环渊均一声之转"。因而《史记·老子韩非列传》中所谓"老子著上下篇",其实就是环渊的"上下篇";因为环渊是老子弟子,"上下篇"乃"是他所录的师说",所以此书实际就是今存老子的"《道德经》上下篇"。而以我们上文的论述来看,环渊与蜎渊(蜎蠉、便蜎、蜎子)生活的时代相距甚远,环渊既不可能为老子弟子,他所学的乃"黄老道德之术",而并不是简单地"本于老子之言",故无论从其生活年代还是从其思想特点来看,环渊都不可能是关尹,更不可能是《道德经》一书的作者——环渊的"上下篇"与《老子》没有任何关系——郭沫若之说是不能成立的。

---

① 案:原文"玉篇",饶宗颐以为"玉"当作"三",不妥,改回。因为下文有"奏《阳春》《白雪》者也",故此处亦当为二篇名,以与下文《阳春》《白雪》形成对文(饶说见《饶宗颐新出土文献论证》,上海古籍出版社2005年版,第164页)。

◆◆◆ 二 历史考据

环渊所著"上下篇"虽与《道德经》无关，但根据史料的记载，至少有两点是可以肯定的：一是环渊为稷下学宫的著名学者之一，他"学黄老道德之术，因发明序其指意"，"著上下篇"，则其书属"稷下黄老道家"的著作无疑；二是历代学者之所以把环渊、蜎子（蜎渊、蜎蠉、便蜎）、玄渊（涓子）三人混为一谈，我以为其中的重要原因之一，是因为涓子有《琴心》一书传世，而《汉志》中的"《蜎子》十三篇"后世又失传了，人们遂以"蜎"与"涓"通，"涓子"即"蜎子"，即蜎渊、蜎蠉、便蜎、玄渊等；而《琴心》亦即"《蜎子》十三篇"之一部分矣。这样，蜎子的生平事迹和"《蜎子》十三篇"的内容，也就顺理成章地被"推测出大概"①了。我虽不能认同那种以环渊、蜎子（蜎渊、蜎蠉、便蜎）、玄渊（涓子）为一人的观点，但由于有最新出土的郭店楚简的资料，我认为后世曾长久亡佚的环渊的"上下篇"，我们今天却是仍然可以幸运地见到的，它应该就是近年在湖北荆门郭店一号楚墓中出土的简书《性自命出》（上博简《性情论》与之略同）。我的理由是：

首先，郭店楚简《性自命出》自出土以来，整理者和研究者们一直都把它归为"儒家典籍"或"儒家文献"，但早有学者指出，郭店《老子》对与儒家学说相抵触的部分进行了改造和删削，因此它是一个"稷下道家传本"或"邹齐儒者之版本"；台湾大学的周凤五教授曾对整个郭店楚简的字体进行过研究，他发现其中有一部分保留了齐国文字的结构，与楚国简帛文字有别："估计其底本出自齐国儒家学者……因而较多保留了齐国文字本来原貌"；"似乎浸染了'稷下学派的风气'"。而笔者亦曾撰文指出，郭店楚简《性自命出》这篇公认的儒家文献，其实"也包含有许多道家思想的成分"②。这也就是说，尽管我们在总

---

① 饶宗颐：《涓子〈琴心〉考——由郭店雅琴谈老子门人的琴书》曰："涓子《琴心》一书，不见人引用，内容无从得知，惟从楚简和道家及汉人之论，可以推测其大概。"（《饶宗颐新出土文献论证》，上海古籍出版社2005年版，第172页）正是以蜎渊（蜎子、蜎蠉、便蜎）、环渊、玄渊（涓子）为一人而相互发明、加以推测的。

② 黄钊：《竹简老子的版本归属及其文献价值探微》，黄人二：《读郭店老子并论其为邹齐儒者的版本》，周凤五：《郭店竹简的形式特征及其分类意义》，高华平：《试述郭店楚墓竹简〈性自命出〉的道家思想》，均载《郭店楚简国际学术研讨会论文集》，湖北人民出版社2000年版，第484—492、493—498、53—63、371—374页。

体上可以把郭店楚简《老子》等归入"道家文献",把《性自命出》《五行》等归入"儒家文献",但这恰恰显示了郭店楚简文献"因阴阳之大顺,采儒墨之善,撮名法之要"(司马谈语)的"稷下黄老道家"的学术特征。《性自命出》儒、道兼融的思想风貌,是正与环渊"学黄老道德之术"的学术特点相吻合的。

其次,环渊"著上下篇",这也恰好与郭店楚简《性自命出》原分上、下篇相同。郭店楚简《性自命出》图版显示,其35简下作钩形,为分篇号①,但整理者当初并未对该简文分篇。李零、刘昕岚校读时,则明确将全文自"凡人有性"至"忨,愠之终也"分为上篇;自"学者求其心为难"至文末"君子身以为主心"分为下篇。② 这既恢复了简书的原貌,也正好使之与环渊"著上下篇"的事实相符了。

再次,环渊的"上下篇"虽然久佚,但由历代将其归于"学黄老道德之术,因发明序其指意"的著作而与"涓子《琴心》"相混的事实来看,其"上下篇"的内容和主旨一定与"涓子《琴心》"有相同或相近之处。尽管《琴心》一书"不见人引用,内容无从得知",但由其书名而论,其内容应不出两个方面:一、《说文解字》云:"琴,禁也。"《白虎通·礼乐》曰:"琴者,禁也。所以禁止淫邪,正人心也。"《风俗通·音声》曰:"琴者,乐之统也。故琴之为言禁也,雅之为言正也,言君子守正以自禁也。"这说明,《琴心》不能理解为字面上的"琴之心",而是指君子应"守正以自禁",或"禁止淫邪,以正人心也"。二、琴为"八音"之统,乃概指音乐。嵇康的《声无哀乐论》曰:"乐之为体,以心为主。"其《琴赋》亦曰:"(琴)诚可以感荡心志而发曳幽情矣。"嵇康时《琴心》尚存,嵇康或受其影响亦未可知。故《琴心》之义,当为讨论音乐之可以"正人心"或"感荡心志而发

---

① 荆门市博物馆:《郭店楚墓竹简》,文物出版社1998年版。李零《郭店楚简校读记》亦如此说。见陈鼓应主编《道家文化研究》第十七辑,生活·读书·新知三联书店1999年版,第504页。

② 李零:《郭店楚简校读记》,陈鼓应主编:《道家文化研究》第十七辑,第504—511页。刘昕岚:《郭店楚简〈性自命出〉篇笺释》,《郭店楚简国际学术研讨会论文集》,湖北人民出版社2000年版,第330—354页。另外,李零《郭店楚简校读记》(增订本)亦云:"此篇有篇号(作钩形)","今依原篇号,分为上下篇"(中国人民大学出版社2009年版,第135页)。

二 历史考据

曳幽情矣",而中国自先秦以来讨论音乐之文章或泛咏乐器之诗赋,皆罕有就事论事以言乐器或音乐者也。《太平御览》卷五七七《乐部》十五《琴上》引《周书》曰:

> 邹忌以鼓琴见齐威王,威王悦之,舍之右室。须臾,王自鼓琴……忌曰:"大弦浊以温,小弦廉折以清,推之深而释之舒,均谐以鸣,大小相盖,回邪而不相害,是知其善。"忌复曰:"不独语音。夫治国家,弭人民,皆在其中。"……忌曰:"大弦急以温者,君也;小弦廉折以清者,相也;推之深释之舒者,刑罚审也;均谐之鸣者,政令一也;大小相盖、回邪不相害者,上下和鸣、吏民相亲也夫。复而不乱者,所以治昌;连而径者,所以存亡。故曰琴音调而天下治。治国家、弭人民,无若乎五音者矣。"王曰:"善。"忌见三月而受相印。

邹忌以鼓琴见齐威王,《史记·六国年表》系于齐威王二十一年,钱穆认为应在齐威王初立之岁(前358年)。① 其说可从。《周书》上的这段文字,很像一篇对话体的《琴赋》,而其文之主旨亦似双关的——既论弹琴,又论"治国家,弭人民"——这与《琴心》是相同的。郭店楚简《性自命出》的主题,以往的学者很自然地联想到《管子》中的《心术》上、下篇,认为《性自命出》的主题就是"心术"二字:"它区分了'无定志'的血气情感之'心'、有定志的意志之'心'和介于二者之间的思虑之'心',认定'心有志也,无与不可',即意志之心对人的身体活动的参与、指向,对人之身、形、状、貌、情、气的主导作用。"② 而《管子》中的《心术》上、下篇,尽管不论是郭沫若以该篇与《管子》之《内业》《白心》《枢言》为皆出于"宋钘、尹文学派"的观点,还是蒙文通将这几篇归于"慎到之书"的看法,都并

---

① 钱穆:《先秦诸子系年》,商务印书馆2001年版,第267—268页。
② 郭齐勇:《郭店楚简身心观发微》,《郭店楚简国际学术研讨会论文集》,湖北人民出版社2000年版,第198—209页。

没有得到学术界的普遍认可，但认为《管子》中的《心术》上、下是在讲人的"排除心理干扰"，使心达到"不受外物和情欲干扰的本然状态"，是"使心成为'精舍'的得道之术"①，则是一致的。

我认为，研究者对郭店楚简《性自命出》主题的概括很精粹，但却不很全面。实际上，《性自命出》与《管子·心术》上、下的主要区别，并不在于它虽也说"凡道，心术为主"，但其中的"心术"，前者是指"心对人之身、形、状、貌、情、气的主导作用"，而后者则是"心"之体认"道"的方式和途径，而在于《性自命出》和《琴心》一样，既阐述了心、性之间的关系："凡人有性，心无定志"；"性自命出命自天降；道始于情，情生于性"等等；同时，它们都还讲了让心受教、即以乐养心——这就是"音乐（琴）"和"心"的关系。可以说，郭店楚简《性自命出》既讲了"琴（音乐）"，又讲了"心"，实是一篇没有题名"琴心"的《琴心》。

以上，我从三个方面讨论了郭店楚简《性自命出》和环渊"上下篇"的关系。我的看法是，无论从形式还是从内容上来看，《性自命出》都应该就是环渊所著的"上下篇"。当然，也许有人还会存在疑问：稷下道家人物都是"各著书言治乱之事，以干世主"的；上引邹忌鼓琴见齐威王之事，也是论琴而言"治国家，弭人民"之道的。环渊作为一位稷下学者，为什么他著类似《琴心》的"上下篇"而不如此呢？

原因殆有如下两个方面：一是他可能受到了该篇主旨的限制。《性自命出》作为一篇讨论心性学说的重要论文，它要解决的是"心"和"性"之间的关系问题，其中讨论音乐（琴）是为修"心"养"性"服务的；如果在文中大谈治国，将会使文章失去中心，内容混乱歧出。二是因为环渊是楚人，是由楚国老庄道家转变而成的"稷下黄老道家"人物，老、庄道家的影响多少会残存于他的思想之中。楚国的老子阐明"音声相和"之理，只是为了"知和曰常"，为了"得道"，为了达到"和之至也"的境界。《庄子·天下》说："《乐》以道和"，"德者，成

---

① 白奚：《稷下学研究——中国古代的思想自由与百家争鸣》，生活·读书·新知三联书店1998年版，第187—191页。

和之修也"；一切的外物皆"不足以滑和，不可入于灵府"（《德充符》）。就连由稷下学宫之楚的一代大儒荀子的《乐论》也只是说："君子以钟鼓道志，以琴瑟乐心。"这和《性自命出》中的"以乐养心"的观点是一致的。所以，从楚国进入稷下学宫的环渊在其"上下篇"中，只言"以乐养心"，而不及借音乐以论治国，也是有其思想渊源的。更何况，如果环渊也像邹忌那样借琴言"治国家，弭人民"，那么整个稷下学宫不是全都"步调一致"了吗？哪里还有什么"百家争鸣"可言呢？

当然，我们认为郭店楚简《性自命出》应该就是环渊的"上下篇"，而"上下篇"在内容和主旨上应该是和涓子的《琴心》相同或相近的，这是否可以说环渊就是涓子，《琴心》就是环渊所著的"上下篇"呢？这是很有可能的。但我们这里的目的只是要说明环渊和涓子历代被视为一人的原因，主要是因为他们有内容相同或相近的作品而已。至于文献上有确切记载的，则只有涓子著《琴心》，环渊著"上下篇"，而《汉志》中的"《蜎子》十三篇"是找不到与环渊的任何关系的。

四

关于出土郭店楚简的郭店一号墓墓主的身份，自该墓发掘报告发表之日起，就异说纷呈。官方的发掘报告称，"从墓葬形制和器物的特征判断，郭店 M1 具有战国中期偏晚的特点"，"墓主人当属有田禄之士，亦即上士"[1]。考古专家进一步说，"郭店一号墓具有明显的楚墓特点"，下葬年代"至迟不会晚于公元前 300 年，即公元前 4 世纪末"。又因"墓中发现有刻有'东宫之币（师）'的漆耳杯，引起学者对墓主身份的推测。有人认为墓主是楚东宫（太子）的老师，墓中的书籍与身份吻合；有人认为，杯上刻铭应理解为东宫工师之杯"；"此墓规模小，葬具仅一椁一棺，其身份只能是下层贵族"[2]。也有人主张此墓墓主应

---

[1] 湖北省荆门市博物馆：《荆门郭店一号楚墓》，《文物》1997 年第 7 期。
[2] 彭浩：《郭店一号墓的年代与简本〈老子〉的结构》，载陈鼓应主编《道家文化研究》第十七辑，第 13—21 页。

为环渊、陈良或慎到的①；还有人根据墓主下葬年代与屈原卒年的相近，做出了墓主应该是楚国著名诗人屈原的大胆推断②。饶宗颐先生则指出，"郭店墓主是一位晓得古琴的人士，又是儒道兼通的学人"，他"或与稷下学派有点关系"③。应该说，除个别学者的推测之外，学术界对郭店楚简一号墓墓主的身份的推论都是非常审慎的，而饶宗颐先生的结论尤有启发性。在此，笔者同意郭店楚墓墓主为环渊之说，但认为对此观点的论证还有待进一步完善，故欲沿饶宗颐先生的思路，对此位"与稷下学派有点关系"的墓主，即为游学"稷下学宫"的楚人环渊的观点补充几点理由，以祈方家批评指正。

首先，如上述所言，郭店楚简中的《性自命出》，应该就是环渊所著的"上下篇"。郭店一号楚墓中同时下葬的还有《老子》《太一生水》《五行》《唐虞之道》《鲁缪公问子思》等大量的儒道典籍，这些典籍虽然主要属于前人或他人所作的经典之作，但也不排除其中夹杂有墓主本人的作品。《异苑》载："（秦）始皇既坑儒焚典，乃发孔子墓，欲取诸《经》《传》。"（《太平御览》卷八六《皇王部》引）孔子墓中的"诸《经》《传》"应该既有三代的旧典，也有孔子自己整理和创作的《经》《传》。虽然现代考古发掘报告中尚无明文记载出土文献中有墓主自著作品的案例，但这至少可以说明先秦时确有将自己著作随葬情况的存在。郭店一号楚墓中既有墓主所著"上下篇"随葬，则墓主就只能是"上下篇"的作者环渊了。

其次，从郭店楚墓出土的竹书内容来看，我们亦有充分的理由认为墓主应当就是由稷下归来的楚人环渊。上文我们已引多位学者的论述，说明郭店楚墓竹书的内容明显带有稷下道家思想的特点，应属游学稷下的楚人所著或由稷下携归，如郭店楚墓中出土有大量被认为是属于子思子的作品（如《五行》《缁衣》等），即是此类作品。近年在楚地发现

---

① 范毓周：《荆门郭店楚墓墓主当为环渊说》，《人民政协报》1998年12月26日。姜广辉：《荆门郭店1号墓墓主是谁》，《中国哲学》第二十辑，辽宁教育出版社1999年版，第397—399页。李裕民：《郭店楚墓年代与墓主新探》，《陕西师范大学学报》2000年第3期。
② 高正：《屈原与郭店墓主的关系》，《光明日报》1999年7月2日。
③ 沈建华编：《饶宗颐新出土文献论证》，上海古籍出版社2005年版，第173页。

二 历史考据

的战国墓葬很多，为什么思孟的著作从不见于别的楚墓，单单会跑到这一墓中去呢？我认为这不是偶然的，这至少表明：（1）墓主生活于思孟学说最为盛行的时代背景之中；（2）墓主曾经因为某种原因直接学习或与人研讨过这些著作；（3）墓主对这些著作非常重视，故而他才将这些著作收藏，并最终将它们带到了自己墓中。根据《史记·孟子荀卿列传》记载，孟子本人在齐宣、威时代亦曾游学稷下，并为上卿，故思孟学说必曾盛行于稷下；而楚人中愿将思孟著作从稷下带回加以弘扬的，必定是一位曾多年在齐国游学且深深融入于"稷下学派"的楚地学者，而绝不可能是一位偶然"出差"到齐国的"公务人员"、商人或其他"旅行者"。而从现有文献来看当时楚国学者中能满足上述条件的，就只有环渊一人。所以，我认为郭店楚墓的墓主应该就是环渊。

又如，郭店楚墓竹简《老子》（丙）之后，抄有一篇被称为《太一生水》的文章，学者们研究的结果认为，它和《老子》及《管子·水地》中"尚水"的思想和宇宙论的思想是一脉相承的，且有进一步的发展和改造。[①] 尽管要想准确"推测出是哪位作者创作出了《太一生水》篇"实在是非常困难的。但"无论从文化源流，还是从地域特征来看，楚国最有条件产生《太一生水》篇"，"它或许就是楚国学人的道家作品"[②]。而以我的看法，既然可以断定《太一生水》是"楚国学人的道家作品"，而且认为它是对《老子》和《管子·水地》"尚水"观念及宇宙生成论思想的继承和发展，那么就应该进一步研究在当时楚国的思想界，有哪些学者既属于道家学人，又曾与齐国"管子学派"有过密切的联系与交流，曾研究过"管子学派"的著作。而经过这样的一番研究，我们就能发现在当时楚国的道家学者中，再没有第二个人比环渊更有条件做这项工作了。所以我推断，如果说郭店楚简《太一生水》篇属于"楚国学人的道家作品"的话，那么它的具体作者应该就是曾由楚到齐的"稷下学者"——环渊。

[①] 许抗生：《初读太一生水》，陈鼓应：《太一生水与性自命出发微》，载陈鼓应主编《道家文化研究》第十七辑。

[②] 丁四新：《郭店楚墓竹简思想研究》，东方出版社2000年版，第117页。

再如，《郭店楚墓竹简·语丛一》曰："容岜（色），目啟（司）也；聖，耳啟（司）也；臭，畀（鼻）啟（司）也；未（味），口啟（司）也；燓（气），容啟（司）也；志，心啟（司）。"而在今本《管子·宙合》中正好也有"耳司听""目司视""心司虑"等相似的文字。《管子·宙合》因为所论的只是耳目的"聪明"，而郭店简《语丛一》则涉及人的整个"五官"的功能，故二者详略不一。但由此我们仍不难看出二者之间的联系，说明关于人的"五官"的功能的讨论，乃是当年稷下学者间的一个热烈的话题。简书把"心的功能限于"司志"，而《管子·宙合》则把它推进了一步，以为"司虑"——即把它作为一个思维器官，而不只是"志""意"等固定的思想形式——这明显是孟子"心之官则思"说影响的结果。孟子曾游学稷下，他的学说可能已为齐国"管子学派"所接受，故《管子·宙合》有如此说；而简书的作者却未认同此说，故简书还只是采取了"志，心司"的说法。但这个问题是当时齐稷下学宫中的热点问题之一，而郭店楚墓的墓主对稷下学宫中的这个问题十分感兴趣，则是无疑的——他这才把自己在稷下所得的这方面的内容带回来，并随葬墓中——上文我们已经指出，史籍上记载的当时曾游学稷下的楚地学者，只有环渊一人。故我们认为郭店楚墓的墓主，必定就是这位曾游学齐国稷下的楚人环渊。

再次，根据考古发掘报告，郭店一号楚墓虽曾被盗掘过，但仍残留有随葬的陶鼎、铜质圆耳杯、剑、铍、戈、带托的铜方镜、漆耳杯和一件七弦琴等。其"随葬品与邻近的包山二号墓（墓主是楚国的左尹昭佗——引者注）十分相近"，但"若与上述墓主的规模相比，郭店一号墓主身份与之相差甚远"[①]。郭店一号墓出土的漆耳杯上有"东宫之币（师）"四字，或以为此刻铭应理解为"东宫工师之杯"，但不管怎样它至少说明该墓主曾与某位太子有着较为密切的关系。但这样一位墓主又怎么不按大夫或上卿之礼而只按"士"礼"薄葬"呢？我认为，如果将墓主定为"楚之同姓"、并曾任左徒和三闾大夫的屈原，或其他任何

[①] 彭浩：《郭店一号墓的年代与简本〈老子〉的结构》，载陈鼓应主编《道家文化研究》第十七辑。

二 历史考据

楚国的贵族都是不合适的；但如果将墓主定为环渊，则关于墓主身份与葬制的各种疑惑都可以得到合理的解决。

应劭的《风俗通·姓氏》说："环氏出楚环列之尹，后以为氏。楚有贤者环渊，著书上下篇。"这是说环氏之姓始于楚国的"环列之尹"一官，"环列之尹"的后代就以"环"为姓氏。楚国的环渊著有"上下篇"，是"环"姓中的名人。考楚"环列之尹"，始见于楚穆王弑成王初立之时（前626年）。《左传》文公元年曰："（楚）穆王立，以其太子之室与潘崇，使为大（太）师，且掌环列之尹。"杜预注："环列之尹，宫卫之官，列兵而环王宫。"潘崇本是楚穆王为太子时的老师，因和太子一起密谋弑君篡位，被这位成功的弑父新君所任用，做了"太师"兼"环列之尹"。据《左传》记载，潘崇担任"太师"之职至少有十年以上，因为楚穆王死后，楚国下一位楚王（即楚庄王）之初，他还在担任"太师"之职，只是不知道他是否还兼任着"环列之尹"。料想新君都害怕他人危及自己的安全，是不会再让这位前朝旧臣来负责宫卫的了。潘崇虽然与楚穆王弑君夺位成功，一举成为楚穆王朝的显贵，但他的后人可能并不觉得光彩，所以就不再姓"潘"，而改为以"环"为氏。潘家的后人虽然以"环"为（姓）氏了，但可能又觉得自己的先人为"环列之尹"负责宫卫，是授过"大将"甚或"元帅"之衔的，那是多么神气！所以家里平常也总要陈列几件兵器，甚至死者墓中也要放几样兵器作为随葬品。这就是郭店一号楚墓墓主"从墓中出土的竹简来看，是学者；从墓中的乐器来看，雅好音律；从墓中的兵器来看，至少做过下级军官"的原因。① 实际上，墓主没当过一天兵，那兵器只是为了说明自己祖上曾有过一段身为"将军"的"光荣历史"。但环姓之始祖为"环列之尹"的年代，是在楚穆王初立的公元前626年，距郭店一号墓主下葬约公元前300年已过去了三百多年了，环氏早已风光不再。从《风俗通》上"楚有贤者环渊，著书上下篇"一句，就可以知道环氏早已没有什么贵族地位，这个姓氏在先秦三四百年间最大的

---

① 张正明：《郭店楚简的几点启示》，《郭店楚简国际学术研讨会论文集》，湖北人民出版社2000年版，第45页。

名人，就是"贤者环渊"。环渊虽然在稷下学宫被"赐列第，为上大夫"，但那都只是荣誉称号，并非实职。而且，那时职位职级在各诸侯国之间恐怕也不是被互相承认的。齐国的"上大夫"，等到你叶落归根、归葬故里时，让你进入楚国的贵族墓园就已经不错了，还好说生前是什么级别吗？这也就是郭店一号墓考古发掘报告里所说的一系列使人感到矛盾和困惑的现象产生的原因。至于说墓中的漆耳杯，不论"东宫之币"四字怎么解释，那也只是显示出墓主人在齐国时曾与齐国的太子有过交往，收到过太子的礼物，如此而已。

笔者在上文曾经提到过钱穆的《诸子生卒年约数》，在那个年表里，钱穆将环渊的生卒年定为公元前360年至公元前280年。我认为钱氏对环渊生卒年的推断，也和他对杨朱生卒年的推断一样，有点问题，就是把其生卒年定得稍晚，且年寿也可能嫌短。我曾认为环渊应与孟子为同辈。孟子生于公元前372年，卒于公元前289年，合八十三岁。我相信环渊在世也应大致为这个年数。郭店一号楚墓的考古发掘报告中没有提到墓主的年龄，只是说其随葬品中有鸠杖两件，杖首为鸠形。《礼记·月令》云："大夫七十而致事，若不得谢，则必赐之几杖。"而《周礼·夏官·罗氏》《礼记·郊特牲》分别有"（罗氏）中春罗春鸟，献鸠以养国老，行羽物"；"大罗氏，天子之掌鸟兽者也，诸侯属焉"之说。看来，以鸠作为"杖"之饰物献于老者的习俗当很早即已有之。故《后汉书·礼仪志》（中）云："仲秋之月，县道皆案户比民。年始七十者，授之以王杖，铺之糜粥。八十、九十，礼有加赐。王杖长〔九〕尺，端以鸠鸟为饰。鸠者，不噎之鸟也。欲老人不噎。"若依此，则环渊年寿当至少在七十以上，很可能在八十到九十之间。考古学者将郭店一号墓的下葬时间定为"公元前4世纪中期至前3世纪初"，这与环渊的生卒年也是吻合的。

（原载《文学遗产》2012年第5期）

先秦名家及楚国的名辩思潮考*

"名家"这个名称,是西汉初年由司马谈在《论六家之要指》中首先提出来的,先秦著作中则称之为"辩者"。名家学派的代表人物,《庄子·天下篇》举桓团、公孙龙为例,《荀子》中的《非十二子》和《不苟》等篇则以惠施、邓析并列,而南北朝时的《刘子·九流篇》又以"宋钘、尹文、惠施、公孙龙、捷子之类"为代表①,诸书不尽相同。而近代以来学者的研究,更存在一些互相矛盾的现象:一方面,一些研究者因袭古人的说法,将邓析、惠施,宋钘、尹文、桓团、公孙龙尽入名家之列;另一方面,又对这些被列入名家中人的学派归属,一直存在诸多争议——钱穆等人认为名家出于墨家,而如胡适等人则否认名家的存在,认为先秦只有名学而无名家,等等。

那么,名家到底是一个怎样的学派,它的思想特点和发展演变的历程如何呢?《庄子·天下篇》中的"南方之墨者"是否也属于名家,名家出于墨家吗?这些都是关于先秦名家研究中迄今尚未得到根本解决的问题。笔者认为,要探讨和解决这些根本问题,除了一般思想史的研究之外,还要重视梳理名家学说在楚国的传播和流变,厘清名家与墨学及"南方之墨者"的关系,这些都是十分必要的。

---

* 本文是国家社科基金重大项目——"先秦诸子综合研究"(批准号:15ZDB007)和国家社科基金一般项目——"楚国诸子学研究"(批准号:11BZX049)的阶段性成果。

① 案:《刘子·九流》原文为:"名者,宋钘、尹文、惠施、公孙捷之类也。"孙诒让《札迻》以为"公孙捷"当为"公孙龙、捷子"之误。此采其说。

一　名家的名称及其思想特点

名家之称，始于汉初司马谈的《论六家之要指》一文："名家使人俭而善失真；然其正名实，不可不察也。"此外，司马谈还批评名家的得失说：

> 名家苛察缴绕，使人不得反其意，专决于名而失人情，故曰"使人俭而善失真。"若夫控名责实，参伍不失，此不可不察也。

司马谈之论虽然并未对"名家"这一名称做出明确的界定，但他还是对名家的思想特点作了自己的说明。他认为名家值得肯定之处，是其"正名实"或"控名责实，参伍不失"，要求人们的认识活动要做到概念与事物相符，即"名"副其"实"。其失则在于"使人俭而善失真也"。当然，这个"俭"并非道家的老子和墨家的墨翟之所谓"俭"。《老子》说："我有三宝，持而保之：一曰慈，二曰俭，三曰不敢为天下先。"（第六十章）又说："治人事天莫若啬。"（第六十七章）《论六家之要指》也说："墨者俭而难遵。"王弼注《老子》的"俭"说，"俭"，乃指"节俭爱费"，即不奢侈、养生不浪费，保啬而爱精；而墨子的"俭"则是提倡"节用""节葬"。可见道、墨的"俭"都有"节俭"义；但名家的"使人俭而失真"，则是说名家过于纠缠于"名"，只精严于事物的概念而忽视了事物之"实"。因为只"苛察"事物的"名"，于事物之"实"就会有所忽视。这也是"俭"，也可以说是"失其情""失其真"。

尽管司马谈对名家的思想行为并不完全满意，但他认为名家的思想特点十分明确，那就是名家"苛察于名"或"专决于名"。此后自刘向、刘歆，到东汉的班固，基本都沿袭了司马谈的观点。《汉书·艺文志》曰：

> 名家者流，盖出于礼官。古者名位不同，礼亦异数。孔子曰：

二 历史考据

"必也正名乎！名不正则言不顺，言不顺则事不成。"此其所长也。及警者为之，则苟钩鈲析乱而已。

与司马谈之论比较，班固所言，一是将他的"诸子出于王官说"具体化了，认为名家"出于礼官"；二是他更凸显了其儒家立场，所谓孔子曰："必也正名乎"云云，正反映了这一特点。但班固此处所言名家的"正名"乃至"苟钩鈲析乱"，殆与司马谈的"使人俭而善失真"或"苛察缴绕"亦相去不远。故司马贞《史记索隐》既曰："名家出礼官。古者名位不同，礼亦异数。孔子曰：'必也正名乎。'"又说："名家知礼亦异数，是俭也；受命不受辞，或失其真也。"明显具有综合班、马二家之说的倾向，认为班、马之论可以互释。

但作为先秦诸子中的一个流派，名家与儒、道、墨等"显学"并不完全相同，即它由谁创始、主要有哪些重要成员和怎样的发展阶段，这些其实都不是十分清楚。故近代以来学者们讨论名家是一个怎样的学派、其本质特征如何等问题时，往往分歧较大。如胡适、谭戒甫等一些学者，甚至认为先秦并没有什么名家。我们认为，根据现有文献的记载来看，先秦的学术思想界有过"名家"这样一个学派，这是毋庸置疑的。只是由于两方面的原因，使后来的学者对名家学派的性质及其存在的真实性产生了疑问：一是自西汉司马谈以来的学者或多或少受儒家思想的影响，把名家的本质特征偏向于"正名"或"正名责实"这一点上，而把"苛察缴绕"或"专决于名"，当成了名家的末流或"警者"之所为；论者没有注意到在先秦诸子中，名家和法家、纵横家一样都是形成较晚的学派，其真正的兴盛时期乃在战国中后期，其真正的代表人物乃是倪（兒）说、田巴、桓团、公孙龙等人，其他人物多不是纯粹的名家。不能因为有某些并不纯粹的"名家者流"的存在，我们就可以否认名家的独立性，更不能说先秦没有什么名家。

如果抛开所谓"所长""所短"之论，名家作为一个先秦诸子流派的根本特征，应正在于"苛察缴绕"或"专决于名"，而且"苛察缴绕"或"专决于名"，与所谓"正名""循名责实"，至少在逻辑形式上是完全一致的，即它们都强调以名学或逻辑学的方法来观察和处理事物。《荀子·非十二子》称之为"治怪说，玩琦辞"，即是说"名家是这样一个学派，他们很精察，一些平常人注意不到的事，他们都注意到了……'苛察'而不能如实，则缭绕繁琐徒乱人意"；他们所讲的虽"还不是逻辑本身"，但已"是名学的初步"[①]。

因此，我们似可以说，名家就是一个中国先秦时期专门辨析"名学"的学派，名家的根本特点就在于他们"专决于名"或"苛察缴绕"而不论"事实"，故"善失真"或"失人情"。因为如果他们同时关注于事实的"名"和"实"而"正名实"，那就和要求"正名"的儒家混同了；而如果他们过于强调处理事情"控名责实，参伍不失"，则又和法家及道家的刑名学没有什么区别了。但真正的名家既不属于儒、墨，也不属于道家、法家或纵横家、阴阳家等，他们只属于名家。从身份上说，"名家人物大体是战国四大公子所养的士，即所谓的清客"[②]；而如果从其学术内容上讲，则他们不像其他诸子学派过多地从现实政治来考量事物，而只是从形式逻辑（名学）上分析，故当时称之为"辩者"。《庄子·天下篇》中把桓团、公孙龙称为"辩者之徒"，以与惠施相对应，可知称为名家的"辩者"是桓团、公孙龙之徒，而惠施虽以"善辩"闻名于当时，却不在"辩者"之列。故许多现代学者或视惠施为"黄老学派的一人"[③]，或以为其思想"和法家是一类的"[④]，同样未将他归入纯粹的"辩者"之列。同理，《汉书·艺文志》中著录其书的邓析、惠施、宋钘、尹文等人，虽然他们也很"好辩"，但都不以名辩为"职业"，故他们既不在"辩者"之列，也就不属于名家了。

结合现有先秦文献的记载来看，我认为，名家应该是一个源于春秋末年邓析之法律辩讼和孔子的"正名"思想，由春秋战国时期名辩学说的长期积累而最终形成于战国中后期的一个诸子学派。名家的主要代表人物，应该是"除长于辩说外，别无特出之学说"的兒说、田巴、桓团、公孙龙等人。

---

① 牟宗三：《中国哲学十九讲》，上海古籍出版社1997年版，第191、205页。
② 同上书，第191页。
③ 郭沫若：《十批判书》，人民出版社1954年版，第233页。
④ 冯友兰：《中国哲学史新编》（上册），人民出版社2001年版，第441页。

◆◆◆ 二 历史考据

二 兒说、田巴、桓团、公孙龙及名家的发展历程

从现有文献来看，先秦名家大致经过了春秋末到战国早期的孕育发生期、战国中期的形成期和战国后期的衰变期等三个发展阶段。在春秋末期名家的孕育发生期，道家老子的"道可道，非常（恒）道；名可名，非常（恒）名"；儒家孔子的"必也正名乎"的主张，和邓析等人的"好刑名，设无穷之词，操两可之说"的法律辩讼，都是名家发生的重要源头。但由于老子为道家之祖，孔子为儒家之祖，邓析就被当成了名家之始了。《荀子·非十二子》和《汉书·艺文志》等，也都把邓析当作"一位名家学派的先驱人物"①。

邓析，《汉书·艺文志》有"《邓析》二篇"，班固自注："郑人，与子产并时。"《吕氏春秋·离谓》说："子产治郑，邓析务难之。"但《左传·定公九年》云："郑驷歂杀邓析而用其竹刑，君子谓子然于是乎不忠。"有学者因此谓"子然"为驷歂之字，《吕氏春秋》之"子产皆当作子然"；"则邓析、子产并不同时"②。从《吕氏春秋》的记载来看，邓析的活动主要是"好刑名"，"设无穷之词，操两可之说"，治狱讼，"从之学讼者，不可胜数"；从思维方式来看，"显然是一种带有相对主义诡辩论倾向的观点"，"开了战国中期蓬勃兴起的名家思维方式的先河"③。但现存《邓析》二篇竟"误以'无厚'为无恩泽也"，"伪迹固显然易见也"④。荀子将邓析列于惠施之后，似乎他对邓析其人及其学派的真实性也是有所保留的。⑤

《荀子·非十二子》把在"非"辩者时，在邓析其人之外，当作名

---

① 许抗生：《先秦名家研究》，湖南人民出版社1986年版，第9页。
② 陈奇猷：《吕氏春秋校释》（下），学林出版社1995年版，第1183—1184页。
③ 许抗生：《先秦名家研究》，湖南人民出版社1986年版，第9页。
④ 蒋伯潜：《诸子通考》，岳麓书社2010年版，第372页；张舜徽：《汉书艺文志通释》，华中师范大学出版社2004年版，第314页。
⑤ 案：蒋伯潜等认为《汉志》之《邓析》所言乃"战国中世以后所有，而邓析为春秋时人"。故战国后期多辩者伪托邓析之言，而荀子亦不能辨。

家学派形成标志和代表人物提出的是惠施。惠施，约生于公元前370年，卒于公元前318年。惠施一生主要生活于魏国。《庄子·天下篇》记载了惠施"历物十事"，《汉书·艺文志》也著录《惠子》一篇于"名家"，历代学者也因此视惠施为名家中人。但惠施曾担任魏相多年，他与一般"辩者"的所谓"清客"身份是完全不同的。他虽然以其"在当时的政治地位及其'治农夫者'的有闲情趣，再附以善辩的技能与好辩的习惯"，被后人目为名家的开创者，但他"是当时最活跃的政治活动人物"①，实际不是名家那样职业的"清谈家"。同时，《庄子·天下篇》曾说："惠施多方，其书五车，其道舛驳，其言也不中。"成玄英疏："舛，差殊也；驳，杂糅也。既多方术，书有五车，道理殊杂而不纯，言辞虽辩而无当也。"故《庄子·天下篇》不以惠施为"辩者之徒"；而近人对惠施学术思想的归类亦差异甚大。这就说明，惠施乃是位不守一"家"的学者，他的学术非常驳杂，不宜简单归入名家，更不是所谓名家的"创始人"②。

宋钘、尹文二人，俱稷下学者。《荀子·非十二子》将宋钘与墨翟并列，杨倞注云："宋钘，宋人，与孟子、尹文子、彭蒙、慎到同时。《孟子》作宋轻。"《庄子·天下篇》置宋钘、尹文之学紧接墨翟、禽滑釐之后，而托名陶潜的《群辅录》则有"宋钘、尹文之墨"，郭沫若、蒙文通以宋钘、尹文为稷下道家或"北方道家杨朱学派"的代表人物，南北朝时的《刘子·九流篇》称"宋钘、尹文、惠施、公孙龙、捷子"为"名者"。我认为："宋钘、尹文学说，在稷下儒、道、阴阳诸家最为兴旺的局面下，更多显示出墨家特色，——把他们视为'宋钘、尹文之墨'，这无疑是很有道理的；《汉志》有'《尹文子》一篇'"，归之名家，但实际上，"宋钘、尹文之学既有道家、名家特色，又有墨家、法家的成分"③。因此，宋钘、尹文只可谓一个名、墨、道、法思想兼容并包的稷下学者，不应简单地把他们定为名家的代表。

---

① 侯外庐等：《中国思想通史》第一卷，人民出版社1957年版，第474、422页。
② 王左立《先秦名家辨析》一文也取此看法。《河南社会科学》2004年第5期。
③ 高华平：《"三墨"学说与楚国墨学》，《文史哲》2013年第5期。

二 历史考据

根据我的研究，先秦名家的真正代表，应该是我们在上文所提到的那些真正以清谈为职业的"清客"，当时称为"辩者"的那些人，主要有兒说、田巴、桓团、公孙龙等。兒说、田巴主要活动于稷下学宫，桓团、公孙龙则游说诸侯。《韩非子·外储说左上》说：

>　　兒说，宋人，善辩者也。持白马非马也，服稷下之辩者，乘白马而过关，则顾白马之赋。

兒说，《韩非子》此处说他是宋人；《淮南子·人间训》高诱注说他是"宋大夫"，但不知何据。钱穆认为《吕氏春秋·君守篇》中兒说弟子解闭的宋元王为宋王偃"所置太子为王者"，"则兒说亦与（宋）元王同时"；"兒说年辈，盖在（惠）施、（公孙）龙两人间"①。而郭沫若则进一步认为，兒说与《战国策·齐策》《吕氏春秋·知士》中的貌辩、昆辩应为同一人，兒说弟子为宋元王解闭，"既当于齐宣湣之时，则兒说必当于齐威宣之世"②。因为兒说的生活年代要早于公孙龙，故以钱穆、郭沫若为代表的现代学者皆认为公孙龙所持"白马非马"等名家学说中的重要命题，其发明权应该归于兒说。

兒说除持"白马非马论"之外，另外可能还持有"非六王、罪五伯（霸）"的论点。《吕氏春秋·当务》载："备（備）说非六王、五伯，以为'尧有不慈之名，舜有不孝之行，禹有淫湎之意，汤武有放杀之事，五伯有暴乱之谋。'"近人高亨认为："'备（備）说'当为人名，疑'備'当作'倪'，形近而误。'倪说'即'兒说'。《韩非子·外储说左上》：'兒说，宋人善辩者也，持白马非马也，服稷下之辩者，乘白马而过关，则顾白马之赋。'据此，倪说乃战国时之善辩者，其非六王、五伯宜矣。《举难篇》'人伤尧以不慈之名，舜以卑父之号，禹

---

① 钱穆：《先秦诸子系年》，商务印书馆2001年版，第467页。案：亦有学者以宋元王即宋王偃，又认为"兒说的弟子当（齐）闵王之时，兒说则当（齐）宣王之时，早于公孙龙"。见白奚《稷下学研究——中国古代的思想自由与百家争鸣》，生活·读书·新知三联书店1998年版，第90页［注］。
② 郭沫若：《十批判书》，人民出版社1954年版，第225页。

以贪位之意，汤、武以放弑之谋，五伯以侵夺之事'，文与此略同，殆亦倪说之议也。又《文选》曹子建《与杨德祖书》李注引《鲁连子》曰：'齐之辩者田邑（巴），辩于狙丘而议于稷下，毁五帝、罪三王，訾五霸，一日而服千人。'倪说殆即田邑（巴）之流也。"① 高氏以"备（備）说"即在稷下"非六王、罪五伯"之兒说，应该是可信的。《孟子·梁惠王下》载："齐宣王问曰：'汤放桀，武王伐纣，有诸？'孟子对曰：'于传有之。'"同书《万章上》载："咸丘蒙问曰：……舜南面而立，尧帅诸侯北面而朝之，瞽瞍亦北面而朝之——不识此语诚然乎哉？"《庄子·盗跖》亦曰："世之所高，莫若黄帝，黄帝尚不能全德……尧不慈，舜不孝，禹偏枯，汤放其主，武王伐纣，文王拘羑里。"《荀子·正论》亦有所谓"世俗之为说者曰：'桀、纣有天下，汤、武夺之'"云云。由此可见，兒说的辩说在稷下学界本十分流行。而《韩非子·说疑》等所谓"舜逼尧，禹逼舜，汤放桀，武王伐纣。此四王者，人臣弑其君者也"云云，则应该是兒说弟子所持兒说学说之余脉。

和兒说一样在稷下"非六王、罪五伯（霸）"的，还有上文高亨提到的《鲁连子》中"辩于狙丘而议于稷下"的田巴。田巴其人其事，正史皆不见记载，唯《史记·鲁仲连列传》之张守节《正义》、马总《意林》及《文选》中曹子建《与杨德祖书》《荀子·彊国篇》杨倞注及《太平御览》诸书引儒家书《鲁连子》及之，且曰"齐之辩士田巴，辩于徂丘，议于稷下，毁五帝，罪三王，訾五伯，离坚白，合同异，一日而服千人"，但田巴却在"楚军南阳，赵伐高唐，燕人十万之众在聊城而不去"时，被鲁连子雄辩折服。② 杨宽以此为"公元前二五〇（年）事"③；钱穆则认为鲁仲连生卒年在公元前305—前245年之间，其"说燕将聊城在六十（岁）左右"④。我认为，如果鲁仲连难田巴之事发生于公元前250年，那么田巴的生卒年就应如有的学者所推定

---

① 陈奇猷：《吕氏春秋校释》（上），学林出版社1995年版，第599页。
② 严可均辑：《全上古三代文》，《全上古三代秦汉三国六朝文》（1），中华书局1958年版，第64页。
③ 杨宽：《战国史》，上海人民出版社2008年版，第424页。
④ 钱穆：《先秦诸子系年》，商务印书馆2001年版，第697、547页。

◆◆◆ 二 历史考据

在公元前340—前260年之间；①② 田巴正好与鲁仲连师辈相当，而鲁仲连少年时雄辩折服田巴也就是可能的了。而由于兒说生活的年代更早，则田巴很可能是兒说的弟子，他在稷下"非六王、罪五伯（霸）"，传承的正是兒说学说。

与田巴生活年代相近的，则是桓团、公孙龙等"辩者"。桓团，其人仅见《庄子·天下篇》"桓团、公孙龙辩者之徒"云云，成玄英疏："姓桓，名团，——赵人"，"辩士也，客游于平原君之家"。《列子·仲尼篇》云："公孙龙之为人也——欲惑之心，屈人之口，与韩檀等肄之。"唐人卢重玄《解》曰："韩檀，《庄子》云桓团，俱为人名，声相近也。"后人因此皆谓韩檀即是桓团。然关于桓团的事迹，亦仅此而已。公孙龙，姓公孙，名龙，赵国人，其生卒年，钱穆系于公元前320—前250年之间。③ 关于公孙龙的生平事迹，谭戒甫于《公孙龙子形名发微》中的《传略》叙述已堪称完备，读者可参。④ 公孙龙之学说，以往的学者差不多都把研究的重点放在结合现存《公孙龙子》一书上，以讨论《庄子·天下篇》中所载惠施与属于"辩者"的桓团、公孙龙之徒"相乐"的二十一事，如卵有毛、鸡三足，等等。⑤ 即使有学者注意到公孙龙思想的丰富性，力求全面认识公孙龙之学说，亦仅取《庄子·秋水》公孙龙答魏牟问时所谓"龙少学先王之道，长而明仁义之行"云云，谓公孙龙"和宋钘的态度比较接近"，"应该也是属于道家的"⑥；或以《吕氏春秋》载公孙龙子说赵惠文王和燕昭王"偃兵"，合墨家之旨，故认定"名家纵不即出于墨，而名墨之学，关系极密，则无可疑矣"⑦。

我认为，公孙龙之徒属于名家，是职业的"辩者"，他们虽也如

---

① 白奚：《稷下学研究——中国古代的思想自由与百家争鸣》，生活·读书·新知三联书店1998年版，第304页。
② 郭沫若：《十批判书》，人民出版社1954年版，第225页。
③ 钱穆：《先秦诸子系年》，商务印书馆2001年版，第697页。
④ 谭戒甫：《公孙龙子形名发微》，中华书局1963年版，第1—6页。
⑤ 案：此类讨论自胡适著《先秦名学史》以来，近代诸种哲学史著作多有论述，在此不一一列举。参见胡适《先秦名学史》，学林出版社1983年版，第102—112页。
⑥ 郭沫若：《名辩思潮的批判》，《十批判书》，人民出版社1954年版，第241页。
⑦ 吕思勉：《先秦学术概论》，岳麓书社2010年版，第93—94页。

《淮南子·氾论训》论先秦诸子所云"百家殊业，而皆务于治"，故有涉及仁义之论、偃兵之说，但他们与其他学派（如墨家、道家乃至惠施之类）长于名辩的政治家是完全不同的。因为他们完全是从名实关系出发来"苛察缴绕"的，而其他诸子学派则主要着眼于现实的利益或政治关系。故《吕氏春秋·审应》及《应言》载公孙龙说赵惠王、燕昭王"以偃兵"，就都是从名实关系上揭露对方虽口头"偃兵"而实欲拓疆掠地——"名"不副"实"的，与墨家"非攻"主张的出发点完全不同。同样，对上文所谓兒说、田巴等的"非六王、罪五伯（霸）"之说，也应该从"名学"的角度来理解。兒说、田巴并非是站在道德的立场上指责六王、五伯（霸）的不忠不孝，而只是从名实关系入手指出了其中的矛盾。因为正如汉儒所说："冠虽敝必加于首，履虽新必贯于足。"① 君臣、父子的名分和行为是圣人们制作礼制时所规定的"上下之分也"，怎么能随便违反呢？

　　根据《史记·平原君列传》裴骃《集解》引刘向《别录》，公孙龙还有门徒綦母子之属，亦"论白马非马"；《汉书·艺文志》在"《公孙龙子》十四篇"之后，还有"《毛公》九篇"，（原注："赵人，与公孙龙等并游平原君赵胜家。"）则可知当时名家学说之盛矣。

三　楚国的名辩思潮

　　从上面的论述来看，虽然先秦的名家学说在战国中期曾盛极一时，但名家中的那些代表人物都并不是楚国人，其学术活动的主要范围也不在楚国。而且，在历年出土的楚简文献中，儒、道、墨、纵横各家的作品都有发现，唯独不见名家文献。② 那么，名家学说是否也曾流传到楚国，或者说名家学说与楚国的关系又如何呢？

　　我认为，兒说、田巴、桓团、公孙龙等名家人物的确没有到过楚国

---

　　① 《汉书·儒林（辕固）传》，《汉书》（一一），中华书局点校本1962年版，第3612页。
　　② 参见骈宇骞、段书安《二十世纪出土简帛综述》，文物出版社2006年版，第184—205页。

◆◆◆ 二 历史考据

的文献记载，而出土文献中也未见到名家著作，但这些都并不代表名家学说没有传入楚地，更不代表当时的楚国无人接受和研讨名家学说。因为虽然名家研究的学问通常被称为"名学"，但必须指出：一方面名家并非仅仅研究"名学"（如兒说弟子为宋元王解闭、公孙龙说燕赵之君"偃兵"等）；而另一方面"并非只有名家才研究名学"，"先秦各家对于正名的问题都十分关心——先秦诸子的名学思想涉及正名、名的形式、名的分类、名与实的关系、名与辩的关系等许多问题。各学派的名学思想既相互冲撞，又相互渗透、相互影响"①。故楚国也不乏热心名学研究的学者，而涌动着此起彼伏的名辩思潮。

据现有资料来看，楚国名学的发展至少可以上溯至春秋末期的老子。《老子》开篇即说："道可道，非常道；名可名，非常名。"（第一章）又说："道常无名——始制有名，名亦既有，夫亦将知止。"（第三十二章）尽管"名的这一观念，如同'变化'的观念一样，由于老子强调'无名'的自然状态的优越性而变得不真实了"，但"在这里，老子似乎察觉到了名的奇妙的可能性"；"'名'在各方面被讨论这事实是最好的证据，表明思想已经越过了散漫的阶段而进入使它本身受到审查和考虑的阶段。诡辩时代正演变为逻辑时代"②。因此似可以说，老子乃是楚国名辩学说的发端。老子之后，其弟子庚桑楚（亢仓子）、文子等亦曾涉及名辩学说。《庄子·庚桑楚》曰："是其于辩也，将妄凿垣墙而殖蓬蒿也。"成玄英疏："辩，别也。物性之外，别立尧舜之风，以教迹令人仿傚者，犹好垣墙，种殖蓬蒿之草以为蕃屏者也。"这表明了庚桑楚对名辩的态度。《文子》一书反复引述《老子》的"道可道，非常道；名可名，非常名也"之说，也表明了他对老子关于"名"观念的继承关系。到战国中期，道家的庄周与惠施的辩论，则可以说已经是一种十分纯粹的"苛察缴绕"或"专决于名"了。

综合各方面的文献记载来看，在战国时期的楚国学术界，由于受外来名家学说的影响，实际上先后形成了三次名辩思潮发展的高潮。楚国

---

① 王左立：《先秦名家辨析》，《河南社会科学》2004年第5期。
② 胡适：《先秦名学史》，学林出版社1983年版，第24页。

名辩思潮的第一个波峰，出现于宋钘由齐到楚之后，墨辩学派的出现是其标志。《孟子·告子下》载："宋牼将之楚，孟子遇于石丘。"东汉赵岐《注》曰："宋牼，宋人，名钘。"孙奭《疏》云："牼与钘同，口茎反。"钱穆《宋钘考》一文以为此事当在"怀王十七年"（前312年），又认为"其时孟子年已踰七十"，呼宋牼为"先生"而"自称名"，这是对稷下学者的习惯称呼，亦孟子自谦。但在我看来，无论怎样的"习惯"或"自谦"，孟子都绝不会对一个晚辈称"先生"的，孟子之所以对宋牼称"先生"，这说明宋牼至少亦应与孟子年辈相当。孟子生于公元前372年，卒于公元前289年，如果孟子遇宋牼之事确实发生于楚怀王十七年（公元前312年），即使孟轲乐于、且能够以七十高龄游说诸侯，宋牼是否会如孟子那样老而体健、足以远游却未可知。且据《史记·楚世家》记载，自楚宣王三十年（前340年）开始，"秦封卫鞅于商，南侵楚"。秦、楚之间就争战不断，故《孟子》所载宋牼欲至秦、楚偃兵，此举发生的时间不一定会晚到二人年过七十的时候，在此前十年、二十年也是很有可能的。

宋牼游楚停留有多长时间，具体参加过哪些学术活动，史书乏载，此处固无得而论。但我们在上文已经指出，宋钘在当时社会上主要并不是以一位名家学者的身份出现的，后代学术界多认为宋钘、尹文乃属于稷下学宫中黄老道家而兼名、墨的学者，故宋钘学说对当时楚国学术界的影响，是遍及于道、墨、名诸家的。这种影响主要在两个方面：一是如《庄子》书所言，宋钘学说中道家成分对庄子产生了很大的影响。《庄子·逍遥游》称宋钘为"宋荣子"，说宋钘对"知效一官，行比一乡，德合一君，而征一国者"，"犹然笑之"，"辩乎荣辱之境"，这实际就表明了庄子本人对宋钘"不累于俗，不饰于物，不苟于人，不忮于众"的人生态度和"接万物以别宥为始"的学术方法的强烈向往和高度肯定，也可以说是庄子接受宋钘学说影响的表现。另一方面，则是其对楚国墨家思想的影响。在宋钘"兼名墨"的学术思路的影响下，使得楚国的墨家自觉地加入到名学的辩论之中，并造成了楚国墨家内部的重大纷争。《庄子·天下篇》曰：

二 历史考据

相里勤之弟子五侯之徒，南方之墨者苦获、已齿、邓陵子之属，俱诵《墨经》，而倍谲不同，相谓别墨；以坚白同异之辩相訾，以觭偶不仵之辞相应；以巨子为圣人，皆愿为之尸，冀得为其后世，至今不决。

《庄子·天下篇》所谓"相里勤之墨"，近代学者郭沫若、蒙文通等人都认为即是《韩非子·显学》所说的"相里氏之墨"，郭沫若并且认为相里勤这一派"属于北方"，而"邓陵与苦获、已齿属于南方"[1]。但《庄子·天下篇》成玄英《疏》已明确地说："相里勤，名勤，南方之墨师也。"即是说，相里勤之墨和下面的苦获、已齿、邓陵子一样，都是"南方之墨者"。可能他们原来都是"俱诵《墨经》"而倡"兼爱""非攻"的，原本没有什么不同，其发生分歧应是宋钘等人把名家的学说带到楚国之后。名家学说有所谓"白马非马""坚白离"之类的论题，本只可"服人之口"而"不能服人之心"，在北方学术界本来就存在很大的争议，而这些论题由具有深厚墨家色彩的宋钘带到楚国，自然会受到楚国墨家学者的高度重视，故他们也参与到这场争论中来了。《庄子·天下篇》说楚国的这些学者"以坚白同异之辩相訾，以觭偶不仵之辞相应"，"相谓别墨"，应该就是对当时发生在楚国墨学界这场名辩活动的记载。故近代以来许多学者（如胡适、吕思勉等）产生了误解，有所谓名家出于墨家之说。我揣测《庄子·天下篇》中所载惠施"观于天下而晓辩者"的二十一事，很可能发生于宋钘游楚之后，是与那些已经接受名家学说的楚国墨者"相乐"的辩题。因为根据许抗生的研究，惠施所提出的"这二十一个命题，我们也可以根据它们所反映的不同的思维方法，把它们分别归入'合同异'与'离坚白'这两派之中。属于'合同异'一派的有九个命题，即'卵有毛'；'郢有天下'；'犬可以为羊'；'马有卵'；'丁子有尾'；'山出口'；'龟长于蛇'；'镞矢之疾，而有不行不止之时'；'白狗黑'。所有这些命题都是讲事物之间的相对性与同一性的问题。属于'离坚白'一派的则有十

---

[1] 郭沫若：《十批判书》，人民出版社1954年版，第247页。

二个命题，它们是：'鸡三足'；'火不热'；'轮不碾地'；'目不见'；'指不至，物不绝'（《庄子·天下篇》作'指不至，至不绝'。《列子·仲尼篇》则作'有指不至，有物不尽'。今据《列子》改'至'为'物'）；'矩不方，规不可以为圆'；'凿不围柄'；'飞鸟之景（影）未尝动也'（《列子·仲尼篇》作'有影不移'）；'狗非犬'；'黄马骊牛三'；'孤驹未尝有母'；'一尺之捶，日取其半，万世不竭'。所有这些命题都是用分析的方法，讲事物之间的差异性。"① 这也与《庄子·天下篇》中所说的楚国墨者"以坚白同异之辩相訾，以觭偶不仵之辞相应"，正好是互相吻合的。《墨子》一书中的《经上》《经下》《经说上》《经说下》《大取》《小取》六篇，现在学术界一致认为这六篇属"南方之墨者"即楚墨的著作，而郭沫若又认为这六篇也正反映了楚墨在分化之后在"坚白同异之辩"上"相訾"和"相应"的情况："'相訾'即是相反驳，'相应'即是相和同"，而楚墨亦因此可以分为"《经上》派和《经下》派"，而且二者的"见解是完全相反的"。如在对"坚白石"的看法上，"《经上》派主张盈坚白，《经下》派则主张离坚白"；又如在"关于同异之辩"的问题上，"《经上》派的同异观是根据常识来的，《经下》派则颇承受惠施的主张"，认为"'物尽异'、'物尽同'，同异有大小"。——"要之，《经下》派受惠施、公孙龙的影响极深，与《经上》派实不相同。《经下》派是'离坚白，合同异'，《经上》派是'盈坚白，别同异'，这层，我们是应该特别注意的"②。故我认为，很可能"盈坚白，别同异"一派是楚国墨者原来的观念，"离坚白，合同异"则是楚墨中接受了由宋钘、惠施带来的名家学派新观点之后分离出来的另一派。

关于惠施在楚国的学术活动，《庄子》一书也有更多的记载。如《庄子·秋水》载有庄子曾与惠子于"濠梁之上"讨论鱼是否快乐的问题。因为人与鱼不是同类，所以这个问题其实是无法以形式逻辑的类比推理获知的；但这无疑属于一个形式逻辑——即"名学"的问题。而庄

---

① 许抗生：《先秦名家研究》，湖南人民出版社1986年版，第57—58页。
② 郭沫若：《十批判书》，人民出版社1954年版，第247—248页。

◆◆◆ 二 历史考据

子和惠子对这个问题的辩论，则说明他们二人都是对于"名学"有深入研究的学者。所以《庄子·天下篇》中详述的惠子"历物十事"及桓团、公孙龙之徒与惠子相应之二十一事，《庄子·齐物论》等各篇中亦往往论及之。如所谓"方与方死，方可方不可"，这正对应着惠施"日方中方睨，物方生方死"的命题；"今日适越而昔也，是以无有为有"，正对应着惠施"今日适越而昔来"的命题；"天地与我并生，而万物与我为一"，正对应着惠施"泛爱万物，天地一体也"的命题；"故以坚白之昧终"，正对应着辩者的"盈坚白"与"离坚白"之论；"一与言为二，二与一为三"，正对应着辩者的"鸡三足"之说；而"以喻指之非指，不若以非指之喻指之非指"，亦对应着公孙龙等人"指不至，至不绝"的命题，等等。故郭沫若将庄周与惠施并列，认为"庄子也是异常好辩的人"，他和惠子"有着同一的归趣"，都是当时名辩思潮的"很辉煌的代表"①。《战国策·楚策三》载："张仪逐惠施于魏，惠子之楚，楚王受之。"钱穆认为此事当发生于魏惠成王后元十三年，即楚怀王七年（公元前322年）。② 惠施此次由魏至楚后停留的时间应该不长，而楚国学者们则抓住这一机会与之交流，并充分享受到了与惠施这位政治家兼名辩学者论辩的快乐。《庄子·天下篇》载："南方有倚人焉曰黄缭，问天地所以不坠不陷，风雨雷霆之故。惠施不辞而应，不虑而对，偏为万物说，说而不休，多而无已，犹以为寡，益之以怪。"此事极有可能就发生于此时，属于惠施与楚国名辩学者论辩的一例。因为郭庆藩《庄子集解》释"倚人"曰："异人也。"③ 此奇异之人所问惠施"天地所以不坠不陷，风雨雷霆之故"，其实即是名家所谓"苛察缴绕"之类；而此人名字之"缭"，《说文解字·系部》释之曰："缭，缠也"；《集韵·宵韵》："缭，绕也"。可知，此黄缭实乃楚地"苛察缴绕"的"辩者"；而惠施所历十事而所"晓"之"辩者"，皆楚国之名辩学者也。故惠施"观于天下而晓辩者"的"所历二十一

---

① 郭沫若：《十批判书》，人民出版社1954年版，第327页。
② 钱穆：《先秦诸子系年》，商务印书馆2001年版，第396页。
③ 郭庆藩撰，王孝鱼点校：《庄子集解》（第四册），中华书局1961年版，第1113页。

事"，其中"鸡三足""指不至，至不绝"等既见于《庄子·齐物论》，为楚国学界固有之论题，而所谓"郢有天下""丁子有尾"（成玄英疏："楚人呼虾蟆为丁子也。"）之类，更显为楚地特有之名辩论题。

此时楚国名辩思潮的盛行，还可以从当时楚国文学家屈原、宋玉的诗歌作品中见出。屈原既在他的许多作品中批判了当时社会中名实乖谬的现象和当时政治生活中君主"弗参验以考实兮"（《九章·惜往日》），"变白以为黑"，"倒下以为上"（《九章·怀沙》）的混乱；而且他还特作《天问》一篇，不仅如黄缭那样"问天地所以不坠不陷，风雨雷霆之故"，亦如倪说、田巴那样"非六王、罪五伯"，对尧、舜、禹、汤、文、武等的名实乖谬之处提出了大胆的疑问。如《天问》既"问天地所以不坠不陷"，又对尧、舜、汤、文、武提出疑问说："（禹）焉得彼嵞（涂）山女，而通之于台桑？""闵妃匹合，厥身是继，胡维嗜不同味，而快鼌饱？""舜闵在家，父何以鱞？尧不姚告，二女何亲？"等等。对这些疑问，尽管从东汉的王逸撰《楚辞章句》以来，历代的注释家对屈原的诗句中包含着的对尧、舜、禹、汤、文、武等"圣人"言行的问难多有曲解，如解禹与涂山氏之女"通于台桑"为"言禹治水，道娶涂山氏之女，而通夫妇之道于台桑之地"，而讳言其私通淫秽；解舜无父母之命而娶尧之二女为尧"使舜娶"，而讳言舜有违孝道等。[①]但这些其实都改变不了屈原对舜、禹言行中存在名实乖刺矛盾的揭露。而这与名家儿说、田巴的"非六王、罪五伯（霸）"的观点是一脉相承的，可以说正是名辩学说在楚国学者中深刻影响的反映。

屈原如此，宋玉亦然。宋玉是稍晚于屈原的楚国辞赋作家，他既在其长诗《九辩》中叹时政之名实乖违："何时俗之工巧兮，背绳墨而改错。却骐骥而不乘兮，策驽骀而取路。"更在其《风赋》中以文学的比喻、排比、夸张的手法，力辩"大王之雄风"与"庶人之雌风"之不同。全文逻辑的理路十分清晰，充满了名辩的色彩，与《庄子·齐物论》中南郭子綦所谓"大块噫气，其名为风"一段的描写，实有异曲同工之妙，而名辩的色彩过之。

[①] 洪兴祖撰，白华文等点校：《楚辞补注》，中华书局1983年版，第103—104页。

◆◆◆ 二　历史考据

　　楚国名辩思潮的第三个波峰，是战国后期以荀子这位由稷下至楚的大儒为代表而进行的对先秦名辩思潮的总结。据《史记·孟子荀卿列传》记载，荀子在稷下学宫"最为老师"，"三为祭酒焉"，后"适楚"，"春申君以为兰陵令"，对包括名家在内的先秦学术做了批判性总结。从《荀子》一书来看，荀子确曾对先秦名家思想做过批判的总结。荀子首先肯定了名辩的必要性和重要价值。他认为"君子必辩"，在"辩"的过程中"分别以喻之，譬称以明之"（《荀子·非相》），讲究名辩的技巧；再在此基础上"有循于旧名，有作于新名"；"名定而实辩，道行而志通，则慎率民而一焉"（同上，《正名》），达到全社会思想的重新统一。为达到这一名辩的目标，荀子在《非十二子》篇中既批判了名家的"不法先王、不是礼义，而好治怪说"；又批判了名家的"玩琦辞，甚察而不惠，辩而无用"。前者与《荀子·正论》篇批驳的"今世俗之为说者，以桀、纣为君而以汤、武为弒"相同，应该即是针对名家兒说、田巴的"非六王、罪五伯（霸）"之说而言的；后者则针对惠施"与辩者相乐"的那些命题。在此基础上，他在《正名》篇进一步提出了"制名以指实，上以明贵贱，下以辨同异"的"正名"的方法，对先秦名辩学说做出了较为全面的历史总结。

　　根据《史记·李斯列传》记载，秦国统一天下时的重要法家人物李斯是"楚上蔡人也"，曾"（乃）从荀卿学帝王之术"。而所谓"帝王之术"，即是与之同学的韩非所说的"刑（形）名法术"之学。这其中自然包含了名家"循名责实"的学说。从《史记·李斯列传》所录李斯的《谏逐客书》和他历次给秦王的上书，我们不难看出荀子"分别以喻之，譬称以明之"和"名定而实辩，道行而志通，则慎率民而一焉"的思想对李斯的影响。如李斯在《谏逐客书》中说：秦王逐客是"不问可否，不论曲直，非秦者去，为客者逐"。整篇文章虽未见"名""实"之言，但实皆是以名家学说为基础，用"循名责实"的方法对秦王逐客行为的分析和辩驳，故具有很强的逻辑力量。又如李斯在上书秦始皇《议烧诗书百家语》中说："古代"之所以"莫之能一"，乃因为"天下散乱"；"今皇帝并有天下"，故不能再允许"私学""饰虚言以乱实"，"夸主以为名"，而应该令天下"别黑白而定于一尊"。而从思想方法上来讲，这里使用的同样是名家"循名责实"的方法。

秦统一六国后，名家学派也和其他诸子学派一样走向了终结。西汉初期，辕固生与黄生于汉景帝前辩汤、武是"受命"还是"弑君"问题，似为儿说、田巴的"非六王、罪五伯（霸）"说之余绪；贾谊的《新书·阶级》《审微》曾屡引"履虽鲜，弗以加枕，冠虽弊，弗以苴履"，以说明"虽空名弗使逾焉"的道理；董仲舒的《春秋繁露》亦每称"深察名号"，名家的痕迹皆很明显。至魏晋时期，玄学家既辩名析理、综核名实，如阮籍、嵇康等又"每非汤、武而薄周、孔"，似可谓名家学说的复兴。由此可见，先秦名家在中国哲学史上的影响是十分深远的。

（原载《哲学研究》2016年第1期）

何晏著述考

何晏（190—249），魏晋时期著名玄学家，与当时另一位少年玄学家王弼一起，在曹魏正始年间创立了玄学"贵无"学派，对魏晋玄学的确立和发展，乃至对整个中国传统哲学的发展都产生了重要而深远的影响。王弼的著作早已有楼宇烈先生的《王弼集校释》对之进行了全面整理，为学术界研究正始玄学及王弼的思想提供了系统的参考资料，受到学者的普遍欢迎。但同样重要的思想家何晏的著作却迄今尚未得到系统整理，这无疑是一个很大的缺憾。兹先对何晏著作作一考述。

关于何晏其人及其著作，《三国志·魏书·曹爽传》附有简单记载：

> （何）晏，何进孙也。母尹氏，为太祖夫人。晏长于官省，又尚公主，少以才秀知名，好老、庄言，作《道德论》及诸文赋著述，凡数十篇。

这是陈寿当时所记录的何晏著作，也可能是他所知或所见之何著。

但是，根据历代史志来看，何晏著作似不止陈寿所记。《隋书·经籍志》经部有"《集解论语》十卷，何晏集"。《孝经》一卷下注："梁有魏散骑常侍苏林、吏部尚书何晏、光禄大夫刘邵、孙氏等注《孝经》各一卷，亡。"子部《老子义纲》一卷下注云："梁有《老子道德论》二卷，何晏撰……《老子杂论》一卷，何、王等注。"史部则有"《官族传》十四卷，何晏撰"。"《魏晋谥议》十三卷，何晏撰"。集部有"《魏尚书何晏集》十一卷"，注："梁十卷，录一卷。"《旧唐书·经籍志》经部有"《论语》十卷，何晏集解"。子部有"《老子道德论》二卷，何晏撰"。集部："《何晏集》十卷"。《新唐书·艺文志》：甲部经录《论语》"何晏《集解》十卷"，史部录"何晏《魏明帝谥议》二卷"，丙部子录道家类："（《老子》）何晏《讲疏》四卷，又《道德问》二卷"，丁部别集有"《何晏集》十卷"。《宋史·艺文志》则仅经类有"《论语》十卷，何晏等集解"。其他皆不见著录，殆两宋间诸书皆已亡佚。

以上是历代正史《经籍志》或《艺文志》所载的何晏著作。不过，根据有关史料来看，何晏当时的著述似还不止这些。《三国志·魏书·艺术（管辂）传》裴注引《辂别传》既载裴徽数与平叔（何晏字）共说《老》《庄》及《易》，又记管辂评论何晏，云：

> 其才若盆盎之水，所见者清，所不见者浊。神在广博，志不务学，弗能成才……故说《老》《庄》则巧而多华；说《易》生义则美而多伪。华则道浮，伪则神虚；得上才则浅而流绝，得中才则游精而独出，辂以为少功之才也。

这里多次提到何晏除谈《老》《庄》之外，还常常说《易》，故何晏亦似应有注《易》著作，清人侯康《补三国艺文志》卷一载有"何晏《周易私记》二十卷、《周易讲说》十三卷"，姚振宗《三国艺文志》亦有"何晏《周易说》"，而马国翰《玉函山房辑佚书》则辑有"《周易何氏解》一卷"。可见，正史的记录还有遗漏。综合来看，何晏当日形诸文字的著作共有：1.《论语集解》；2.《老子注》或《道德论》；3.《周易说》或《周易解》；4.《孝经注》一卷；5.《魏明帝谥议》二卷；6.《官族传》十四卷；7.《何晏集》十卷。下面拟分别加以考述。

1. 《论语集解》

《论语集解》是何晏对后世影响深远的重要著作，不仅历代史志均有记载，而且今本《十三经注疏》亦用何晏《集解》。[①] 《论语集解》

---

① 《论语集解》本为十卷，今作"二十卷"，《四库全书总目提要》云："今本二十卷，盖后人依《论语》篇第析之。"

二 历史考据

其书尚存，无需赘言。但是关于该书仍有两个问题值得一辨：一是该书为何晏独著，抑或是出于众人之手；二是该书属纯粹汇集前人注释的"集解"，还是何晏的注解，因而堪称"何注"？

对于第一个问题，从《隋书·经籍志》开始，到清人编《四库全书》、补《三国志艺文志》，皆仅署"何晏集解"，只有《宋史·艺文志》于"《论语》十卷"下注明"何晏等集解"，而根据现有史料来看，《宋志》作者之所以称"何晏等集解"，将该书著作权判为何晏与他人共享，殆依据何晏《论语集解叙》结尾的"光禄大夫关内侯臣孙邕、光禄大夫臣郑冲、散骑常侍中领军安乡亭侯臣曹羲、侍中臣荀顗、尚书驸马都尉关内侯臣何晏等上"一语而来。

何晏上此书时，自署为"尚书驸马都尉关内侯"，说明此书应作于正始初何晏"曲合于曹爽"，爽"乃以晏、飏、谧为尚书"之后。考《三国志·魏书·三少帝纪》及《曹爽传》，魏明帝薨，曹爽辅政，齐王芳即位，加爽侍中，何晏曲附曹爽，《三少帝纪》曰："（正始）二年春二月，帝（曹芳）初通《论语》，使太常以太牢祭孔子辟雍，以颜渊配。"何晏撰《论语集解》的具体动机，或许是为了配合曹爽辅政，让年幼的齐王曹芳学习《论语》之需要。这样做既迎合了曹爽，也表现出了何晏自己的才学。由于《论语集解》之撰并非像王弼注《老子》那样，完全以己意为《论语》加注；而是一个集汉魏以来诸家《注》并断以己意的文献整理工作，需要有相当的前期准备和文献学基础，故何晏一人在短期完成的可能不大。再说，他此时因"曲合于曹爽"，已迁尚书，"典选举"，完全有条件召集诸人共同完成《集解》。何晏本人在《叙》中称孙邕、郑冲、曹羲、荀顗、何晏等上，即是实际情形；故《宋史》称《论语集解》为"何晏等集解"，应是合理的。《晋书·郑冲传》云："初，冲与孙邕、曹羲、荀顗、何晏等共集《论语》诸家训注之善者，记其姓名，因从其义，有不安者辄改易之，名曰《论语集解》，成，奏之魏朝，于今传焉。"只不过应该充分注意到何晏在此事中的"监修"或"主编"地位。

对于第二个问题，《论语集解》既名《集解》，《隋志》、两《唐志》《宋志》亦均称《集解》，只有《四库全书总目提要》题曰"魏何晏注宋邢昺疏"。殆因为该书集录了汉以来孔安国、包咸、周氏、马融、郑玄、陈群、王肃、周生烈诸家《注》之善者，但于其中"有不安者，颇为改易"（《论语集解叙》）；有的地方还有完全属于自己的注文。如《学而第一》"为人也孝弟，而好犯上者鲜矣"句下注："鲜，少也；上，谓凡在己上者。言孝弟之人必恭顺好，欲犯上者少也。""君子务本，本立而道生"句下注："本，基也。基立然后可大成。""传而不习乎"句下注："言凡所传之事，得无素不讲习而传之。"等等。这些地方都非前人《注》中所旧有，而是"集解者"之另注。

由此可见，何晏《论语集解》并非简单汇集罗列前人的注释，而是有"述"有"作"的著作，这样的著作虽作者自题为《集解》，后人称之为"注"亦实无不可。

2.《老子注》（或《道德论》）

正始玄学时期是《老》学兴盛的时期，作为当时的玄宗领袖，何晏自然会着力研究《老子》，并为之作注。不过，此时王弼《老子注》已告完成，何晏只好将自己晚一步完成的《老子注》改为《道德论》。《世说新语·文学》载：

> 何晏注《老子》未毕，见王弼自说注《老子》旨。何意多所短，不复得作声，但应喏喏。遂不复注，因作《道德论》。

这说明何晏当时尚未完成《老子注》，见王弼《老子注》大意，自叹弗如，回去就将自己的注释改写为《道德论》。此事《世说新语·文学》接着又有不尽相同的记载：

> 何平叔注《老子》，始成，诣王辅嗣。见王《注》精奇，乃神伏曰："若斯人，可与论天人之际矣！"因以所注为《道德二论》。

从这条记载来看，何晏的《老子注》似乎已经完成，准备拿去给王弼看，但看到"王《注》精奇"，便不敢示人，只好回去将它改作《道德论》。从文献学的角度来看，这条记载似乎为我们考察历代史志所记

◆◆◆ 二 历史考据

何晏撰《老子道德论》二卷的原因提供了线索。殆何晏的《道德论》原为"《道》《德》二论",每论为一卷,因而史志记成了"《道德论》二卷"。清代学者从姚振宗、孙诒让起,到近人余嘉锡著《世说新语笺疏》,学者们也都相信史志所记何晏撰《道德论》二卷,即是此《道德二论》,道理正在于此。

可能由于何晏《道德二论》的理论水平确实不如王《注》,故王弼《老子注》千百年盛传不衰,而何晏《道德论》二卷到《隋志》中已不见于正式著录,仅在"注文"中说"梁有《老子道德论》二卷,何晏撰……亡"。今本张湛《列子·仲尼篇注》和《天瑞篇注》保存有两段文字。《列子·仲尼篇注》题作《无名论》,现录于下:

> 为民所誉,则有名者也;无誉,无名者也。若夫圣人,名无名,誉无誉,谓无名为道,无誉为大。则夫无名者,可以名有名矣;无誉者,可以言有誉矣。然与夫可誉可名者,岂同用哉!此比于无所有,故皆有所有矣;而于有所有之中,当与无所有相从,而与夫有所有者不同。同类无远而相应;异类无近而不相违。譬如阴中之阳,阳中之阴,各以物类自相求从。夏日为阳,而夕夜与冬日共为阴;冬日为阴,而朝昼与夏日同为阳。皆异于近而同于远也。详此异同,而后无名之论可知矣。凡所以至于此者何哉?夫道者,惟无所有者也。自天地已来皆有所有矣。然犹谓之道者,以其能复用无所有也。故虽处有名之域,而没其无名之象。由以在阳之远体而忘其自有阴之远类也。

张湛注接着又引了"夏侯玄曰'天地以自然运,圣人以自然用'"一大段话,对于夏侯玄此段话,严可均《全三国文》视为何晏《无名论》对夏侯氏之论的引述,因而录入何文。夏侯玄也是当时的玄宗领袖,《世说新语·文学篇》注云夏侯玄著有《道德论》。可能张湛引述的"夏侯玄曰"云云并不是何晏《无名论》中的转述语,而是张湛所引夏侯氏另外独立的一文。严可均的做法是不完全合适的。今人杨伯峻在其《列子集解》中用新式标点将何氏、夏侯氏两段文字分开,改正了这一错误。①

值得注意的是,何晏上文虽题曰《无名论》,但所论实即无名之道的"用",似应称《道德论》为是。观何晏文中云"若夫圣人名无名,誉无誉,谓无名为道,无誉为大",实由《老子》"德经"部分"道隐无名,夫唯道,善贷且成"(四十一章)而来,何文也可能原是对《老子》这一内容的注释,因此题名《德论》更合适——应属何晏《道德二论》中的《德论》部分。张湛《列子注》引述此段文字,称之为《无名论》而非《德论》,原因也可能在此。《列子·天瑞篇注》引用何晏的另一段文字且明确题曰《道论》:

> 有之为有,恃无以生;事之为事,由无以成。道之无语,名之无名,视之无形,听之无声,则道之全焉。故能昭音响而出气物,包形神而章光影。玄以之黑,素以之白,矩以之方,规以之圆。圆方得形,而此无形;白黑得名,而此无名也。

此段文字,严可均《全上古三代秦汉三国六朝文》失辑。但张注已说得很清楚,可见其确属于何晏《道论》,即《道德二论》的上篇。这样,何晏的《道德二论》虽大部散佚,但每卷中又都有一段文字留存,今人虽不能窥何氏《道德二论》的全貌,但仍不难推知其大概。

对于《新唐书·艺文志》载"《老子何晏讲疏》四卷,又《道德问》二卷",姚振宗《三国艺文志》注:"《讲疏》四卷,本志不著录,《道德问》似即《道德论》,高似孙《子略》又作《老子指略论》。"由此看来,《讲疏》可能是误将他人著作记为何晏撰,《道德问》即《道德论》之讹。《隋志》和《旧唐书·经籍志》分别记有梁武帝撰"《老子讲疏》六卷"和佚名的"《老子讲疏》四卷",《新唐书·艺文志》可能由此致误。

又,《隋书·经籍志》注于《道德论》后,又记有"《老子杂论》

---

① 杨伯峻:《列子集解》卷四,《新编诸子集成》(第一辑),中华书局1979年版,第121页。

二 历史考据

一卷，何、王等注。亡"。姚振宗《三国艺文志》云："案《钟会别传》注引《弼别传》云：'著《道略论》及注《易》，往往有高言。'《道略论》似即此书。又《玉海》五十三云：'魏王弼《老子指略论》，亦似此书，又疑是《指略例》，无以定之。'"其《隋书·经籍志考证》于是书亦云：

> 是书题何、王等注，则不仅二家之言，《世说新语·文学篇》注、《晋诸公赞》曰魏太常夏侯玄、步兵校尉阮籍等皆注《道德论》，或亦在此书。

姚氏考证的重点显然是在考释该书"何王等注"究竟包括几人。我认为因为原书早佚，无任何可资推论的证据，这一考证是很难有结果的。值得注意的只是此书题为"何、王等注"，显然非何、王在世时自己的撰著或结集，而是出于后人所为。这种结集的依据何在？我以为即《晋书·王衍传》述"正始玄学"的基本特征时所云：

> 魏正始中，何晏、王弼等祖述《老》《庄》，立论以为天地万物皆以无为本。无也者，开物成务，无往而不存也。阴阳恃以化生，万物恃以成形，贤者恃以成德，不肖者恃以免身。故无之为用，无爵而贵矣。

《晋书》成于众手，其依据史料主要为臧荣绪的《晋书》及《世说新语》等笔记小说，刘知己等人已指出其失于对史料的甄别取舍。比较《王衍传》此段记载不难发现，它既与我们上文所引何晏《道论》"有之为有，恃无以生；事之为事，由无以成"相似，也与王弼《老子指略》开篇"夫物之所以生，功之所以成，必生乎无形，由乎无名"一段意义吻合，应是晋人综合王、何等人之论而成。而后人竟以之与当时散见的其他人的《道德论》文字相杂，合编为《老子杂论》一卷，署名"何、王等注"。之所以如此，殆因其中首先列出的即是《晋书·王衍传》"何晏、王弼等祖述《老》《庄》，立论以为天地万物皆以无为本"云云。严可均《全三国文》全辑于何晏名下，题作《无为论》，有失考辨；姚振宗言其中有王弼某文、夏侯玄、阮籍某文，则全系揣测之词，不足为据。

另外，还要指出一点，《三国志·魏书·管辂传》注引《辂别传》多次提到何晏与人谈老、庄及《易》，给人以何晏于注《老》之外还有解《庄》之作的印象，这是不可靠的。因为据《三国志·魏书·曹爽传》注引《魏略》及《世说新语·文学篇》注引《魏氏春秋》等书来看，都只是提到"晏少有异才，善谈《易》《老》"。又，东晋王坦之著《废庄论》，曾援引何晏的话作为论据："何晏云：鬻、庄躯放玄虚，而不周乎时变。"这说明"何晏所倡导的正始玄论，主要是谈论《易》《老》"，"在魏晋玄学发展中，最早把老子和庄子并称的是嵇康"[①]。可见，何晏即使谈到《庄子》，也并不赞成《庄子》，故不大可能依《庄子》立论著述。

3.《周易说》（或《周易解》）

史书众口一词，说何晏善谈《易》《老》，《三国志·魏书·管辂传》及注引《辂别传》均说何晏数与裴徽、管辂共说《老》《易》，并"自言不解《易》九事"。何晏有说《易》的著作，这是正常的。

何晏说《易》的著作，《隋书经籍志》以下均无载，仅清人侯康《补三国艺文志》卷一有"何晏《周易私记》二十卷。《周易讲说》十三卷"。并于随后注记说："见《册府元龟》。今孔氏《正义·益卦》引一条云：'风雷者，取其最长久之义也。'李氏《集解·师卦》引一条云：'师者，军旅之名，故《周礼》云二千五百人为师也'"。姚振宗《三国艺文志》亦有"何晏《周易说》"，且引马国翰《玉函山房辑佚书》中何晏《易》书《辑本序》曰：

其《易》不传，书名及卷数并未详。《册府元龟》有何晏《周易私记》二十卷、《周易讲疏》十三卷，乃何妥之伪。《隋志》传写偶误，沿习不觉（案《经义考》亦沿此误）……

---

① 余敦康：《何晏王弼玄学新探》，齐鲁书社1991年版，第90页。

二 历史考据

姚氏之所以详引马国翰《辑本序》，理由不外乎两点：一是说明侯康《补三国艺文志》将《周易私记》二十卷、《周易讲说》十三卷误为"何晏撰"的原因，乃相信《册府元龟》所致；二是说明自己的《三国艺文志》中"何晏《周易说》"之题名以及该书无卷数的原因。

考《隋书·经籍志》经部"易类"有"《周易私记》二十卷，《周易讲疏》十三卷，国子祭酒何妥撰"。两《唐志》中已无《周易私记》一书，仅有《周易讲疏》十三卷，何妥撰。可见马国翰所言不虚。二书被误为"何晏撰"，始作俑者为《册府元龟》，侯康等人以讹传讹。

何晏虽未撰有《周易私记》《周易讲疏》二书，但何晏曾撰有解《易》之文则是无疑的。马国翰《玉函山房辑佚书》辑有《周易何氏解》一卷，即姚振宗所谓《周易说》，即可为证。不过，因何书早佚，内容已难详知。马氏辑佚，仅得四条，即引自李鼎祚《集解》的师卦、比卦义，引自房审权《周易义海》的需卦义和引自孔颖达《周易正义》的"益卦"义。马国翰《周易何氏解序》又云：

……又案《管辂传》云："晏自言不解易九事。"《南齐书·张融传》云："晏所不解易中九事，诸卦中所有时义是其一也。"知当日于《易》，亦称解矣。孙盛《魏氏春秋》载晏语曰："唯深也，故能通天下之志，夏侯泰初是也；唯几也，故能成天下之务，司马子元是也；唯神也，不疾而速，不行而至，吾闻其语，未见其人。盖欲以神况诸己者也。"管辂讥其说《易》生义，美而多伪；又谓其为少功之才。伏曼容亦以了不学轻之。盖其人习于浮华，辞常胜理，故时人虽吸习归服而不能逃有识者之鉴也。兹从孔颖达《正义》、李鼎祚《集解》、房审权《义海》辑录，止四节，亦卑之，无甚高论，取以备魏《易》一家之数。且以著汉学之变自王弼者，晏实为之倡也。

4.《孝经注》

《隋书·经籍志》"《孝经》一卷"注云：

> 梁有魏散骑常侍苏林、吏部尚书何晏、光禄大夫刘邵、孙氏等注《孝经》各一卷，亡。

这说明何晏所撰《孝经注》一卷，在隋时已不复存在，无怪乎两《唐志》《宋史》以下均无记录了。仅清人姚振宗、侯康所著《三国艺文志》有补录，姚氏《隋书经籍志考证》有云："梁有魏吏部尚书何晏注《孝经》一卷，亡。《释文叙录》苏林、何晏并注《孝经》。"

因何晏此书亡佚较早，唐宋人已不可见之，当时"类书"亦无引述，故后人无从辑佚，于何晏撰此书的动机及何注内容等，也一概无从考论。我们只能说，由何晏"集解"《论语》，撰《魏明帝谥议》，及注《孝经》诸举来看，正如余敦康先生所云，何晏谈玄，"不是如同后人理解的那样，使道家思想取代了儒家的地位，而是在当时的知识分子中激发了一种研究哲学的兴趣"[①]。

5.《魏明帝谥议》

根据《隋书·经籍志》记载，何晏还撰有一种关于谥法的著作。《隋志》史部"仪注"类载："《魏晋谥议》十三卷，何晏撰。"清人侯康《补三国艺文志》、姚振宗《三国艺文志》也都著录了此书，均作"《魏明帝谥议》二卷"。

《隋志》此条记载有误，是可以肯定的。因为何晏在魏嘉平元年（249）"高平陵事件"后已被杀，不可能活到西晋，更不可能去撰《魏晋谥议》一书。我以为，如果确有"《魏晋谥议》十三卷"之书的话，该书也只能是晋人所撰；假如其中收录了何晏在曹魏时所撰《谥议》，也只会是《魏谥议》，而不可能是《魏晋谥议》。姚振宗进一步推断《隋志》致误的原因说："盖误合《晋谥议》八卷、《晋简文谥议》四卷为一书，两《唐志》始分别著录。时曹爽为大将军，何晏为尚书，典选举，专政。"可为一合理假设。

但何晏《魏明帝谥议》与《隋志》中《魏晋谥议》之关系，也存在另一种可能，即何书在《魏晋谥议》之中，为其中一部分，署名

---

① 余敦康：《何晏王弼玄学新探》，齐鲁书社1991年版，第90页。

"何晏等撰"，《隋志》抄写脱"等"字，遂成"何晏撰"。唐时，何晏所撰《魏明帝谥议》二卷，脱离《魏晋谥议》而单独成书，史志遂得单列何氏之书。

何晏撰《魏明帝谥议》当在曹睿驾崩不久，其时何晏可能尚未得曹爽任用，因此它对研究何晏前期思想尤为可贵，惜此书《宋史·艺文志》已不见著录，殆两宋间亡佚。

何晏《魏明帝谥议》二卷，在两宋间已亡佚，但此书确实存在过，则是无疑的。未改本《北堂书钞》卷九十四《谥篇》引有一段《明帝谥议》，应即出于《魏明帝谥议》二卷。其言曰：

> 案内外群僚议宜曰"明"，余所执难各不相同。《书》曰："三人占，则从二人之言。"《传》曰："善钧，从众。"今称"明"者，可谓众也。

严可均的《全三国文》也辑入了此段文字，亦名《明帝谥议》省去"魏"字，殆当时属魏朝，本无需加"魏"字。"魏"乃西晋或六朝人所加。

6.《官族传》

《隋书·经籍志》史部还著录有"《官族传》十四卷，何晏撰"。侯康、姚振宗二氏也著录了此书，且姚氏《三国艺文志》云："《隋书经籍志·职官篇》：'《官族传》十四卷，何晏撰'；《唐艺文志》谱牒类：'《官族传》十五卷'，不著撰人。章宗源《隋志考证》曰：'《官族传》十四卷，何晏撰；《唐志》十五卷，入谱牒类。'"姚氏所谓《唐艺文志》指《新唐书·艺文志》，他又解释《唐志》所以著成"十五卷"之原因说："《隋志》是书之前有《吏部用人格》一卷，不著撰人，《唐志》似并合此一卷，故云十五卷。"

不过，由于此书宋史无录，且历代类书中未见摘引，故即使姚氏也只能根据《通志·氏族略序》云：

> 魏立九品、置中正，州大中正、主簿，郡中正、功曹，各有簿

状，以备选举。晋、宋、齐、梁因之。《唐书·柳冲传》："宋刘湛为选曹，撰《百家谱》二卷，以助诠叙。"《魏志·曹爽传》云："爽以何晏为尚书，典选举。"……晏在正始中为吏部尚书凡十年，此书似即作于其时，为刘湛之先声云。[①]

故何晏此书，今日无得而论其详。

7.《何晏集》

何晏其他散见的文章，在其身后已被人编入别集《何晏集》中。《隋书·经籍志》集部有"《魏尚书何晏集》十一卷"，注："梁十卷，录一卷。"这说明《何晏集》其实只有十卷，署"十一卷"，因其中有一卷目录，故两《唐志》集部所著《何晏集》均为十卷。然《何晏集》十卷在《宋史·艺文志》已不见著录，殆其书两宋时已亡佚。明人张溥《汉魏六朝百三家集》也无此书。

《何晏集》虽然在宋代已佚失，但其中的部分内容却借助《文选》或类书得以保存下来。严可均《全三国文》中辑何晏14篇赋颂奏疏议论，冯惟敏《诗纪》录有何晏诗二首，因此，我们仍可推见《何晏集》之大概。

具体而言，在严氏所辑14篇何文中，除我们上文考证的《无名论》本属何晏《道德论》一节，《无为论》属《老子杂论》佚文，《明帝谥议》原出《魏明帝谥议》，三者当时应排除在作为别集的《何晏集》之外，其余诸篇，包括五言诗二首，均应属当时《何晏集》的内容。

当然，由于当初属于《何晏集》的作品今天仍存留的已经不多，已很难够上"十卷"之数，故我们今天重辑《何晏集》时不应当将当时单行的专集作品排斥在外。如果加上这些专集遗存，今天重辑的《何晏集》应包括：1.《论语集解》十卷（后人分为二十卷）；2.《道德论》二卷残篇；3.《老子杂论》片断；4.《魏明帝谥议》片断；5.《周易何氏解》；6. 存于严可均《全三国文》中的奏论疏议赋颂共11篇；

[①] 姚振宗：《三国艺文志》，载《二十五史补编》（三），中华书局1955年版，第3247页。

二 历史考据

7. 五言诗二首。

对《何晏集》进行必要的搜集整理,为今天研究魏晋玄学与何晏思想提供可靠的第一手资料,应是我们古籍整理工作的一项重要任务。

(原载《文献》2003 年第 4 期)

谢灵运佛教著述考

谢灵运是中国南朝时期的著名文学家和诗人，其著作《隋书·经籍志》"别集类"著录为"宋临川内史《谢灵运集》十九卷"。（原注："梁二十卷，录一卷"）《旧唐书·经籍志》《新唐书·艺文志》皆著录为十五卷，《宋史·艺文志》著录为九卷。宋以后不见著录，已散失。另，《隋志》"总集类"又著录有谢撰《赋集》九十二卷，《诗集》五十卷，《诗集钞》十卷（原注：梁《杂诗钞》十卷，录一卷），《七集》十卷，《回文集》十卷，《连珠集》五卷等。但历代史志，包括清人聂崇歧撰《补宋书·艺文志》，章宗源和姚振宗的《隋书·经籍志考证》诸书，仅补充了谢撰《宋书》（不知卷数）、《要字苑》一卷、《游名山记》一卷，明代以往，辑谢集者颇多，对于谢氏之佛教著述则缺少专门考查。而这种情况，对于古今学界喜言谢灵运之创作与佛教因缘者，无不是一莫大之缺憾。有鉴于此，笔者愿不揣浅陋，对谢氏之佛教撰述作一全面考辨。

谢灵运的佛教撰述，除保存于诗赋等文学作品中的言佛理之片断不计外，专门的佛教撰述也为数不少。其中既有佛经的翻译、注释，亦有佛理辩论文、与僧俗讨论佛理的书函以及为佛像、法师而作的赞颂铭诔等文学作品。综合史料，今日仍可知的谢氏之佛教撰述共有：1. 改治本《大般涅槃经》；2.《金刚般若经注》；3.《与诸道人辨宗论》；4. 答法纲、慧琳、法勖、僧维、慧骦及王卫军（弘）论佛性书问七篇；5.《十四音训叙》；6. 佛影、佛像赞颂及法师诔十五篇。

◆◆◆ 二 历史考据

一

改治本《大般涅槃经》，即南本《大般涅槃经》。大乘《涅槃经》今存三个译本：一是法显游西域求得，佛陀跋多罗（此云觉贤）在建康所译，名《大泥洹经》，为六卷本；一是北凉昙无谶所译四十卷《大般涅槃经》，称"北本"；三是谢灵运与慧观、慧严等依觉贤所译《泥洹经》（六卷）改治"北本"而成之《大般涅槃经》，世称"南本"。释僧祐《出三藏记集》卷第八载《六卷泥洹经记》曰：

> 摩竭提国巴连弗邑阿育王塔天王精舍优婆塞伽罗先，见晋土道人释法显远游此土，为求法故，深感其人，即为写此《大般泥洹经》如来秘藏。原令此经流布晋土，一切众生，悉成平等如来法身。义熙十三年十月一日谢司空石所立道场寺出此《方等大般泥洹经》，至十四年正月一日校定尽讫。禅师佛大跋陀手执胡本，宝云传译。于时座有人二百五十人。

此处所记即《六卷泥洹经》译出的始末。但由《泥洹经》与后来昙无谶所译《大般涅槃经》（"北本"）比较可知，《泥洹经》（六卷本）实际只译出了《大般涅槃经》的前五品，而非完本，故需要重译。昙无谶译《大般涅槃经》正是在此情形下出现的。《出三藏记集》卷第八又记有凉州释道朗《大般涅槃经序》，言及"北本"译出经过，其言略曰：

> ……天竺沙门昙无谶者，中天竺人，婆罗门种，天怀秀拔，领鉴明邃，机辩清胜，内外兼综。将乘运流化，先至敦煌，停止数载。大沮渠河西王者，至德潜著，建隆王业，虽形处万机，每思弘大道，为法城堑。会开定西夏，斯经与谶自元宵而至，自非至感先期，孰有若兹之遇哉！谶既达此，以玄始十年，岁次大梁，十月二十三日，河西王劝请令译。谶手执梵文，口宣秦言。其人神情既

锐，而为殷重，临译敬慎，殆无遗隐，搜研正本，务存经旨。惟恨梵本分离，残缺未备……

从道朗的《序》与未详作者之《大涅槃经记序》可知，昙无谶所出虽已有四十卷，但亦非全篇足本。因此经原有三万五千（一作"二万五千"）偈，而"此方数减百万言"，"今出者一万余偈"。即"今出者已有十三品，作四十卷"，只相当于原经文的"抄略"。不仅如此，人们还认为"北本"译文的水平也未臻完善。①《大涅槃经记序》所谓"执笔者一承经师口所译，不加华饰"；故而"语小质朴，不甚流靡"②。故"北本"流传到南方之后，就有修饰增色的问题；再加之"北本"与《六卷泥洹经》品目也不一致，也需要"改治"。谢灵运与慧严、慧观改治之"南本"，正因此而出现。《高僧传》卷七《释慧严传》曰：

《大涅槃经》初至宋土，文言致善，而品数疏简，初学难以厝怀。（慧）严乃共慧观与谢灵运等依《泥洹》本加之品目。文有过质，颇亦改治，始有数本流行。

一般认为，"北本"于刘宋元嘉七年（公元430年）南传至建康。③而据《宋书·谢灵运传》及唐颜真卿《抚州宝应寺翻经台记》，谢灵运宋文帝元嘉八年（公元431年）起任临川内史，元嘉十年（公元433年）在广州被杀，其改治《涅槃经》实应在抚州临川内史任上。《高僧传·慧严传》又曰："（慧）严乃梦见一人，形状极伟，厉声谓严曰：

---

① 案：关于"北本"与"南本"的译文水平，很多认为"南本"高于"北本"，但也有不同意见。贵阳黔灵山破槃虚明法师即说："按现代学者的研究，其实这个南本改得并不怎么高明。实际昙无谶的《大般涅槃经》译本无论在庄重和明白方面都堪为模范的，虚明在读《大般涅槃经》并作白话转述者序时，便深感其原译经文之流畅，风格之凝重而又通俗。"《大般涅槃经今译·白话转述者序》，中国社会科学出版社1996年版。

② 《大唐内典录》卷四。

③ 关于"北本"南传时间，刘汝霖的《汉晋学术系年》据《宋书·氏胡传》推断为宋文帝元嘉二年（公元430年），《出三藏记集》、隋硕法师《三论游意》皆记为"元嘉七年"（公元435年），汤用彤的《汉魏两晋南北朝佛教史》也有此说。

'《涅槃》尊经，何以轻加斟酌'。严觉已惕然，乃更集僧，欲收前本。"慧观是位"渐悟"论者，其著《渐悟论》见于陆澄《法论目录序》，与谢灵运为竺道生"顿悟义"的支持者不同。① 因此，《大涅槃经》南本的改定主要应出于谢灵运之手。②

谢灵运与慧严、慧观改治《涅槃经》，主要工作包括两方面：一是依六卷《泥洹经》将北本之品目进行调整；二是文字上将北本改"质"为"文"。汤用彤先生曾将"北本"、"南本"、六卷《泥洹经》三本《涅槃》加以排比云："南本依六卷《泥洹》将北本之前五品分为十七品。《泥洹》有《大身菩萨品》第二。惟《泥洹》《序品》述佛将入灭时，一切大众均来顶礼，大身菩萨为顶礼者之一。南本以并入《序品》。故其前十七品当六卷之十八品也。"其文字上之改造，元康《肇论疏》卷上《序》云："谢灵运文章秀发，超迈古今，如《涅槃》元来质朴，本言'手把脚蹋，得到彼岸'。谢公改云：'运手动足，截流而度'。"这是一个著名的例子。汤用彤还列举出北本《寿命品第一》："犹如慈父，唯有一子，卒病丧亡，送其尸骸，置于槃间，归还怅恨，愁忧苦恼。"南本《序品》改为："犹如慈父，唯有一子，卒病命终，殡送归还，极大忧恼。"北本《寿命品之二》："啼泣面目肿。"南本《纯陀品第二》改为："恋慕增悲痛。"北本《寿命品之三》："而与罗汉等。"南本《长寿品》依《泥洹经》改为："量与罗汉等。"汤用彤先生由此得出结论："文字上之修治，则南北相差更甚微也。"③ 但根据后人进一步的研究，南本对北本文字上的"修改甚多"。④ 如北本《寿命品第一》："今日如来应正遍知……为作归依，屋舍室宅。……世间空虚，众生福尽。……世间空虚，众生福尽，我等从今无有救护，无所宗仰。"南本改为："今日如来应供正遍知……为作归依，为世间舍。……世间空虚，众生福尽。……世间空虚，众生福尽……我等从今无有救护，无所宗仰。"北本《寿命品之二》："一切迁动。"南本改为："一切迁灭。"北

---

① 普慧：《南朝佛教与文学》，中华书局2001年版，第24—25页。
② 孙述圻：《谢灵运与南本涅槃经》，《南京大学学报》1983年第1期。
③ 汤用彤：《汉魏两晋南北朝佛教史》（下册），中华书局1983年版，第437页。
④ 孙述圻：《谢灵运与南本涅槃经》，《南京大学学报》1983年第1期。

本《金刚身品第二》："常不可思议""非福田非不福田。"南北《金刚身品第五》改为："常不可议""非福田非不福田"。北本《如来性品之二》："若复得作优婆塞者，亦得断灭于一阐提。"南本《四品相之余》改为："若复得作优婆塞者，是亦得能灭一阐提。"北本《梵行品第八》："莫轻小罪。"南本《梵行品第十二》改为："莫轻小恶。"北本《光照普照高贵德王菩萨品第十》："不从作因而有，唯有了因。"南本《光照普照高贵德王第二十二》："不从作因而有，唯从了因。"北本同品："终不生贪著之相。"南本同品改为："终不生贪著之心。"北本《师子吼菩萨品第十一》："慧庄严者，无为，无漏，无无，无果报，无碍，常住。"南本《师子吼菩萨品第二十三》改为："慧庄严者，无为，无漏，无有，无果报，无碍，常住。"北本《陈槃如品第十二》："大士，我等今者，何得不愁？沙门瞿昙先出家已，说无常、苦空、无我等法，我诸弟子闻生恐怖。"南本《陈槃如品第十五》改为："大士，我等今者，何得不愁？沙门瞿昙先出家已，说无常、苦空、无我、不净，我诸弟子闻生恐怖。"像这样"改治"的地方还有很多。因此，南本《涅槃经》虽不能完全视为谢灵运的译著，但说这是由他主持完成的一项佛教文献整理工作，应无太大问题。

二

谢灵运主持"改治"《涅槃经》之外，又有佛经注释著作——《金刚般若经注》。唐李俨《金刚般若经集注序》略曰：

> 是空非空，槃乎不测，廓焉无像，假名言以立体，包权实而为用。穷不照之照，引重昏于梦境；运无知之知，导群迷于朽宅。究其实相，则般若为之宗矣。自真容西谢，像教东流，香城从筑于绵区，宝台移构于中壤，鳞萃羽集者，咸徇其法；云骞雾廓者，已悟其真。至矣哉！无得无称也。然此梵本，至秦弘始有罗什三藏于长安城创译一本，名舍卫国。暨于后魏宣武之世，有流支三藏于洛阳城重翻一本，名舍婆提。江南梁末，有真谛三藏又翻一本，名祇陀

二 历史考据

林。大唐有玄奘三藏又翻一本,名誓多林。虽分轸扬镳,同归至极,而筌词析义,颇亦殊途。然流支翻者,兼带天亲《释论》三卷,又翻《金刚仙论》十卷,隋初耶舍又翻《释论》两卷。比校三论,文义大同。然新则理隐而文略,旧则工显而义周。兼有秦世罗什、晋室谢灵运、隋代昙琛、皇朝慧净法师等,并器业韶茂,博雅洽闻,耽味兹典,俱为注释,考研秘赜,咸骋异义。

汤用彤先生曾说:"自汉之末叶,直讫刘宋初年,中国佛典最流行者,当为《般若》。即以翻译言之,亦译本甚多。最早为支娄迦谶之十卷《道行》。《放光》《光赞》,同为《大品》。……及罗什入长安,重译大小品,盛弘性空典籍,此学遂如日中天。"① 《道行》《光赞》《放光》,皆为《般若经》译名省称。以《道行》最为简略,形同节抄,学者称之为《小品》,后二者则名之曰《大品》。谢灵运所注之《金刚般若经》,乃罗什所译之一卷本《般若经》,即今日常用之《金刚经》(全称《金刚般若波罗蜜经》)。释僧祐《出三藏记集》卷第二于罗什译《金刚般若经》下自注:"或云《金刚般若波罗蜜经》。"可以为证。梁武帝《注解大品序》曰:"僧睿《小品序》云:'斯经正文凡有四种,是佛异时适化之说,多者十万偈,少者六百偈。'略出四种而不列名。《释论》言《般若》部党有多有少;《光赞》《放光》《道行》止举三名,复不满四。此土别有一卷,谓为《金刚般若》,欲以配数……"则可知萧梁之前《金刚般若》仍指此经,谢灵运所注无疑就是罗什译本。

谢灵运《金刚般若经注》今已不存,为我们考察其写作动机和内容带来了很大困难。但根据有关史料来看,谢氏是一位深谙《老》《庄》,又好佛理的文人名士,他选取当时被时人与《老》《庄》并谈的《金刚般若经》作注,亦属必然。《世说新语·言语》载:"谢灵运好戴曲柄笠,孔隐士谓之曰:'卿欲希心高远,何不能遗曲盖之貌?'谢答曰:'将不畏影者,未能忘怀。'"刘孝标注引《庄子》云:"渔父谓孔子曰:'人有畏影恶迹而去之走者,举足逾数而迹逾多,走逾疾而影不离,自

---

① 汤用彤:《汉魏两晋南北朝佛教史》(上册),中华书局1983年版,第164页。

以为尚迟,疾走不休,力绝而死。不知处阴以休影,处静以息迹,愚亦甚矣!子修身而求之人,不亦外事者乎?'"这说明谢氏深谙《庄子》。《金刚般若经》云:"是诸众生若心取相,即为著我、人、众生、寿者相";"应无所住而生其心"。此实与《庄子》"修心守真,则无累矣"之说同义。故谢氏《山居赋》及自注亦每以《老》《庄》与《般若》《法华》并言,而由此又可见谢灵运为《金刚般若经》作注,即是当时学术界风气使然,也符合其《老》《庄》《般若》并谈的一贯做法。

谢灵运为《金刚般若经》作注的时间,当在其早年,即《涅槃经》(包括六卷《泥洹经》)介绍至中土之前的东晋时期,因为此前才是《般若》学的兴盛时期,此后由《涅槃》的崛起,学术界的兴趣转移到了佛性论的讨论,宋初文学界"庄老告退,而山水方滋"[①],亦可反映这一状况。故谢氏注《金刚般若经》当在刘宋代晋之前,而李俨《金刚般若经集注》称谢氏为"晋室谢灵运",其原因或正在此。

谢灵运的《金刚般若经注》虽在唐人集合前注时仍存世并被收录,但可能由于该注诞生不久,学术界关注焦点已由《般若》学转向《涅槃学》,故当时也就失传了。所幸《文选》卷五十九李善注南齐王简栖《头陀寺碑文》中仍保存了两条,或可藉以窥谢注之一斑。《文选》卷五十九王简栖《头陀寺碑文》:"是以如来利见迦维,生王室。"李善注:

> 谢灵运《金刚般若经注》曰:"诸法性空,理无乖异,谓之为如。"

同卷同篇:"会如解,故名如来,于是玄关幽键,感而遂通。"李善注:

> 谢灵运《金刚般若经注》曰:"玄关难启,善键易开。"

[①] 刘勰:《文心雕龙·明诗》。

◆◆◆ 二 历史考据

谢氏的两条注文,第一条似解"如来"之"如"义,第二条或原为解"应无所住而生其心"一类玄奥经文之注释。因谢氏原书已不存,吾人不可过多妄言。

三

刘宋代晋后,中国佛学思想界发生之最大变化,在于《般若》学之地位渐被《涅槃》学所取代。竺道生可谓这一学风转变的代表人物。竺道生之学,虽"剖析佛性,洞入幽微,乃说一阐提人皆得成佛",但其最具创新精神之处,还是所谓"校练空有,研思因果,乃立善不受报及顿悟义,笼罩旧说,妙有渊旨"。特别是"顿悟成佛"之说的提出,"守文之徒,多生嫌疑,与夺之声,纷然互起"[①],在当时引起了广泛的争论。谢灵运为竺道生法师"顿悟义"的支持者,会与当时诸道人辩论此义,故著有《辨宗论》之文,其文曰:

> 同游诸道人,并业心神道,求解言外。余枕疾务寡,颇多暇日,聊申由来之意,庶定求宗之悟。释氏之论,圣道虽远,积学能至,累尽鉴生,方应渐悟。孔氏之论,圣道既妙,虽颜殆庶,体无鉴周,理归一极。有新论道士以为"寂鉴微妙,不容阶级。积学无限,何为自绝,今去释氏之渐悟,而取其能至。去孔氏之殆庶,而取其一极。一极异渐悟,能至非殆庶。故理之所去,虽合各取,然期离孔、释矣。余谓二谈救物之言,道家之唱,得意之说,敢以折中自许,窃谓新论为然。聊答下意,迟有所悟。

谢灵运此文《宋明帝赍中书侍郎陆澄撰法论目录序》(简称《法论目录序》)记为《辨宗论》,此文唐代道宣的《广弘明集》则录为《与诸道人辨宗论》。从文章的内容来看,此文并非一般的议论文,而是在

[①] 释僧祐撰,苏晋仁、萧炼子点校:《出三藏记集》卷第十五,中华书局1995年版,第571页。

竺道生"顿悟义"提出并在佛学界引发了顿、渐之争后,谢氏与周围"同游诸道人"的辩论之文,故《广弘明集》在文章的篇名上加"与诸道人"数字,以表明之。

《辨宗论》一文,折中孔、释二家,既肯定圣人可至,又认为"虽颜殆庶,体无鉴周,理归一极……"这也就是竺道生"寂鉴微妙,不容阶级"之"顿悟说"。陆澄《法论目录序》于谢灵运《辨宗论》外,又录有《谢康乐灵运宗述顿悟》,二者或为同一篇内容,以一为谢氏形诸文字的作品,一乃他人笔录之材料,故有此二篇也。《宋书·谢灵运传》载灵运曾谓孟𫖮曰:"得道应须慧业。丈人生天当在灵运前,成佛当在灵运后。"所谓"慧业",亦即"顿照之意也"[①]。故知持"顿悟义"乃谢氏一贯之主张。

根据汤用彤先生考证,"斯论之作,在康乐为永嘉太守时,即永初三年七月至景平元年(公元422—423年)秋也";"谢意作此论之时,生公当亦在都邑也","是远在大本《涅槃》南来以前"[②]。谢灵运此论传出以后,王弘将之传示竺道生(生公),竺道生在给王弘的信中说:"究寻谢远嘉论,都无间然。有同似若妙善,不能不以为欣。"对之表示了高度的赞扬。而明人张溥的《汉魏六朝百三家集·谢康乐集题辞》,甚至对《辨宗论》许以"祇洹奇趣,道门阁笔"的评语。

四

谢灵运在写作《辨宗论》的同时,还与法纲、法勖、慧琳、僧维、慧骥以及王弘等僧俗士人就"顿悟义"进行了辩论答问。陆澄《法论目录序》载:"《法勖问》往返六首;《僧维问》往返六首;《慧骥问》往返六首;《骥维("维"一作"杂",此据《广弘明集》)问》往返六首;《竺法纲、释慧琳问》往返十一首;《王休元问》往返十四首。"据此可知,谢氏当日与诸僧俗之士辩论甚苦,而往返问答之辞亦甚众。但

[①] 汤用彤:《汉魏两晋南北朝佛教史》(下册),中华书局1983年版,第475页。
[②] 同上书,第449页。

二 历史考据

今世仅存见于《广弘明集》中的《答纲、琳二法师书》《答法勖问》《答僧维问》《答慧骥问》《答骥维问》《答法纲问》《答慧琳问》《答王卫军问》等八篇文字。

《答纲、琳二法师书》为回答法纲、慧琳二人问"顿悟义"的书信。慧琳,《宋书·夷蛮传》说他"秦郡秦县人,姓刘氏,少出家,有才章,并善内外之学,为广陵王义真所知"。《高僧传》卷七《释道渊传》后附有《慧琳传》,亦云慧琳"长于制作",初与谢灵运、颜延之并广陵王义真情好款密。谢灵运为永嘉太守(时在永初三年七月,即公元422年七月)之后,慧琳曾为虎丘法纲作《诔》。由此可知,法纲乃苏州虎丘之竺法纲。《答纲、琳二法师书》亦当同《辨宗论》一样,作于谢氏为永嘉太守之时,而此时法纲、慧琳"二人恐同在虎丘也"。

谢灵运的《答纲、琳二法师书》开篇即曰:"披览二难,欣若暂对。"这说明此前纲、琳曾有问难《辩宗论》之文,故谢氏有此语。陆澄《法纲目录序》中虽无谢灵运与往返问答的内容;但由"《竺法纲、释慧琳问》往返十一首",又可知这场辩论的规模及持续时间之长。

《答纲、琳二法师书》,《广弘明集》卷十八总题为《答纲、琳二法师并书》,严可均《全宋文》则将书信、答法纲问、答慧琳问分为三文。但不管怎样,都难以符合陆澄《法论目录序》中"往返十一首"之数,说明其原文书阙有间。

《答法纲问》和《答慧琳问》,内容为回答法纲、慧琳二人关于达到"宗极",是"顿悟"还是"渐悟"以及"渐学"在"顿悟"中的作用问题。法纲、慧琳认为:"宗极"是"无",言教为"有","道形天隔","有形者有渐",故悟宗必赖渐学。谢灵运则主,宗极者本不分无、有,超乎言象,出于言表,故一悟则万滞同尽。"夫凭'无'以伏'有',伏久则'有'忘。伏时不能知,知则不复辨。是以坐忘日损之谈,近出老庄。数缘而减,经有旧说。如此岂累之自去,实'无'之所济。"换言之,"伏有"或"伏累",这种"渐学"或"渐悟",还有所滞,尚非真悟。真悟者得其全,物我两忘,有无并观,故一悟万滞同尽矣。

今存谢氏《答法勖问》《答僧维问》《答慧骥问》《答骥维问》及《答王卫军问》诸篇,亦为对"顿悟义"的辩论之文,且《答法勖问》

《答僧维问》二篇当作于《答僧维》《答慧琳问》之前。因为《答法纲问》中有"详复答勖、维之问"句和出于《答僧维问》中的"累既未尽，无无可得；尽累之弊，始可得无耳"之文。而今存《答法勖问》《答僧维问》与《答慧琳问》《答维骥问》诸篇，均有三问三答，符合陆澄《法论目录序》所记诸篇皆为"往返六首"之数，说明以上诸篇应保持着当时的原貌。只是《答慧琳问》，陆澄《法论目录序》作"《慧骥述僧维问》往返六首"，或许《答慧骥问》原为慧琳转述僧维之问而代为作答者，陆澄所记更为得其实，后世因不解其中缘故而径称为《答慧骥问》。因慧骥、僧维事迹僧传乏载，故不可详论。又，《答骥维问》，陆澄《法论目录序》作"《骥杂问》往返六首"，《广弘明集》卷十八作"骥维"。笔者认为当以作"骥维"为是，即慧骥、僧维二人。《答慧骥问》陆澄《法论目录序》既作"《慧骥述僧维问》"，则谢氏将慧骥、僧维一并作答，亦有可能。明人张溥编《汉魏六朝百三家集》时，将以上诸篇皆附于《辨宗论》之后，亦可见诸篇为讨论"顿悟义"内容无疑。《答王卫军问》，陆澄《法论目录序》作"《王休元问》往返十四首"。今仅存六首，殆亡佚太半。《广弘明集》卷十八题作"《答王卫军书并问》"，以《问》后一段文字为《答王卫军书》，或其当时所见如此。汤用彤先生以此论题中"王卫军"之称而推断云："永初元年（公元419年）江州刺史王弘进为卫军将军开府仪同三司，景平二年（公元424年）诏入京，是论作时谢在永嘉，王在江州也。"又说："谢答王弘问难中，言及顿悟与渐修之别，谓渐修者知假，可谓不知。"[①]则此篇为围绕"顿悟义"的进一步讨论。

五

《高僧传》卷第七《释慧睿传》载：

[①] 参见逯钦立《四声考》，载《汉魏六朝文学论集》，陕西人民出版社1984年版；饶宗颐《唐以前十四音遗说考》，载《梵学集》，上海古籍出版社1987年版。

◆◆◆ 二 历史考据

    释慧睿，冀州人，少出家，执节精峻，常游方而学，经行蜀之界……游历诸国，乃至南天竺界，音译诂训，殊方异义，无不必晓……陈郡谢灵运笃好佛理，殊俗之音，多所达解。咨睿以经中诸字并众音异旨，于是著《十四音训叙》，条例梵汉，昭然可了，使文字有据焉。睿以宋元嘉中卒，春秋八十有五矣。

  据此，谢灵运还著有关于佛经"诸字并众音异旨"的著作——《十四音训叙》。

  "十四音"即梵文十四个最基本的拼音字母，《隋书·经籍志》称之为"婆罗门书"，为天竺声明之学所必须掌握的内容。因为在中土流传的佛教经典基本都是由梵文翻译过来的，故学习梵文拼音字母就是阅读、翻译梵文佛经原典所必须的。正是从这个意义上讲，谢灵运关于"十四音"的著述——《十四音训叙》也应归入佛学著作。《大般涅槃经·如来性品第四之五》曰："迦叶菩萨复白佛言：世尊，云所言字者，其义云何？善男子，有十四音名为字义……是十四音名为字本。"谢灵运接触"十四音"概念，是否自其参与改治《大般涅槃经》始，今已不可知，但谢氏参与改治《大般涅槃经》时，曾更直接面对这一问题，则是可以肯定的。据《高僧传》载，与谢氏一起改治《大般涅槃经》之慧严、慧观都曾赴关中随鸠摩罗什学习，亦颇解梵音。谢氏如有关于"十四音"的疑问，必先咨二人商量，俟二人解说仍不能明，方始向慧睿咨询，并以此问题有益于当时学界，这才产生这篇《十四音训叙》。由此看来，谢氏此文当著于元嘉七年开始改治《大般涅槃经》之时。而由释慧睿元嘉中卒（元嘉共三十年）来看，这一推测应是可以成立的。

  谢灵运《十四音训叙》原书已佚，不可得而言其详。但日本平安朝学僧安然著《悉昙藏》一书，其中偶有征引谢灵运之语，学者多以为应出于谢灵运《十四音训叙》。[①] 如《悉昙藏》卷五引"宋国谢灵运云"略曰：

[①] 《大正藏》第 84 卷，台北财团法人佛陀教育基金会 1990 年影印本，第 377 页。

谢灵运佛教著述考

  《大涅槃经》中有五十字,以为一切字本。牵彼就此。反语成字。其十二字,两两声中相近,就相近之中复有别义。前六字中,前声短后声长;后六字中无有短长之异,但六字之中,最后二字是取前二字余声。又四字非世俗所常用,故别列在众字之后。其三十四字中,二十五字声从内转至唇外,九字声从外还内。凡五字之中,第四与第三字同而轻重微异。凡小字皆曰半字。其十二字譬如此间之言,三十四字譬如此间之音(按:此处"音"字当是"者"字之误——引者注),以"者"就"言",便为"诸"字。譬如"诸"字,两字合成便成满字。声体借字,以传胡音。复别书胡字。

  《悉昙藏》接下来便转引了谢氏所列的梵文"五十字"。谢氏认为,这五十字可以分为"声(势)"和"体(文)"两类。"声势"和"体文"均称"半字"。二字合在一起,正如"言"+"者"成汉字"诸"字。"诸"字就是满字。章太炎《国故论衡小学略》曰:"慧琳《一切经音义》称梵文阿等十二字为'声势',迦等三十五字为'体文'。声势者,韵;体文者,纽也。"故恶(a)、阿(ā)十二字为母音,有发音长短之别;瘂(ah)后三十五字则相当于今天中文拼音中的声母,各音间有发音部位和发音方法的不同,即所谓"轻重之异"也。梵文五十字中,前十二字两两相对,前六声长,后六声短,最后二字庵(am)、瘂(ah)为前二字噁(a)、阿(ā)的"余声"。谢灵运认为,噁(a)、阿(ā)至庵(am)、瘂(ah)十二字中,除开庵(am)、瘂(ah)二字之外,加上最后鲁(r̥)、流(r̄)、卢(l̥)、楼(l̄),正好"十四音",可以解释《大般涅槃》中所谓"十四音名为字本"一语中"十四音"何指的问题,亦可以见出其著作名《十四音训叙》之所由。故《悉昙藏》卷二曰:"谢灵运解(前十二字)以后鲁流卢楼四字足之,则成十六字,何谓十四?"又云:"前庵、瘂二字非是正音,止是余势,故所不取。若尔,前止有十,足后四为十四也。"①

---

① 《大正藏》第84卷,台北财团法人佛陀教育基金会1990年影印本,第377页。

◆◆◆ 二 历史考据

六

谢灵运佛教义理训故的著作之外，还有一些以佛教人物和事件为描写内容的文学作品，这就是《和从弟惠连无量寿颂》（即《净土咏》诗）、《和范光禄祇洹像赞三首并序》《维摩经十譬赞八首》《佛影铭并序》《庐山慧远法师诔并序》《慧远法师碑》《昙隆法师诔并序》等。

《和从弟慧连无量寿颂》，多作《无量寿佛颂》。"无量寿佛"即"阿弥陀佛"之意译，"阿弥陀佛"则属梵文音译。谢惠连是谢方明之子，谢灵运的堂弟，小谢灵运二十岁，但与谢灵运同年卒。《诗品》卷上称灵运每对惠连辄得佳句。"池塘生春草"这样的名句，即是面对谢惠连独得的神来之笔。《无量寿佛颂》曰："法藏长王宫，怀道出国城。愿言四十八，弘誓拯群生。净土一何妙，来者皆清英（《净土咏》作"菁英"）。颓年欲安寄（《净土咏》作"安可寄"），乘化必晨征。"或谓此篇作于景平二年（424年）[①]，可备一说。但从其中"颓年欲安寄"之句来看，此《颂》应作于谢氏晚年。而此《颂》的重要，在于可依此确认谢灵运的净土信仰，有利于深入研究其佛教思想。

《和范光禄祇洹像赞三首并序》，题中的"范光禄"指范泰，刘宋永初元年范泰建祇洹寺，立佛像，自己作了一首《佛赞》："精粗事阻，始末理通。舍事就理，朗朗祛蒙。惟此灵觉，因心则崇。四等极物，六度在躬。明发储寝，孰是化初。夕减双树，岂还本无。渺渺远神，遥遥安和。愿言来期，免兹沦湑。"谢灵运的《和范光禄洹像赞序》云："范侯远送像赞，命余同作。神道希微，愿言所属，辄总三首，期之道场。"与范泰仅赞佛像不同，谢灵运的《像赞三首》只有一首是赞佛像的：

惟此大觉，因心则灵。垢尽智照，数极慧明。三达非我，一援

[①] 参见慧远《万佛影铭后序》，另见汤用彤《汉魏两晋南北朝佛教史》（下册），中华书局1983年版，第314页。

群生。理阴心行,道绝形声。

另外两首,则一赞菩萨像,一为缘觉、声闻像的合赞——这也从一个侧面反映了当时佛寺大小乘并礼的面貌。

《维摩经十譬喻赞》八首,是对《维摩经》中十个"譬喻"的赞辞。《维摩经·观众生品第七》曰:"尔时文殊师利问维摩诘言:'菩萨云何观于众生?'维摩诘言:'譬如幻师,见所幻人,菩萨观众生为若此。如智者见水中月,如镜中见其面相,如热时焰,如空中云,如水中聚沫,如水上泡,如芭蕉坚,如电久住,如第五大,如第六阴,如第七情,如十三入,如十九界,菩萨观众生为若此。如无色界色,如焦谷牙,如须陀洹身见,如阿那含入胎,如阿罗汉三毒,如得忍菩萨贪恚毁禁,如佛烦恼习,如盲者见色,如入灭尽出入息,如空中鸟迹,如石女儿,如化人烦恼,如梦所见已寤,如灭度者受身,如无烟之火,菩萨观众生为若此。'"谢灵运的《维摩经十譬喻赞》,应是对此段佛经文字中诸譬喻的赞辞,故其《赞》八首,一赞(水)聚沫、(水)上泡,二赞(热时)焰,三赞芭蕉(坚),四赞聚幻,五赞梦,六赞影、响,七赞浮云,八赞电。当然,谢氏赞辞的顺序并不严格地按照《维摩诘经》中的先后次序,且如"影""响",并非佛经原书中的概念,而是作者概括"水中月""镜中像"而成。谢灵运这八首《赞》的内容,基本上都是大乘佛教物性本空、人生如梦幻不真之旨的发挥,为当时文人之常谈。

《佛影铭》是谢灵运应释慧远的要求而作的一篇铭文。《佛影铭序》云:

……法显道人,至自祇洹,具说佛影,偏为灵奇,幽岩嵌壁,若有存形,容仪端庄。相好具足,莫知始终,常自湛然。庐山法师闻风而悦,于是随喜幽室,即考空岩,北枕峻岭,南映谷涧,摹拟遗量,寄托青彩,岂唯像形也笃,故亦传心者极矣。道秉道人远宣意旨,命余制铭,以充刻刊……

◆◆◆ 二 历史考据

汤用彤先生认为此事在义熙八年，庐山法师即是慧远，"道人道秉远宣意旨，令谢作铭记"①。事实上，慧远本人也作有《万佛影铭并序》。比较谢氏与慧远所作，谢之《赞》并《序》，虽在描绘想像中的庐山山林环境方面可能超出了慧远之作，但在佛理的深度方面，则明显不及慧远。释慧远之作重在阐明形影与神道之关系，其《序》略曰：

……以言其道，仿佛存焉，而不可论。何以明之，法身之运物也，不物物而兆其端，不图终而会其成。理玄于万化之表，数绝乎无形无名者也。若乃语其筌寄，则道无不在。是故如来或晦先迹以崇基，或显生涂而定体，或独发于莫寻之境，或相待于既有之场。独发类乎形，相待类乎影。推夫冥寄为有待邪？为无待邪？自我观之，则有间于无间矣；求之法身，原无二统。形影之分，孰际之哉？而今之闻道者，咸慕圣体于旷代之外，不识灵应之在兹；徒知圆化之非形，而动止其迹，岂不诬哉！

而其《铭》亦有曰：

廓矣大像，理玄无名，体神入化，落影离形……

这实际是佛教"中观"学的"实相义"②。谢灵运的《佛影铭并序》只是深感"夫大慈弘物，因感而接，接物之像，端绪不一，难以形检"，故认定"形声之外，复有可观"。即有佛影可见。显然，他没能从理论上说明佛影和佛之"法身""实相"的关系，也就不具有慧远之文的理论深度。汤用彤先生言谢氏于佛教"只得其皮毛，以之为谈名理之资料"，而未能具深厚之修养。这种观点虽值得进一步推敲，但也是有一定根据的。

---

① 参见高华平《佛理嬗变与文风趋新——兼论晋宋之际山水文学兴盛的原因》，《中国社会科学》1994年第5期。
② 汤用彤：《汉魏两晋南北朝佛教史》（下册），中华书局1983年版，第314页。

谢灵运的《庐山慧远法师并序》作于东晋义熙十三年秋八月远公卒后。其中以诗的语言概括了慧远的道德风范以及自己"志愿归依",而"心往形远"的遗憾。文字简洁而情感真切,是研究慧远思想以及谢氏本人与佛教关系的重要资料。宋人陈舜俞的《庐山记》卷五《古碑目第七》有"慧远法师碑铭,谢灵运撰,张野序(原注:无立铭年月)"。若依此,则谢氏当还有《慧远法师碑铭》之作。

谢灵运的《昙隆法师诔并序》是一篇优秀的碑记文字,《诔》及《序》中记叙了昙隆法师这一奇伟僧人的经历及其与作者的交往。昙隆法师"生自豪华,家赢金帛,加以巧乘骑,解丝竹",所以过着富贵荣华、风流倜傥的生活。然而,就是这样一位贵公子,为了探究人生的忧苦之根,而舍妻别子,出家投道。先"投景庐狱(嶽),一登石门香炉峰,六年不下岭,众僧不堪其操,法师不改其节";再与作者相期同幽共深,经始东山,令作者"涕零沾衣"。其中"相率经始,偕是登临,开石通涧,剔柯疏林,远眺重叠,近瞩岖嵚"等言辞,学者常用以佐证《宋书·谢灵运传》"谢伐木开径之事为不虚"[①]。

另外,《艺文类聚》卷七十六还收录有谢灵运《石壁立招提精舍诗》《过瞿溪石室饮僧》等诗作,而据张彦远的《历代名画记》卷三记载,谢灵运还善佛画,唐会昌五年,浙江甘露寺天王堂外壁还保存有他画的《菩萨六臂》。这些虽不是他专门的佛教著述或佛学文字作品,但亦可视为其佛教思想的表现,兹姑附记于后。

(原载《中国文化研究》2006年冬之卷,发表时编辑改篇名为"谢灵运佛教著作研究",今改回)

[①] 汤用彤:《汉魏两晋南北朝佛教史》(下册),中华书局1983年版,第315页。

北凉王段业事迹考述

"五胡十六国"中的北凉政权，是匈奴左沮渠部落（卢水胡）首领沮渠蒙逊所建立的"胡人"政权，这似乎已是史学界的定论。但是，严格地讲，这一结论是不够准确的。因为北凉（公元397—439年）这个在历史上存在42年的所谓"胡人"政权，其最初四年的国主却是一位汉族儒士——段业。

段业虽然曾有四年南面称孤的历史，是凉州这块土地上为数不多的几位汉族霸主，但由于他过于懦弱，且称王的时间又短，故当时人所著史书如北方崔鸿的《十六国春秋》、魏收的《魏书》，南方萧子显、沈约诸人的《晋史》《宋书》以及唐人所修的《晋书》《北史》等，都没有为他留下位置，没有一篇《段业载记》或《段业传》。历代史家的这种立传标准显然存在可议之处，不利于对"五胡十六国"历史的深入研究。笔者在此不揣谫陋，欲鸠集史料，对段业事迹略作考述，并连带论及段业成败之因。

一 段业与杜进

段业，《晋书·吕光载记》《沮渠蒙逊载记》《凉武昭王李玄盛传》等均言其为"京兆人"，并说他是"儒素长者"。可见其属儒生，出身素族。段业至凉州，并在后来称凉王，这首先与前秦苻坚派吕光征讨西域一事有关。《晋书·吕光载记》曰：

（苻）坚既平山东，士马强盛，遂有图西域之志，乃授光使持节、都督西讨诸军事，率将军姜飞、彭晃、杜进、康盛等总兵七万，铁骑五千，以讨西域。

苻坚派吕光征西域的目的，《晋书·艺术（鸠摩罗什）传》及《高僧传》皆云"有迎（鸠摩）罗什之意"，又《资治通鉴》《高僧传》皆云"总兵十万"，与《晋书》有出入，但因皆不涉及吕光入凉州之事的真实性，故不论。吕光军中有将军曰杜进，而段业时任杜进的记室，故随杜入凉。《晋书·沮渠蒙逊载记》云：

> 段业，京兆人也。博涉史传，有尺牍之才，为杜进记室，从征塞表。

记室乃后世文秘一类职员，以善文牍而得任用。《后汉书·百官志》曰："记室令史，主上表章，报书记。"《晋书·职官志》郡县守令下属官有"主簿、录事史、主记室"或"主记室史"等官职，殆此类也。段业任杜进记室，此事证明两点：一是段业可能出于寒素（北魏时杜预五世孙杜诠侨居赵郡，可见京兆杜氏此时已衰①）；二是他博涉史传，有尺牍之才，堪称儒者。但他与杜进的关系如何呢？史无《杜进传》，杜进的身世尚且无得而论，更难确知段业与其关系。但史籍叙及杜进在吕光属下的一些重要行事，通过这些行事以及段业的反映，有利于我们从侧面对段业与杜进的关系作出某些推断。

第一，依《资治通鉴》，晋孝武帝太元八年（公元383年），吕光率部"行至高昌，闻（苻）坚寇晋，光欲更须后命"，准备停留等待命令。杜进进言说将领受任，"赴机宜速"。吕光采纳了杜进的建议，急速进军，"进及流沙"，抵达西域。②抵达西域后，吕光营外显出所谓"龙象"，杜进说：

---

① 《魏书》卷四五《杜诠传》，中华书局1977年版。
② 房玄龄等：《晋书》卷一百二十三《吕光载记》，中华书局1974年版，第3053页。

二 历史考据

龙者神兽，人君利见之象。《易》曰："见龙在田，德施普也。"斯诚明将军道合灵和，德符幽显。愿将军勉之，以成大庆。①

由杜进的两次进谏可以推知，杜进应是一位较有军事见地、且熟知儒家经典的汉族士人。同时，他的话很能迎合吕光的心意，故听了杜进之言以后，"光有喜色"②。

杜进既熟知《周易》一类典籍，又有军事见识和进言技巧，很得吕光亲信。而他对段业这位"博涉史传，有尺牍之才"的记室，可能也较为欣赏，并注意提拔。《资治通鉴》记载，吕光于晋孝武帝太元九年（公元384年）与龟兹王帛纯"战于城西，大破之"。吕光进入龟兹城。《晋书·吕光载记》云：

光入其城，大飨将士，赋诗言志。见其宫室壮丽，命参军京兆段业著《龟兹宫赋》以讥之。

《龟兹宫赋》今已不存，无法推见其内容。但段业此时已由杜进的"记室"晋升为吕光的"参军"，则是一个新的变化。段业这一升迁的详情固已难知，但当与杜进有关。说明他可能和杜进比较亲近，较得杜进赏识。

第二，段业在吕光手下的第二次升迁，根据《晋书·吕光载记》是在晋孝武帝太元十四年（公元389年），吕光称"三河王"这一年间。《晋书·吕光载记》曰："是时麟见金泽县，百兽从之。光以为己瑞，以孝武十四年僭即三河王位，置百官自丞郎以下，赦其境内，年号麟嘉。"晋孝武只有太元年号超过了十四年，故《资治通鉴》将此事系于"太元十四年二月"。《晋书·吕光载记》又曰：

是岁，张掖督邮傅曜考核属县，而丘池令尹兴杀之，投诸空

---

① 房玄龄等：《晋书》卷一百二十三《吕光载记》，中华书局1974年版，第3055页。
② 同上。

井。……著作郎段业以（吕）光未能扬清激浊，使贤愚殊贯，因疗疾于天梯山，作表志诗《九叹》《七讽》十六篇以讽焉。光览而悦之。

这表明段业在这一年又得到了升迁。《资治通鉴》没有记这件事，而《晋书·吕光载记》在记上一年吕光"宴群臣"时仍称"参军京兆段业"，故知段业升迁当在此年，或就在吕光称"三河王""置百官"的时候。但吕光乃一氐族武将，即使需要用人也只会选取那些他认为有军事才识的能人，他何以会注意到"儒素长者"段业呢？其中的原因，我以为也与杜进之事有关。因为在此前一年，吕光听信其甥石聪之言，诛杀了杜进，引起了杜进旧部的不满，段业曾经就此进谏。《晋书·吕光载记》曰：

初，光之定河西也，杜进有力焉，以为辅国将军、武威太守。既居都尹，权高一时，出入羽仪，与光相亚。光甥石聪至自关中，光曰："中州人言吾政化何如？"聪曰："止知有杜进耳，实不闻有舅。"光默然，因此诛进。光后谦群僚，酒酣，语及政事。时刑法峻重，参军段业进曰："严刑重宪，非明王之义也。"光曰："商鞅之法至峻，而兼诸侯；吴起之术无亲，而荆蛮以霸，何也？"业曰："明公受天眷命，方君临四海，景行尧舜，犹惧有弊，奈何欲以商申之末法临道义之神州，岂此州士女所望于明公哉！"光改容谢之。于是下令责躬，及崇宽简之政。

《资治通鉴》将此事系于太元十三年（公元388年）。以段业仍为"参军"之职观之，在太元十四年之前无疑。杜进被杀，这对其同僚与旧部必是一沉重打击，彭晃、康宁之叛或与此有关。[①] 段业是杜进的老

[①] 《资治通鉴》系彭晃事于晋孝武太元十三年，恐有误。笔者以为：彭晃事发生于杜进被诛之后更有可能，因为彭晃、杜进都是吕光的关中旧部，杜进被诛，彭不自安，故叛。《晋书·吕光载记》记杜进事发生于彭晃发动叛乱被诛之前，即是其证。

◆◆◆ 二 历史考据

部属，较得杜的提拔；但段业只是一名儒生，不能以武力发动叛乱，故他只能在吕光宴集群臣谈政事得失时进谏，抨击吕光以发泄心中的不满。这也比较符合段业的身份与性格。可能吕光也感到有抚慰杜进部下的必要，所以他听了段业的批评之后，不仅没有问段业之罪，反而"改容附之"，"下令责躬"。不久，还提升段业为著作郎。

二 段业与吕光

杜进的被诛，客观上反而促成了段业的升迁，使段业有机会能够进一步接近凉州当时的最强大霸主——吕光。于是，如何处理与吕光的关系，便成为段业生活中首要的和中心的问题。从《晋书·吕光载记》来看，段业似乎并不满意吕光处理杜进事件的结果，他借张掖督邮傅曜被杀之事再次向吕光发难，即说明了这一点。有人认为段业向吕光所讲的一番话，说明"当时确有许多士族是怀着实现儒家王道政治理想"[1]的。这当然不能说没有根据，但其在现实政治斗争中的更直接的动机，可能是我们应该首先探明的。

自吕光定凉州到称"三河王"这段时间，吕氏政权发生了一系列重大事件：一是吕光宠任"奸佞倾薄人"尉祐，诛杀了"南安姚皓、天水尹景等名士十余人，远近颇以此离贰"[2]。二是吕光任用尉祐为宁远将军、金城太守，吕光的将军姜飞与尉祐发生冲突，击败尉祐，但尉祐的势力渗透到了姜飞军中，姜飞的司马张象、参军郭雅"谋杀飞应祐"[3]，虽然事情败露，二人皆逃奔，但此事无疑已削弱了姜飞的力量。三是吕光的西平太守"康宁自称匈奴王，阻兵以叛"[4]。康宁不知何许人，但吕光由关中西征时的四位将军中有名"康盛"者，吕光派康宁去任西平（治所在今青海西宁）太守，镇守南凉，其地位不同于一般

---

[1] 参考陈明《儒学的历史文化功能——士族：特殊形态的知识分子研究》，学林出版社1997年版。
[2] 房玄龄等：《晋书》卷一百二十三《吕光载记》，中华书局1974年版，第3056页。
[3] 同上。
[4] 同上书，第3058页。

武将；又康宁势力颇大，叛乱后，"光屡遣讨之，不捷"。或康宁即康盛子弟。四是吕光诛武威太守杜进，事已见前述。五是吕光的将领徐炅与张掖太守彭晃谋叛，吕光率步骑三万亲往讨伐，诛彭晃。如果将以上一系列看似偶然的事情联系起来，可以看出，吕光实似有剪灭功臣，扶植诸吕的目的，所以到了晋孝武帝太元二十一年（公元396年）即天王位时，吕光原先关中的四大部将已不再见有人在朝中任职者，而吕光"诸子弟为公侯者二十人"。如果考虑到吕光本为氐人，其当初所率出征的将军多属关中汉族士人①，那么，说吕光剪灭功臣，扶植诸吕的行为，带有某种抑制汉人、尊崇氐人的民族主义倾向，也很有可能。

而从这一角度来考察段业在吕光提拔其为著作郎之后，仍向吕氏借题发难一事，就可以获得合理的解释。显然，吕光抑制汉人、尊崇诸吕氏人的民族主义政策，对包括段业在内的后凉汉族士人的地位十分不利，即使只是清谈的名士，也有可能像南安姚皓、天水尹景那样遭受不测，更何况涉足于后凉政坛呢？所以，段业借傅曜一事向吕光再次讽谏。他一方面写了《九叹》《七讽》等表志诗以表明态度，另一方面则称病疗疾于天梯山。②从《晋书·吕光载记》来看，吕光当时虽然没有采取什么让步的措施，但由"光览而悦之"的史实可以推知，吕光可能已经猜到段业的心思，并给予了善言安抚。故在太元十四年段业赋诗至太元二十一年吕光称"天王"的这七年间，虽然史书上没有提到段业有何升迁，但吕光在即天王位时并没有忘记段业，而是"以段业等五人为尚书"。并至迟于第二年（即晋安帝隆安元年，公元397年）年初委任段业为建康（治所在今甘肃高台西）太守，使之成为了后凉的"封疆大吏"。

三 段业与沮渠蒙逊

吕光任用文弱的儒生段业为建康太守，应该说并非一时心血来潮，

---

① 《吕光载记》云："光既平龟兹，有留焉之志。"曾"大飨文武，博议进止。咸请还，光从之"。说明吕光部将可能多关中汉人，故不愿留在西域。

② 天梯山，唐人李吉甫的《元和郡县图志》"陇西道凉州姑臧县"曰："天梯山，在县南二十五里。"

二　历史考据

而是有他的考虑的。自康宁、彭晃叛乱平定以后，后凉在军事上不再见有任用汉人将领之事，而凡有事皆由吕光的儿子吕纂、吕绍带兵征讨。据《资治通鉴》记载，晋孝武帝太元十九年（公元394年）[①] 六月，吕光以其子吕覆"为都督玉门诸军事、西域大都护，镇高昌"时，还特地"命大臣子弟随之"。这等于利用"大臣子弟"为人质控制朝中大臣。吕光之所以会任用段业去任建康太守，不外乎两个意图：其一，段业是汉人儒士，任用段业有利于民族和解；其二，段业既是文弱儒者，就不会像强悍的武将那样去叛乱，可免去后顾之忧。吕光重用段业，在他看来可谓一箭双雕。

但事实往往并不能使人如愿。吕光用段业为建康太守，段业虽然没有叛乱的企图，但有人却偏要利用段业发动叛乱，将凉州一分为二，段业成为了北凉王。这个人就是属"卢水胡"的沮渠蒙逊。《晋书·沮渠蒙逊载记》曰：

> 沮渠蒙逊，临松卢水胡人也。其先世为匈奴左沮渠，遂以官为氏焉。蒙逊博涉群史，颇晓天文，雄杰有英略，滑稽善权变，梁熙、吕光皆奇而惮之，故常游饮自晦。

梁熙、吕光是凉州前后的统治者，他们对沮渠蒙逊也"奇而惮之"，可见此人非等闲之辈。晋安帝隆安元年（公元397年），沮渠蒙逊借口其伯父沮渠罗仇、沮渠麴粥在与西秦的战争失败后被吕光所杀而起兵，攻下了后凉的临松郡（治所在今甘肃张掖境内），屯据金山，但很快被吕光之子吕纂击败，沮渠蒙逊本人逃入山中。沮渠蒙逊的从兄沮渠男成，此时也是后凉的将军，听到沮渠蒙逊的消息，也在晋昌起兵响应，并击败了后凉的酒泉太守垒澄[②]；进而进逼建康，围攻其时后凉的建康太守段业。沮渠男成在围攻建康的同时，又派使者去劝说建康太守段业一同叛凉。段业最初并没有答应。双方相持了二十天，后凉没有派

[①]《晋书·吕光载记》亦载此事，但无系年，此从《资治通鉴》。
[②]"垒澄"《宋书·氐胡（胡大且渠蒙逊）传》作"叠滕"，此从《通鉴》。

来救兵。段业手下的很多人赞成叛凉，段业本人平日也与后凉的尚书左仆射王祥等人不和，担心是王祥等人从中作梗，故意拖延发兵救援而使自己陷入困境。在这种内外夹击的形势下，段业最终接受了沮渠男成的劝说，叛离后凉而独立。沮渠男成推举段业为大都督、龙骧大将军、凉州牧、建康公，改吕光飞龙二年为神玺元年，段业则任命沮渠男成为辅国将军，将军国大事委任于他。沮渠蒙逊此时也率兵投归段业，段业任命他为镇西将军、临池太守。①

段业建元之后，立即派沮渠蒙逊进攻西郡（《资治通鉴》胡三省注："郡在武威西，据领之要，蒙逊得之，故晋昌、敦煌皆降。"），执太守吕纯以归。接着凉州自张掖以西的地区都投降了段业。段业正式称凉王，迁都张掖，任命沮渠蒙逊为尚书左丞，梁中庸为右丞，史称"北凉"。

段业政权主要依靠沮渠男成、沮渠蒙逊堂兄弟二人武力的支持，故此二人在段业政权中具有举足轻重的地位。但沮渠兄弟二人的性格却差别极大。沮渠男成待人有恩，讲信用，对段业也十分忠诚；沮渠蒙逊则以勇略著称，具有很大的政治野心。

在很大程度上来讲，段业政权是否能够保持，关键在于他和沮渠男成，特别是与沮渠蒙逊的关系处理得如何。如果段业是一位高明的驯兽员，能巧妙利用狮子的虎威而不为其所伤，那么段业政权保持稳定是完全可能的。但不幸的是，段业却是一位儒素长者，根本不会耍政治权谋，结果他不仅没能驯服、利用沮渠蒙逊这头猛兽，反而为沮渠蒙逊所摆布，以致最终掉了脑袋。

段业对沮渠蒙逊的态度主要是畏忌、疏远。所谓畏忌，主要是"畏"，也包含有"忌"的成分。"畏"是害怕沮渠蒙逊军事上的勇猛和政治上的权谋；"忌"是担心沮渠蒙逊功高名大，超过自己。所谓疏远，是对沮渠蒙逊采取敬而远之的态度。他将蒙逊由都尹、张掖太守调任西安（胡三省注："业置西安郡于张掖东境"）太守，使其远离自己。

---

① 沈约等：《宋书》卷九十八《氐胡·胡大且渠蒙逊传》，中华书局1974年版，第2414页。

◆◆◆ 二 历史考据

面对段业的这一态度，沮渠蒙逊一方面匿智自晦，另一方面暗中大使权谋。他先后设计除掉了段业的枝干索嗣、马权以及自己的从兄沮渠男成，等到时机成熟时，便毫不留情地杀掉了段业，取而代之。史载沮渠蒙逊取代段业的这一经过甚详，在这一过程中，段业、沮渠男成、沮渠蒙逊三人的性格特征反映得十分鲜明，现节录《晋书·沮渠蒙逊载记》此段记载如下：

……蒙逊谓男成曰："段业愚闇，非济乱之才，信谗爱佞，无鉴断之明。所惮惟索嗣、马权，今皆死矣，蒙逊欲除业以奉兄何如？"男成曰："业羁旅孤飘，我所建立，有吾兄弟，犹鱼之有水。人既亲我，背之不祥。"乃止。……蒙逊期与男成同祭兰门山，密遣司马许咸告业曰："男成欲谋叛，许以取假日作逆，若求祭兰门山，臣言验矣。"至期日，果然。业收男成，令自杀。男成曰："蒙逊欲谋叛，先已告臣，臣以兄弟之故，隐忍不言。以臣今在，恐部人不从，与臣剋期祭山，返相诬告。臣若朝死，蒙逊必夕发。乞诈言臣死，说臣罪恶，蒙逊必作逆，臣投袂讨之，事无不捷。"业不从。蒙逊闻男成死，泣告众曰："男成忠于段公，枉见屠害，诸君能为报仇乎？……"男成素有恩信，众皆愤泣而从之，比至氐池，众逾一万……业曰："孤单飘一己，为贵门所推……投之岭南，庶得东还，与妻子相见。"蒙逊遂斩之。

四　段业与秃发氏及李暠

段业在内政上因缺乏必要的权谋而被沮渠蒙逊所杀，既丢了政权，也丢了性命；但他在外交上采取的联合鲜卑族秃发乌孤、秃发利鹿孤立南凉政权，以抗击吕氏后凉的政策却是成功的，对于保持其政治的稳定起了重要作用。《晋书·秃发乌孤载记》云：

秃发乌孤，河西鲜卑人也。……隆安元年，自称大都督、大将军、大单于、西平王，赦其境内，年号太初。曜兵广武，攻克金城。……后三岁，徙于乐都，署弟利鹿孤为骠骑大将军、西平公，镇安夷，傉檀为车骑大将军、广武公，镇西平，以杨轨为宾客。

秃发乌孤、秃发利鹿孤、秃发傉檀兄弟均有才略，先后即王位。其中秃发乌孤晋安帝隆安元年（公元387年）称西平王，后改称武威王，隆安三年（公元389年）因醉酒坠马伤肋而死；其弟秃发利鹿孤继位，晋安帝元兴元年（公元402年）卒。段业政权与鲜卑秃发乌孤、秃发利鹿孤政权相处共有四年。秃发氏兄弟对段业的看法是："段业儒生，才非经世，权臣擅命，制不由己。"① 所以，他们对段氏政权采取的政策是，与其修邻好，"许以分灾共患"，共同对付吕光的后凉政权。段业对南凉政权也表现出极大的诚心，以求联合抗击后凉。晋安帝隆安三年四月，吕纂进攻段业的北凉，段业向秃发乌孤求救，秃发乌孤派利鹿孤、杨轨前往援救。"纂惧，烧氏池、张掖谷麦而还。"② 同年，秃发乌孤卒，利鹿孤继位，派记室监麹梁明聘于段业，受到段业的赞美。③ 隆安四年六月甲子，吕纂围北凉的张掖并掠建康，南凉秃发傉檀闻之，率骑兵万人袭后凉的姑臧，吕纂被迫从北凉撤兵。④ 这说明，段业与鲜卑秃发氏联合抗吕的策略是成功的。

北凉与南凉政权之所以能走向联合，就段业来说，他本无侵略扩张之心，只求自保，不可能对南凉构成威胁；从秃发氏方面来说，他面临的强敌是吕光后凉政权，也需要段业北凉政权来牵制吕氏，形成更大力量来对付后凉。正如南凉的谋臣杨统所说："姑臧（后凉京都）既拔，二寇（指北凉与西秦）不待兵戈，自然服矣。"⑤

段业虽然没有受到鲜卑政权的威胁，但一个新的威慑力量却出乎意

---

① 《晋书·秃发乌孤载记》载南凉谋臣杨统之言，秃发乌孤"然之"。
② 房玄龄等：《晋书》卷一百二十六《秃发利鹿孤载记》，中华书局1974年版，第3144页。
③ 同上。
④ 同上。
⑤ 同上书，第3147页。

◆◆◆ 二 历史考据

料地出现了。这就是李暠的西凉政权。

李暠（公元350—417年），字玄盛，陇西狄道（治所在今甘肃临洮）人，汉前将军李广之后，本是段业治下凉州（治所在今甘肃酒泉）的效谷县令，北凉的敦煌太守孟敏卒后，敦煌护军郭谦、沙州治中索仙等人推举李暠继任敦煌太守。段业不知是出于何种考虑，因此正式任用李暠为安西将军、敦煌太守、领护西校尉。隆安三年，段业的右将军索嗣欲任敦煌太守之职，于是在段业面前毁谤李暠，段业即以索嗣代李暠为敦煌太守。索嗣率五百骑兵前往就任，离敦煌还有二十里，索嗣先派人送信给李暠，要求暠前往迎接。李暠准备出迎，被效谷县令张邈以及李暠的同母异父弟、时任段业中散常侍的宋繇所阻止。李暠便派张邈、宋繇以及其二子李歆、李让率兵迎战索嗣，索嗣兵败逃回张掖，李暠继续自任敦煌太守。隆安四年，李暠上表段业，揭露索嗣的罪状，请求诛杀索嗣。沮渠男成也讨厌索嗣，劝段业除掉索嗣。段业本乏主见，因此而诛索嗣。并派使者向李暠道歉，晋升李暠为持节、都督凉兴以西诸军事、镇西将军、领护西夷校尉。

同年，北凉的晋昌（治所在今甘肃安西东南）太守唐瑶反叛，传檄北凉的敦煌、酒泉、晋昌、凉兴、建康、祁连六郡，推举李暠为大将军、凉州刺史、凉公，李暠因此独立，史称"西凉"。不久，北凉的酒泉太守王德也叛归西凉，虽然他途中被沮渠蒙逊击败，但却大大削弱了北凉的实力。

从段业处理李暠事件的经过来看，充分反映了段业寡断少识的儒者性格。他对李暠迁就太多——当然，其中也可能含有利用李暠以牵制沮渠氏势力的动机，但即便如此，段业也对当时凉州的形势和李暠其人存在误判。李暠则利用段业的性格特点一步步扩张自己的势力，最终独立称王。应该说段业失国亡身，实自李暠事件始。

五 段业失国的主要原因

段业政权只存在了短短的四年就被颠覆，其中的原因固然如前代史家所言，因段业是一个"儒素长者，无他权略"，即其儒生优柔寡断的性格和缺少政治家的谋略所致。但客观地讲，我以为其根本原因，乃在于段业未能也不可能处理好其内部纷繁复杂的民族关系所致。

在北凉建国时期，凉州的民族关系错综复杂。凉州当时除汉族外，还有氐、羌、匈奴、鲜卑等很多少数民族。氐族人吕光本是前秦的大将而建立了后凉政权，段业继张轨、张天锡之后建立了第二个汉人政权，但国家的实权却被匈奴左沮渠部落首领所操纵。今青海、甘肃毗邻地区则有鲜卑族秃发氏的南凉，陇右则有鲜卑贵族乞伏国仁建立的西秦。在这一民族关系极为复杂的地区建立汉族政权，首要的问题是要处理好各民族关系。在段业前后于凉州真正建立起较稳固汉族政权的，只有张轨和李暠二人，但由于张轨和李暠取得政权的基础都是汉族士人，如随张轨凉州创业的宋配、阴充、氾瑗、阴澹等人，推举李暠为王的郭谦、宋繇、索仙等人，都出身于关中或河西名族，完全看不到"胡人"在其中任职的影子。可以说，张轨的前凉政权和李暠的西凉政权，虽置身于民族关系极为复杂的凉州地区，所依靠的实是汉人士族，以对汉人和"胡人"实行统治。其民族政策可谓是汉人"单边主义"。

段业政权实际应看作汉族与匈奴左沮渠部落的联合政权。段业称王，虽然一方面是由于沮渠男成的围攻和诱降，另一方面则是迫于吕光排抑汉人、尊崇氐人的民族主义倾向所引起的汉人的不满和猜忌。当时，段业手下高逯、史惠等人也劝段业叛凉[①]，继段业之后，郭箓、王祥等亦相继叛乱，汉族士人最后基本上都叛离了后凉政权，使后凉变成了一个比较纯粹的氐人政权，都可证明此点。

段业政权既是一个"胡"汉联合政权，又处于民族矛盾尖锐激烈的时刻，这就要求段业的一切政策都要力求达到民族力量的制衡，既要利用匈奴左沮渠部落的军事力量，又要充分发挥汉族士人的政治及文化优势，使二者达到互相制衡。段业在建国之初任用沮渠蒙逊为尚书左丞，梁中庸为右丞，既让沮渠男成、沮渠蒙逊兄弟担任军国之任，又任用宋繇为中散常侍[②]，孟敏、王德为郡守，索嗣、马权则被委以右卫将军和

[①] 《资治通鉴》卷一百九《晋记》三十一安帝隆安元年。
[②] 同上。

◆◆◆ 二 历史考据

门下侍郎之职,说明他在客观上还是很注意任用汉族士人以抑制匈奴势力的。

　　但是段业并没有这种自觉。首先,他没有注意区别沮渠男成、沮渠蒙逊兄弟二人在接受汉文化程度上的差异(沮渠男成重信守约,以诚信为本,接受"汉化"的程度明显强于沮渠蒙逊)。他信蒙逊而杀男成,使北凉匈奴军事力量完全为沮渠蒙逊所控制、利用,最后都成为了自己的反对势力;沮渠蒙逊起兵后,"羌胡多起兵响应"[①],便可说明此点。其次,他没有利用汉文化传统以联系汉族士人,反而受沮渠蒙逊摆布,疏远并除掉了一些支持自己的汉族士人,这样就打破了自己政权内胡汉力量的平衡,破坏了彼此制衡的关系。结果只保存了"胡人"中的沮渠蒙逊势力,临难时段业"左右皆散"[②],真的成了孤家寡人。

　　段业亡身失国的主要原因,客观地讲是当时中国西北凉州各民族间还未达到彼此融合的程度;从主观上讲,则是段业不懂得制定和实行凉州民族间融合与制衡的政策。段业的被杀具有深长的历史余味。

(原载《中南民族大学学报》2003年第1期)

---

① 《资治通鉴》卷一百九《晋记》三十一安帝隆安元年。
② 房玄龄等:《晋书》卷一百二十九《沮渠蒙逊载记》,中华书局1974年版,第3192页。

三　哲学智慧

中西传统哲学的美育与素质教育思想及其现代转换

一

美育与素质教育，简单地讲，即审美教育与以全面提高人的知、情、意、体、美等素质为目的的基础教育。美育，是审美教育；素质教育是培养和提高人的德、智、体、美各方面素养的教育，二者都是以人的全面、自由、协调发展为目标的教育思想和教育形式。

自人类进入文明社会以后，人与自然之间就产生了裂缝，不过，在工业文明之前，这一裂缝并不算大。在古代中国和西方中世纪的田园牧歌中，人与自然还有着一种诗意的关系。但是，随着工业文明的迅猛发展，大自然遭到了人类的打击和破坏，隆隆的大机器开进了充满牧歌的田园……工业化伴随城市化，使人脱离了自然的怀抱，产生了人与自然关系的紧张、对立、异化，也产生了人自身的异化。我国自从改革开放以来，社会生产力获得巨大的进步，物质生活日益繁荣，然而，和西方发达国家一样，经济和技术的现代化，在改善人们物质生活的同时，精神上的负面影响也逐步显露出来。由于过于注重外在的经济生活，导致了人内在心灵旨趣的丧失。对于金钱的追求，使人们在拜物的同时，忘记了人为什么而活着，忘记了即使金钱如山也要死亡。而知识愈来愈专门化，生产分工愈来愈精细化，将富有生气的完整的人撕成了碎片。人的平面化、标准化、工具化，为赚钱而像螺丝钉一样被钉在大机器上机械地工作着，从而使人与社会、人与人的关系日渐疏离，使整个社会的心理失去平衡，人们陷入孤独、痛苦、烦恼的现代病症中，各种社会丑

三 哲学智慧

恶现象沉渣泛起,许多邪教乘机孳生……

如何才能有效地医治人类特别是我国当前在现代化进程中所遇到的多种现代社会病症,克服现代物质文明过程中带来的多种负面影响,给被过细的现代分工所切碎的现代人以一种生气、完整和诗意的人生,一种完美的人格,除了要采用法制的、行政的、物质的手段之外,最重要的一条途径,就是美育与素质教育,要给冷冰冰的工具理性的世界增加情感与热情的添加剂,让孤独、枯寂的"荒原"重新长满绿色和生机,使痛苦、迷惘、无家可归的精神流浪者有一个温馨、安全、和谐的家园,使分裂、异化、扭曲的现代灵魂重新成为具有整全人格的德、智、体、美全面发展的完整的人。

我国党和政府十分重视美育和素质教育问题,党和国家领导人多次发表了素质教育的重要讲话,我国的教育界现在正在开展由应试教育向素质教育转轨的教育改革。美育与素质教育不仅是我国目前实施教育改革的一项重要措施,而且是关系到我国21世纪经济可持续发展的重大战略任务,关系到中华民族整个民族素质和前途命运的千秋大业。

怎样才能有效地开展美育和素质教育呢?这当然是一个综合课题,但从传统的文化哲学中吸取养分,充分发掘和利用中外哲学史、文化史上一切有益的资源为当前我国的美育和素质教育事业提供参考和借鉴,将是一个十分重要的途径。中国是一个具有几千年文化传统的国家,虽然中国文化具有早熟的特点,但是中国传统文化在重视美育与素质教育方面却有深厚的传统,从先秦时期"乐教"对人的道德情操潜移默化的提升,到儒、释、道理想人格境界的培养,以审美的方式,着眼于培养和提高人的内在素质,一直是中国传统哲学的一个显著特点。尽管在中国传统哲学中,素质主要被理解为人的道德素质,而不是人的物质与精神各方面素养的总和;审美也并不具有独立的或主导的位置,而是从属或服务于人的伦理道德的修养。在西方传统哲学中,出于人的求知的好奇心,把理智和认知一直看得至高无上。从柏拉图、亚里士多德到贺拉斯、普罗提诺,到中世纪的圣·奥古斯丁、托马斯·阿奎那,再到文艺复兴时期的思想家、英国经验主义和大陆理性主义,尽管各自所追求的最高知识——理念、目的、真理、神、上帝,名称不一,有些人对艺术和审美甚至采取了否定的态度，但认为审美教育对人有潜移默化的作用，可以使人在不知不觉中提高人的智力素质，这一点则是一致的。柏拉图在《理想国》中曾借苏格拉底的口说："我们必须寻找一些艺人巨匠，用其人才美德，开辟一条道路，使我们的年轻人由此而进，如入健康之乡；眼睛所看到的，耳朵所听到的艺术作品，随处都是；使他们如坐春风，如沾化雨，潜移默化，不知不觉之间受到熏陶，从童年时，就与优美理智融合为一。"① 从文艺复兴以后，随着对人的尊严和价值的肯定，随着科学领域由理论科学向实验科学的转变，特别是近代资产阶级和资本主义的兴起，人的分裂和异化更为突出，席勒曾经指出完整的人如今已被一架精巧的钟表所代替，在那里无限众多但都没有生命的部件拼凑在一起从而构成了一个机械生活的整体。现在，国家与教会，法律与道德习俗都分裂开来了；享受与劳动，手段与目的，努力与报酬都彼此脱节。人永远被束缚在整体的一个孤零零的小碎片上，人自己也只好把自己造就成一个碎片。② 因此，席勒在卢梭、康德等人特别是在康德的影响下，提出了如何联结感性与理性、真与善、自然国家与理想、感性冲动与形式冲动，造就完整的人的审美教育——实际上也是素质教育的概念。

二

下面，我们将对中西传统哲学的美育与素质教育思想的基本特点作一追溯，并考察马克思主义哲学关于人的全面发展学说对传统哲学、特别是西方传统哲学和美学思想的超越及其对我国当前美育与素质教育的启示。

中国传统哲学是中国传统文化中的精华，是中华民族几千年文明和智慧的结晶。中国传统哲学反映着古代中国人独特的思维方式、生活理想与审美趣味。对于中国传统哲学的民族文化特征及其与西方传统哲学

---

① ［古希腊］柏拉图：《理想国》，商务印书馆1986年版，第107页。
② ［德］席勒：《审美教育书简》，北京大学出版社1985年版，第14页。

三 哲学智慧

的文化差异,中外学术界都有很多学者进行过探讨,但如果从美育与素质教育思想的角度来看,我们对中国传统哲学的思想文化特点将会有新的认识。我们将会发现中国传统哲学十分重视美育与素质教育,其美育与素质教育思想呈现出以"天人合一"为最高理想境界、以"乐教"为基本教育方式、以道德情操的培养为主要内容的鲜明的时代与民族特点。

1. 以"天人合一"为最高理想境界

中国传统哲学的美育与素质教育思想的一个最根本的特点就是,美育与素质教育不是为了培养受教育者某个方面的知识、技能或技巧,包括艺术或审美方面的能力、技巧,它的目的是为了借助审美的方式而提高人的整个精神境界,使人最终知"道",达到"天地万物吾一体",即与道同一、"天人合一"的理想境界。

我们曾经指出在人类进入文明社会以后,人与自然就产生了裂缝,尽管在工业社会之前这种裂痕并不算大。但在西方社会,人总以为自己是自然的主宰、天之骄子,要征服自然、统治自然。在古代中国社会则相反,"天"或自然界从来不是无情世界,而是人的生命本源和归宿,人与"天"(自然)之间主要是一种亲近、和谐的关系。中国人从来都把能与"天"(自然)沟通、亲近视为崇高的目标,所以中国哲学的最高理想就是"天人合一"的精神境界,故在中国传统哲学的美育与素质教育思想中,一切教育方式都是为实现这个最高理想服务的,必须以实现这个理想境界为指归。这一点,不论是儒家、道家,还是中国化的佛教禅宗等,无一例外。

孔子为儒家学派创始人,同时又是一位著名的教育家,所以美育和素质教育在孔子的哲学思想中占有重要位置,甚至在某种意义上可以说,孔子的哲学思想包含于孔子的教育思想中。孔子哲学的核心范畴是"仁"。"仁"当然是一个道德伦理的范畴,但却"带有先天属性"[1]。孔子以"文、行、忠、信"四者教学生,要恢复"六艺"之教,要学生"学诗"、学礼,但这些并不是他的真正目的,他真正的目的是要通

---

[1] 参见萧萐父、李锦全主编《中国哲学史》上卷,人民出版社1982年版,第74页。

过这些手段，唤起人们心中这种先天性的道德精神，要"知天命"，即"天人合一"。孔子曾说："礼云礼云，玉帛云乎哉？乐云乐云，钟鼓云乎哉？"又说："人而不仁，如礼何？人而不仁，如乐何？"（《论语·八佾》）这就说明孔子的美育与素质教育的最终目的，不是培养某种艺术审美的能力与技艺，而是要达到与"天命"一体的"仁道"。孔子之后，子思、孟子对孔子哲学中的这一思想有更明确的发挥。《中庸》《孟子》说"天命之谓性，率性之谓道，修道之谓教"；"诚者，天之道也；诚之者，人之道也"。"唯天下之至诚，为能尽其性；能尽其性，则能尽人之性；能尽人之性，则能尽物之性；能尽物之性，则可以赞天地之化育；可以赞天地之化育，则可以与天地参矣。"可见思孟学派在采取听乐（乐教）、养气、内省等多种美育与素质教育形式的背后，根本目的都是为了与天道合一。此后《荀子》《易传》也继承了这一传统。《荀子》主张天人相分；即"明于天人之分"，但赞天地之化育，"与天地参"的思想与《易传》和思孟学派则是一致的。秦汉时期，前期儒家思想遭到了一定的贬抑，但自汉武帝"罢黜百家，独尊儒术"之后，儒家的正统地位得以确立。董仲舒的哲学思想中也强调审美教育与素质教育的重要，但教育的目的是要人懂得"人副天数""天人感应"的道理，自觉地遵循天命——"天人合一"。董仲舒在《举贤良对策》中说："天令之谓命，命非圣人不行；质朴之谓性，性非教化不成；人欲之谓情，情非制度不节。"魏晋时期儒道走向调和，玄学即是这一哲学思潮的代表。魏晋南北朝，中国民族艺术形式得到极大的普及和发展，文学走向自觉，琴、棋、书、画逐渐成为士大夫必备的入仕素养，但习艺和重视审美教育同样不是为了具备某种技能，而是要体味玄道，并最终实现与那至大无形、尽善尽美的至道的同一。宋明理学是古代儒学发展的最后和最高形态，但它的发源则在中唐的韩愈、李翱那里，至两宋程颢、程颐、周敦颐、张载、邵雍、朱熹、陆九渊那里，由吸收、融会佛、道二教的宗教哲学思想而形成程朱的"理学"和陆九渊的"心学"两路，明中叶王守仁（阳明）对陆九渊的"心学"加以发展，成了陆王"心学"的新形态。理学时期中国传统哲学的美育与素质教育思想又有进一步的发展，音乐、书画、技艺、诗赋的传播都更

三 哲学智慧

受重视，研究更为深入，但对这些内容或形式的定位则极低，甚至有些理学家把艺术和审美创作等人的全面发展的诸方面视为可有可无或"玩物丧志"，因为"天人本无二"，"心即性也"，"在天为命，在人为性，论其所主为心，其实只是一个道"（《河南程氏遗书》卷十八）。天人本是相应一体的，人的使命只是为了自觉地向"天道"回归，以达到体悟、实现这种人与天道的合一。一切可能妨碍这种根本目的的教育形式都是多余的累赘，因而应该去掉。尽管在理学发展的后期，阳明心学已发展出异端思想，李卓吾、汤显祖就认为戏曲、小说、俚曲中都包含有天地之真情、至理，同样与天地之道相通，不仅不应否定，反而应该推崇。

儒家哲学中的美育与素质教育思想把"天人合一"作为最高理想境界，佛道哲学也是如此。道家强调"不言之教"，似乎有否定教育与文明的倾向，但这只是表面现象，实际上道家从老、庄以来所否定的，只是儒家哲学中一些礼教的形式，它的根本目的恰恰是与儒家一样肯定美育和素质教育的，都是要走向与天道、人的自然本性——自然界那自然无为的本体的同一，即"天人合一"，尽管这种"合一"不是前进的，而是复古与倒退的。《老子》说："人法地，地法天，天法道，道法自然。"又说："故从事于道者，同于道，同于道者，道亦乐得之。"庄子将那种达到"天地与我并生，万物与我为一"，"天人合一"最高理想境界的人称为"圣人""神人""真人"。他说："圣人达绸缪，周尽一体矣……与物无始无终，无几无时；日与物化者，一不化者也。"（《庄子·则阳》）"至人神矣！大泽焚不能热，河汉冱不能寒，疾雷破山，飘风振海，而不能惊。"（《庄子·齐物论》）"不以心捐道，不以人助天，是之谓真人。"（《庄子·大宗师》）

佛教本是外来文化，它的根本特点是否定现世人生，而求来世的幸福，因此从根本上讲，它是否定现实的美育和素质教育的。但中国化的佛学如禅宗，则以中国本土的儒道哲学特别是道家哲学对之加以必要的改造。从否定、厌弃人生转向了肯定现世人生。它认为"佛"并不存在于遥远的彼岸世界，而就在众生的现世生活中，众生就是佛，我心就是佛，人生修为、教化的根本目的，就是要体悟到"心即真如"的真理，立即"顿悟成佛"，达到与超名言的本体冥符。这样，禅宗就将外来佛教哲学通过某些生活、生理与精神的修为超越现实人生痛苦的宗教幻想，改造成纯粹精神上与神秘宇宙和宗教本体同一的证悟论，"成佛"不是论证的问题，而是一个体悟问题，不需要肉身的不灭与变化，而只要精神的升华与超越。换言之，"成佛"即是"与天地合德"——"天人合一"的最高理想境界。

2. 以"乐教"为基本教育方式

中国传统哲学的美育与素质教育思想的另一重要特点，就是以"乐教"为基本的教育方式。所谓"乐教"包括音乐教育，但不宜简单地理解为狭义的音乐教育甚至审美教育，而是指包括音乐、艺术、礼仪与书本知识传授在内的一切具有和谐精神的教育方法和方式。

中国向称"礼乐"之邦，中国文化也被称为"礼乐"文化，"礼、乐、射、御、书、数（六艺），是三代（指夏、商、周三代——引者注）共同实施的教育"[1]。有人认为"礼"主要为道德伦理教育，"射""御"主要指体育，"书""数"主要指智育，"乐教"则指的主要是美育[2]。这种理解有一定道理，但过于落实。事实上，"乐教"即使是指审美教育，也不仅是指审美教育的形式，而是就其和谐的精神实质而言的。《国语·周语》（下）曰："夫政象乐，乐从和，和从平。声以和乐，律以平声。……于是乎气无滞阴，非无散阳，阴阳序次，风雨时至，嘉生繁祉，人民和利。……于是乎道之以中德，咏之以中音，德音不愆，以合神人，神是以宁，民是以听。"《礼记·乐记》说："乐者，天地之和。"从这些话可以看出，"乐"不仅指音乐，而且是指最广义的和谐、和平的旋律；"乐教"则指一切能达到这种和谐、和平境界的方式、方法。当然，这种方式、方法本身也是和谐、和平的。

在中国传统哲学中儒家最重"乐教"。孔子说："礼之用，和为贵。"《皇疏》："和即乐也。"《皇疏》以"和"为"乐"，最明确地说

---

[1] 毛礼锐、沈灌群主编：《中国教育通史》第一卷，山东教育出版社1985年版，第94页。

[2] 曾繁仁、高旭东：《审美教育新论》，北京大学出版社1997年版，第189页。

◆◆◆ 三 哲学智慧

明了儒家的所谓"乐"实是一种和谐精神,"乐教"是以和谐精神教化百姓。在这里,作为和谐精神的"乐教"既是手段又是目的,是目的与手段的统一。所以孔子又强调"中和"与"中庸",《史记·孔子世家》说:"《诗》三百篇,夫子皆弦歌之,以求合《韶》《武》《雅》《颂》之音。"孔子为什么要求合《韶》《武》《雅》《颂》之音呢?因为《韶》《武》《雅》《颂》之音极其和谐,已达到"尽善尽美"的地步,使人听后能达到"三月不知肉味",只会说"不图为乐之至于斯"的入迷程度。过去学术界很多人都认为"乐教"不只是音乐教育,而是中国古代的审美教育,这是对的;但同时应该看到,"乐教"的实质并不在于具体的教育内容,而在于其思想方法,这就是儒家的中和、中庸——即和谐的思想方式、方法(当然,中和、中庸的思想方法并不限于儒家,这一点在下面的论述中我们将会见出)。只是音乐最能体现和谐的精神,故"乐教"通常被当成了这种和谐思维方式、求和谐思想方法的代称。孔子讲遇事要"叩其两端而竭焉",说"君子和而不同,小人同而不和";"君子中庸,小人反中庸";批评子路"过犹不及",推崇《关雎》"乐而不淫,哀而不伤",等等,都是这种和谐——"乐教"方法的表现。孔子说:"兴于诗,立于礼,成于乐。"这就是说,诗、礼在激发人的情感,调整人际关系时有重要作用,但最重要的手段、方法和根本目的,则是"乐教",用"和谐"手段引导人达到和谐的境界。孔子之后,思孟学派也继承了孔子的这一思想,极重"中和"。《中庸》说:

> 喜、怒、哀、乐未发谓之中,发而皆中节,谓之和。中也者,天下之大本也;和也者,天下之达道也。致中和,天地位焉,万物育焉。

在这里,《中庸》的"中和"即指"乐教",它不具体指哪些审美形式,只是用"中和"来达到"天地位焉,万物育焉",这是对"中和"——"乐教"作为和谐教育的本质作了最好的说明。荀子注重外在礼法的作用,但他在《乐论》中却说:"故乐者,天下之大齐也,中和之纪也，人情之所必不免也。""乐也者，和之不可变者也。""乐行而志清，礼修而行成，耳目聪明，血气和平，移风易俗，天下皆宁，美善相乐。"可见他也是十分重视"乐教"的，从某种意义上讲，他重礼法，也不过是他重"乐教"的补充。而至《礼记·乐记》则将儒家哲学美育与素质教育思想中这种重"乐教"的思想推到了极致：

> 乐者，天地之和也；礼者，天地之序也。和，故百物皆化；序，故群物皆别。乐由天作，礼以地制。过制则乱，过作则暴。明于天地，然后能兴礼乐也。乐也者，动于内者也；礼也者，动于外者也。乐极和，礼极顺，则民瞻颜色而弗与争也，望其容貌而民不生易慢焉。

儒家推崇"乐教"，道、释两家亦是如此。前已指出，道家以无为为道，不言为教，似乎是否定一切教育的。实际上这只是表象，道家所否定的是一切人为的不和谐的或不具有和谐精神的教育方式，是要提倡、回归到那种无声的和谐的"大音"、无形的和谐的"大象"。从某种意义上讲，道家比其他学派更强调、更执著于对和谐教育方式的提倡和追求。《老子》说："音声相和。"又说："万物负阴而抱阳，冲气以为和。终日号而不嗄，和之至也。知和曰常，知常曰明。"和谐是音乐的最高本质，也是万物的最高本质，所以要使人达到与道同一，即"天人合一"的最高理想境界，根本的方法就是一条，要进行"乐教"，使人认识到万物的本质，遵循万物的规律，去与万物相处，完善自身。"从事于道者，同于道，同于道者，道亦乐得之。"《庄子》说得更明白，他明确地说，真正的音乐，不是普通人听后感到耳目快乐的声音，即"至乐无乐"。他说："今俗之所为与其所乐，吾未知果乐邪？果不乐耶？吾观夫俗之所乐，举群趣者，诚诚然如将不得已，而皆曰乐者，吾未之乐也，亦未之不乐也。"（《庄子·至乐》）因此，真正的音乐并不是丝竹之声，至少不限于丝竹之声，而是自然界的和谐之声，是一种和谐精神，他说："德者，成和之修也。"（《庄子·德充符》）"夫德，和也；道，理也。"（《庄子·缮性》）"至阴肃肃，至阳赫赫，肃肃出乎

◆◆◆ 三　哲学智慧

天,赫赫发乎地。两者交通成和而物生焉。"(《庄子·田子方》)"生非汝有,是天地之委和也。"(《庄子·知北游》)这说明,庄子所谓"乐(yuè)"或"乐(lè)",就是"和谐"。《庄子·天道》说:"夫明白于天地之德者,此之谓大本大宗,与天和者也;所以均调天下,与人和者也。与人和者,谓之人乐;与天和者,谓之天乐。"不论是实际的音乐还是人的精神的快乐,它的基础都是一种和谐;"乐教"不止是音乐教育或某种审美形式的教育,而是一切具有审美和谐精神的教育,这种教育是使人达到与天地合德——"天人合一"最高理想境界的唯一方式和途径。庄子在《养生主》中以庖丁解牛为例,教人养生——实际上是培养理想完美人格的方法,使人的一举一动都要"合乎《桑林》之舞,乃中经首之会",即具有音乐的和谐精神。庄子认为如果一个人的行动按音乐的和谐精神来进行或者说根据"乐教"的方法而行事,就能无所滞碍,内外圆融,与天地万物浑然一体,得至美而游至乐——"人和"与"天和"兼备,进入"天地与我并生,万物与我为一"的最高理想境界。一直到秦汉以后的新道家,仍然继承了庄子的这一思想,《淮南子》继承了庄子的"至乐无乐"的观点,说:"能至于无乐者,则无不乐,无不乐则至极乐矣。"(《淮南子·原道训》)乐并不指丝、竹、土、木、金、石、革、瓠发出的让人"手之舞之足之蹈之"的音声,而是内在的和谐。《淮南子》接着说:"吾所谓乐者,人得其得者也。……圣人不以身役物,不以欲滑和……遗物而与道同出,是故有以自得也。"(《淮南子·原道训》)故"乐教"即培养内在和谐感的教育,其方式方法也是自然和谐的。

　　佛教的根本义为"空",即所谓"四大皆空"。这与中国哲学肯定现世人生的固有观念不同。但自龙树、马鸣所倡之大乘"中观"学说传入中国并与中国固有的辩证法思想结合以后,中国哲学界对"空"义有了新的理解,这就是僧肇的《不真空论》。僧肇认为所谓"空",不是没有"假有",而是说世界上的一切事物都没有"自性",是不真实的,"不真实"就是"空"。人亦是这样,此岸人的生命本质上是虚幻的,不真实的;但虚幻的假相还是存在的。这就由完全否定现世人生,走向了有条件地肯定现世人生。这样,现世人生的修为、教育就有了存在的理论基础，渐修、顿悟乃至所谓美育与素质教育也就有可能成为真命题。任何宗教都教人抛弃现世功名利禄的诱惑，走向对现实的超越，因而与审美有相通之处。佛教当然也不例外。但如果从教育方法来讲，中国佛教的美育与素质教育思想的特点之一仍在"乐教"，即强调人生的和谐，如中国佛教特别重视天竺的梵呗转经，用歌唱的形式让人在潜移默化中接受佛理教育，《高僧传》卷二云："天竺方俗，甚重文制。凡歌咏法言，皆称为呗。至于此土，咏经则称转读，歌赞则号梵音。"中国佛教医学认为："人身中有四病，一地、二水、三火、四风。"人的四百四病，皆起于"四大不调"，要使人生健康，关键是要"四大"调和。因此，要使人修炼成佛，不论小乘、大乘，还是渐修、顿悟，根本的方法就是进行和谐教育，通过和谐的方式进入和谐的境界，最后"顿悟成佛"。

3. 以道德情操的培养为主要内容

中国传统哲学的美育与素质教育思想的第三个主要特点，就是中国哲学从根本上讲主要是一种道德哲学或伦理学，它以人的道德情操的培养、道德人格的建立为主要内容。

本来，知识论不发达而重伦理学是中国传统哲学的重要特色，而这种特色，很自然地要渗透到其美育与素质教育思想中，成为中国传统哲学美育与素质教育思想的一大特色。这就是中国传统哲学的美育与素质教育思想虽然以"天人合一"为最高理想，以"乐教"为基本的教育方法，但无论是"天人合一"，还是"乐教"，实际上都以培养人的道德情操为内容，是人在道德情操方面与自然、与社会、与他人的和谐统一。儒家讲"成人"、讲"乐教"和"天人合一"的理想境界实际上是一种道德人格的完善，固不待言。道家的"道德"内涵与儒家虽不尽相同，但他们以强调个体内在人格精神的充实、完美为内容则与儒家是一致的。即使中国的佛教讲的如何修炼成佛，也吸收了大量儒道哲学中的道德学说，已把道德情操的培养作为其主要的思想内容之一。

自先秦以来，儒家哲学的美育与素质教育思想的核心便可以概括为两个字："成人"。一般说来，成人具有多重含义，"成人之道"亦具有现代所谓知、情、意全面发展的意义。孔子所谓"若臧武仲之知，公绰

◆◆◆ 三 哲学智慧

之不欲，卞庄子之勇，冉求之艺，文之以礼乐，亦可以为成人矣"（《论语·宪问》）。荀子所谓"君子知夫不全不粹不足以为美也"，"天见其明，地见其光，君子贵其全也"，即含此义。但是这种要求个体人格求知、向善、爱美相统一的倾向，并不能掩盖儒家哲学美育与素质教育思想以培养人的高尚道德情操为内容的实质。前已指出，孔子哲学的美育和素质教育思想特别重视以"和谐"为特质的"乐教"，孔子说："兴于诗，立于礼，成于乐。"李泽厚、刘纲纪曾经指出："孔子所谓的'成于乐'，就是要通过乐的学习来造就一个完全的人。"[①] 但孔子这种以诗、礼、乐为主要形式的"乐教"要造就的"完全的人"是一个怎样的人呢？当然是知、情、意统一的，但如果我们深入分析则不难发现，这个"完全的人"的各方面都有一个共同的特征，就是他的各方面都带有道德伦理的色彩。比如孔子强调学诗，因为在孔子的时代诗尚没有完全与音乐脱离，还体现了较强的音乐和谐精神，《史记·孔子世家》说："《诗》三百篇，夫子皆弦歌之，以求合《韶》《武》《雅》《颂》之音。"孔子曾要他的儿子和学生学《诗》，认为"不学诗，无以言"。但孔子这种作为"乐教"一部分的"诗教"的内容和目的是什么呢？孔子自己有一个说明。《论语·阳货》载：

> 子曰："小子何莫学乎《诗》？诗可以兴，可以观。可以群，可以怨。迩之可以事父，远之可以事君；多识于鸟兽草木之名。"

表面看来，孔子对诗的审美、认识、道德实践的功能都认识到了，对人的知、情、意的多种需求都照顾到了，但如果仔细考察，"多识于鸟兽草木之名"实际是附带的，无关紧要的，实际上只是"迩之可以事父，远之可以事君"这一政治伦理作用的补充与附庸。而所谓兴、观、群、怨，据前人和今人的研究，"兴"所连类譬喻引起的感情，也非人纯粹的原始情感，而是如《关雎》《麟趾》之类的"后妃之德"，

[①] 李泽厚、刘纲纪：《中国美学史》第一卷，中国社会科学出版社1984年版，第118—119页。

"观"主要不是指对草木鸟兽等自然物象的观察认识,而是观风俗之盛衰、政教之得失;"群"指孔安国、朱熹所说的"群居相切磋""和而不流",即指群体间协和上下左右的社会伦理情感;"怨",李泽厚、刘纲纪认为是指诗应真诚地表现"多种不满意,发牢骚(以符合仁为准则)的情感"[①]。显然,孔子虽然十分重视作为"乐教"一部分的"诗教"协调人的情感的和谐作用,但这种情感的实质都是政治的、伦理道德的,"乐教"的内容无论从哪个方面说都是以道德情操的完善为指向的。孔子之后,孟子、荀子也都是从这一角度来理解"成人"与"乐教"的。孔子之后,荀子比其他任何人都强调人格的"全粹之美""乐教"与礼法的相互配合,但荀子在论"成人"时仍把道德情操——荀子所称的"德操"视为最高标准。荀子说:"德操然后能定,能定然后能应,能定能应,夫是之谓成人。"(《荀子·劝学》)

唐宋以后,儒学演变为理学,宋明理学在美育与素质教育思想中特别重视对所谓"孔颜乐处"和"圣贤气象"的体味与培养,认为"圣贤气象"和"孔颜乐处"实即圣贤消除物我、内外对立的、天地万物浑然一体——"天人合一"的最高精神境界。但是,我们千万不要以为宋明理学家的"圣贤气象"或"孔颜乐处"就只是毫无内容的协调发展情况下人高度和谐的精神境界,它不仅仅是一种人的内在精神状态,实际这种精神状态的道德色彩是极其鲜明的。程颢《秋日偶成》诗云:"闲来无事不从容,睡觉东窗日已红。万物静观皆自得,四时佳兴与人同。道通天地有形外,思入风云变态中。富贵不淫贫贱乐,男子到此是豪雄。"《识仁篇》说:"学者须先识仁。仁者,浑然与物同体。义、礼、知、信皆仁也。识得此理,以诚敬存之而已,不须防检,不须穷索。……若反身未诚,则犹是二物有对,以己合彼,终未有之,又安得乐?"[②]可见理学家所追求的"圣贤气象"与"孔颜乐处",我与天地万物的浑然一体,实际上只是追求与封建时代伦理道德的毫无间隔,一种

---

① 李泽厚、刘纲纪:《中国美学史》第一卷,中国社会科学出版社1984年版,第125页。
② 《河南程氏遗书》(上),商务印书馆"万有书库"第二集,第16页。

三　哲学智慧

道德的自觉。李泽厚在《宋明理学片论》中曾经指出，理学家所追求的境界实是在以自然界的生态比拟人世的伦常法规，是一种超伦理又属伦理的"天人合一，万物同体"的目的论精神境界。

当然，在中国传统哲学中，不只是儒家的美育与素质教育思想以道德情操的培养为指归，佛道思想也显示了类似的特征。佛教最高理想是否定此岸世界而转生彼岸极乐世界——成佛，佛教徒出家修行与中国固有的伦理道德是相矛盾的，但佛教在中国流传过程中不断对自己的思想与生活方式进行调整，以与中国人的思想观念和生活风尚相适应。梁武帝萧衍既奉佛教为国教，希求成佛以升西方极乐世界，又疏《孝经》，讲《尚书》《周易》等，可见其"成佛"理想，已融入了儒家的伦理道德。又自《维摩经》传入，中土居士特多，他们不出家，不废家庭生活，其最高理想的道德色彩尤其明显。道家将世界的最高本体称为"道"，将"道"体现于人的本质称为"德"，道家因此而得名。因此，道家批判儒家的仁义道德，但并不表明道家反对一切道德，更不表明道家哲学的美育与素质教育思想是与伦理道德无关的。恰恰相反，道家的美育与素质教育思想虽然要人们摆脱道德的约束，走向绝对的人身自由，实际却包含着十分强烈的道德色彩。道家都有着十分强烈的社会道德责任感，老子所谓"圣人之治"，庄子所谓"内圣外王之道"，正是这种社会道德责任感的反映。《庄子》说："天下有大戒二，其一命也，其一义也。子之爱亲，命也，不可解于心；臣之事君，义也，无适而非君也，无所逃于天地之间。"（《庄子·人间世》）又说："知其不可为而安之若命，德之至也。"（《庄子·德充符》）这说明，道家的哲学并非如人们所想像的那种绝对自由，而是道德伦理色彩同样鲜明的哲学，它的自由的边际就是自然的人伦。道家认为这是人的自然命运，无法逃脱。不违反自然的命运，遵循这一自然命运，就是最高的德，老子称为"归根""复命""知常"（《老子》第十六章），庄子称为"性修返德，德至同于初"（《庄子·知北游》）。道家的哲学具有如上特征，其美育与素质教育思想的根本特点也就是不言而喻的了。我们认为，从根本上讲，素质教育思想也是一种在实现社会人伦和谐前提下保持个体精神高度自由的思想，是一种以人的道德情操的培养为主要内容的哲学思想。从这种意义上讲，过去有些学者称中国的哲学和美学是一种道德哲学、伦理美学，把过分道德伦理化作为中西哲学和美学的区别所在，我们以为是有一定道理的。

三

同中国传统哲学的美育与素质教育思想过分着重伦理道德的培养形成鲜明对比，西方传统哲学的美育与素质教育思想则走向了另一极端，即过分强调对知识的追求和对理智的倚重。

在西方哲学中"审美教育"这个概念虽然直到近代席勒才第一次正式提出，但美育与素质教育的观念却早已有之，在古希腊的哲学家柏拉图那里已有较明确的论述，在柏拉图时代，儿童都要学习文艺和体育，柏拉图认为："一个儿童从小受了好的教育，节奏和谐浸入了他的心灵深处，在那里牢牢地生了根，他就会变得温文有礼；如果受了坏的教育，结果就会相反。再者，一个受过适当教育的儿童，对于人工作品或自然物的缺点也最敏感，因而对丑恶的东西会非常反感，对优美的东西会非常赞赏，感受鼓舞，并从中吸取营养，使自己的心灵长得既美且善。"[1] 但柏拉图强调对儿童的音乐等文艺审美形式和体育的教育，最终目的不是为了促进人的全面发展，更不是表明他对美育与素质教育培养儿童情感、陶冶儿童情操的推崇。恰恰相反，在柏拉图看来，之所以要教育音乐和体育主要是为了心灵，"即是要使儿童和优美、理智融合为一"，使人追求"理念"，成为"爱智者"，是为了培养儿童的美德。但"美德"指什么呢？柏拉图的老师苏格拉底有一个著名论断："美德即知识。"从这里我们不仅可以了解整个西方哲学"知识论哲学的主旨"[2]，而且可以认识了解柏拉图美育与素质教育的爱智主义目的。当然要深入认识这一点，还要了解柏拉图对文艺的态度和美的界定。我们知道，柏拉图是将世界分为作为本体的理念世界和现象世界两部分的，

---

[1] ［古希腊］柏拉图：《理想国》中译本，商务印书馆1986年版，第107—108页。
[2] 俞吾金：《超越知识论》，《复旦大学学报》1989年第4期。

◆◆◆ 三 哲学智慧

前者是真实的，是一切世界的根源，是真理和智慧，后者则是理念的摹本，是不真实的，所谓美只能在于真实的世界本源——"理念"，而文艺作品只是"摹仿的摹仿""影子的影子"，"和真实隔着三层"。譬如"桌子"作为抽象概念是"理念"，现实中的桌子是对桌子概念的摹仿，画家画的桌子则是对现实桌子的摹仿。所以柏拉图要将诗人逐出其理想国。在柏拉图看来，可以分人为三等：第一等是爱智慧的哲学家，第二等是保卫城邦的战士，第三等是诉诸情欲的农工商制造者、诗人等"艺术"（广义的）的制造者。由此也可看出，尽管柏拉图肯定并提倡美育与素质教育，但由于他继承了自毕达哥拉斯学派、苏格拉底以来古希腊哲学、美学试图从现象世界寻找某种确定概念知识的传统，所以他的美育与素质教育思想并非要求人的知、情、意的全面发展，而是具有鲜明的爱智主义倾向，是其知识论哲学的延伸。

亚里士多德与他的老师柏拉图否定艺术的态度不同，他是肯定世界审美的价值的，他认为写诗比写历史更富于哲学意味，受到严肃的对待；因为"诗所描述的事带有普遍性，历史则叙述个别的事"①。但是亚里士多德与柏拉图的差异应该说只是在细节方面而不是在本质上的。从本质上讲，亚里士多德与柏拉图的联系多于对立，一致多于差异，比如柏拉图重视音乐教育，亚里士多德也是如此。亚里士多德说："音乐应该学习，并不只是为着某一个目的，而是同时为着几个目的，那就是（1）教育，（2）净化……（3）精神享受，也就是紧张劳动后的安静和休息。"② 更主要的是，柏拉图哲学的美育与素质教育思想是建立在其追求理念、理智，即知识论哲学基础上的，亚里士多德虽然提出"四因说"以取代柏拉图现象世界和本体（理念）世界的划分，但他的有关美育与素质教育思想的哲学根基同样是在知识论方面的，且比柏拉图说得更明确干脆，柏拉图只是说音乐教育和体育可使儿童的心灵既美且善，但亚里士多德则说艺术教育等美育和素质教育都是为了"求知"。

---

① ［古希腊］亚里士多德：《诗学》第九章，《诗学诗艺》中译本，人民文学出版社1962年版，第29页。
② ［古希腊］亚里士多德：《政治学》第八卷，《西方文论选》上卷，上海译文出版社1979年版，第95—96页。

他说："求知不仅对哲学家是最快乐的事，对一般人亦然，只是一般人求知的能力比较薄弱罢了。我们看见那些图像所以感到快感，只因为我们一面在看，一面在求知。"[1] 可见，亚里士多德的美育和素质教育同样与人的全面发展无关，不是为了塑造健全的人格，而只有一个单纯的目标，增强人的智力，增加人的知识。

柏拉图和亚里士多德的哲学对后来的西方传统哲学产生了深刻的影响。古罗马美育与素质教育思想"可以说是希腊人美育理论的有规矩的翻版"[2]。即使贺拉斯在其《诗艺》中提出著名的"寓教于乐"原则以告诫作者时，他也没有忘记当时社会审美的最高法则——真实。《诗艺》说："诗人的愿望应该是给人益处和乐趣，刊写的东西应该给人以快感，同时对生活有帮助，在你教育人的时候……必须切近真实。"[3] 而普罗提诺的《九章集》中则说，世界上的一切事物之所以有美、丑之别，乃在于事物是否分享了来自神那里的理性。"由于理性的原故，灵魂是美的，其他的事物则因为灵魂赋予它们的形式而是美的，——在种种行动和生活方式中的一切事物是美的，也都如此。"[4] 很显然，在普罗提诺看来，衡量事物是否美或考察一个人素质高下的标准只有一个，这就是他分享了多少来自神的理性；而理性、理型、理念，这些古希腊哲学所追求的概念知识的源头和最高标准，现在则在"神"和"太一"的名义下出现了。这就不仅使罗马哲学很自然地步入了基督教神学的大门，而且使它的美育与素质教育思想保持着与古希腊一脉相承的知识论主旨。

中世纪是基督教统治一切的时代。教会建立了唱诗班，对艺品的内容和形式进行种种控制和限制，所谓美育和素质教育就是信奉上帝，消除一切世俗情感和欲望的教育。但是，这并不是说中世纪哲学是一片漆黑的，应该完全否定的。例如，它的比其他时代更注重培养人的神圣的

---

[1] ［古希腊］亚里士多德：《诗学》第四章，《诗学诗艺》中译本，人民文学出版社1962年版，第11页。
[2] 曾繁仁等：《审美教育新论》，北京大学出版社1997年版，第150页。
[3] ［古罗马］贺拉斯：《诗艺》，《诗学诗艺》中译本，人民文学出版社1962年版，第155页。
[4] ［古罗马］普罗提诺：《九章集》第一部分第六章第六节，《西方文论选》上卷，上海译文出版社1979年版，第139页。

三　哲学智慧

道德感和对超验世界的追求，将科学与艺术结合起来的教育方式，等等。赫胥黎在《十九世纪后叶的科学进步》中认为，中世纪的学校都以天文学、几何学、数学、音乐四门为必修课，这种教育方式将科学与艺术并重，可与现代教育中的片面教育形式形成鲜明的对比，是一种全面教育。当然，赫胥黎的看法也是片面的和表面的，事实上中世纪的这一教育方式并未改变西方哲学的美育与素质教育思想从古希腊以来形成的知识论的基本特质。在中世纪学校学习的天文、几何、数学、音乐四门必修课中，天文学本与占星术之类的神秘方术紧密相连，可置毋论；几何、数学、音乐之所以受到重视，原因不是别的，而在于他们与理智相近，体现神（上帝）的理智。圣·奥古斯丁曾将理念与毕达哥拉斯的"数"合一，认为上帝是数学的化身，世界的秩序与和谐是上帝按照数学的法则创造出来的；音乐在一切艺术形式中又是最与数学亲近的，故音乐、数学、几何是中世纪学校的必修课。托马斯·阿奎那曾经说："善和美在本质上是同样的东西，因为二者建立在同一个真实的形式上面"；"美则与知识相对应，其作用有如形式因"，"艺术的形式从他的知识流出，注入到外在的材料之中，从而构成艺术作品"①。这说明，尽管在中世纪一切教育的最终目的都是要人与神（上帝）亲近，但上帝无非是理智和知识的化身，所以美育与素质教育的首要任务就是要人去学习和掌握知识，增加知识就是快乐，就是提高人的素质，这样才能走向超越，亲近上帝——这就仍然反映了西方传统哲学的美育与素质教育思想的知识论的基本特征。

文艺复兴一般看作是对中世纪神学的反拨，与基督教神学以建立人们对上帝的信仰和皈依为宗旨的美育与素质教育思想相反，文艺复兴时代西方哲学中的美育与素质思想是由重视神、重视天国转到重视人、重视人的感性生活，但丁、薄伽丘、达·芬奇、米开朗琪罗等人大多是在许多科学和艺术领域获得全面发展的时代巨子，因而其对美育与素质教育的认识有重情感、形象和全面发展的倾向。卡斯特罗维屈罗认为艺术不关道德教训，它唯一的功能就是娱乐和消遣。锡尼德说，诗就是一种

---

① 《西方文论选》上卷，上海译文出版社 1979 年版，第 149—154 页。

说着话的图画,目的在于教育和怡情性。① 这一时期的捷克教育家夸美纽斯说:"在国语学校里面,应当得用阅读、书写、图画、唱歌、计数、量长、测重以及记忆事物的种种方法训练体内感官、想像力与记忆力及相关的器官。在拉丁语学校里,利用辩证法、文法修辞学以及其他根据因果法的科学与艺术,去领悟感官收集得来的知识并加以判断。"② 但是,文艺复兴对中世纪的反动是有限的,它只是努力把中世纪曾交给神(上帝)的人的理性重新归还给人类,因此它的哲学的崇尚理性、理智的知识论色彩不仅没有改变,而且还得到了进一步加强,它所强调的美育与素质教育也只是力求给人的审美和心智活动以一种理性的说明,带有浓厚的泛智主义色彩。文艺复兴时代的思想家特别是艺术家尤其如此。达·芬奇认为在人受教育时,"经验才是真正的教师",人"对一件东西的爱好是由知识产生的",而"我的一切知识都发源于感觉",因此,"要努力从自然事物学习",用理性判断。③ 瓦尔齐认为诗与逻辑学、辩证法是一回事,都是"理性哲学"④。夸美纽斯甚至将学校称为"泛智工场"。可见在文艺复兴时代的哲学家、思想家、艺术家、教育家那里,哲学即知识论,审美教育和素质教育就是要培养受教育者的理性思维习惯、能力以及由这种科学思维方式而获得逻辑知识,舍此无审美与素质可言。

文艺复兴以后,西方哲学的主潮是英国经验主义和大陆理性主义。英国经验主义哲学是在培根"知识就是力量"著名论断的影响下,探讨人的认识机制的哲学流派,他们认为人的一切知识都来自经验。洛克将哲学的主要问题明确规定为"人类理智论",他认为人之初心灵如同"白板",后来的认识经验可分为"感觉的经验"和"反省的经验"。英国经验派美学的奠基人是夏夫兹博里和哈奇生,再接着是博克和休谟,他们基本上是呈现出这样的发展过程:"美也源于人的感觉经验,以一

---

① 《西方文论选》上卷,上海译文出版社1979年版,第233页。
② [捷克]夸美纽斯:《大教学论》中译本,人民教育出版社1984年版,第221页。
③ [意]达·芬奇:《笔记》,《西方文论选》上卷,上海译文出版社1979年版,第181—183页。
④ 曾繁仁等:《审美教育新论》,北京大学出版社1997年版,第156页。

◆◆◆ 三　哲学智慧

种自然感官感觉上升到社会性感觉归于人的主观为哲学背景。"① 过去学术界一般既肯定经验论论者认为人的知识源自经验的唯物主义倾向，又批判经验论向人的主观心灵寻找知识根源的唯心主义观点。事实上，如果注意到西方哲学的知识论传统，则经验主义哲学中似并不存在这种矛盾或这种矛盾并不那么明显，因为不论经验主义哲学家将知识的源头归于人的外部经验还是内部经验，它的理论前提都是完全一致的，即极力推崇知识和工具理性。这种观点反映到教育领域，就将人的美与人的素质作了极其褊狭的理解，审美只是认识活动的一个环节，素质即是人的智力素质，因而导致人的精神旨趣的丧失。洛克在其《论教育》中曾要父母不要让孩子学诗，"因为在诗神的领域中很少有金矿银矿"，诗歌同一切游戏一样，没有任何益处。

　　大陆理性主义美学自笛卡儿开始，大致可分为三个阶段：第一个阶段是笛卡儿—布瓦洛阶段，认为艺术是理智的产物，审美是理性的观照；第二个阶段是莱布尼兹—鲍姆嘉通阶段，认为艺术是朦胧模糊的低级认识，不如明确精密的高级认识；第三个阶段是维柯—黑格尔的历史主义理性主义美学，认为艺术和审美是人类认识初级阶段的产物，到了认识的高级阶段理应让位给哲学。② 同样，大陆理性主义哲学关于美育与素质教育的思想也主要经历了三种形态的演变，在第一阶段由笛卡儿"我思故我在"确立理性主义原则，一切都要放在理性的天平上去衡量，审美教育的价值被抹杀，人的素质被极褊狭地功利主义地理解，即可以现实地创造某种物质财富的才能禀赋——工具理性，素质教育就是培养这种工具理性的教育。法国艺术和审美创作中的新古典主义独霸天下即是一例。在《诗的艺术》中布瓦洛说："首先须爱理性：愿你的一切文章，永远只凭着理性获得价值和光芒。"即使主张"教育万能观点"的爱尔维修，把美的根源称之为"对关系的感觉"的狄德罗③，他们所理解和提倡的美育和素质教育也不过是提高人的知解力的教育，教

---

　　① 参见邓晓芒、易中天《走出美学的迷惘》，花山文艺出版社1989年版，第163页。
　　② 曾繁仁等：《审美教育新论》，北京大学出版社1997年版，第166—167页。
　　③ 关于狄德罗对美的定义，可参阅《狄德罗美学论文选》（人民文学1984年版）、《走出美学的迷惘》（花山文艺出版社1989年版）等。

育的内容是与封建的教会教育、经院教育相对的现代实验教育和科学教育，并非要使人的情感、道德、体能、审美力获得全面发展。在理性主义美学发展的第二阶段，莱布尼兹、沃尔夫、鲍姆嘉通等人关于美育与素质教育的直接论述并不多见，但在诸人关于美的本质的一些论述中，我们仍可间接窥视到他们美育与素质教育的思想。他们把"美归结为感性认识的完善"，一种"低级的认识论，说明他们那里教育的目的与价值都被纳入了认识论的范围"，他们心中的美育就是培养受教育者认识到那审美对象中"预定的和谐"（完善）的能力，素质教育就是提高人的智力素质。在理性主义哲学的第三个阶段，人们同样是习惯于将艺术和审美创造中形象思维的能力看作是人类思维发展中的低级阶段，从维柯的《新科学》到黑格尔的《美学》，虽对文艺和审美的特征作了极其准确和深入的分析，但无不对艺术的前景和未来作了极其黯淡的预测。黑格尔说："艺术在自然和生活的有限领域中有比它较前的一个阶段，也有比它较后的一个阶段，这就是说，也有超过以艺术方式去了解和表现绝对的一个阶段，因为艺术本身还有一种局限，因此要超越这局限而达到更高的认识形式。""我们尽管可以希望艺术还会蒸蒸日上，日趋于完善，但是艺术的形式已不复是心灵的最高需要了。"[①] 因此在这一阶段，尽管康德哲学始终把人当目的，他的"三大批判"分别涉及人的知、情、意领域，但他对美的研究并没有真正超出认识论的范围，他的美育与素质教育思想中虽强调应该把教育变成一种艺术，使学生的智力、道德人格得到均衡的发展，但推崇理性、遵循理性的原则却是康德思想中不变的主题，为此康德强调教育的内容应该突出发展理性思维和德行方面的课目，他说大马也可以被训练："人的教育不能只是简单地、机械地接受训练，最重要的是要使儿童学会思考。"[②] 他强调道德人格的培养，但他讲的道德并非社会历史的范畴，而是根据理性思维原则抽象地推导出来的"绝对命令"。尼采曾称康德是一位"隐蔽的基督徒"。

---

① [德]黑格尔：《美学》第一卷（中译本），商务印书馆1996年版，第131—132页。
② [德]丁·林克编：《康德论教育》，第19页，转引自吴式颖等编《外国教育史简编》，教育科学出版社1988年版，第185页。

◆◆◆ 三　哲学智慧

我们认为，如果从其哲学的美育与素质教育思想来看，他是位真正的知识论哲学家，他所要均衡地全面发展的人的素质，其实不过是人的认识能力——感性、悟性、理性的思维能力——人的理性思维能力历史发展过程中的三个阶段和三个方面，是自英国经验主义哲学家尝试对人的认识能力进行分析以来更具历史感的一种分析结果。卡西尔在《启蒙哲学》一书中曾说：自笛卡儿开始其哲学生涯以来，"不仅比较严格意义上的各门科学——逻辑学、数学和心理学——将获得新的方向和定义，已且艺术也得服从这种严格的要求"。又说在17、18世纪："真与美、理性与自然只是同一个东西、同一种不可移易的存在秩序的不同表现，自然科学和艺术不过是表现了这种不同秩序的不同方面而已。"[1] 可见，西方传统哲学，包括其美育与素质教育思想，带有多么强烈的理性主义和知识论色彩。

当然，我们说西方传统哲学的美育与素质教育思想具有鲜明的理性主义和知识论特色，并非说西方传统哲学中不存在非理性主义和非知识论美育与素质教育的思想。例如古希腊美学中苏格拉底的灵感说、柏拉图的迷狂说，虽然其目的都在于极力推崇理念世界，即推崇知识，但却已走向了非理性。中世纪是基督教的天下，以圣·奥古斯丁为代表的神学家倡导信仰主义，与理性、理智和真正的知识背道而驰，至近代由于资本主义的急速发展、工具理性的泛滥，实用主义知识论片面流行，导致了人的异化、人格分裂、人性扭曲，卢梭、席勒等一批具有人本主义倾向的哲学家起来批判西方哲学的知识论传统、提倡自然主义和审美教育，卢梭说他教育的目的是："生活，这就是我要教他的技能……一个人应该怎样做人，他就知道怎样做人。"[2] 席勒说审美教育就是要人"自由游戏"，此后瑞士的裴斯泰洛齐、福禄贝尔都有这种思想。但卢梭和席勒等人的美育与素质教育思想，只能看成是对当时哲学过分推崇理性的知识论倾向的某种反拨，并未根本改变西方传统哲学美育与素质教育思想的知识论的本质特征。

---

[1]　[德] E. 卡西尔：《启蒙哲学》中译本，山东教育出版社1996年版，第272—275页。
[2]　[法] 卢梭：《爱弥儿》上卷，商务印书馆1978年版，第250页。

四

中国传统哲学的美育与素质教育思想把培养人的道德人格、提高人的道德伦理境界作为其实施美育与素质教育的根本目的。具有鲜明的道德论色彩，西方传统哲学的美育与素质教育思想则以人为"理性的动物"，极力推崇理性、理智，把培养提高人的智力素质当作了其教育的根本宗旨，显示了强烈的知识论特征。很显然，这两种哲学思想、美学思想和教育思想在前提上都存在对有血有肉的，由知、情、意多方面而有机统一的整全的人的割裂，其所谓的美育和素质教育，从某种意义上讲，只能进一步加剧这种分裂、扭曲、异化。所以，从根本上讲，要真正有效地开展美育与素质教育，克服由人的异化、人格分裂、人性扭曲而造成的对整全的人的割裂，使人朝健康、全面、自由发展的方向迈进，只有立足于从哲学上对人的本质及其演变的深入探讨才有可能。而这既是西方传统哲学的美育和素质教育思想向现代转变的关键，也是中国传统哲学的美育与素质教育思想向现代转换的方向，而正是在这一点上马克思主义哲学不仅大大超越了西方传统哲学、美学、教育学，而且也为我们今天的美育与素质教育的研究和发展提供了指导与方向。从这种角度来讲，马克思主义的哲学、美学、教育学，首先是一门"完整的人学"。

（一）

在马克思看来，黑格尔及其客观唯心主义哲学，虽然以其"辩证法"的成就而具有"巨大的历史感"与伟大之处，但这种哲学、美学完全是头足倒置的。马克思在其《1844年经济学哲学手稿》中对整个黑格尔哲学体系作了十分详尽的分析和批判，马克思指出：黑格尔哲学的精华和"秘密"就是黑格尔否定性的辩证法，"因此，黑格尔的《现象学》及其最后成果——作为推动原则和创造原则的否定性的辩证法——的伟大之处首先在于，黑格尔把人的自我产生看作是一个过程，把对象化看作失去对象，看作外化和这种外化的扬弃；因而，他抓住了

◆◆◆ 三 哲学智慧

劳动的本质,把对象性的人、现实的因而是真正的人理解为他自己的劳动的结果。"① 黑格尔说美是理念的感性显现,而他所谓的"理念"在这里"不过是在它的自我异化内部通过思考理解即抽象地理解自身辩证统一的矛盾运动——的结果"。而黑格尔这种把美归结为"人的劳动的结果"、归结为人的自我异化、外化和这种异化、外化的扬弃的"辩证法",就很好地体现了他试图从"自我"的感性与理性、内容和形式、主观与客观的辩证运动的动态历史过程来说明美的本体和人的本质的努力,这无疑是相当深刻的思想。但是,马克思指出:黑格尔毕竟是一个唯心主义者,黑格尔的哲学毕竟是有着致命的缺点的哲学,他是头顶地生活着的:"在他看来,他头脑中的思想不是现实的事物和过程的多少抽象的反映,相反地,在他看来,事物及其发展中人是在世界出现以前已经在某个地方存在着的'观念'的现实化的本质。"② 因而"人的本质,人,在黑格尔看来是和自我意识等同的";作为"人的自我产生"和"美的自我产生的劳动"也并不是某种现实的物质的"劳动",而是他"唯一知道并承认的""抽象的精神劳动"③。马克思还进一步揭露黑格尔的哲学和美学中的内在矛盾,说:在黑格尔那里,"我的真正的艺术存在是我的艺术哲学的存在,我的真正的人的存在是我的哲学的存在"。为什么会出现这种"颠倒"呢?因为在黑格尔那里,"思维自以为直接就是和自身不同的另一个东西,即感性的现实,从而认为自己的活动也是感性现实的活动,所以这种思想上的扬弃,在现实中没有触动自己的对象,却以为已经实际上克服了自己的对象"。很显然,黑格尔的这种"辩证法",实际上是对整个世界的粗暴割裂,是在脱离了感性物质世界的片面的封闭的精神领域谋求所谓矛盾的辩证统一。在黑格尔的这样一种思辨哲学的体系下的美学既不可能是真正的辩证美学;人,也绝不可能是真正完整的人。因为:"一个存在物如果在自身之外没有自己的自然界,就不是自然存在物,就不能参加自然界的生活。"④

---

① 《马克思恩格斯全集》第42卷,人民出版社1979年版,第163页。
② 《马克思恩格斯全集》第1卷,人民出版社1979年版,第64页。
③ 《马克思恩格斯全集》第42卷,人民出版社1979年版,第165页。
④ 同上书,第168页。

与黑格尔充分"发展了人的能动的方面"的哲学和美学思想相反，作为黑格尔学生的费尔巴哈，对事物、现实、人以及艺术美的理解，不是从抽象的思维的生产史去理解，而是从客体或直观的形式——人本学的唯物主义立场出发去理解的。在费尔巴哈看来，"艺术上最高的东西是人的形象——不仅是狭义的形象，而且是诗的意义下的形象——哲学上最高的东西是人的本质"。黑格尔从抽象的绝对理念中引出自然和社会来，实际是由精神派生出实在来，是一种绝对精神的"创世"说，"是理性化和现代化了的神学"[①]。人的本质和美的本质不可能是某种超自然的神秘的精神力量（上帝或绝对精神），而只能是人的感性的、自然的属性。他说，"人产生于自然界"，因而是自然的一部分，人通过吃、喝、呼吸等把食物、空气等消化，"使它变成为肉和血，把它的本质变成我们的体质"。"我所吃喝的东西是我的'第二个自我'，是我的另一半我的本质。"[②] 不过，费尔巴哈又认为人的这种直接的自然的属性还没有把人与动物区别开来，人之区别于动物的本质在于人有一种基于人的肉体器官大脑的活动的特殊自然属性：理性、精神。人无论在哪一方面都达到了动物所无法企及的普遍性的高度，具有"普遍的官能"——"理智"和"普遍的感性"——"精神性"[③]，或者说人除了与动物一样具有"外在生活"以外，还有人所独有的"内在生活"，即"类意识""类本质"。正如我们在上文已经反复指出的那样，传统的旧唯物主义也都是认为人是具有追求普遍性和本同的理性精神的，因而也是理性主义、本质主义和形而上学的个人只有具备了这种"思维力（理性力）"、意志力（品性之能量）和心力（爱）这些"作为人的绝对本质"的"完善性""最高的力"或"类本质"，他才是"一个健全的人"，"一个完善的人"；虽然在现实生活中，作为全人类跨时空的一切能力和智慧总和的"类本质"，已经被异化为人格化的宗教和上帝。我们有理由相信在费尔巴哈心中，艺术美的形象与上帝的人格化过程是

[①] 《费尔巴哈哲学著作选集》上卷，商务印书馆1984年版，第83、103页。
[②] 同上书，第355、329—330、183页。
[③] 《费尔巴哈哲学著作选集》下卷，商务印书馆1984年版，第26—27、315—316、249页。

◆◆◆ 三　哲学智慧

一致的，上帝是人的本性"被直观化的、被人格化的、通过幻想之难以抵抗的力量而反过来对他发生作用的本质"①；只要将异化、对象化到上帝那里去的人的"本质"归还给人，人就会自然而然地克服了现在的人格分裂或感性与理性、必然与自由的矛盾而重新成为一个健全的人或完善的人。尽管费尔巴哈是以他的新宗教——"爱的宗教"来作为他的实现理想人格的途径的，而他似乎忘记了作为"艺术界最高的东西"的"人的形象"，实际早就已是"直观化了的"并且是按"美的规律"归还给人的"类本质"。

对于费尔巴哈的上述人本学唯物主义哲学及其所包含着的美学思想，马克思既充分肯定了他的"成就的伟大"，又深刻而彻底地批判了他那种把人的本质当成"单个人所固有的抽象物"的形而上学。马克思称赞费尔巴哈说："费尔巴哈是唯一对黑格尔辩证法采取严肃的、批判的态度的人；只有他在这个领域内作出真正的发现，总之他真正克服了旧哲学……费尔巴哈的伟大功绩在于：（1）他证明了哲学（指以往的唯心主义哲学——引者注）不过是变成思想的并且经过思考加以阐述的宗教，不过是人的本质的异化的另一形式和存在方式；从而哲学同样应当受到谴责；（2）创立真正的唯物主义和现实的科学；因为费尔巴哈使'人与人之间'的社会关系成了理论的基本原则；（3）他把基于自身并且积极地以自身为基础的肯定的东西同自称是绝对的肯定的东西的那个否定的否定对立起来。"② 然而马克思也十分清醒地认识到，虽然费尔巴哈的哲学是人本学的唯物主义哲学，但他的积极的意义也仅仅限于对黑格尔唯心主义神学的批判领域，超出这一领域它的片面性和局限性是非常明显的，他并没有也不可能从根本上走出形而上学的误区。马克思一针见血地指出："从前的一切唯物主义——包括费尔巴哈的唯物主义——的主要缺点是：对事物，对现实、感性，只是从客体的或直观的形式去理解，而不是把它们当作人的感性活动，当作实践去理解，不是从主观方面去理解。"又说："费尔巴哈把宗教的本质归结于人的

---

① 参见《费尔巴哈哲学著作选集》上卷，商务印书馆1981年版，第133—134页。
② 《马克思恩格斯全集》第42卷，人民出版社1979年版，第157—158页。

本质。但是，人的本质并不是单个人所固有的抽象物。……费尔巴哈不是对这种现实的本质进行批判，所以他不得不：（1）撇开历史的进程，孤立地观察宗教感情，并假定出一种抽象的——孤立的——人类个体；（2）所以，他只能把人的本质理解为'类'，理解为一种内在的、无声的、把许多人纯粹自然地联系起来的共同性。"① 在马克思看来，虽然费尔巴哈的目的是、并且他自以为是克服了感性与理性、主观与客观、个体与类的矛盾，设计出了一种"健全的人"或"完善的人"，但实际上他是将感性的、客观的、个体的东西从它们的矛盾统一体中抽象出来，作某种孤立的、客观的、直观形式的考察，结果必是事与愿违，只能是重新落入片面的、孤立的、抽象的、僵化的，因而是唯心主义和形而上学的窠臼。马克思在《资本论》中曾经说："那种排除历史过程的抽象的自然科学的唯物主义的缺点，每当它的代表越出自己的专业范围时，就在他们的抽象的和唯心主义观念中立刻显露出来。"② 可见，费尔巴哈人本学唯物主义的"辩证法"，实际上已走向了他的反面，离他建立辩证唯物主义哲学和发现"健全的人"或"完善的人"的目标，相距何止十万八千里！

马克思对旧时代以黑格尔为代表的唯心主义哲学和以费尔巴哈为代表的唯物主义哲学做了客观公正而又全面辩证的批判，在马克思的分析和批判中，实际已包含着他的唯物主义哲学和美学思想的雏形和内在的思路，用马克思自己当初的话说，就是建立一种"彻底的自然主义或人道主义"，这种"彻底的自然主义或人道主义，既不同于唯心主义，也不同于唯物主义，同时又是把这二者结合的真理"③。因为马克思所全力以赴投入其建设中的哲学和美学乃是一种已从根本上超越了以往那些思辨哲学范围的哲学和美学，它既"不再像那些本身还是抽象的经验论者"那样，从"搜集"到的"一些僵死的事实"出发，"也不再像唯心主义者"所做的"那样"是从"想像的主体的想像活动"出发，而是

---

① 《马克思恩格斯全集》第1卷，人民出版社1979年版，第18页。
② 马克思：《资本论》中译本，第1卷，人民出版社1953年版，第140页。
③ 《马克思恩格斯全集》第42卷，人民出版社1979年版，第167页。

三　哲学智慧

以"从事实际活动的人"——"现实的、有生命的个人本身"和他们的"现实生活",即"革命的实践"或"社会的实践"为出发点和归宿。马克思主义的这种历史唯物主义哲学和美学,既是一种真正"能够理解世界历史""理解真正的人"的哲学和美学,也是一种真正"能够理解世界历史""创造真正的人"的"行动",因而无疑是真正达到了主观与客观、感性与理性、个人与类、内在与外在辩证统一的"辩证哲学"和"辩证美学"。过去的马克思主义学者一般习惯于从认识论和辩证法(方法论)的角度去理解马克思主义所创立的真正达到了矛盾双方辩证统一的历史唯物主义哲学的意义和价值,这当然是可以理解的,但是,如果我们能从历史唯物主义美学所构成的对以往唯心主义和唯物主义哲学和美学的双重超越的意义来思考这一哲学和美学体系的话,那么我们或许首先应该看重马克思历史唯物主义哲学和美学所重构的崭新的"革命的实践"或"社会的实践"的动态本体。在马克思看来,他的历史唯物主义之所以能克服以往一切形式的思辨哲学的僵化、片面和形而上学而真正地求得世界的辩证统一,最重要的因素不是别的,而是他所要理解、认识、把握和创立的对象已经完全不同了,这里所要面对的既不是孤立的感性材料,也不是抽象的精神世界,而是处于不断的历史运行中的"现实的、有生命的个人"及其"现实的活动"——以生产劳动为主要内容的人类实践或社会实践。换言之,是一个处于永不停顿的人与自然、物质与精神动态统一关系之中的动态本体——如果能允许我们沿用过去哲学的术语称之为本体的话。

在马克思的以生产劳动为主要内容的实践本体或社会实践(请注意:人类的实践从来都是处于一定社会关系中的社会实践)本体论看来,世界不存在任何完全抽象的、凝固的终极实体,所谓世界的本体,只能是处于永恒的发展变化中的自然和人、物质和精神及其双向互动的联结或统一中的历史过程——"革命的实践活动"同时也就是"社会的实践"。在这个人类实践的或社会实践的本体的诸要素中,不仅自然的、物质的和人的、精神的东西表现为一个不断地演化着的历史过程,而且自然的、物质的东西与人的、精神的东西的联结和统一也表现为一个不断变化着的历史的过程,是世界的统一性的坐标上的一些移动的光标。任何想将实践本体中的人的、精神的东西或自然的、物质的东西及其动态统一中的光标当成一个固定不变的常数加以分析的企图都是徒劳的，都如恩格斯所说的，是在将实践本体论或者说将"历史唯物主义""变成毫无内容的、抽象的、荒诞无稽的空话"。因为马克思的"一个伟大的基本思想，即认为世界不是既定事物的集合体，而是多种过程的集合体"①。——尽管这里并不排斥事物的运动有其短暂的、相对静止的一面。

在马克思看来，人或精神的东西之所以表现为一个不断演变的历史过程，主要在于：一方面，"人是自然的一部分"，"人直接地是自然存在物，人作为自然存在物……人作为自然的、肉体的、感性的、对象的存在物，和动植物一样，是受动的、受制约的和受限制的存在物，也就是说，他的欲望的对象是作为不依赖于他的对象而存在于他之外的；但这些对象是他的需要的对象；是表现和确证他的本质力量所不可缺少的重要对象"②。人不仅本身是自然演化的产物，人的吃、喝、性行为的本能需要自然的满足，受制于客观的自然规律，而且人的意识的产生、社会关系、语言的产生和形成等等，也无一不是以客观的物质活动（主要是生产劳动）为前提的。"思维本身的要素，思想的生命表现的要素，即语言，是感性的自然界。自然界的社会的现实，和人的自然科学或关于人的自然科学，是同一说法。"③ 所以说，环境创造了人，"历史是人的真正自然史"。另一方面，"人不仅仅是自然存在物，而且是人的自然存在物，也就是说，是为了自身而存在着的存在物，因而是类存在。他必须在自己的存在中也在自己的知识中确证并表现自身"④。这也就是说，对人还必须"从主观方面去理解"，必须注意"环境的改变和人的活动的一致"，人是有意识的能动的存在物，是"人类社会或社会化了的人类"⑤，即在看到环境创造人的同时，还要看到人创造了环

---

① 《马克思恩格斯全集》第4卷，人民出版社1972年版，第477、240页。
② 《马克思恩格斯全集》第42卷，人民出版社1979年版，第167—168页。
③ 同上书，第129页。
④ 同上书，第169页。
⑤ 《马克思恩格斯全集》第1卷，人民出版社1979年版，第16—19页。

◆◆◆ 三　哲学智慧

境。因此，我们如果谈到人，只能是处于一定历史演变过程中的现实的人，只能是受动与能动动态统一的。

同样，自然的、物质的东西之所以也表现为一个历史演变的过程，也应从两方面来理解：一方面，自然的、物质的东西的确是独立于人和精神之外的客观存在，按照不以人的意志为转移的客观规律而存在或演变着；特别是那些无机的自然物就更是如此。但另一方面，自然的、物质的东西只要是被人意识到的（实际上应该包括人的想像力所能涉及到的），就已不是纯粹自然的和物质的东西；而已经"在理论领域说来……是人的意识的一部分，是人的精神的无机界，是人必须事先进行加工以便享用和消化的精神食粮；同样，从实践领域说来，这些东西也是人的生活和人的活动的一部分"。而且，从根本上讲，作为无机的自然界它的范围（或者说整个世界的范围）实际是由人的意识的能力决定的，"人比动物越有普遍性，人赖以生活的无机界的范围就越广阔"[1]。所以，无论仅就无机的自然界而言，还是扩展到现实的社会、现实的物质生产力、生产关系诸范畴而言，"在马克思看来……都是前时代的现实的有生命的个人的活动的产物"[2]。也就是现实人的活动的产物，是人创造环境的过程。马克思说："在社会主义看来，整个所谓世界历史不外是通过人的劳动而诞生的过程，是自然界对人说来的生成过程。"[3]

马克思认为世界的本体是一个不断生成的物质自然与另一个不断生成的有意识的人的动态统一体或历史过程，那么，在马克思那里就不仅"美"本身是人的本质力量的对象化的直观形式，即使仅仅作为美的素材的"艺术的对象"——用今天美学术语说叫"自然美"，实际就已经是人的意识或人的活动的产物。而"真正的人"那种"建立在个人全面发展和他们的共同能力成为他们社会财富这一基础上的自由个性"[4]，也只能以动态的个体的感性、肉体与另一个"类"的（一切人的）理

---

[1] 《马克思恩格斯全集》第42卷，人民出版社1979年版，第95页。
[2] 黄克剑：《人韵——一种对马克思的读解》，东方出版社1996年版，第386页。
[3] 《马克思恩格斯全集》第42卷，人民出版社1979年版，第131页。
[4] 《马克思恩格斯全集》第1卷，人民出版社1979年版，第104页。

性、心灵动态地也就是辩证地统一为前提和归宿,尽管在"异化劳动"(实即异化的社会实践)被消灭之前,"个人的高度发展,也只有由一个以个人为牺牲的历史过程来购买"①。

(二)

马克思所创立的超越了唯心主义和旧唯物主义哲学的历史唯物主义的哲学、美学,把构成哲学、美学和人的矛盾的双方以及它们的统一都看成一个动态的历史过程,从根本上将传统哲学、美学和人学的片面、抽象和形而上学的本体改造为一动态的"革命的实践"或社会实践的本体,因而不仅在人类历史上第一次创建了真正的辩证哲学、辩证美学和辩证人学,而且也为人类第一次找到了建构"真正的人"和"完善的人格"的途径。但是,正像马克思自己所反复指出的那样,任何思想理论都没有也不可能穷尽真理。马克思主义思想和学说作为当时那个历史时代的产物,它的真正的价值不在于其中的那些具体的结论,而在于它的方法论意义,在于它为后来的人们认识真理开辟了一条崭新的道路。事实上,由于马克思以"革命的实践"和社会实践为本体的辩证哲学、辩证美学和辩证人格学,是以批判唯心主义与旧唯物主义哲学从而形成"同时又是把二者结合的真理"为出发点的,它的目标是建构超越二者的真正的辩证哲学、辩证美学和辩证人格学。所以:

1. 它就不能不是以原先唯心主义和唯物主义哲学、美学和人格学的话语形式为自己的话语形式的,马克思在他的著作中不得不像唯心主义和旧唯物主义哲学、美学、人格学那样,仍然将一个多元共存的完整的世界划分为自然的、外在的、感性的、物质的世界和另一个属于人的、内在的、理性的、精神的世界,并相应地把作为社会实践范畴的生产劳动划分为物质生产领域和另一个与之相对的精神生产领域,这就说明他在创建真正辩证的哲学、美学和人格学时所面对的巨大困难并可能为后来的理解者准确地把握他的思想内涵预留着某种障碍——尽管在马克思之前康德在他的《判断力批判》中就已经发现了在感性与理性、

---

① 马克思:《剩余价值学说史》第2卷,人民出版社1957年版,第296页。

想像力和理论思维力之间还存在某种似乎不具备独立形态与独立价值的摇摆不定的、他称之为"判断力"的那个东西，而马克思本人无疑早已认识到这一点。并且马克思历来都是充分肯定现实世界的丰富多样性与人性的丰富多样性的，他所理解的两个世界与两种生产是与唯心主义和旧唯物主义都完全不同的，本身也都是一种动态统一的历史过程。

2. 在马克思创立的真正辩证的哲学、美学和人格学中，自然的物质的世界和属于人的精神的世界、物质生产领域与精神生产领域既然是依照唯心论与唯物论的话语形式而划分成的互相对立并至少在理论起点上相互分离的两端或两极，因而正如恩格斯在《路德维希·费尔巴哈和德国古典哲学的终结——四》中所说："黑格尔不是简单被当做出发点的。"而这就意味着在马克思看来，这两端或两极及其二者的辩证统一体都是应该理解为一个动态的历史过程的，这两端或两极及其辩证统一体实际都只是一个坐标系的横轴上的三个不断移动的光标，它的"活的灵魂"只能是后来列宁所说的"具体问题具体分析"。这就使那些希望把马克思的辩证哲学变成某种便于操作的工具的后继者们，要么感到理解起来非常困难、茫然无措、无所适从；要么再将这些本来处于永恒的历史发展过程中的范畴重新凝固起来，作某种固定的、形而上学的理解——重新返回到了唯心主义和旧唯物主义的怀抱。

马克思创立的真正的辩证哲学、辩证美学和辩证人格学既是本体论的，也是认识论的和方法论的，但在他的某些后继者，比如在前苏联的那些马克思主义哲学的教科书的作者和我国20世纪以来很多哲学家和美学家那里。——在前苏联的马克思主义哲学教科书中马克思的历史唯物主义的辩证哲学早已变成机械的唯物主义和实实在在的教条主义；而在20世纪中国历史上开展的关于"美"的"本质"的旷日持久的论争中，持论者们虽然或认为美是客观的，或认为美是主观的，或认为美是主观与客观的统一，观点针锋相对，但却无一例外地都自称是依马克思主义哲学原理建立起来的马克思主义的美学观，并且还都同样无一例外地在现实性上将"美"作凝固的分析，认为艺术美中应该由内容决定形式、形式为内容服务。这里就至少存在着某种对马克思的"辩证哲学""辩证美学"和"辩证人格学"的非辩证的理解。

马克思的后继者们对马克思创立的历史唯物主义的辩证哲学存在着许多有悖于马克思原意的理解，以致在很多地方实际又堕入了唯心主义和旧唯物主义的窠臼，这种历史的责任当然不能由马克思本人及其哲学、美学和人格学来承担，但是在这里却已经明确无误地显示了马克思的哲学、美学和人格学的理论困难及其必须在实践中加以创造性地发展的历史必要性。并且，我们认为，这种对马克思主义的创造性的发展必然首先是本体论的，然后才是认识论和方法论的。在马克思去世后，恩格斯就曾针对当时一部分资产阶级学者和德国社会民主党内存在的将历史唯物主义哲学、美学观加以简单化、机械化甚至庸俗化的倾向——具体表现为社会生活或"历史事变"的"经济决定论"、对马克思的唯物史观做过一种人们称之为"合力论"的解释或者说引申。恩格斯说，马克思之后的青年们有时过分看重经济方面，"这有一部分"是应该由马克思和他本人"负责的"；而更主要的问题在于，对历史进程或结果，虽然马克思和他本人为了"反驳"他们的"论敌"，常常是根据他们所"反驳"的"论敌"的话语形式而将现实生活或"历史事变"划域"，并且"不得不强调"被"论敌""否认的主要原则"——即世界归根结底是自然的、物质的、感性的客观存在，在感性与理性、自然与精神、客观与主观、经济基础与上层建筑的辩证统一的"历史事变"中，最终决定的力量只能是人们的物质活动或社会的存在。马克思说："物质生活的生产方式制约着整个社会生活、政治生活和精神生活的过程。不是人们的意识决定人们的存在，相反，是人们的社会存在决定人们的意识。"[①] 说的就是这个意思。——但是，这并不等于说马克思是断定整个现实或历史事变就是只由纯之又纯的自然与精神、感性与理性、物质与意识、经济基础与上层建筑两个部分组成的，并且在由这两个纯粹部分或纯粹的成分构成的辩证统一体中，只存在着那种简单的、机械的一方决定、支配另一方的关系。按照恩格斯的理解，马克思的历史唯物主义哲学和美学（这其实也是他本人的观点）虽然认为可以并基本上依照当时哲学史的一般做法，把现实世界划分为自然的、物质

[①]《马克思恩格斯全集》第1卷，人民出版社1972年版，第82页。

三 哲学智慧

的、感性的、客观的世界和属于人的、精神的、理性的、主观的世界,并从现实生活的众多范畴中抽绎或者说概括出自然与社会、客观与主观、感性与理性、经济基础与上层建筑等一些互相对立的矛盾范畴的,但这并不意味着马克思和他本人就已认定纷繁复杂、丰富多彩的现实世界中只包含这两个领域或两种成分,而这两个领域或两种成分之内——例如与自然界相对的社会生活领域,就仅仅存在上层建筑与经济基础这一对矛盾或者说两个组成部分。恰恰相反,恩格斯认为:如果根据马克思创立的历史唯物主义哲学和美学的原意,"历史事实"或"我们创造的历史"只能"是在十分确定的前提和条件"所形成的整体过程之中,除了"归根到底是决定性的""经济的前提和条件之外","政治等等的前提和条件,甚至那些存在于人们头脑中的传统(这无疑是纯意识的或精神的——引者注),也起着一定的作用,虽然不是决定性的作用"[①]。这就说明:(1) 我们的历史是一个前后相承的连续的过程,前一阶段的终点即是后一阶段的起点,我们是在既定的历史前提和条件下创造历史的,而我们所创造出来的历史,很自然地也就是后继者开创新的历史的前提和条件;(2) 从我们创造历史的前提和条件,我们已不难看出:在现实的"历史事变"中,既存在着物质的、感性的或"经济的前提和条件",也存在着精神的理性的成分,即"人们的头脑中的传统这类属于意识形态的东西",还存在着某种作为经济的直接反映的或者说介于经济与社会意识形态之间的成分。所以,即使是就属于上层建筑或意识形态领域的"历史事变"而言,我们创造它的前提和条件既非其中感性的自然的东西与理性的属人的东西的简单的二元拼合,我们创造它的过程和结果也并非简单的两个机械力量的相互抵消;而是从起点、过程到终点都表现为"许多单个"力量的"相互冲突"的"合力"运动。恩格斯说:"历史是这样创造的:最终的结果总是从许多单个的意志的相互冲突中产生出来的,而其中的每一个意志,又是由于许多特殊的生活条件,才成为它所成为的那样,这样就有无数相互交错的力量,有无数个力的平行四边形,而由此产生出一个总的结果,即历史事变,这个

[①] 《马克思恩格斯全集》第 4 卷,人民出版社 1972 年版,第 478—479 页。

结果又可以看作一个作为整体的、不自觉地和不自主地起着作用的力量的产物……各个人的意志……虽然都达不到自己的愿望，而是融合为一个总的平均数，一个总的合力，然而从这一事实中决不应作出结论说，这些意志等于零。相反地，每个意志都对合力有所贡献，因而是包括在这个合力里面的。"[①] 以上是恩格斯"合力"论的主要内容。恩格斯在这里虽然并没有放弃马克思的历史唯物主义的"辩证哲学"的基本框架，即因反驳"论敌"而不得不采取的唯心主义和旧唯物主义的将现实世界划分为自然世界（存在）和属人的世界（思维）的话语形式，而且他此处的论域似乎也是侧重于属于上层建筑或意识形态范围的"历史事变"的成因分析的，因而主要是就认识论和方法论领域立论的。但是，恩格斯的"合力"论毕竟对马克思的历史唯物主义的辩证哲学和辩证美学由二元的对立统一或"两分法"向"三元""三分"乃至"多元""多分"的方向做了必要的引申或者说发展；或至少可以说"合力"论开显了马克思的历史唯物主义的"辩证哲学""辩证美学"本来就含有的"多元对立统一"的内涵。而且，这种开显不仅仅是认识论和方法论的，同时也是本体论的，因为恩格斯也认为历史是一个前后相承的连续过程，"历史事变"的前提和条件与"历史事变"的总的"结果"实际上是同一的。从这种意义讲，"结果"是"合力"的直观形式，"前提和条件"也就是一种"合力"的本体。

不论恩格斯的"合力"论是否已形成了严整的体系或是否曾在马克思主义发展史上发挥过很大的作用，我们认为，最为值得关注的并不是它的某个具体的看法与结论，而是他那种根据时代的要求和历史提出的新课题对马克思的历史唯物主义的辩证哲学加以新的诠释和发展的努力与勇气，是他的"合力"论试图尝试着从本体论方面对历史唯物主义辩证哲学作出的引申和改造留给我们的启示。这说明，在今天我们如果要真正克服传统的唯心主义和唯物主义哲学、美学中那种抽象、片面、僵化和形而上学的弊端以及马克思主义的历史唯物主义的辩证哲学、辩证美学所遇到的困难，建构一种适应时代需要的新的真正的辩证哲学、

---

① 《马克思恩格斯全集》第4卷，人民出版社1972年版，第478—479页。

◆◆◆ 三 哲学智慧

辩证美学和辩证人格学,就必须在继承马克思主义的"活的灵魂"的基础上,首先从本体论开始,彻底扬弃历代唯心主义和旧唯物论所据以占领了整个思维领域,以至于马克思主义哲学、美学和人格学都不得不沿袭的话语形式,彻底解构那种以理性主义、本质主义和形而上学为特征的传统哲学、美学、人格学的二元、二分的本体论,重构一种如恩格斯所说的有许多个"合力"的"平行四边形"或以自然、人、精神或感性、知性、理性、德性等"三元""四元",乃至现时代某些后现代主义者所说的以多元共存为特征的"场境"本体论。只有这样,才能真正超越传统哲学、美学和人格学先将整体的世界进行二元对立的抽象,然后再谋求矛盾统一的认识论和方法论的局限,从根本上把握美的规律,造就现时代呼唤的真正的"完整的人"或真正"完善的人格"。

(三)

马克思、恩格斯将人和人的本质理解为动态的革命实践或多元"合力"的本体,在此基础上马克思进一步提出了人的全面、自由、协调发展的教育思想。

马克思认为,既然人的本质不是片面、凝固、形而上学的抽象物,而是动态的社会实践的历史过程,那么,人的发展的最终目标就不是片面的、僵死的、一成不变的固定物,而是朝向全面、自由、协调发展的历史过程,因此,(1)教育就既是人改造环境和人自身的手段,也是环境被改造、人自身获得发展的结果,环境的改变和人的活动是一致的;(2)教育的根本目的是要达到人(类)自身的全面、自由、协调(即和谐的)的发展,因此它本身是一个具体的社会实践的过程,并始终是同广义的生产劳动结合在一起的。

马克思曾经批评环境决定人的发展和人又决定环境的循环论,即把教育与人的发展放到社会实践之外进行孤立和僵化分析的形而上学观点,指出必须把教育的本质和人的本质结合起来考察才能获得正确的理解。马克思在《关于费尔巴哈的提纲》中说:"有一种唯物主义学说,认为人是环境和教育的产物,因而认为改变了的人是另一种环境和改变了的教育的产物——这种学说忘记了环境正是由人来改变的,而教育者本人一定是受教育的。因此，这种学说必然会把社会分成两部分，其中一部分高于社会之上（例如在罗伯特·欧文那里就是如此）。"① 显然，把教育的发展与人的发展（也就是社会的发展，因为人总是处于一定的社会关系之中）割裂开来进行孤立考察的形而上学的方法是不可取的。在马克思看来，人的本质就是教育的本质，是人的全面、自由、协调的发展。人的本质的实现，就是教育的目的与价值所在，因而可以说教育的发展只是人的全面、自由、协调发展的必然环节。人的本质的动态社会实践的历史过程的性质，决定了教育必然总是与最广义的社会实践——生产劳动结合在一起的。马克思特别以资本主义制度下人的异化与教育的发展状况为例，分析了当时人与教育的发展状况及其未来的走向。马克思认为，在资本主义社会由于社会分工，人成了片面的、畸形的人，工人是如此，资产阶级也被自己的资本和利润所奴役，变成了片面的畸形物。而在资本主义社会教育要么把工人束缚在某种操作和某种工具上，人为地培植工人片面的技能，使工人成为某种局部劳动的自动的工具，成为畸形物；要么极力简化生产过程和劳动职能，吸引儿童、少年、妇女等参加劳动，使工人后代的体力和智力的正常发展受到严重摧残，造成大批青少年的无知、粗野、体力衰退和精神堕落，甚至成为"罪犯的补充队"；而一切有教养的等级也"都为各式各样的地方局限性和片面性所奴役，为他们自己的肉体上和精神上的近视所奴役，为他们由于受专门教育和终身束缚于这一专门技能本身而造成的畸形发展所奴役"②。从某种意义上，在资本主义社会里，不仅物被异化（商品拜物教），人被异化，劳动被异化，教育也实际上被异化。而要克服这种异化，最根本的方式当然是推翻资本主义制度建立社会主义和共产主义制度，但这并非一蹴而就的事情，而是一个漫长的历史过程，因此最现实可行的方法和途径之一，就是将教育的本质和人的本质归还于社会实践，对教育的本质有一种动态的、全面的、辩证的理解，实现教育与广义的社会实践——生产劳动相结合，为真正实现人的全面、自由、协调

---

① 《马克思恩格斯全集》第1卷，人民出版社1972年版，第17页。
② 《马克思恩格斯全集》第3卷，人民出版社1979年版，第331页。

◆◆◆ 三 哲学智慧

发展创造条件。马克思在《资本论》中指出:"从工厂制度中萌发出了未来教育的幼芽,就是生产劳动同智育和体育相结合,它不仅是提高社会生产的一种方法,而且是造就全面发展的人的唯一方法。"[1] 又说:"在社会主义社会中,劳动将和教育相结合,从而保证多方面的技术训练和科学教育的实践基础。"[2] 当然,我们应该正确理解马克思所说的"生产劳动",马克思所说的"生产劳动"不是资本主义制度下的"异化劳动",而是"人的本质力量的对象化",是"按美的规律来建造"的"自由的劳动",这种劳动本身就是与人的全面、自由、协调发展的目标一致的,是一种审美教育与素质教育。而反观马克思的整个教育思想,我们可以说在马克思主义哲学中,美育与素质教育思想,就是一种关于人的全面、自由与协调发展的学说。

五

中西传统哲学中包含有丰富的美育与素质教育思想。中国传统哲学的美育与素质教育思想重视道德的培养和人的伦理精神境界的追求,对医治现实社会道德滑坡、伦理异化和政治生活中的消极腐败现象无疑具有极其重要的意义;西方传统哲学的美育与素质教育思想推崇理性、理智,显示了强烈的知识论特征,这对补救我国文化传统中知识论欠发达,现实生活中科学精神、科学思维不够普及和深入,封建思想意识残余成分尚多等消极的部分,具有巨大的借鉴作用。但是,正如我们在前文指出的,如果用马克思主义哲学、美学、教育学关于人的自由全面发展的理论来看,它实际上从某种意义上进一步加剧了对整全的人的割裂——人性的扭曲、分裂、异化,因此需要以马克思主义的哲学为指导,遵循马克思、恩格斯所开启的以深入探讨人的本质为基础的研究方向,实现中西传统哲学的美育与素质教育思想的现代转换。

1. 实现中西传统哲学的美育与素质教育思想的现代转换,首先必

---

[1] 《马克思恩格斯全集》第23卷,人民出版社1979年版,第530页。
[2] 《马克思恩格斯全集》第3卷,人民出版社1979年版,第360页。

须以马克思主义哲学的人论为指南，对人的本质及未来的发展作全面的历史的理解，克服以往片面的、抽象的、形而上学的思想方法的弊端。我们不仅应把人理解为知、情、意的统一体，而且应该把人理解为灵与肉、物质和精神二者的统一体，理解为知、情、意、体、美等方面在社会实践中的具体的历史的统一体。在中国传统哲学中，由于人在本质上往往只理解为道德的存在物，所以它讲的美育与素质教育不能不主要归结为一种道德人格的培养；在西方传统哲学中，由于人在本质上是一种理性的动物，人高于其他动物之处在于人有理性、有理智，能进行理性思维，所以它的美育与素质教育思想不能不主要推崇知识的传授和理性思维能力的培养，结果导致了工具理性的泛滥、泛智主义的流行和人的心灵旨趣的丧失，以致现代西方哲学人本主义的呼声越来越强烈。显然，中西传统哲学对人的本质的探讨大都局限在人的精神领域打转转，而且在他们看来这种精神还是生来如此，一成不变的。不难看出，这就是一种彻底的形而上学。以这种思想方法得出的结论为前提而提出的美育与素质教育思想，尽管对当前我国科学精神不足和道德水平下降的偏弊有很大的救治作用，但其历史的局限性是不言而喻的。在今天实现中西传统哲学的美育与素质教育思想的现代转换，首先要树立马克思主义的历史唯物主义的世界观和思想方法，要知道人的本质和人本身都是具体历史的范畴，人是有血有肉的知、情、意的复合体，精神和物质并非从产生之日起就是彼此脱节的僵化之物，而是互相联结、互相转化的，因此，在今天要开展美育与素质教育，并非只是促进人的道德或提高人的智力（在人类道德滑坡或智力低下时加强这两方面的教育无疑是必须的），而是要确立全面发展的观念，明确人的德、智、体、美多方面自由、全面、协调发展的目标，认识到人的知、情、意、体等方面互相联系、互相转化的关系，在确立这一前提下开展美育与素质教育，这样不仅可以真正有效地利用传统哲学的美育与素质教育资源，使传统哲学的美育与素质教育资源焕发新的生机，而且也可以使我们今后的美育与素质教育获得正确的方向。

2. 实现中西传统哲学的美育与素质教育思想的现代转换，其次是必须超越中西体用、本末之争的藩篱，对中西传统哲学的美育与素质教

◆◆◆ 三　哲学智慧

育资源进行新的改造与整合。在中国的现代化进程中历来存在中西体用之争，在传统哲学的美育与素质教育思想的现代转换问题上亦是如此。我们既不能把现代化理解为全盘西化，也不能把现代化理解为"中体西用"，用中国思想、政治、文化的"旧瓶"装西方资产阶级科学文化的"新酒"，在哲学的美育与素质教育的实践中尤其如此。在美育与素质教育方面，现代化首先要理解为人的现代化，即对人及其本质认识的现代化，要努力克服人的分裂、扭曲与异化，把人培养成为德、智、体、美各方面全面、自由而协调发展的"完整的人"，尽管这种全面、自由而协调的发展只能是一种具体的历史的形态。在这个目标下，无论是中国传统哲学的美育与素质教育思想，还是西方传统哲学的美育与素质教育资源，都需要加以重新改造和整合，无所谓主次、体用、本末之分。在这样的思想观念下进行传统哲学的美育与素质教育的现代转换，不仅可以为当前中国的美育与素质教育起到借鉴和促进作用，对人类社会生活中出现的多种弊端具有补偏救弊的意义，而且也可以使中西传统哲学的美育与素质教育思想自身获得新的生机。

3. 实现中西传统哲学的美育与素质教育思想的现代转换，再次就是要充分实现中西传统哲学的扬长避短、取长补短、相互促进、相互融合。现代化既非全盘西化，亦非"中体西用"，就说明现代化不可能是某种单向的思维模式，中西传统哲学的美育与素质教育资源的现代转换也不可能是某种以一方改造、修正另一方的简单工作，而是双方互补互动的关系。中国传统哲学的美育与素质教育思想注重人与自然、人与社会、人与他人的和谐关系，追求"天人合一"的道德人格的理想境界，注意培养受教育者的道德情操，这些对于医治现代社会在西方文化过分偏重知识追求所造成的工具理性泛滥、人的心灵旨趣失落、人与自然关系紧张等现代社会病症，无疑具有极为重要的意义。但是应该看到，中国传统哲学的美育与素质教育思想本身存在很大的缺陷与不足，在中国传统哲学的美育与素质教育资源中几乎没有智育与体育的位置，整个教育框定在道德人格培养的范围里，教育的目的全在于成就圣贤人格，这就不仅造成了中国古代逻辑知识的不发达，而且也阻碍了中国人在思维特别是思维方式上跟上世界发展的潮流。因此，今天我们在反对全盘西化、警惕西方现代化的弊端之时，仍特别需要向西方学习先进的科学知识，学习西方科学的思维方法，不要因为西方传统哲学的美育与素质教育思想已出现了很多负面效果，我们就可以不屑一顾，关门自大，搞"国粹主义"。我们所谓中西传统哲学的美育与素质教育资源的现代转换，既非现代新儒家设想的儒家思想文化现代复兴，也非西方后现代哲学家有鉴于现代资本主义社会的种种弊端而希求的"后现代精神"，而是中西互补、互含、互动的，为造就现代既有自由意志、发达的思维，又有丰富情感、强健体魄的一代新人的新的意识形态。

4. 实现中西传统哲学的美育与素质教育思想的现代转换，最后我们认为很重要的一点，就是要变革目前人们陈旧的思想观念和现行不适应时代要求的教育体制。当前我国流行的教育观念大致有两种：一种是由中国传统哲学的美育与素质教育思想而来的教育观念，认为学校的任务应主要在于培养受教育者的道德情操，把学生培养成道德高尚的理想人格，包括进行以革命传统教育为内容的政治思想教育。现代社会工具理性泛滥，道德滑坡，价值理想失落，既说明了当前教育思想及教育方法的失误，也从反面证明了我们的教育观念有向传统回归的必要；另一种是在目前社会占据主流并在当前社会生活中予以实施的教育观念，它认为学校就是传授知识的场所，教育主要就是传授知识，德育、体育等内容的教育之所以要保留，或是迫于社会舆论的压力，或是为了调节人的大脑，有利于更好地接受更多的知识。这种观念主要为近代以来从西方接受过来并用实用主义加以改造过的东西，它在本质上是知识论的、泛智主义的。应该说这两种观点都有其合理性，但却都是陈旧的和片面的。在这两种观念下的教育体制，要么会使学校变成中世纪的修道院，要么会使学校变成实实在在的"泛智工场"，成为旨在为工业机器培养工作母鸡的孵化场。正确的现代教育观念应该是，教育的目的是培养德、智、体多方面全面、自由、协调发展的"完整的人"，道德人格、发达的智力、健全的体魄都是完整的人不可或缺的一个方面，但不能以偏概全、畸形地发展。学校只是社会培养这种"完整的人"的试验场或先行军，而并非为现实短期目标服务的"工具"。尽管历史唯物主义者从来都把实现人的全面、自由、协调发展看作一个具体的历史的过程，在"异化劳动"被消灭以前，要实现"个人的高度发展，也只有由一个以个人为牺牲的历史过程来购买"。在目前我国实现现代化、追赶世界经济发展潮流的过程中，优先发展经济，要教育做出一定的牺牲，培养一批具有较高智力、较丰富知识的专业人才，注意知识的积累与研究，是可以理解的，但我们不能因此而忘记了教育的根本宗旨和任务，使权宜之计演变为长期方案，贻误子孙后代。

总之，如果我们有正确的思想方法作指导，能够辩证地处理中与西、长远与眼前、精神与物质等多种关系，并在教育实践中认真落实，实现中西传统哲学的美育与素质教育思想的现代转换是一定可以成功的。

（原载《中国传统哲学的美育与素质教育资源研究》，华中师范大学出版社2005年版）

郭店楚简中的"道"与"衍"

郭店楚简于1993年10月在湖北省荆门市沙洋区四方台乡郭店村一组出土，1998年由荆门市博物馆组织专家整理出版了《郭店楚墓竹简》一书。根据我们对《郭店楚墓竹简》一书的研究，在该书共18篇简书中，"道"这个词（概念）共出现了121次，其中有89次是使用"道"这个字记录（即写作"道"）的，另外32次是用"衍"这个字记录（即写作"衍"）的。

"道"字现在仍常用，可置勿论；"衍"字今天已废置不用，即使在传世文献中也很罕见。在古代文献中，"衍"有时也写作"衍"字。《字汇补·行部》云："衍，与衍同，见《风雅广逸》。"自古以来，人多读"衍"为"行"，但也有人读"道"。如宋人郭忠恕的《汗简》卷一"彳部"即以"衍"为"道"字。现在郭店楚简中的"衍"都是"道"的异体字。问题是，在《郭店楚墓竹简》一书中同时使用了"道"和"衍"两个字，但这种使用是否出于人们的自觉，它又是否与当时中国思想文化中人们对"道"概念的认识具有某种内在的联系呢？下面我们就此问题来做具体的考察。

一

在《郭店楚墓竹简》18篇简书中，由于《穷达以时》和《鲁缪公问子思》2篇没有出现"道"概念，所以实际涉及到"道""衍"二字使用的只有16篇。在这16篇简书中，"道""衍"的使用又可分为三种情况。（1）《老子》甲组、《性自命出》《语丛一》三篇同时使用

三 哲学智慧

"道""行"二字；（2）《老子》乙组、《老子》丙组、《太一生水》《缁衣》《五行》《尊德义》《成之闻之》《唐虞之道》《语丛二》《语丛四》等篇，只使用"道"字；（3）《六德》《忠信之道》《语丛三》三篇，只使用"行"字。因此，我们分析郭店楚简中"道""行"二字的使用情况，实际就是要对上面16篇简中"道""行"二字的三种使用情形及其成因做出分析研究，并给出一个令人信服的说明。

下面，我们先看郭店楚简中"道""行"二字使用的第一种情况——"道""行"同时使用的情况。

在《老子》甲组、《性自命出》《语丛一》三篇同时使用"道""行"二字的简书中，《老子》甲组使用"道"字11次、"行"字3次，《性自命出》使用"道"字6次、"行"字15次，《语丛一》使用"道"字6次、"行"字3次。具体用例如下：

1.1 《老子》甲组：

（1）以行佐人主者，不欲以兵强于天下。①

（2）保此行者，不欲尚盈。

（3）行恒亡为也，侯王能守之，而万物将自化。

（4）道恒亡名，朴虽细，天地弗敢臣，侯王如能守之，万物将自宾。

（5）知止所以不殆，譬道之在天下也，犹小谷之与江海。

（6）未知其名，字之曰道，吾强为之名曰大。

（7）天大，地大，道大，王亦大。

（8）（9）人法地，地法天，天法道，道法自然。

（10）天道云云，各复其根。

（11）物壮则老，是谓不道。

（12）（13）反也者，道［之］动也。弱也者，道之用也。

（14）功遂身退，天之道也。

---

① 1案：本文中的郭店楚简原文，除特别说明者外，均据刘钊著《郭店楚简校释》（福建人民出版社2003年版）。

1.2 《性自命出》

（1）衍始于情，情生于性。

（2）（3）（4）（5）（6）（7）（8）衍者，群物之衍。凡衍，心术为主。衍四术，唯人衍为可衍也。其三术者，衍之而已。

（9）其先后之序，则宜道也。

（10）币帛，所以为信与征也，其辞宜道也。

（11）智类五，唯宜衍为近忠。

（12）（13）（14）所为衍者四，唯人衍为可衍也。

（15）贫而民聚安，有衍者也。

（16）（17）行之不过，知道者也。闻道反上，上交者也。

（18）闻衍反下，下交者也。

（19）（20）闻道反己，修身者也。上交近事君，下交得众，近从政，修身近至仁。同方而交，以道者也。

（21）凡动性者，物也……长性者，衍也。

1.3 《语丛一》

（1）人之道也，或由中出，或由外入。

（2）（3）知天所为，知人所为，然后知道。知道然后知命。

（4）（5）易，所以会天衍人衍也。

（6）察天道以化民气。

（7）仁生于人，义生于道。

（8）长悌，亲道也。

（9）遙廢不逮，从一"衍"。

根据我们现已掌握的文献，"道"这个字（词）在古汉语中共有40多个义项，指道路、水道、种类、方法、技术、规律、政治主张及讲述、施行、引导等。[①]但在先秦时期，学者们似乎已特别注意从哲学上对"道"概念加以提升，并对"道"的内涵进行分析和归纳。经过先

---

① 《汉语大字典》（六），湖北辞书出版社、四川辞书出版社1989年版，第3864—3866页。

◆◆◆ 三 哲学智慧

秦学者们提升、分析和归纳后的作为哲学范畴的"道",一般不再指具体的道路、水道或技术、方法等,而是泛指人和天地万物运行的总规律、总法则,亦即"人或物所必须遵循的轨道"。而这个"道",实又可以分为两大部分,即"天道"(即"自然之道")、"人道"。"日月星辰所遵循的轨道为天道,人类生活所遵循的轨道称为人道。"[1]《左传·昭公十八年》记子产之言说:"天道远,人道迩,非所及也。"就是用"二分法"来划分"道"的内涵的。但是由于"物"除了"天"上的日月星辰之外,地上的万物也应包含在内,故稍后的哲学思想家们又在"天道"中划出"地道"一类。《周易·系辞下》曰:"《易》之为书也,广大悉备。有天道焉,有人道焉,有地道焉,兼三才而两之故六。"《说卦传》曰:"立天之道曰阴与阳,立地之道曰柔与刚,立人之道曰仁与义。"这些地方就是将"道"分为"天道""地道"和"人道"三个方面的。但中国古代的哲学家都是非常注意"天人之分"、或"究天人之际"的;地上的万事万物虽相对"天"而言是有分际的,但相对"人"而言,则又可同时归于"自然之道"。故"天道""人道"的划分更常见。《左传》称"天道""人道",《论语》曰"性与天道",实际上就是基于这一分际的。《周易·系辞上》曰:"《易》与天地准,故能弥纶天地之道。"这是以"《易》道"总冒"天地之道"。《老子》亦言"天之道,其犹张弓与?""天之道,损有余而补不足;人之道则不然,损不足以奉有余。"(第十七章)则是将"道"分为"天道"和"人道"。

值得注意的是,虽然从理论上讲,"道"这个概念(词)的上述内涵,是兼"道"字的所有内涵的;但"道"和"术"两个不同的文字,则只能代表它们各自的特定字义。从文字的字义和语用的角度来看,人或万物总规律的"道"——天地之道(作为"大共名"的"道""天道""地道"),用"道"字表示;而其有关"人道"方面的含义,则应该用"术"字表示。而由郭店楚简《老子》甲组、《性自命出》《语丛一》同时使用"道"和"术"字的情况来看,这一推断是可以成立的。

---

[1] 张岱年:《中国哲学概念范畴要论》,中国社会科学出版社1987年版,第23页。

1.1 《老子》甲组

《老子》甲组（1）（2）（3）中的"道"概念（词）写作"衒"。（1）"以衒佐人主者，不欲以兵强于天下。"《老子想尔注》曰："治国之君务修道德，忠臣辅佐务在行道，道普德溢，太平至矣。"可见，此"衒"字义为"治国之道"——当然属于"人道"的范围；（2）"保此衒者，不欲尚盈"句，原处于"古之善为士者"一章中，承"古之善为士者"而来，说明此"衒"字当指"为士之道"，自然也在"人道"之域。（3）"衒恒亡为也，侯王能守之，而万物将自化"。通行本作"道常无为而无不为，侯王若能守之，万物将自化。"马王堆帛书甲、乙本均作"道恒无名"云云。众所周知，《老子》第一章即曰："道可道，非常（恒）道。名可名，非常（恒）名。有名，天地之始；无名，万物之母。"又曰："道"为"无名之朴"；"圣人""上德""无为而无以为"。高明《帛书老子校注》曾统计说："'无为'是老子哲学中最重要的观念，誉为人之最高德性。此一观念在他那五千余言的著作中，反复讲了十一次。"[①] 通行本形成的时代，"衒"字已废弃不用，故它写作"道常无为而无不为"；马王帛书时代书写者仍知道"道""衒"有别，前指"天道"或全体之"道"，后者则指"人道"。但只有全体的"道"或"天道"才能称"无名"，人之德性称"无为"，故帛书甲、乙本一律将"衒常（恒）无为"改为"道恒无名"，以使其内容与所用"道"之概念相一致。——要言之，"衒恒亡为也"的"衒"字，亦指"人道"。（4）本曰"道恒亡名"，其"道"指"无名"之总体的"道"，可与（3）相发明，正当用"道"字。（5）"譬道之在天下也"，"道"当属"天地之道"，故用"道"字。（6）"未知其名，字之曰道"，（8）（9）"天法道，道法自然"，（12）（13）"反也者，道之动也；溺也者，道之用也"，这里的五个"道"字都是指人或物的总规律、总根源的"道"，故应用"道"字。（10）（14）文中已明言为"天道"和"天之道"，固当用"道"字。（11）"物壮则老，是谓不

[①] 高明：《帛书老子校释》，中华书局1996年版，第422页。

三 哲学智慧

道"。王弼《老子》第三十章注曰:"飘风不终朝,骤雨不终日,故暴兴必不道,早已也。"据此,这里所谓"道",当指"物之道";"不道"即不符合事物逐渐向前发展的规律,当用"道"字。只有(7)比较特殊。(7)"天大,地大,道大,王亦大",通行本作"道大,天大,地大,王亦大"。如果按照通行本"人法地,地法天,天法道,道法自然"这个"道—天—地—人"的顺序来理解,则(7)中的"道"应指"人道",应写作"衍";如果将该文中"道"解为人或万物的总规律、总根源,则该句所言与《老子》全书"道—天—地—(人)王"的次序不符。故帛书《老子》甲、乙本均将本句改为"道大,天大,地大,王亦大";而傅奕本、范应元本则更将此句改为"道大,天大,地大,人亦大",以与《老子》全书"道—天—地—人"的思维次序相符。① 今楚简《老子》甲组(7)言"天大,地大,道大,王亦大",此"道"当指"人道",故疑此"道"字当为书写者笔误,本当作"衍"字。

1.2 《性自命出》

楚简《性自命出》篇(1)(2)(3)(4)(5)(6)(7)(8)(9)(10)(11)(12)(13)(14)(15)(18)(21)使用"衍"字,(9)(10)(16)(17)(19)(20)使用"道"字。"衍始于情,情生于性"。有注者笺释曰:"'道始于情,情生于性'………'道'即人道也。"② 此"衍""生于情",不在"性与天道"的序列里,故只能为"人道"。(2)(3)"衍者,群物之衍也",有论者将这两个"衍"解为"天地万物万事的总相、总过程、总法则"。但又认为,"'道'与人对'道'的把握和体认密切相关,也就与'心'认识、体悟'道'的方法、途径及养心、用心的方法密切相关",因而,"它并不在外"③。我

---

① 以上参见高明《帛书老子校释》,中华书局1996年版,第98页。
② 刘昕岚:《郭店楚简〈性自命出〉篇笺释》,武汉大学中国文化研究院编:《郭店楚简国际学术研讨会论文集》,湖北人民出版社2000年版,第330页。
③ 郭齐勇:《郭店楚简〈性自命出〉、〈五行〉发微》,丁四新主编:《楚地出土简帛文献思想研究》(一),湖北教育出版社2002年版,第3页。

郭店楚简中的"道"与"衍"

认为，结合简书《性自命出》全篇的主旨来看，书写者在这里使用"衍"而非"道"字，并不是他自乱体例，而是为了藉使用"衍"字来表明其"道"——即使是客观外在事物的总相、规律，也并非只是外在的"天道""地道"或"天地之道"，而是如同后代宋明"陆王心学"所说，"吾心即是宇宙，宇宙即是吾心"——一切"道"皆属于"心道"——自然也就属于人道。李零《郭店楚简校读记》曰："疑上'道'读'道'，下'道'读'导'"[①]。只有"人道"才能为"群物之导"，故使用"衍"字。此句中"下'衍'字读如'导'"，已不属哲学概念。(4)(5)(6)(7)(8)中，(7)(8)两"衍"字用如动词，字义当"训导"或"治理"讲，虽也可勉强归入"人道"的范围，但与所谓"天道""人道"的本义不同。(4)"凡衍，心术为主"的"衍"字承(3)而来，是已经主观化的"衍"，自然也属于"人道"，使用"衍"字。(5)是重复(4)，当然也是指"人道"。(6)已自明其为"人道"，用"衍"字。(7)与"可"连用为"可道"一词，为言说、讲述之义。(8)似与(7)同，也如李零所说："疑亦读'导'。"[②] 二者都不属于哲学概念，按行文习惯使用了"衍"字。(10)和(11)都是"宜"和"道"组成的"宜道"一词，但(10)楚简写作"宜道"、(11)楚简写作"宜衍"。以前的论者差不多都把"宜"视为"义"的通假字，而将"道""衍"等同，都解为"义道"。但这种解读是十分可疑的，因为先秦汉语中并不存在"义道"这个复合词。我认为(10)中的"宜"，当解为适宜；"道"用作动词，为讲述之意。此句之是说聘问时有"币帛"为征信，所以聘问之词就可以讲了。(11)中的"宜衍"应理解为一个偏正结构——"宜"同"义"，"宜衍"即"义之衍"。而"义之衍"显然属于"人道"的范围，故书写者使用"衍"字。(12)(13)(14)三个"衍"字的字义和用法与(5)(6)(7)全同。(15)之"衍"是使"贫而民聚安（焉）"的"衍"，

[①] 李零：《郭店楚简校读记》，陈鼓应主编：《道家文化研究》（"郭店楚简"专号）第二十七辑，生活·读书·新知三联书店1999年版，第508页。

[②] 同上。

三　哲学智慧

显然也是"人道"。(16)(17)(19)(20)中的四个"道"字，均应指"天道"；因为郭店简书《五行》有"闻君子道，聪也。闻而知之，圣也。圣人知天道也"之言，故(16)"行之不过，知道者也"中的"道"，当为"圣人"所"知"之"天道"。(17)"闻道反上，上交者也。"有人将这个"道"理解为"礼义之道"，将此句解为"听闻了礼义之道，便以之反省处于上位者的言行，这是和在上位者的交往原则"。① 这显然是误解了简书的原意。实际上，简书中用"道"是有哲学深意的，表明这个"道"乃是"天道"。整句话的意思是说："人听闻了天道而且向天命上追溯，这是（人）与上天的交流。""以这个'天道'来反己修身，就会养成自己美好的德性。"而按简书的思维原则："善，人道也；德，天道也。"（《五行》）所以(19)(20)都使用了表示"天道"的"道"字，而(18)因为属于人外在践行道德的德目，只与现实社会的政治相近（"近从政"），故使用"衍"字，以示区别。(21)中人之能长的"性"，既不是某种先天之物；能"长"此"性"的"道"，自然也就只能是外在之"道"，故此处也同(18)一样，使用了"衍"，表明它所指的是"人道"。

1.3 《语丛一》

《语丛一》中共使用了9个"道"和"衍"字，其中(1)(2)(3)(6)(7)(8)使用"道"字，(4)(5)(9)用"衍"字。(1)中的"道"指"人之道"，但却使用了"道"而非"衍"字。这其中的原因，或许就是因为郭店简书书写时代，人们对"人之道"已有更深入的认识。认为"人之道""或由中出，或由外入"，并以此对"人道"再加细分，把其中的"由中出"的、内在的"德"，视为"德"或"德之行"；把其中"由外入"的、践行于外的德目则视为"人道"。郭店简《五行》所谓"（仁、义、礼、智、圣）五行之形于内谓之德之行，不行于内谓之行"；"德之行五和谓之德，四行和谓之善"。"善，

---

① 刘昕岚：《郭店楚简〈性自命出〉篇笺释》，武汉大学中国文化研究院编：《郭店楚简国际学术研讨会论文集》，湖北人民出版社2000年版，第349页。

人道也；德，天道也。"即似包含了以"这些德目的组合方式、存在方式的差异显示了人道和天道的差别"。①《语丛一》又说："由中出者，仁、忠、信。由……"显然，这里的"人之道"的"道"，是属于"德之行"的"仁、忠、信"等德目，它们既是"人道"，也是"天道"，故也可用"道"字。（2）（3）中的两个"道"字，与"（天）命"相连，是"人（道）"的根源，所以它只能是"天道"，使用"道"字。也正是基于这一认识。（7）"仁生于人，义生于道"的"道"、（8）"长悌，亲道也"的"道"，二者都使用了"道"字，以与一般的"善"行相区别。（6）明言"天道"，自当用"道"字。只有（4）"《易》，所以会天術人術也"中的"（天）術"字，本应写作"道"字，可能是因为与（5）连书而误。（9）"从一術"用"術"字，因为学者一般认为这句前面的"四字疑与《孙子》'穷寇勿追'意近"，属用兵之道，故用"術"字。②

二

在《老子》乙组、《老子》丙组、《太一生水》《缁衣》《五行》《尊德义》《成之闻之》《唐虞之道》《语丛二》《语丛四》10篇只使用"道"字的简书中，《老子》乙组使用了10次，《老子》丙组使用2次，《太一生水》3次、《缁衣》2次、《五行》19次、《尊德义》16次、《成之闻之》8次、《唐虞之道》4次、《语丛二》和《语丛四》各1次。

2.1《老子》乙组

（1）有国之母，可以长［久，是谓深根固柢之法］，长生久视之道也。

---

① 魏勇：《人道与天道之间——郭店楚简"义"范畴考辨》，《光明日报》2008年2月3日第7版《史学》。
② 刘钊：《郭店楚简校释》，福建人民出版社2003年版，第197页。

三 哲学智慧

(2) 为学者日益，为道者日损。损之又损，以至于亡为也。亡为而亡不为。

(3) (4) (5) (6) 上士闻道，仅能行于其中。中士闻道，若闻若亡。下士闻道，大笑之。弗大笑，不足以为道矣。

(7) (8) (9) 明道如昧，夷道［如纇，进］道若退。

(10) 道［始无名，善始且善成］。

2.2《老子》丙组

(1) 故大道废，安有仁义。

(2) 故道［之出言］，淡兮其无味。

2.3《太一生水》

(1) 上，气也，而谓之天。道亦其字也，请闻其名。

(2) 以道从事者必托其名，故事成而身长。

(3) 天道贵弱。

2.4《缁衣》

(1) 子曰："禹立三年，百姓以仁道，岂必尽仁？"

(2) 子曰："君子道人以言，而恒以行。"

2.5《五行》

(1) (2) 善，人道也；德，天道也。

(3) 五行皆形于内而时行之，谓之君子。士有志于君子道，谓之志士。

(4) (5) 圣之思也轻……聪则闻君子道，闻君子道则玉音。

(6) (7) (8) 未尝闻君子道，谓之不聪。未尝见贤人，谓之不明。闻君子道而不知其君子道也，谓之不圣。

(9) (10) 闻君子道，聪也。闻而知之，圣也。圣人知而［天］道也。

(11) (12) 不以小道害大道，简也。

(13) 不简，不行。不匿，不察于道。

(14) 有小罪而弗赦也，不察于道也。

(15) 胥儳儳达诸君子道，谓之贤。

(16)(17)(18)(19)闻道而悦者，好仁者也。闻道而畏者，好义者也。闻道而恭者，好礼者也。闻道而乐者，好德者也。

2.6《尊德义》

(1) 杀戮，所以除害也。不由其道，不行。

(2) 教非改道也，教之也。

(3)(4) 禹以人道治其民，桀以人道乱其民。

(5)(6)(7)(8)(9)(10)(11) 圣人之治民，民之道也。禹之行水，水之道也。造父之御马，马之道也。后稷之艺地，地之道也。莫不有道焉，人道为近。是以君子，人道之取先。

(12)(13) 知己所以知人，知人所以知命，知命而后知道，知道而后知行。

(14)(15) 民可使道之，不可使知之。民可道也，而不可强也。

(16) 是以为政者教道之取先。

2.7《成之闻之》

(1) 君子之于教也，其道民也不浸，则其淳也弗深矣。

(2)(3) 上不以其道，民之从之也难。是以民可敬道也，而不可掩也。

(4) 贵而能让，则民欲其贵之上也。反此道也，民必因此厚也以复之，可不慎乎？

(5)《君奭》曰："襄我二人，毋有合在音"何？道不悦之辞也。

(6) 是故小人乱天常以逆大道，君子治人伦以顺天德。

(7) 虽其于善道也亦非有怿，数以多也。

(8) 唯君子道可近求，而［不］可远借也。

2.8《唐虞之道》

(1) 唐虞之道，禅而不传。

(2) 唐虞之道［如此］也。

(3) 先圣与后圣，考后而甄先，教民大顺之道也。

(4) 上德则天下有君而世明，授贤则民兴效而化乎道。

三 哲学智慧

2.9《语丛二》

（1）凡悔，已道者也。①

2.10《语丛四》

（1）凡说之道，急者为首。

在以上 10 篇简书中，"道"字共出现 66 次。从字义分析的角度来讲，大致可以分为两大类型。第一大类型，包括《缁衣》（2）、《尊德义》（14）（15）（16）、《成之闻之》（1）（3）（5）、《语丛二》（1）共 8 例在内，"道"字仅用作一般名词或动词；第二大类型，包括以上 10 篇简书中其余所有用例，它们的字义都属于先秦哲学上的专有名词（如天道、人道）。而在第一大类型 8 例用作一般名词或动词的"道"字中，《缁衣》（2）、《尊德义》（15）（16）（17）、《成之闻之》（1）（3）这 6 例，与《成之闻之》（5）、《语丛二》（1）2 例的字义和用法又不相同。《缁衣》（2）"君子道人以言"，孔颖达疏引《经典释文》曰："道，音'导'。"这是说，这里的"道"字假借为"导"字，其字义是用作动词为"教导"（"导"的古体为"導"，"導"因"道"得音，故"道"可假借为"道"）。《尊德义》（15）"民可使道之，不可使知之。"《论语·泰伯》作："民可使由之，不可使知之。"郑玄注："由，从也。"即遵循、遵从之义。郭店简《尊德义》及《六德》等篇每言"由其道""不由其道"，皆用此义。故（14）"民可使道之"之"道"字为动词，遵从之义。（15）"民可道也"之"道"，引导之义更显。（16）"是以为政者教道之取先"中的"道"字，李零《郭店楚简校读记》直接写作"导"，可见其意为教导、引导。《成之闻之》（1）（3）"其道民也不浸""是以民可敬道也"的"道"字，李零亦写作"导"②，说明其义与《尊德义》（17）同。而《成之闻之》（5）和《语丛二》（1）"道不悦之辞也""凡悔，已道者也"中的两个"道"

---

① 案：因此"道"字图版原隶定为"蒔"，与从"陟"从"首"的"道"字形最为接近，故此处直接写作"道"。

② 李零：《郭店楚简校读记》，陈鼓应主编：《道家文化研究》（"郭店楚简"专号）第二十七辑，生活·读书·新知三联书店 1999 年版，第 512 页。

字，则都是言说、讲述之义。"道不悦之辞也"承《君奭》曰：'襄我二人，毋有合在音'何"而来，而按《成之闻之》全篇文例，在引文问句后，皆用"言……"以作答，独此句用"道……"作答，故知此"道"字当同"言"字，为言说之义。《语丛二》（1）"凡悔，已道者也"，表明对已讲述的话才后悔，文义已很清楚，勿烦费辞。

在第二大类型"道"字的58个用例中，"道"字都是作为哲学概念使用的。《老子》乙组（3）（4）（5）（6）（7）（8）（9）（10）中的"道"，皆同甲组中的"道"字，皆是指"人或物所必须遵循的轨道"，或者说是人和天地万物运行的总规律、总法则。其含义显而易见，可不烦言。只有《老子》乙组（1）"长生久视之道也"、（2）"为道者日损"中的"道"字，可能会引起歧义。（1）"长生久视之道也"中的"道"字，初看似指人长久地活着的原则①，即属"人道"，应该用"衍"字。但细察则会发现，此章的"内容是讲修建德行，即以论'德'为主"。②而在郭店楚简的哲学系统中，"德"是属于"天道"范围的，故改用"道"而非"衍"字。而此章"重积德则无不克，无不克则莫知其极"句王弼注曰："道无穷也。"亦可证"长生久视之道"为"重积德"的结果；而这个结果也只能是"自然之道（天道）"的无穷无尽。（2）"为道者日损"中的"道"字，王弼注曰："务欲返虚无也。""虚无"乃无形无名之称，而非"无为而无不为"之举。人遵循"自然之道（天道）"才能到达"无为而无不为"，故"无形无名"为人或万物的总规律、总规则，即为"天道"；"无为而无不为"则为"人道"。前者用"道"字，而后者当用"衍"字。今"为道者日损"用"道"字，故其义当指"无形无名"的人或万物的总规律、总规则。《老子》丙组（1）"故大道废，安有仁义"中的"道"已明言其为"大道"，即人与天地万物的总规律，自当用"道"字。（2）"故道［之出言］，淡兮其无味也"一句中的"道"，王弼注曰："言道之深

---

① 刘钊：《郭店楚简校释》，福建人民出版社2003年版，第30页。
② 李零：《郭店楚简校读记》，陈鼓应主编：《道家文化研究》（"郭店楚简"专号）第二十七辑，生活·读书·新知三联书店1999年版，第470页。

三 哲学智慧

大"。可见，此"道"字含义亦同"大道"，故亦用"道"字。

《太一生水》(1) "道亦其字也，请闻其名"中的"道"字，与《老子》甲组 (6) "未知其名，字之曰道，强为之名曰大"一句使用同一"道"字，说明此"道"都是指人或天地万物的总规律、总根源。(2) "以道从事者必托其名"一句承"道亦其字也，请闻其名"而来，故其"道"的含义亦当与上句中的"道"字相同，当用"道"字。(3) 自言为"天道"，自当用"道"字。《缁衣》(1) "子曰：'禹立三年，百姓以仁道，岂必尽仁'"中的"道"字，以"仁"为内容，而据郭店简《五行》《六德》诸篇，"仁"乃儒家哲学的内在之"德"，而"德，天道也。"故用"道"字而非"術"字。

《五行》篇使用"道"字共19例，其中 (2) (10) 自称"天道"、(12) 自称"大道"，三者所指皆已甚明，可不置论。其 (13) (14) (16) (17) (18) (19) "道"前无限定词，只称其为人所"闻"所"察"，这是与《老子》乙组 (3) (4) (5) 用法相同的，这几个"道"字的含义都指人或天地万物的总规律、总法则，并使用"道"字。当然，《五行》中用得最多的概念是"君子道"。(3) (4) (5) (6) (7) (8) (9) (15) 共8次使用了"道"字。按照常理，"君子"并非"圣人"，他们的"道"不可能属于"天道"，应该使用"術"字，写作"君子術"。但为什么在郭店简书《五行》中它们都没有被写作"(君子) 術"呢？我认为，这是与简书《五行》的著作者和书写者对"君子術"的看法有关。简书《五行》第十五简说："圣之思也轻，轻则形，形者不忘，不忘则聪，聪则闻君子道，闻君子道则玉音，玉音则形，形……"第19简又说："金声，善也。玉音，圣也。"这也就是说，简书《五行》虽然有以"金声"和"玉音"区分"善"和"圣"的倾向，但同时又认为，如果"善"的"金声"能达到"玉音"的效果，则也可以超凡入"圣"了。在此条件下，"君子術"已由"人術"进入到"天道"。因而，"君子道"也就可以不用"術"字而用"道"字了。正是从这一思路出发，简书《五行》(1) 中的"人道"也和 (11) 中的"小道"两个地方都使用了"道"字。大概书写者认为这个"道"字的含义都是指"君子術"，而"君子術"是可以归入"天道"

行列的，故可用"道"而非"术"字。但在我们看来，简书的书写者这样使用"道"字，有混淆"天道"与"人道"界限之嫌。"君子术"无论怎样"金声而玉振"，它们也只能属于"人道"的范围，只应该写作"术"字。

《尊德义》共使用了"道"字16例，其中（14）（15）（16）3例"道"字同"导"，已论之于前。（3）（4）"禹以人道治其民，桀以人道乱其民"中的两个"道"，实与《缁衣》"禹立三年，百姓以仁道"的"道"同，其含义都指"仁道"。而"仁"作为人的内在德性，简文认为属"天道"，故此处用"道"字。（10）（11）"人道为近""人道之取先"中的两个"道"字，其含义当与《五行》（1）"善，人道也"的"道"同义，属于书写者认为应该用"道"，而我们今天感到并不合适的用例。同样，（5）"民之道也"中"道"的用法也属于此类情况。（1）（2）（6）（7）（8）（9）5例"道"字的含义，都指具体事物的原则，故书写者使用了"道"字。（12）（13）中的"道"指人或天地万物的总规律、总根源，故用"道"字。

《成之闻之》的"道"字的8个用例中，（1）（3）的"道"同"导"，（5）中的"道"字为言说之义，均已论于前。（6）以"大道"对应"天德"，可知其"道"指"天道"；而参照（6）中的"君子治人伦以顺天德"，可知（2）"上不以其道，则民之从之也难"中的"道"、（4）"反此道也"中的"道"，亦皆指"天道"而言，故皆使用"道"字。（8）"唯君子道可近求"句中的"道"的含义，已见《尊德义》篇"君子道"的分析中；而（7）"虽其于善道也"中的"道"，正指"君子道"而言，故这两个地方也都写作"道"字。《唐虞之道》（1）（2）（3）（4）中的4个"道"字，都指尧舜"禅而不传"的圣人之道，圣人纯然天道，故此篇四个"道"字皆写作"道"。至于《语丛二》（1）中的"道"，是言说的意思，我们在前面已经指出；《语丛四》中"凡说之道"中的"道"，承"说"而来，指言谈辩说的方法和原则，与哲学上的"道"概念关系不大，故亦使用了"道"字。

三

在郭店楚简中，另有《六德》《忠信之道》《语丛三》三篇简中"道"概念都写作"衍"字，具体使用次数为《六德》7次，《忠信之道》2次，《语丛三》2次。

3.1《六德》

（1）君子如欲求人衍……

（2）（3）君子不偏如衍，衍人之……

（4）……［苟不］由其衍，虽尧求之弗得也。

（5）人民小者以修其身。为衍者必由……

（6）美此多也，衍御止。

（7）衍不可体也，能守一曲焉，可以讳恶。

3.2《忠信之道》

（1）（2）忠之为衍也，百工不古，而人养皆足。信之为衍也，群物皆成，而百善皆立。

3.3《语丛三》

（1）友，君臣之衍也。

（2）进饮食之衍，此食作焉。

以上三篇简书的11个"衍"字的用例，其用法同样可以分为两类。第一类包括《六德》（3）、《语丛三》（1）（2）等3例，"衍"字都是一般动词或名词，如《六德》（3）中的"衍"，李零、刘钊都认为同"导"[①]，即以此"衍"为引导之义。《语丛三》（1）"友，君臣之衍也"，这个"衍"字指君臣之间的关系；《语丛三》（2）"进饮食之

[①] 李零：《郭店楚简校读记》，陈鼓应主编：《道家文化研究》（"郭店楚简"专号）第十七辑，生活·读书·新知三联书店1999年版，第517页；刘钊：《郭店楚简校释》，福建人民出版社2003年版，第112页。

术",指人进饮食的原则和方法。也许是书写者认为这些都属于人的日常生活中的事情,所以就使用了"术"字,但实际上这种用法并没有太多的哲学意义。

第二类包括简书《六德》(1)(2)(4)(5)(6)(7)、《忠信之道》(1)(2)共8例,基本都是在哲学意义上使用"术"字。《六德》以圣、智、仁、义、忠、信为"德",而如果根据《五行》篇的看法:"德,天道也。"则此"六德"之"术""忠信之术"中的"道"都应写作"道"字,属于"天道"范围。但这两篇的书写者却使用"术"而非"道"字,说明这两篇和《五行》《成之闻之》等篇应出于不同书写者之手;两个书写者在对于圣、智、仁、义、忠、信等"六德"的归属,有不同的看法:认为仁、忠、信形于内而"谓之德之行"的书写者,将"人道""君子道"均写作"道"字,以表明其为"天道";认为圣、智、仁、义、忠、信等"六德"只是君臣、父子、夫妇之间的具体德行,在"人道"范围的,则将此"道"写作"术"。

四

通过对郭店楚简中"道""术"二字的用例分析,我们可以得到如下结论:

其一,郭店楚简中所有"道""术"二字的使用,实际可分为两大类型:一是在一般语义上的文字运用;二是在哲学概念上的文字运用。在一般语义上,"道""术"二字皆可用作普通名词或动名词,其在字形上写作"道"或"术"字并无一定之规,而只是随着语境而变。

其二,在整个郭店楚简18篇简书中,"道"这个词(概念)共出现了121次,其中有89次写作"道"字,另有32次写作"术"字。这说明到郭店楚简时代为止,人们已更多地使用"道"字来表达"道"这个概念,传世文献中"道"概念除个别古文中以"术"出现外,全部都采用"道"字来表示,这是渊源有自的。至少在郭店楚简成书的战国中偏晚期,这种趋势就已经很明显了。

其三,郭店楚简在哲学概念上使用"道""术"二字时,除了一两

319

◆◆◆ 三 哲学智慧

例可能属于笔误者之外，书写者的主观区分是很清楚的。这就是"道"应分为"天道"和"人道"两方面。郭店楚简《穷达以时》篇所谓"有天有人，天人有分"之说，已明确地表明了这种区分。因此，凡书写者认为属于"天道"（即"自然之道"）概念范围的，就都使用"道"字；凡书写者认为属于"人道"范围的，就都使用了"行"字。

其四，郭店楚简中作为哲学概念出现的"道"（或"行"），既远多于作为一般语义上使用的"道"（或"行"），"道""行"二字中"道"字的使用又明显多于"行"字的使用。何以会形成这种局面呢？我们认为，这应该与人们对"道"概念的认识有关。在郭店楚简中，简书的著作者和书写者们，虽然也可能认同作为人和天地万物总根源的"道"由"天道""地道""人道"三部分组成，但由于他们思想中有"德，天道也"的观念，故将以往归于"人道"范围的"仁与义"等德目，从"人道"中划分出去，而归入到"天道"的范围中了（当然，也有例外，如简书《五行》《成之闻之》等）。这就使"人道"的范围和内涵更形狭窄了。可以说，当"人道"概念范围内的"仁与义"等主要的内容被切割出去之后，"人道"已只剩下饮食男女之道了。郭店楚简简书著作者和书写者依据这种哲学上"天道""人道"的观念来使用"道""行"二字，这就必然会使郭店楚简中三分之二以上的"道"概念都写作"道"字了。而在后来，中国古代的哲学观念又有进一步的发展，认为饮食男女之道——这些"夫妇之愚，可以与知焉"，"夫妇之不肖，可以能行焉"的日常"人道"，其实就是所谓"君子之道"或"大道"（《中庸》第十二章）。天下只有一个"道"，就是那个"天道"或"大道"；因此，"道"概念都应写作"道"字。那个"会"人在路中行走之"意"的"行"字，实在不配用来表达"道"的形上意义和它的神圣性，只能弃而不用。

（原载《哲学研究》2009 年第 5 期）

中国先秦时期的美丑概念及其关系

——兼论出土文献中美、好二字的几个特殊形体

众所周知，美与丑是哲学和美学中的一对基本范畴，它们的关系问题也是中外哲学史和美学史上的一个古老话题。中国殷商时代的甲骨文中已有"美""丑"二字（词）或"美""丑"二字（词）的同义词"好""恶"等字。① 这说明中国古人很早即已有关于"美""丑"的概念，并对二者的关系进行了思考。到中国的春秋战国时期，美、丑问题更为社会广泛关注，老子、孔子、墨子、庄子、荀子、屈原、韩非等，无不对美、丑关系有过独到的见解。《庄子》一书更创造了众多"畸于人而侔于天"的典型，如哀骀它、叔山无趾、闉跂支离无唇、瓮㼜大瘿，等等。这些人形体无比丑陋，但人格精神却如此之美！无独有偶，美和丑的问题也一直困扰着西方的美学家和艺术家。苏格拉底和柏拉图的"每一件东西对于它的目的服务得很好，就是善的和美的，服务得不好，则是恶的和丑的"。一件东西使人"赞赏他，很快乐地把它吸收到心灵里，作为滋养，因此自己性格也变成高尚优美"，这东西就是件"美的东西"。反之，则是"丑"的。② 而雨果的《巴黎圣母院》中敲钟人卡西莫多的形象，波德莱尔的《恶之花》的诞生和卡尔·罗森格

---

① 案：中国先秦典籍中还有个"美"的转注异体字——"媄（嫐）"（楚简中多省作"㜵""敄""㜽"等），但我以为其造字原理与"美"是相同的（参见拙文《美义溯源》，《萧萐父教授八十寿辰纪念文集》，湖北教育出版社2004年版）。而先秦时期关于"丑"的概念，一般用"醜""亚（恶）"等字表示，但笔者认为"丑"字的本义并不是地支名，而就是畸形、丑陋、丑恶之义。参见拙作《"丑"义溯源》，《中国文化研究》2009年春之卷。

② 伍蠡甫主编：《西方文论选》上卷，上海译文出版社1979年版，第9、30页。

三 哲学智慧

兰兹的《丑的感性学》——更是近代以来西方艺术家和美学家对美与丑问题深入思考的表现。当然,中西美学思想家对"丑"及美、丑关系的思考方式和重点是各有不同的。西方人一直在追寻什么是"丑"的本质,"丑"在人类审美活动中的作用和发挥作用机制;[①] 而中国人则是关注存在于现实生活中的"美"和"丑"是以怎样的方式存在,以及审美的主体应该如何来看待和处理美与丑的关系。

中外学者一直注重对作为美学范畴的美、丑问题及其相互关系进行不断的探索,故近年国内就有人提出了应在美学或审美学之外建立"丑学"或"审丑学"的主张。[②] 本文不准备对中外美学史的美、丑概念及其相互关系做出一般意义上的探讨,而欲效王国维等前辈大师开创的"二重证据法"之理路,结合新近出土楚简中的"美""好"等字的特殊形态,从一个新的角度考察中国先秦时期的美、丑概念及其关系问题,以期为学术界准确把握中国先秦时期关于美、丑范畴及其相互关系,提供新的参考。

一

"美""丑"这两个概念在中国出现的时间都很早,在甲骨文中"美""丑"二字使用的频率就很高。但根据中国最早的一部字典《说文解字》的解释,中国人早期使用的"美""丑"二字,并不能真正代表当时的"美""丑"概念,更不能表示它们代表的是一对对立的美学范畴。《说文解字·羊部》说:"美,甘也,从羊大,羊在六畜主给膳也。美与善同意。"段玉裁注:"甘者,五味之一,而五味之美皆曰甘。"(同书《口部》:"甘,美也。")《说文解字·丑部》:"丑,纽也。十二月万物动用事,象手之形。日加丑,亦举手时也。"段玉裁注:"《释名》曰:'丑,纽也,寒气自屈纽也。'……十二月阴气之结固已

---

① 参见[英] 鲍桑葵著,张今译《美学史》第十四章"客观唯物主义方法的完成",商务印书馆1985年版。
② 参见栾栋《丑学百年》(《华中师范大学学报》1999年第4期)和《丑学的体性》(《华中师范大学学报》2003年第3期)。

渐解,故曰纽也。"又注"日加丑"曰:"上言月,此言日。每日太阳加丑,亦是人举手思奋之时。"① 这说明,至少是在许慎看来,直到当时为止,"美"字的本义仍为羊肉味道的鲜美②,而"丑"字的本义乃地支之名,两个字的字义既没有关联,更不可能代表一对对立的美学范畴。

从中国美学范畴的形成历史来看,"美"和"丑"二字的字义发生关联,并最终成为表示"美""丑"这一对立的美学范畴的符号,至少经历了这样几个重要环节:(1)"美"字的字义由专指羊肉味美,向凡物之美好皆称"美",即引申到可以指其他事物的"美";"丑"字的字义不仅为地支名,而且回归到其与"美"相反的丑陋、丑恶、难看或令人厌恶之义。(2)"美"字字义表示的某一内涵与"丑"字字义表示的某一内涵成为相反义,并构成反义词。(3)由这种反义词进一步引申、泛化,成为代表"美""丑"这一对立美学范畴的符号。而从汉语史的发展来看,"美"和"丑"为一对立范畴,定型为"美""丑"二字字义的对立,其发展的历程应该是:(1)"美"字由专指羊肉的味美,引申至"凡好皆曰美"。③ 如女子色好可称"美"(即"媄",《说文·女部》:"媄,色好也。")、男子闲雅可称"美"(《诗经·郑风·山有扶苏》:"不见子都。"朱熹注:"子都,男子之美者也。")、贝有光彩可称"美"(《广雅·释诂一》:"贲,美也。"朱熹:"贲,光彩之貌也。")、果木櫄栌亦可称"美"(《说文解字·木部》:"栌……伊尹曰:'果之美者'。")。而"丑"字则由于其初形为人手指的"骈枝"形而有丑陋、畸形、令人厌恶等义,故人们在"丑"这个"古字"之外,另造一个"今字"——"醜"来表示这一义项。(2)在"美"和"丑"字的众多的义项中,有一个指人(特别是女子)体貌"美"的义项和指人(有可能侧重于女人)的形貌"丑"的义项,被固定于"媄"

---

① 许慎撰,段玉裁注:《说文解字注》,上海古籍出版社1981年版,第146、744页。
② 日本学者笠原仲二认为:"中国人最原初的美意识或美观念是始于味觉美,'美'字的最早的含义就是指味觉的美的感觉。"参见氏著,杨若薇译《古代中国人的美意识》,北京大学出版社1987年版,第16页。
③ 许慎撰,段玉裁注:《说文解字注》,上海古籍出版社1981年版,第146页。

◆◆◆ 三 哲学智慧

（嫐）"好"与"醜""恶"等字符上，遂使"媄"（嫐）"好"与"醜""恶"等演变成了比较固定的反义词。《说文解字·女部》曰："好，美也。""媄，色好也。"《玉篇·酉部》曰："醜，皃（貌）恶。"《文选》卷二十六谢灵运《永初三年七月十六日之郡初发都》李善注引杜预曰："恶，醜貌也。"由此可见，由于"媄"（嫐）"好"与"醜""恶"常被用来表示人的容貌状态的两极，故而便形成了一对反义词（字）。（3）"媄"（嫐）与"醜""恶"这对表示人的容貌状态的反义词（字,）由于其各自的词（字）义也存在不断泛化的倾向（如《说文解字》等以"好"释媄、姝、嫢、娱、姣、娧、媌等字，又以"醜"释"亚""恶""寱""陋"等字），遂使"媄"（嫐）"好""醜""恶"又有了"美""丑"原本具有的、同时代表各种事物"美""丑"属性的意义，并进而演变成表示美、丑这一对审美和哲学意义的范畴。扬雄《方言》卷一曰："娥，嬴，好也。宋魏之间谓之嬴，秦晋之间，凡好而轻者谓之娥。自关而东，河济之间谓之媌，或谓之姣。自关而西，秦晋之故都曰妍。秦旧都，好，其通语也。"卷二曰："娃、嫷、窕、艳，美也。……自关而西秦晋之间，凡美色，或谓之好，或谓之窕。"段玉裁《说文解字注》亦曰："好，本谓女子，引申为凡美之偁。"

这就是"好"如何由某种特定的"色好"，进而代表普遍的"好"，再进而达到代表"凡美之偁"的历程。同样，"醜""恶"也都是经历了先有表示"骈枝"的"丑"，到新造字（今字）"醜"，和"醜""恶"都表示人的相貌的丑陋，再到代表与"美"对立的一般所谓丑陋、丑恶之义。《国语·晋语一》曰："吾闻君子好好而恶恶，乐乐而安安，是以能有常。"宋庠注曰："好好，上呼报反，下如字，美也。恶恶，上乌路反，下如字，不美也。"① 徐渭《南词叙录》曰："丑，以粉墨涂面，其形省醜。今省文作'丑'。"——"美"和"丑"就是这样最终成了表示中国美学史上的美、丑这一对立范畴的文字符号。

---

① 徐元诰撰：《国语集解》，中华书局2002年版，第256页。

二

作为中国古代美学一对基本范畴的"美""丑",在其最终固定地借助于"美""丑"二字表示之前,实际曾广泛使用"媄"(媺)"好""醜""恶"等文字符号来表示。因此,如果要深入考察中国古代美学中美、丑这对范畴的发展演变历史,对先秦以来汉语文献中"媄"(媺)"好""醜"(丑)"恶"等文字字形和字义演变的准确把握,就是必不可少的。因为汉字是世界各种文字中著名的表意文字。时代越早,其表意性就越强;反之,则越弱。故研究古代文献中表示美、丑的文字符号,对于全面深入地考察中国美学史上美、丑范畴的演变,无疑也具有重要价值。而令我们感到幸运的是,现有的中国古典文献、特别是近年出土的楚简文献中,正有多个与美、丑概念均密切相关的"好"字,为我们的这一研究提供了某种可能。

"好"字,不仅在《说文解字》等历代字书中多有收录,而且在甲骨文、金文及近代出土的楚简文献中也使用频繁。据学者初步统计,甲骨文中收录"好"字34文,作左"女"右"子"者17文,其余为左"子"右"女"。金文中"好"约10文,左"女"右"子"者3文,左"子"右"女"者7文。① 特别是在新近出土的楚简文献中,不仅出现了许多左"女"右"子"或左"子"右"女"的"好"字,还有众多上"女"下"子"以及几个左"丑"右"子"(或上"丑"下"子")特殊形体的"好"字。

"好"字《说文解字》收入《女部》。许慎对"好"字的解释是:"好,媄也,从女、子。"② 为什么"从女、子"就是"好"(媄、媺),

---

① 陈炜湛:《古文字趣谈》,上海古籍出版社2005年版,第230页。
② 许慎撰,段玉裁注:《说文解字注》,上海古籍出版社1981年版,第618页。案:段注之前,各本皆作"好,美也,从女、子"。段玉裁改为"好,媄也。从女、子"。笔者以段说为是。理由有二:一是因为"好"字"从女",仅理解为"美也",则"从女"没有着落;二是因为《说文解字》将"美"解释为"甘也",对"媄"的解释是"色好也"。也就是说,与"好"有关的是"媄"而不是"美"。

三 哲学智慧

或为什么"女""子"就应会意为"美（媺）好"呢？对此，徐灏的《说文解字注笺》引戴侗的解释："妙、好、嫩、妩之属皆从'女'，人情之所欲，莫甚于女也。"段玉裁《说文解字注》也说："好，本谓女子，引申为凡美之偁。"因为中国古代的"子"，虽可指男子，但很多时候却是指女子的。《左传·庄公二十八年》："小戎子生夷吾。"杜预注："子，女也。"《孟子·告子下》："踰东家墙而搂其处子。"赵岐注："处子，处女也。"因此，从某种意义上讲，女、子可以说就是"女人"。在中国先秦人们的观念中，"美"属于女人，应写成"媺"（嫩）。《说文解字》对"媺"的解释是"色好也"。但这个"色"虽不是不可以包括男子①，但却以指女人为常。《尚书·五子之歌》曰："内作色荒，外作禽荒。"孔传："色，女色"。孔颖达疏："女有美色，男子悦之，经、传通谓女人为色。"这说明，这里的"色好"，应该就是指女人美，女人美就是"好"。

从"女"从"子"的"好"字，反映了中国古人持一种"以女子为美"的观念。但是这种认识，应该只是限于对"从女、子"的"好"字的字形分析而得出的结论。事实上，正如我们在上文所言，在现有文献中不仅有左"女"右"子"的"好"字，更有众多左"子"右"女"、上"女"下"子"乃至左"丑"右"子"（或上"丑"下"子"）、左"丑"右"女"的"好"字。②《说文解字·女部》同时收录了一个左"丑"右"女"的"好"字：

  妞，人姓也。从女丑声。《商书》曰："无有作妞。"

段玉裁注云：

  《广韵》《玉篇》皆曰："妞，姓也。"

---

① 参见钱锺书《管锥编》第一册，中华书局1979年版，第173页。
② 案：《改并四声篇海·玉部》引《搜真玉镜》和《字汇补·玉部》都收有另一个"好"的异体字——"辛"。《字汇补·玉部》："辛，音好，义同。"《康熙字典》认为这是"古文好"，但不知何据。

（敌），呼到切。按：古音在三部，读如"狃"。"好"之古音读如"朽"，是以《尚书》"敌"为"好"也。

> 《鸿範》文。今《尚书》"敌"作"好"，训人姓，"好恶"自有真字，而壁中古文叚"敌"为"好"。此以见古之叚借不必本无其字，是为同声通用之肇端矣……

现存宋人郭忠恕的《汗简》卷第六也有出自《尚书》的三个古文"好"字，一个作"敌"，两个作"丮"。可见《尚书·洪范》篇中"无有作好"一句，"好"的古文的确写作"敌"。现在的问题是，在中国的先秦时期，是否就如段玉裁所云只有"从女、子"的这一个真的"好"字？"敌"本不是"好"，它只因与"好"的古音相近，故而在上古被假借为"好"字呢？

我以为，段玉裁的这一看法是站不住脚的。理由是：

首先，现代古文字学者已经指出，"敌""丮"等字是"好"的异体字而不是假借字。[1] 而作为"好"的异体字的"敌"，不论其古音是否与"好"相同或相近，这都并不影响它在造字构形上具有自身独立的意义。

其次，"敌"字当初在造字构形上自身独立的意义是什么？它是如何形成的？也许目前我们每个人的看法并不一致，但它最终必定是指向"媄"（嬿）也"的，这一点则是毋庸置疑的。

再次，"敌"的"媄（嬿）也"这一意义的取得，一定是与该字的结构形体相联系的，必须、也应该要从该字的结构形体上得到说明，而不应该如段玉裁所做的那样，纯粹地从"敌""好"音同音近而假借的角度加以解释。

同理，《汗简》和新出楚简中的那个从"丑"从"子"的"丮（好）"字，也不可能是"好"的假借字，而应该是在结构形体上具有自身独立意义的"好"的异体字。

---

[1] 陈炜湛：《古文字趣谈》，上海古籍出版社2005年版，第234页。

◆◆◆ 三 哲学智慧

三

  从"丑"从"女"的"好"（㜸）不是"好"的假借字而是异体字，那么，又该如何来分析其形体和字义呢？对此，我们认为，如果从"㜸"字的形体结构上来分析，这个字应该是个会意字，它反映的是先秦人们审美观念上的一次飞跃，即并非如《红楼梦》中的贾宝玉所说的"女儿都是用水做的骨肉"，个个"清爽"。"美"并非就是女性的属性。其中存在很多矛盾的现象——既有秀外慧中的淑女，也有貌美而内丑或内美而貌丑的"变形人"。从文字结构上讲，"好"字不仅可用"从女、子"会意，也可以用"从丑、女"或从"丑"从"子"会意，表明在表示人的形貌之美的"好"概念中，美与丑也存在复杂的辩证的关系。

  "㜸"字以从"丑、女"为"好"，在文字构形上就已表明了造字人的意图。即他并不认为"美"只属于面貌姣好的"女子"。恰恰相反。他认为"美"应该属于那些面貌并不美、甚至丑陋的丑女，所以他就造了个"丑、女"的"㜸"（好）字来表示他的这一审美观点。请记住我们在前文已经指出，我们今天所谓的简体"丑"字，其原初的本义就是表示畸形、丑陋、丑恶和令人厌恶的意思的。

  我认为，从以"从女、子"的"好"表示美，到以"从美、女"的"嬻"（嬾）表示美，再到以"从丑、女"的"㜸"表示美，这样一个逻辑圆圈，正反映了中国古人对美的思想认识不断深化的过程。

  现代生物学和心理科学的研究表明，人类的美的观念的基础，应该是有其根于生命本能的深层根源的。人体的美感首先源于"人的动物本性"。马克思、恩格斯曾经指出："任何人类历史的第一个前提无疑是有生命的个人存在。因此第一个需要确定的具体事实就是这些个人的肉体组织，以及受肉体组织制约的他们与自然界的关系。"[①] 英国美学家鲍桑葵也曾把美分为"浅显之美"和"深奥之美"，并认为"浅显

---

  ① 《马克思恩格斯选集》第一卷，人民出版社1972年版，第24页。

中国先秦时期的美丑概念及其关系

美"是一种仅凭直观就能立即作出好恶反应,使普通感受性觉得愉快的美。① 而对于刚从动物中进化而来的初民而言,他们最初所能感受到的美,无疑就是一种"浅显之美"——对异性的追求、爱慕,并以之为美。因为这关乎自身种的延续,至于对方的外貌如何,则尚不在此时考虑的范围之内。

中国上古先民们在形成他们的原初的审美观念时,也不可避免地想到性的问题——尽管直到今天人们对于"好"字"从女、子"中的"子"字,是表示以"女人"为"好",还是表示男女互相爱慕这个问题(亦即以"子"是指男子还是指女子的问题),仍然争论不休,但是认为"好"这个字反映了初民们与两性关系的联系,这一点则是毋庸置疑的。

随着人类文明的进步和发展,人类的家庭、婚姻制度也在不断进步。中国的古人也不会再停留于"以女人"为"好"——仅满足于人的自然生理的性要求和种的延续的阶段。这种思想观念的进化,反映在文字的选择和使用上,就是在已有的表示美概念的"好"字之外,另造一个更确切地表示其审美意识的文字符号——"媺"或"㜫"②。《周礼》、楚辞以及新出土的楚简文献中的"美"字很多都写作"㜫"(或省作"娓""散""岂"等),正说明在以"好"为美之后,人们对女子是否"美"的问题已有了进一步的思考。他们已经不是一味地把眼光盯着生理本能的满足或种的延续上了——他们已超越了自然的本能而趋向于更高的人文视点了。对于男性而言,他们要求的已不仅是异性、女子,而且应该是"美"的"女"人——"媺"(㜫)这个字便诞生了。而从这个角度来分析"媺"(㜫)字的构形,可以说它不仅是个"从女,美声"的形声字,同时也是个"从女、从美"的会意字。许慎

---

① 参见许苏民《人文精神论》,湖北人民出版社2000年版,第103—104页。
② 案:"㜫"为"媺"之异体字。"媺"见于《说文解字》,朱骏声《说文通训定声》云:"经传皆以'美'为之。"但《周礼》、楚辞等先秦典籍中,特别是近年出土的楚简文献中常有"㜫"字,说明"媺(㜫)"字在先秦亦为常用字。《龙龛手镜·女部》有"㜫",云同"媺"。实则"㜫"应该是"㜫"的繁写,而"㜫"字与"媺"字同。马叙伦《说文解字之书疏证》卷七曰:"'美'盖'媺'之初文","是'媺'为'美'之转注异体,'媺'又转注为'㜫'"(《说文解字之书疏证》,科学出版社1957年版,第119页)其说可参。

329

◆◆◆ 三 哲学智慧

《说文解字·女部》云:"媄,色好也。从女,美声。"但我认为,这个实际应该是个形声兼会意字,即以"美""女"为"色好也"。《说文解字》本即有将"媄"解为"从女、从美,美亦声"的。①("嫐"字所从"散",甲骨文和楚简中常省为"兑",而专家认为"'兑''美'实乃一字之变"。故"嫐"与"媄"同样应理解为形声兼会意字,即以"美""女"为"色好也"。)

当然,以"美""女"为"好"——爱美之心人皆有之,是可以理解的,但现实中的情况却是复杂的。人们经过观察、相处、思考就会发现,人的长相并不能和美、丑概念直接画上等号。世上固然不乏色才双全、德貌兼优、锦口绣心之女,但更多的可能是一方面偏胜或二者皆平平常常之人。更有甚者,有的人虽然面若桃花,其内心却可能毒如蛇蝎;有的外表丑陋,却有一颗金子般的心。据刘向的《列女传》等书记载,中国先秦时期曾祸害过夏、商、周三朝的内心丑恶的末喜(又作妹嬉)、妲己、褒姒、卫宣姜、鲁文姜、庄姜、晋骊姬等女人,就个个都是"美于色""有聪慧",而却"薄于德"的;而黄帝次妃嫫母、齐钟离春、宿瘤女、孤逐女等具有"贤心"和"辩通"者,却个个貌"极丑无双"或"状甚丑"。史有黄帝立四妃之说,司马贞《史记索隐》用皇甫谧之说,认为黄帝的第四妃为嫫母。《太平御览》第一三五卷《皇亲部一》引《列女传》曰:"黄帝妃曰嫫母,于四妃之班居下,貌甚丑而最贤心,每自退。"(今本《列女传》无此段文字)

相比较而言,在人类的审美活动中,对一个人的外貌是否美的判

---

① 《汉语大字典》(二),湖北辞书出版社、四川辞书出版社1987年版,第1068页。案:"嫐"为"媄"的异体,有其构形上的共同原理。甲骨文及金文《墙盘》《散氏盘》、石鼓文均有"散"字,用作"微"。《说文解字·夂部》有"散",云:"妙也,从人从攴豈省声。"裘锡圭云:"古文字有𠑊(兑)字,'散'字的左边是由它变来的。'散'本应是从'攴'声的一般形声字。《说文》未收'兑'字,所以就把它们分析错了。"(《古文字概要》,商务印书馆1988年版,第158页)"嫐"字从"女"从"散",与从"女"从"美"正同,因自甲骨文至楚简文字"散"常被省为"兑"。而专家认为:"兑,甲骨文作𠑊(合集二八三三),象人戴羽毛饰物之形。𦍋(美)、𠑊(兑)仅正面侧面之别,实乃一字之变。"(何琳仪:《战国古文字典》下册,中华书局1998年版,第1305页。)故楚简文献中"嫐"亦常省作"娩""散""颟"及"兑"等。

断，要比对其内在品德的判断容易得多。因此，对一个人外貌是否美的判断，应仍属于判断鲍桑葵所谓"浅显之美"的范围；而评判一个人的内在品德，则要复杂和困难得多，故应归于判断鲍桑葵所谓"深奥之美"的畛域。《太平御览》卷七十七《皇王部二》引《尸子》曰：

> 人之欲见毛嫱、西施，美其面也。夫黄帝、尧、舜、汤、武美者，非其面也。人之所欲观焉，其行也；所欲听焉，其言也。（以上章宗源辑入《尸子》卷下）

人们欲见毛嫱、西施，并非对她们有多少深刻的了解，而只是如当今的"粉丝"一样，"美其面也"——这无疑应当属于对"浅显之美"的直观。而对五帝之美的认识，则因其属于对"深奥之美"认识的范围，故既要"听其言"，还要"观其行"，整个过程显得十分漫长而复杂。德国著名诗人歌德有句名言："外貌的美丽只能取悦一时，内心美方能经久不衰。"这既是由于审美主体的审美认识有一个由表及里、由浅入深的过程，同时也因为审美客体本身也具有显与隐、简与繁的不同性质。

中国古人对人的认识审美过程，也是与人类的普遍的审美规律相吻合的。即中国古人的审美，首先也是从生理的本能和种的延续这种最原始的地方开始的——以"从女、子"构形的"好"字表示"美"也，就是明证；接着我们的祖先逐渐越过了最原始本能的审美阶段，开始了对女性外貌的分别——以"从女从美"构形的"媺"（嬫）字表示"色好也"，就是其证据；再然后，他们又进一步对外在美与内在美、形貌美与品德美之间的关系做出观察和思考，并发现内在美与外在美、形貌美与品德美之间并非完全一致，有时二者之间也存在"二律背反"：即美丽的外貌下可能是颗丑恶的心灵，华丽的外表可能隐藏着不良的品德。反之，丑陋的外貌下心灵却可能美好，外表质朴并不表示没有内在的光辉。钱锺书曾举《左传》《国语》《史记》诸书中的事例，以说明人类对美女与丑女的美、丑判断，是如何由个别而到一般的。在钱锺书

◆◆◆ 三　哲学智慧

看来，正如《荀子·君道》所云："好女之色，恶者之孽也。"① 中国人对美、丑辩证关系的认识，是从丑女"妒美"开始的，经过"祸不好不能为祸"和美女"虽好色，必恶心"这种臆断有貌无德的政治审美，再到"以为无貌即有德，更进而昌言有德即有貌"的逻辑推论终结的。② 当然，这里也并不排斥如萧伯纳所谓"（病人）惨痛之开刀，正外科医生"美丽之手术的"美疢"审美癖。

正因为如此，我们认为"从丑、女"的"敋"（好）字，乃是一个会意字，它反映了先秦时期人们对美与丑辩证关系的思考和对"美"的认识的不断深化与飞跃，表明当时人们已由对"浅显之美"的认识，进而深入到了"深奥之美"的领域——不仅认识到美的外貌下可能有丑恶的心灵，而且认为道德精神的美应该高于外在形体的美。因为从根本上说，"美是自由的象征"；而真正的自由只能存在于精神领域。马克思在《资本论》第三卷中曾说："事实上，自由王国只是在由必需和外在目的规定要做的劳动终止的地方才开始；因而按照事物的本性来说，它存在于真正物资生产领域的彼岸。"③ 黑格尔也曾说：

> 自由是心灵的最高定性。按照它的纯粹的形式的方面来说，自由首先就在于主体在和对立的东西不是外来的，不觉得它是一种界限和局限，而是就在那对立的东西里发现它自己。④

中国的古人似乎已经懂得了这一深刻的审美道理，他们不只是把眼睛盯在美丽的外表上，而是看到了外貌美与内在美并不完全一致，进而把内在道德精神的美看得更为可贵，更为重要！中国先秦的人们在"好""媐"（嫪）之外，另造出"从丑、女"或"从丑、子"的"敋"和"玗"（好）字，就是一个最好的事实证明。

---

① 《史记·外戚世家》褚少孙云："美女者恶者之仇。"语意正同。
② 钱锺书：《管锥编》第一册，中华书局1979年版，第214—217页。
③ 马克思著，中共中央马克思、恩格斯、列宁、斯大林大著作编译局译：《资本论》第三卷，人民出版社1975年版，第926页。
④ [德] 黑格尔著，朱光潜译：《美学》第一卷，商务印书馆1996年版，第124页。

四

在中国先秦时代人们为了表现其不断发展变化的审美观念，在"好""媄"（嬽）字之外，又造出了"敄""玗"等新字，来表现其美中有丑、丑中有美和美、丑相互转化的思想。这一点，在上文我们对"好""媄"（嬽）"敄""玗"诸字构形及其意义的分析中，已有充分的说明。但问题是，在现存的传世文献中，人们看到的都是"从羊从大"的"美"字——除《周礼·地官·师氏》"师氏以媺诏王"，用"嬽"字之外，就只有楚辞和近年出土的楚简中的众多"嬽"字了。而"好"字写作"敄"或"玗"的例子，一是见于《汗简》上所载的《古文尚书》中的古文"好"字，二是见于近年出土的郭店楚简之中。而根据《汉书》之《艺文志》《河间献王传》《儒林传》等记载，《古文尚书》及《礼经》古文皆出于孔壁之中①："孔氏有《古文尚书》，孔安国以今文读之……而司马迁亦从安国问。故《逸书》载《尧典》《禹贡》《洪范》《微子》《金縢》诸篇多古文说……"② 换言之，以现有文献来看，"媄"（嬽）、"敄""玗"等特殊形态的"美""好"字的使用，仅见于故鲁和荆楚二地，其他地域则尚未见到任何以"媄"（嬽）、敄""玗"来替代"美""好"二字的例证。

这种现象是否只是一种偶然的巧合呢？是否先秦时期的鲁国和楚国人对女性美以及女性的外貌美与内在道德品质的关系特别关注，并由此引起了他们对美与丑关系的特别深入的思考呢？

我们认为，出现于先秦鲁、楚二国文献中的"美""好"二字，之所以常被写作"媄"（嬽）"敄""玗"等形体，这并不纯粹是偶然的，它是和中国先秦时期特殊的历史文化背景密切相关的。

---

① 参见《汉书·艺文志》《儒林传》及皮锡瑞、顾实、周予同、张舜徽等人的著作。
② 《汉书·儒林》（孔安国传）。

三 哲学智慧

（一）鲁、楚二国向来有爱美、特别是偏好美女的传统

爱美之心人皆有之，在此点上可谓地无分南北，人无分老幼，举世皆然。但相比较而言，鲁、楚两地之人爱美、爱美女之情更炽，有时甚至到了非理性的程度。

我们知道，楚辞的一个最大的特点，就是其"香草美人"的传统。屈赋中用以媲于君的"灵修""美人"，固然是"美女"；而朱熹在《楚辞辨证》中又认为屈原用"以譬贤臣"的宓妃佚女，"则便是美人"，"不当别出一条"①。"美（女）人"是楚人的所爱，故屈原在作品中不自觉地记录下了这一时代风尚。现代楚辞学专家游国恩有"楚辞女性中心说"②，而《尸子·处道》和《韩非子·二柄》等篇亦载有楚灵王好细腰，而楚国多饿死之事。更有意思的是，在屈原所作的《招魂》和自来不能确定作者为谁的《大招》中，作者在描述了"天地四方，多奸贼些"之后，又极陈楚国美女之多且好，以此诱导游魂归来，颇似现代社会个别地方的"孝子们"，以明星美女画像焚于其故考茔前，以供其亡父阴间享用的现象。《招魂》之诗有曰：

　　……蘭膏明烛，华容备些。二八侍宿，射遞代些。九侯淑女，多迅众些。盛鬋不同制，实满宫些。容态好比，顺弥代些。弱颜固质，姰洞房些。蛾眉曼睩，目腾光些。靡颜腻理，遗视绵些。离榭修幕，侍君之间些。……魂兮归来，何远为些？

《大招》亦有曰：

　　青色直眉，美目婳只。靥辅奇牙，宜笑嫣只。丰肉微骨，体便娟只。魂兮归来，恣所便只。

---

① 朱熹：《楚辞集注》，李庆甲校点，上海古籍出版社1979年版，第174页。
② 游国恩：《游国恩楚辞论文集》，中华书局1989年版，第151—161页。

其实，艺术的描写与现实生活相比，永远只能是蚂蚁追大象——楚国的国君差不多都是爱"美"、掠"美"，甚至整天在美人堆中醉眠的。楚庄王"左抱郑姬，右抱越女，坐于钟鼓之间"①，他尚嫌不足，又派兵灭陈而欲纳夏姬。尽管夏姬后来被其臣下襄老设计一同私奔了，但楚庄王的爱"美"、掠"美"之心已是昭然若揭。② 楚灵王造章华之台，最后身死乾谷。楚平王派人入秦为太子娶妇，因秦女殊美便先据为己有……一直到楚怀王、顷襄王，每次皆被秦人用"以美人聘楚王，以宫中善歌者为媵"——秦楚"约为婚姻"的计策所欺骗，而且竟然屡试不爽。③ 可见楚国的国君是如何地"不爱江山爱美人"了！

楚国如此，鲁国亦然。西汉末年刘向广泛收集历代败德美女的故事，成《列女传》卷七之《孽嬖传》，其中就有好几位"美而有色"或"有聪慧之质"的鲁国王后，比如鲁桓公夫人文姜，内乱其兄齐襄公，最后竟听任齐襄公杀了自己的丈夫。鲁庄公的夫人哀姜，"初，哀姜未入时，公数如齐，与哀姜淫"。到鲁国后，骄淫日盛，通于公子庆、公子牙。到齐僖公时，竟"与庆父通，以危鲁"，齐僖公只好将其"酖而杀之"。鲁宣公夫人缪姜，"聪慧而行乱"，亦以亡身。又可知鲁国的王公们是如何爱美溺美，而忘乎国家的礼仪道德了。

（二）先秦思想界对外貌美与内心美以及美、丑关系的思考

现实生活中，纷繁复杂的美女以及貌美而内丑或貌丑而内美的"美人"，不能不引起思想理论家们的关注和思考。《国语·晋语一》载晋"献公伐骊戎，获骊姬以归立为夫人"时，大臣史苏有一篇劝谏。其言略曰：

> ……二三子其戒之乎，乱本生矣！吾闻君子好好而恶恶，乐乐而安安，是以能有常……今君灭其父而畜其子，祸之基也。畜其子

---

① 《史记·楚世家》。
② 《国语·楚语上》。
③ 《史记·楚世家》。

三 哲学智慧

又从其欲,子思报父之耻而信(伸)其欲,虽好色,必恶心,不可谓好。好其色,必授之情。彼得其情,以厚其欲,从其恶心,必败国,且深乱。乱必自戎女,三代皆然。

史苏从现实政治的利害关系出发,分析骊姬的"媄"(嫕)——"色好也",认为骊姬"虽好色,必恶心",因此"不可谓好"。这就将女人的"美"分成了"外貌美"和"内心美"两部分,并且最终以"内心美"作为判断"美"的根本标准。而且史料显示,当时的思想界不仅对美女的"美"如此判断,而且还有将这一方法和标准加以理论总结、推而广之的倾向。《国语·楚语上》载楚灵王为章华之台时,伍举谏曰:

吾闻国君服宠以为美,安民以为乐,听德以为聪,致远以为明,不闻其以土木之崇高彤镂为美……夫美也者,上下、内外、大小、远近皆无害焉,故曰美……

伍举将"美"视为上下、内外、大小、远近等各种对立面的和谐统一,这可以说已体现了辩证法的精神,是对前面史苏所谓"虽好色,必恶心"之说的继承和发展,因而也就更具有理论的概括性。

当然,无论史苏还是伍举,都还不是以哲学思想或美学思想著称的思想家,在中国先秦时期真正代表当时思想理论最高水准的成果,还得数春秋战国时期诸子学派代表人物的观点。而我们通过仔细考察先秦诸子各派的美学观点就会发现,在当时儒、道、墨、名、法、阴阳等主要流派中,并非每个学派都曾直接表明过自己关于"美"的定义,更没能对美、丑关系问题作出一种辩证的阐述。例如墨家,他们虽也承认世上有客观的美或不美(丑)的差别,也承认事物有美丑、甘苦、哀乐的区别:"有文实也,而后谓之;无文实也,则无谓也。不若敷与美,谓是,则是固美也;谓也,则是非美,无谓则报也。"(《墨子·经说下》)子墨子"非以大钟、鸣鼓、琴瑟、竽笙之声,以为不乐也;非以刻镂华文章之色,以为不美也;非以刍豢煎炙之味,以为不甘也;非以高台厚榭邃野之居，以为不安也"（《墨子·非乐上》）。但是，墨家又认为"美好"的东西实际并没有什么积极的意义，故他们"虽身知其安也，口知其甘也，目知其美也，耳知其乐也，然上考之不中圣王之事，下度之不中万民之利。是故子墨子曰：'为乐非也'。"（同上）——墨家这种从实用功利角度对"美"和"乐"的否定，决定了他们根本不可能对美、丑关系做深入的研讨。而如果从思想方法上来看，他们所取的实际是一种凝固的、形而上学的方法。在墨家看来，美和丑、甘和苦、有用和无用等，各处于事物的两极，二者之间不可能有任何的可通约性，更不可能发生互相转化。因此，墨家既没能进一步涉及人的外貌美和内心美的问题，更不可能关心美与丑的辩证关系。

在墨家之后，法家也取类似的美学观。早期的法家人物李悝、商鞅和"管子法家"等已明确表示"雕文刻镂""锦绣纂组"、礼乐诗书为"害农事""伤女工"的"六虱"（《说苑·反质》《商君书·靳令》等），"美"无益而有害。韩非更认为："故行仁义者非所誉，誉之则害功；工文学者非所用，用之则乱法。"（《韩非子·五蠹》）"善毛嫱、西施之美，无益吾面；用脂泽粉黛，则倍其初。"（同上，《显学》）所不同的是，韩非除了直接表明其否定"美"的态度之外，还力图从理论上说明其否定"美"的原因。《韩非子·解老》曰：

> 礼为情貌者也，文为质饰者也。夫君子取情而去貌，好质而恶饰。夫恃貌而论情者，其情恶也；须饰而论质者，其质衰也。何以论之？和氏之璧，不饰以五彩，隋侯之珠，不饰以银黄，其质至美，物不足以饰之。夫物之待饰而后行，其质不美也。

在这里，韩非将美、丑问题转换成了"情""貌"或"文""质"问题。而在他看来，"情"与"貌""文"与"质"是绝对对立的："情美"则不用"饰貌"，"质好"则不用"文饰"。"文""质""情""貌"是完全不相干的两码事，没有任何必然的联系。《韩非子·显学》曰：

◆◆◆ 三　哲学智慧

夫冰炭不同器而久，寒暑不兼时而至，杂反之学不两立而治。

在这里，韩非已将他在《解老》《喻老》篇中从老子那里继承的祸福、强弱在一定条件下互相转化的辩证法思想抛弃殆尽[①]，因而他对"美"也采取了一种完全否定的态度，并彻底斩断了美、丑之间有任何统一或辩证转化的可能性。

从现有文献资料来看，中国先秦时期对"美"的概念有过细致的体察并对外貌美与内心美以及美、丑关系作过深入探讨的，是儒家的孔子和道家的老、庄。

孔子是儒家学派的创始人，他给"美"的定义是"里仁为美"。这说明他的认识已经超越了"以女人"为"美"（好）和"以美女"为"媄"（嬎）的阶段，而认识到一个人的"美"应包含着外貌美与内心美（或道德精神的美）两个方面。他曾经说："吾未见好德如好色者也。"（《论语·子罕》）又"谓《韶》尽美矣，又尽善也。谓《武》尽美矣，未尽善也"。[②]（同上，《八佾》）并说："质胜文则野，文胜质则史。文质彬彬，然后君子。"（同上，《雍也》）如果说"色好""尽美""文胜"代表了人物外貌美或外在美的话，那么"德好""尽善""质胜"则无疑代表了某种"内在美"（或内在道德精神之美）。而在孔子看来，内与外、文与质、德与色，无论只有哪一方面的美，无论哪一方面太过，都还不是真正的"美"或"尽善尽美"；只有上述两方面做到和谐统一或"中庸"，才是真正的"美"或"尽善尽美"。更值得注意的是，孔子不仅认识了"美"乃由外貌美与内心美或外在美与内在美两部分组成，这两部分应做到和谐与统一才能实现真正的美，而且他还一定程度上注意到了美与丑的关系问题。《史记·仲尼弟子（澹台灭明）列传》曰：

[①] 关于韩非的"矛盾之说"和朴素辩证法思想，可参阅萧萐父、李锦全主编《中国哲学史》（上册），人民出版社1983年版，第239—243页。

[②] 朱熹说："美者，声容之盛；善者，美之实也。"可见，孔子所谓"美""善"分别指"美"的内容和形式而言。

> 澹台灭明字子羽，少孔子三十九岁，状貌甚恶……南游江南，从弟子三百人，设取予去就，名施乎诸侯。孔子闻之曰："吾以言取人，失之宰予；以貌取人，失之子羽。"（司马贞《史记索隐》云："《家语》：子羽有君子之容而行不胜其貌，宰我有文雅之辞而智不充其辩。孔子曰：'以貌取人，失之子羽；以言取人，失之宰予。'今云灭明状貌甚恶，则以子羽为形陋也。正与《家语》相反。"——引者案：《韩非子·显学》篇亦有类似记载。）

不管《史记》与《家语》所记哪一个更符合事实，有一点是可以肯定的，那就是孔子在外貌美与内心美、或外在美与内在美的统一之外，还看到了二者之间的不一致或矛盾之处：丑陋的外貌不等于一个人的德行不美，漂亮的言辞也不代表一个人的才智之美——美与丑既是互相矛盾的，又是可以互相转化和统一的。

相对儒家的孔子而言，道家的老、庄更是把"美"的审视范围加以无限扩展，把美与丑的矛盾作了更深刻的揭露，把美与丑的相对性及相互转化关系放大到了极致。《老子》第二章曰：

> 天下皆知美之为美，斯恶已；皆知善之为善，斯不善已。故有无相生，难易相成，长短相形，高下相倾，音声相和，前后相随。

《老子》第二十章又曰：

> 绝学无忧。唯之与阿，相去几何。美①之与恶，相去若何。

与儒家孔子侧重于人和事物"美"的自身结构及其相互关系的美学观不同，老子的"审美"是侧重于人和事物的"美"是如何在与其他事物的联系中确立的，或者说是侧重于美与丑的相互关系问题的。在老

---

① "美"，一本作"善"。然郭店楚简《老子》甲组作"美之与恶"，"美"与"恶"（丑）相对，故当以"美"为是。

◆◆◆ 三 哲学智慧

子看来，人或事物的"美"既在于其自身的外貌与内心或形与质的协调统一，更在于它与其他人物的相辅相成与相反相成的关系之中。从相辅相成的关系来看，有丑才有"美"，有"不善（恶）"才有"善"，矛盾的双方离开了任何一方就不成其为"矛盾"了。从相反相成的关系来看，"丑"和"美"都是互相转化而来的，"美"过了头，就成了"丑"；"善"过了头，就变成"伪善"或"恶"。《墨子·非乐上》曾说，他并不是"以大钟、鸣鼓、琴瑟、竽笙之声，以为不乐也"，也并不是"以刻镂华文章之色，以为不美也"。而只是因为这些音乐"与君子听之，废君子听治；与贱人听之，废贱人之从事"；只是因为这些"刻镂华文章之美"，"使丈夫为之，废丈夫耕稼树艺之时；使妇人为之，废妇人纺绩织纴之事"。所以墨子要"非之"。——墨子这里实际是说，在此种条件下"乐""美"已经走向了它们的反面，只是他尚未如老子那样明确地对美与丑、善与恶的关系，做出理论的抽象与概括。

当然，由于《老子》一书是一部格言集式的著作，故他虽然较早地涉及到"美"的外部关系以及美与丑的相互转化问题，但他并未对这个问题展开详细的说明和深入的阐释。在中国先秦美学史上，对此问题做出了深入细致和全面论述的是庄子。

与其他诸子学派及其代表人物不同，庄子所讨论的美不是有限的具体的美，而是从宇宙的视域或"道的立场"出发所观察到的美或无限的美："天地有大美而不言………圣人者，原天地之美而达万物之理。"（《庄子·知北游》）从宇宙的视域或"道的立场"来观察审美的对象，就会发现所有的"美"都是相对的："毛嫱、丽（骊）姬，人之所美也，鱼见之高飞，麋鹿见之决骤。"（同上，《齐物论》）"《咸池》《九韶》之乐"，"鸟闻之而飞，兽闻之而走，鱼闻之而下入，人卒闻之，相与还而观之"。（同上，《至乐》）而正因为美是相对的，所以人的相貌之所谓美与丑，也就只是相对的。人的外形的丑丝毫也不妨碍他具有崇高的精神的美，丑陋的外形之中完全可以包含有超越于形体之外的道德精神之美。《庄子》中塑造的哀骀它、叔山无趾、"闉跂支离无唇""甕㼜大瘿"等一系列形丑神美的典型，就是这样的例证。《庄子·德充符》设鲁哀公问于孔子之辞曰：

卫有恶人焉（成玄英疏曰："恶，丑也。"），曰哀骀它，丈夫与之处者，思而不能去也。妇人见之，请于父母曰"与为人妻，宁为夫子妾"者，十数而未止也。……"寡人召而观之，果以恶骇天下。与寡人处，不至以月数，而寡人有意乎其为人也；不至乎期年，而寡人信之。国无宰，寡人传国焉。闷然而后应，氾（而）若辞。寡人丑乎，卒授之国。无几何也，去寡人而行，寡人卹焉若有亡也，若无与乐是国也。是何人者也？"

哀骀它形貌"恶骇天下"，但其精神气质的"美"却使丈夫、妇人乃至鲁哀公"思而不能去"，感到了一种审美的诱惑。可见人的外貌美和内在美是完全不一致的。外貌的美只对于那些专注于外貌的人而存在，内在的美则需要有精神穿透力的人才能洞察。这既是为什么对同一个人或物，不同的人会有不同审美价值评判的原因，也是所谓美与丑互相转化的内在机制。《庄子·山木》述杨朱[①]在宋国旅店遇到的故事曰：

阳子之宋，宿于逆旅。逆旅人有妾二人，其一人美，其一人恶，恶者贵而美者贱。阳子问其故，逆旅小子对曰："其美者自美，吾不知其美也；其恶者自恶，吾不知其恶也。"

这样，庄子通过将人的美和丑划分为审美客体的"自美""自恶（丑）"和审美主体的"知其美""知其恶（丑）"（这一点与前人只划分人的美为"外貌美"和"内心美"不同），而使同一个审美对象可以同时获得"美"和"丑"两种截然相反的审美评价。而且这种评价是整体性的，不是部分的。即不是说一个人只是外貌美而内心不美或外貌丑而内心美，而是说这个人是整个的"美人"或整个的"丑（恶）人"。因为，这不是一个人对同一审美客体的不同评价，而只是不同人对同一个审美客体的不同评价。如果同一个人对同一审美客体既说美又

[①] 杨朱，又称阳子居或阳子，蒙文通认为其属战国前期北方道家的代表人物。见氏著《古学甄微·杨朱学派考》，巴蜀书社1987年版。

三 哲学智慧

说丑，那就违反了形式逻辑上的矛盾律；而如果是不同人对同一审美客体或说"美"或说"丑"，那正好反映了审美评价越是深入，就越具个性化的特点和规律。从这个意义上讲，也就实现了美与丑的互相转化。

我们在上文已经指出，在现有文献中的先秦"美""好"二字的特殊用例——"媄""嫐""敄""奸"等，一是出现于鲁国的孔壁"古文"之中，二是出现于楚辞和近年出土的楚简文献之中（楚简中"好"的异体字"奸"出现的语境，与《老子》所谓"天下皆知美之为美，斯恶已"极为相似。如郭店简《语丛一》云："多奸者，亡奸者也"即是）。由爱美、爱美女，到发现人的外貌美与内心美、或外在美与内在美之间，有时是并不一致、甚至是互相对立的，再到发现美与丑是可以统一和相互转化的，这种美学观念的变化是否与某一区域内的著作者在文字上的选择有某种必然的联系呢？这一点我们认为应该是可以给予肯定的回答的；尽管目前这种结论似也不能过于绝对。但我们相信，对这一问题不断地做出更深入的思考和探索，则无疑是一个具有重要价值的课题。

（原载《哲学研究》2010 年第 11 期，发表时有删节）

"心无义"与"以玄对山水"

——论"心无义"的形成及其与魏晋山水审美意识的关系

"心无义"属魏晋佛教"六家七宗"的义理之一,由两晋时期的佛教名僧支愍度所立。对于"心无义"的形成及内涵,陈寅恪先生的《支愍度学说考》曾有精深的研究。其后,自汤用彤著《汉魏两晋南北朝佛教史》以往,学术界多用其说。但是,由于陈氏之论除考证"心无义"之含义及传授系统外,侧重于"心无义"与中国学人理解佛理所用"格义"方法之关系,故其于"心无义"之提出与当时佛教如何主动实现中国化问题,则不能不有所忽视,而尤不能涉及此后中国学者吸收、改造此种佛理新义以建构其山水审美观诸问题。有鉴于此,本文拟就"心无义"的形成与当时中国固有心学理论之关系及东晋孙绰等人提出"以玄对山水"的山水审美观可能受"心无义"影响之问题,加以检讨,以期引起学术界对当时佛学、玄学、文学互动关系的深入思考。

一 "心无义"的中国本土思维特征

"心无义"是支愍度依据其对佛教般若空义的理解而提出的一种佛理新义。《世说新语·假谲》云:

> 愍度道人始欲过江,与一伧道人为侣。谋曰:"用旧义在江东,恐不办得食。"便共立"心无义"。既而此道人不成渡,愍度果讲

◆◆◆ 三 哲学智慧

义积年，后有伧道人来，先寄语云："为我致意愍度，无义那可立？治此计，权救饥尔，无为遂负如来也！"①

《世说新语》所载支愍度创立"心无义"之缘起，据陈寅恪先生考证，"虽出于异党谤伤之口，自不可尽信"，但"支愍度自立新义，非后所追学，则似实得其实"。"心无义"者，乃般若"无心"（梵文：acittam）之"误会译文，失其正读，以为'有"心无"心'，遂演绎其旨"而成。②

读过陈寅恪先生的以上考证，我们不能不为陈氏之博通所折服。但由陈氏对"心无义"始于支愍度之创立及关于支愍度之本指的论断又不能不引起我们进一步的思考："心无义"既为支愍度所创立，那么探讨"心无义"之本指时应更多注意支愍度本人之著述；"心无义"既为"无心"之误读，则"无心"之由来必应引起我们相应的重视。这对考释"心无义"的形成、"心无义"与当时"格义"思潮之关系及其创新之所在，都是十分重要的。

"心无义"在当时即称"新义"，其所以如此，当与"旧义"有明显不同。陈寅恪已考证其实为"无心"之误读，其义乃僧肇所谓"无心于万物，万物未尝无"。但我们还需要进一步说明支愍度之所谓"心无"，是否即是佛教原典中的"无心"原意？如果不完全是，支愍度曾做过哪些改造，又为什么会有这些改造？

从逻辑上来讲，支愍度之所谓"心无"，应非只是天竺佛典"无心"的简单倒文，因为如果仅是字面上的差异，尚不足以构成愍度"新义"之"新"。

现代学者认为，"心"梵文写作"citta"；"心无"梵文写作"acittam"，在当时佛典汉译中已多作"无心"或"非心"，它的本义是指"不起相对的心"，即"它不只是表示无心，亦表示无物，无一切相待

---

① 刘义庆撰，刘孝标注，余嘉锡笺疏：《世说新语笺疏》，上海古籍出版社1993年版，第859页。
② 陈寅恪：《支愍度学说考》，《金明馆丛稿初编》，上海古籍出版社1980年版，第160页。

相"。因为"这些相待相,都是由心识而起"。而"心无义"中之"心无",乃所谓"空心不空境"也。① 这也就是说,"心无义"有别于佛教原典之"新",并不只在于以"心无"取代"无心",而是在于它将佛教原典中的"心""物"两空之般若空观,改造成了不空外物,而只空内心的新思想。晋宋之际释僧肇的《不真空论》说:"心无者,无心于外物,万物未尝无。此得在神静,失在物虚。"既从中观立场准确概括出支愍度新义之得失,而刘孝标《世说新语》注文所谓"旧义者曰:种智是有,而能圆照。然则万累斯尽,谓之空无。常住不变,谓之妙有。而无义者曰:种智之体,豁如太虚。虚而能知,无而能应,居宗至极,其唯无乎!"更明确道出了二者的不同。刘孝标认为,"旧义"以为心神"常住不变",圆照一切,故应是有;"心无义"以人之心神之所以能圆照,正在于其"豁如太虚",故应为"无"。汉晋中国佛教"六家七宗"中的识含、幻化、缘会诸宗执心神为实有,以外物为性空,当属所谓"旧义"范围;② 而支愍度"心无义"在心神的看法上,几与僧肇《般若无知论》立论相同,故可视为"新义"。

从前人对"心无义"与"旧义"差别的分析,我们又不难见出新旧二义存在的根本不同:虽表面上"旧义"只"空色不空心",而"心无义"乃"空心不空色",但实质上二者所讨论之重心与思想方法皆存在根本分歧。盖"旧义"所论为本体论问题,而"新义"为认识论和实践论问题;前者所论之重点在客观外在物之本质,后者所论之重点在主体如何通过内在调控而达到更高的精神境界。从当时佛教"六家七宗"中本无、本无义、即色"三家"论本体之有无,识含、幻化、缘会"三宗"执神识之实有,即可见出当时学术思想界占统治地位之义理,而得支愍度"心无义"在当时被视为"新义"并遭受非难之所由。

需要指出的是,"心无义"虽主"无心""空心"或"非心",从来学者多以为其排斥心神的真实性或心识的功能,这实际只是一种表象

---

① 吴汝钧:《佛教大辞典》,商务印书馆国际有限公司1972年台湾第1版,1994年北京第2次印刷,第439页。
② 汤用彤:《汉魏两晋南北朝佛教史》(上册),中华书局1983年版,第186—190页。案:本文引《世说新语》刘注"种智是有"一句,原作"种智有是",亦据汤书改正。

三 哲学智慧

或错觉，至少是对"无心""非心"或"空心"的望文生义。从根本上来讲，由于"心无义"取消的只是对外物的执着之心、分别之心，对于那种真正认识事物"自性"或本质的般若"种智"或"佛菩提心"，则不仅不排斥，反而是一种提撕。释僧肇说"心无义""得在神静"之"静"字，正说明支愍度强调了心神存在之意义，而不是取消了心识之作用。这还可以从以下几个方面加以考察：

其一，自元康之《肇论疏》至安澄之《中论疏记》所载，自来解"心无"者皆言其义乃指"但于物上不起执心"，心"无形无象"，"无形不可谓无"。元康《肇论疏》卷上叙僧肇破"心无义"云：

> 今肇法师亦破此义。先叙其宗，然后破也。"无心外物，外物未尝无"，谓经中言空者，但于物上不起执心，故言其空。然物是有，不曾无也。"此得在神静，失在物虚"者，正破也。能于法上无执，故名为"得"；不知物性是空，故名为"失"也。①

安澄《中论疏记》卷三末叙释法蕴、释法琛、竺法温诸人持"心无义"，并引竺法温《心无论》云：

> 夫有，有形者也；无，无像者也。然则有像不可谓无，无形不可谓无。是故有为实有，色为真色。经所谓"色为空"者，但内止其心，不滞外色。外物不存，余情之内，非无如何？岂谓廓然无形，而为无色乎？②

所以，从某种意义上讲，"心无义"的真谛，与其说是"空心不空色"或"色有心无"，不如说是"色有心亦有"或"空心亦空色"。"心无义"与佛教原典或"六家七宗"其他诸旧义的不同之处在于，"心无义"不再将自己固定在"有"或"无"的本体论问题上，而是先

---

① 《大正藏》第四十五卷，台北财团法人佛陀教育基金会出版部1990年版，第171页。
② 同上书，第94页。

将外物的"有""无"问题悬置起来、或至少置于次要位置,而从内在心识修养上下功夫,以为只要主观的心志已达到了"虚空"的境界,则应对外物就不再成为问题。换言之,如果说"六家七宗"中识含、幻化、缘会诸宗采取的是一种主心神实有的"正方法",那么"心无义"采取的则是类似老庄去智省欲、空虚其心的"负方法",二者殊途同归。

其次,从支愍度对当时汉译佛典的吸取和利用情况来看,他的"心无义"不仅不可能取消心识的作用,而且还要强调心神的功能。

支愍度的著作,释僧祐的《出三藏记集》卷第三载有"《合维摩诘经》五卷",下注:"合支谦、竺法护、竺叔兰所出《维摩》三本为一部。"又载"合《首楞严经》八卷",下注:"合支谶、支谦、竺法护、竺叔兰所出《首楞严》四本,合为一部,或为五卷。"① 另,《高僧传·康僧渊传》《历代三宝记》《开元释教录》都说支愍度著有《经论都录》一卷、《经论别录》一卷、《开元释教录》还说支氏有《修行道地经序》。只是上述著作均已亡佚,仅《出三藏记集》卷第八存支氏《合维摩诘序》和《合首楞严经序》,但二篇内容不涉及思想及对经文的看法,兹不赘述。

支氏《合维摩诘经》五卷今已失传,其合本所依据的支谦、竺法护、竺叔兰三人译经,今仅存支谦译本(今通行者为鸠摩罗什译本,简称什译本)。支译《维摩经》,全名《佛说维摩诘经》,分上下卷。支译本译语较什译质朴,属直译,译文不如什译流畅易晓,其中许多概念亦与什译者不同。如什译"心",在支本中多作"意"。什译《佛国品第一》:"舍利弗,菩萨于一切众生悉皆平等,深心清净,依佛智慧,则能见此佛土清净。"支本译作:"如是舍利弗,若人意清净者,便自见诸佛国清净。当佛现此佛土严净之时,八万四千人发无上正真道意。"什译《弟子品第三》:"时维摩诘来谓我言:'……如佛所说,心垢故众生垢,心净故众生净……'。"支译:"时维摩来谓我言:'……所以者

---

① 释僧祐撰,苏晋仁、萧炼子点校:《出三藏记集》卷第二,中华书局1995年版,第45页。

347

三 哲学智慧

何？此本为如来意……诸法亦然，转者亦然，如忧波离意之净。以意净为解，宁复污使复使净耶？'"支译"止心"概念，什译作"断攀缘"。如支译《维摩所说经诸法言品第五》云：

> 何谓为本？谓始未然，未炽然者则病之本。何谓不然？于三界而不然。其不然者何用知？谓止心。止心者以不得也，非不然也。何以不得？二见不得，谓内见外见，是无所得。①

什译《维摩诘所说经》卷中《文殊师利问疾品第五》云：

> 何谓病本？谓有攀缘，从有攀缘，则为病本。何所攀缘？谓之三界。云何断攀缘？以无所得。若无所得，则无攀缘。何谓无所得？谓离二见。何谓二见？谓内见外见，是无所得。②

尽管支、什二人译本多有文辞差异，但应该说《维摩》重心意修持的精神都传达出来了。且支译个别概念似什译更符合中国人的思维习惯，如"止心"概念。愍度之后诸家解"心无"，均言"内止其心，不滞外物"，应不无缘故，很可能支氏当初立论即曾受《维摩》"止心"一说的启发。

支愍度所合《首楞严经》，非唐代般剌密谛所译《首楞严经》，而是《首楞严三昧经》。此经支谶、支谦、竺法护、竺叔兰译本均亡佚，今仅存鸠摩罗什译本。释僧祐《出三藏记集》于其前加"新"字，以与魏晋间旧本相区别。③什译《首楞严三昧经》分上下二卷，其大旨南朝刘宋释弘充《新出首楞严经序》有曰：

> 首楞严三昧者，盖神通之龙津，圣德之渊府也。妙物希微，非

---
① 《大正藏》第十四卷，台北财团法人佛陀教育基金会出版部1990年版，第526页。
② 同上书，第545页。
③ 释僧祐撰，苏晋仁、萧炼子点校：《出三藏记集》卷第二，中华书局1995年版，第49页。

器象所表，幽玄冥湛，岂情言所议？冠九位以虚升，果万行而圆就，量种智以穷贤，绝殆庶而静统。用能灵台十地，肩镢法云；罔象环中，神图自外。然心虽澄一，应无不周；定必凝泊，在感斯至。故明宗本则三违同寂，论善救则六度弥纶，辩威效则强魔慴沦，语众变则百亿星繁。至乃征号龙上，晦迹尘光，像告诸乘，有尽无灭。斯皆参定之冥功，成能之显事，权济之枢网，勇伏之宏要矣。①

释弘充认为，《首楞严三昧经》的特点在于，它阐明了"心神澄一"乃能弥纶六度、无所不照的"冥功"。《首楞严三昧经》卷上云："何等是首楞严三昧？谓修治心犹如虚空。"即达到"无心"的状态。但所谓"无心"也只是"其心善寂空，无有相"；"一切诸法如法性相，以调伏心于禅定"。最终使修持者能"示现声闻形色威仪，而内不离佛菩提心"②。

支愍度倡"心无义"，但于《维摩》《首楞严》二经实用功最多，故其"心无义"最有可能采用此二经之思想。（后世亦颇重支愍度之此二合本，唐朝彦悰《合光明经序》曰：当时有释宝贵者，"睹昔晋朝沙门支愍度合两支两竺一百五十家《首楞严》五本为一部③，作八卷，又合一支两竺三家《维摩》三本为一部，作五卷……诸此合经，文义宛具。斯既先哲遗踪，贵遂依承以为规矩"。云云。可见支氏此二合本之形式与其所体现之思想均极重要。）《维摩》《首楞严》所谓"空心""无心"，亦谓"止心"，即修持其心，使达到虚寂澄一而无所不照的境界。故支愍度"心无义"之所谓"无心"，实不排斥"心"之作用。而南朝释僧睿《毗摩罗诘提经义疏序》云："自慧风东扇，法言流咏以

---

① 释僧祐撰，苏晋仁、萧炼子点校：《出三藏记集》卷第二，中华书局1995年版，第271—272页。
② 《大正藏》第十五卷，台北财团法人佛陀教育基金会出版部1990年版，第631、632页。
③ 《全唐文》卷九○五，《全唐文》（上），中华书局影印本1982年版，第9440页。案：释宝贵此处所言支愍度合本家数、本数、卷数，均与僧祐所言不同，殆当时支氏之书已不存，各人据前人记载而言：前人记载有异文，故二家之说不一。

三 哲学智慧

来……此土先出诸经,于识神性空,明言处少;存神之文,其处甚多。"① 诚非虚言。

其三,魏晋时期支愍度之前或同时之玄学家亦多提倡"无心",但其"无心"说亦不排除心神功用,故知支氏之"心无义",实不能不同于王弼以来玄学之宗旨——"崇本息末而已矣"。

在支愍度之前,玄学家最早提出"无心"概念的,当推玄学天才王弼。王弼在其《老子指略》中既曰:"《老子》之书,其几乎可以一言而蔽之。噫!崇本息末而已矣。"进而又提出了其"崇本息末"的方法——"无心":

> 尝试论之曰:夫邪之兴也,岂邪者之所为乎?淫之所起也,岂淫者之所造乎?故闲邪在乎存诚,不在善察;息淫在乎去华,不在滋章;绝盗在乎去欲,不在严刑;止讼存乎不尚,不在善听。故不攻其为也,使其无心于为也;不害其欲也,使其无心于欲也。谋之于未兆,为之于未始,如斯而已矣。②

显然,魏晋玄学家的"无心"概念,是由老子"圣人之治,虚其心"和庄子"坐忘""心斋"观念而来,强调的是人生应去欲静心,以不变应万变。至于说人心与外物是否存在,则本不成其为问题。王弼之后,玄学家阮籍在《达庄论》中提出:"夫别言者,坏道之谈也;折辩者,毁德之端也;气分者,一身之疾也;二心者,万物之患也。"嵇康在《无私论》中既说理想的人格要"气静神虚""体亮心达",又说欣赏音乐应"虚心静听",坚持意志应"以无心守之"。这就进一步对"无心"作出了具体规定:"无心"不仅是一种无欲纯白之心,而且还是一种无分别情欲的"和心"。故嵇康又说,至人应"和心足于内,和气见于外"。郭象在《庄子注·大宗师》解题曰:"虽天地之大,万物

---

① 释僧睿:《毗摩罗诘提经义疏序》,释僧祐撰,苏晋仁、萧炼子点校:《出三藏记集·序》卷第八,中华书局1995年版,第311—312页。
② 王弼著,楼宇烈校释:《王弼集校集》(上),中华书局1980年版,第198页。

"心无义"与"以玄对山水" ◆◆◆

之富,其所宗而师者无心也。"同书《应帝王》解题曰:"夫无心而任乎自化者,应为帝王也。"也有同样的主张。

玄学家的这一思维方式,对当时的佛教理论家们应有重大影响。道安既主张"本无",在修持方法上实又主张"无心"。他在《大十二门经序》中说:

> 夫淫息乎解色,不系防闲也。有绝存乎解形,不系念空也。色解则冶容不能转,形解则无色不(疑为"之"字之讹)能滞……何者?执古(一作"空")以御有,心妙以了色,虽群居弇灵,泥洹犹如幻,岂多制形而重无色哉![①]

这和王弼"崇本息末"的主张何其相似!也与支愍度"心无义"之"无心于万物"、而万物为实在之"新义"一脉相承。

概而言之,支愍度的"心无义"虽然也吸取了佛教原典中"净心""修心犹如虚空"的思想,但却更多地着眼于"心"之功用,并附会、补充了中国道家和玄学家静心省欲、崇本息末、执无御有等固有理念。在"空心"的表象下,实凸显了心神的作用,高扬了人的主体精神,表现出鲜明的中国本土思维特征。如果说,佛典"无心"原义本在明"识神性空",那么支氏的"心无义"则已成"存神之文";"六家七宗"中的识含、幻化、缘会诸宗用的是"正方法",而支愍度的"心无义"则采用的是"减法"或"负方法"。

二 "以玄对山水"之山水审美观的形成

支愍度的"心无义"兼采老庄玄学之旨,将般若空观心物两空之说,改造成了"空心(主动消除内在执心,故实际高扬了心识的作用)不空色"的佛理新义。他的这一学说,除在释界有道恒、法蕴、僧弼等

---

① 释僧祐撰,苏晋仁、萧炼子点校:《出三藏记集·序》卷第六,中华书局1995年版,第252页。

三 哲学智慧

多人奉持外，当时俗界亦有很多信奉者。释僧祐《出三藏记集》卷第十二《宋明帝敕中书侍郎陆澄撰法论目录序第一》即载有：

> 《心无义》桓道敬。王稚远难，桓答。
> 《释心无义》刘遗民。①

桓玄与王稚远（谧）就"心无义"的辩难之文以及刘遗民的《释心无义》，今皆不见，已无得而论其详。但桓氏《与释慧远书》《重与慧远书》和桓、王二人关于沙门是否应拜俗的辩难各二篇，刘遗民《致书释僧肇请为〈般若无知论〉释》一篇，其文今皆存，其中亦有言及"心"与"物（事）"之处，可以推知诸人对"心""物"关系之大概。桓玄难释慧远、王稚远等人"沙门不拜俗"云：

> ……又云："内乖天属之重，而不违其孝；外关奉主之恭，而不失其敬。"若如来言，理本无重，则无缘致孝之情；事非资通，不复有致恭之义。君亲之情，许其未尽；则情之所寄，何为绝之？夫累著在于心滞，不由形敬；形敬盖是心之所用耳。若乃在其本，而从以形敬，此复所未之喻。②

显然，王谧、慧远所持论之根据，在内空其心、外遗其形之论，所以王谧认为：沙门本"意淡于敬，而不以形屈为礼"。即沙门已视四大皆空，何有礼俗之必要？其对于宗师的"自相崇敬者……则以长幼成序，资通有系，则事与心应"③。即只是为了进一步养成其恭敬之心，于佛于教，均更虔诚。桓玄则抓住了沙门"自相崇敬"一点发难，指出你既承认"资通有系"，"事与心应"，则"拜俗"之事岂可废弃？沙门之敬，

---

① 释僧祐撰，苏晋仁、萧炼子点校：《出三藏记集·序》卷第十二，中华书局1995年版，第429页。
② 《重与慧远书》，《全晋文》卷一九。
③ 王谧：《答桓玄难》，《全晋文》卷二〇。

"心无义"与"以玄对山水"

既非"略形存心","忏悔礼拜,亦笃于事"①。则可见沙门仅"无心于事(物)",而"事(物)未尝无"。——这实是"心无义"的义理。

刘遗民在《致书释僧肇请为〈般若无知论〉释》一文中所疑者,乃所谓"圣心寂冥,理极同无"。因为在刘氏看来,应物修禅,"谓宜先定圣心",如果圣心亦无,则抚会之功从何而得?如果说"圣心"是"亦有亦无、非有非无",那岂不是"真是而非是,至当而非当,而云当而不当,是而无是邪?"刘氏不解"非有非无,亦有亦无"之论,原因固极复杂,但他只知以"心"之虚灵驭"物"之存在,其持论"盖本主'心无'之说……言圣人之心是虚无静寂之本体,体虽静寂,而能有知。此(实)乃体用截然,宰割求通,而不知体用一如,诸法不异。"② 这应是其中重要原因。

从桓玄、刘遗民关于佛理佛事的论难中我们不难看到,"心无义"除了在释界有广泛影响外,在广大名士文人中亦实传播甚广,奉持者众。不过,如果从当时文人文艺美学思想的发展演变来看,"心无义"在当时文人学士影响最为深入和显著者,莫过于在中国中古文艺美学史上形成了一种广有影响的山水审美观——"以玄对山水"。《世说新语·容止》篇"庾太尉在武昌"条刘孝标注引孙绰《庾亮碑文》曰:

> 公雅好所托,常在尘垢之外。虽柔心应世,蠖屈其迹,而方寸湛然,固以玄对山水。③

所谓"以玄对山水",按孙绰原文来讲,就是以"方寸湛然"的"柔心",面对"所托"之"山水"。但如果进一步对之作哲学的抽象,则不难见出其内涵或理论基础,实为"空心不空色"或"执无以御有"。《文选》卷十一孙绰《游天台山赋》六臣注"悟遣有之不尽,觉涉无之有间。泯色空以合迹,忽即有而得玄"云:

---

① 桓玄:《难王谧》,《全晋文》卷一九。
② 汤用彤:《汉魏两晋南北朝佛教史》(上册),中华书局1983年版,第239页。
③ 刘义庆撰,刘孝标注,余嘉锡笺疏:《世说新语笺疏》,上海古籍出版社1993年版,第616页。

◆◆◆ 三 哲学智慧

　　善曰：言有既滞有，故释典泯色空以合其迹，道教忽于有而得于玄。郭象《庄子注》曰："泯，平泯也。"又曰："本末内外，畅然俱得，泯然无迹。"《维摩经》善见菩萨曰："色、色空为二。色即是空，非色灭空。色性自空，如是受、想、行、识。识、空为二，识即是空，非识性自空，于其中通而达者为入不二法门。"有，谓有形也。王弼《老子注》："凡有皆始于无。"又曰："有之所始，以无为本。"然王以凡有皆以无为本，无以有为功，将欲寤无，必资于有。故曰"即有而得玄"也。王弼又曰："玄，冥嘿无有也。"向（秀）曰："玄，道也；色，五色；空，虚空。"今言视此二者泯然如一，忽自遣有之情而得于道也。①

　　显然，在孙绰《游天台山赋》中，所谓"有"、所谓"色"，应作更具体的理解，即孙绰所游天台山之"山水"。孙绰认为"遣"有"不尽"，人必"滞有"，用抽象的哲学语言来讲，似承认"有"为实有，"色"为真色。这也就是承认"山水"为实有，人的践履活动为实有。而如何来处理这个"有"和本体"无""空"的关系呢？孙绰提出的方法是："泯色空以合迹，忽即有而得玄。"援引佛经——"色即是空，非色灭空"的话来说，即不必把"山水"等有形之物消除才是"空"，而只要认识到"色"无自性，虚幻变化无穷，这就是"空"。换言之，只要人不执着于"色"，"色"不妨其为"色"乃至"真色"。从这个意义上讲，孙绰"泯色空以合迹"，实可等于支愍度"无心于万物"也。而将其"遣有之不尽""即有而得玄"，与"泯色空以合迹"结合起来，则其对山水观照的态度实亦是"无心于（山水的）形迹，（山水的）形迹未尝无"。——完全由支愍度之"心无义"而来。

　　当然，我们说"以玄对山水"的山水审美观实由支愍度之"心无义"而来，还可从当时文人学士普遍以"山水"之形质为实有，而观照者应"澄怀"以游；孙绰本人长期与支愍度处于同一活动地域，他本人极有可能接受支氏"心无义"两方面加以证明。

---

① 萧统选编，李善等注：《六臣注文选》，浙江古籍出版社1999年影印本，第194页。

"心无义"与"以玄对山水"

在整个东晋时期,文人学士们对"山水"性质的基本认定是"质有而趣灵",而对于欲观山水之美的士人来说,唯当"澄怀"以游。顾恺之是一位"传形写势,莫不妙绝"的画家。他的基本绘画理论是"以形写神"——"四体妍蚩,本无关妙处,传神写照,正在阿堵中"①。过去一般以为顾氏的这一理论具有明显重神轻形的倾向,似乎把外物看得可有可无,而将心神视为实有。其实这种认识里面包含着很深的误解。据《世说新语·巧艺》载:"顾长康(恺之)画谢幼舆(鲲)在岩石里。"人问其所以,顾曰:"谢云:'一丘一壑,自谓过之。'此子宜置丘壑中。"即是说谢鲲之心胸是和山水林泉一样澄澈透明、少有污染的。心的澄明——"无",正应对着山水的"有"。张彦远《历代名画记》卷五录有顾恺之《魏晋胜流画赞》,其末云:

> 凡生人亡有手揖眼视而亡所对者,以形写神而空其实对,荃生之用乖,传神之趣失矣。空其实对则大失,对而不正则小失,不可不察也。②

这更是表明顾氏绘画理论,实主张"神"或"心"为"虚无",而外物为"实有";"虚无"之心神必须借"实有"之外物的依托,方可显现出来。这和"心无义""心无色有"的观点十分相近。而据《高僧传·竺法汰传》载,东晋哀帝兴宁三年(公元365年),竺法汰及其弟子与道恒在荆州争"心无义",并云"心无义"已"大行荆土"。又据《世说新语》,桓温在东晋穆帝永和元年(公元345年)任荆州刺史镇江陵时,顾恺之即任桓的参军③,顾应曾直接受到过"心无义"影响。稍后的宗炳是个和慧远交往甚密的佛教徒,其画论更明确持与"心无

---

① 《世说新语·巧艺》,刘义庆撰,刘孝标注,余嘉锡笺疏:《世说新语笺疏》,上海古籍出版社1993年版,第721页。
② 张彦远:《历代名画记》卷五《古画品录》(外二十一种),上海古籍出版社1991年版。
③ 《世说新语·言语》"顾长康拜桓宣武墓"刘孝标注引宋明帝《文章志》。又:顾于瓦官寺所画维摩像当时号称一绝,《历代名画记》卷五云其受释氏影响云。

三 哲学智慧

义"相似观点。宗炳《画山水序》略曰:"圣人含道映物,贤者澄怀味象。至于山水质有而趣灵……夫圣人以神法道而贤者通,山水以形媚道而仁者乐,不亦几乎?"刘宋之处的王微,在其《叙画》中说:"夫言画者,竟求容势而已。"绘画乃"本乎形者融灵而动者变心";山水外物"所托不动",但人的"目有所极,故所见不周"。这似也是以"心"为虚灵而以"物"为实有。齐梁刘勰的《文心雕龙·神思》云:"故思理为妙,神与物游";"枢机方通,则物无隐貌"。但又说:"是以陶钧文思,贵在虚静,疏瀹五藏,澡雪精神。"彦和思想中的佛学成分固极复杂,但其视"物"为实有,主人之精神应澄明虚静之说,与"心无义"或"以玄对山水"的审美观则有相通之处。

就孙绰之生平而论,其"以玄对山水"的山水审美观的提出,似亦应为受"心无义"之启发而来。

孙绰,字兴公(公元310—368年)①,他的一生大致与支遁相始终。考孙绰一生行事,最可注意者当为其与庾氏家族的关系。庾亮于东晋成帝咸和九年(公元334年)任江、荆、豫三州刺史和都督江、荆以下六州诸军事,进号征西大将军、开府仪同三司、假节。庾亮固让开府,并将公署由江州迁至武昌。也正是在此时,孙绰被庾亮"请为参军,补为章安令,征拜太学博士,迁尚书郎"。②正式踏入仕途。庾亮于东晋成帝咸康六年(公元340年)卒,孙绰又在庾亮兄弟庾翼、庾冰手下供职,直到东晋穆帝永和元年(公元345年)庾冰等人相继去世,孙绰还写下了《司马庾冰碑》等颂扬庾家兄弟功德的碑文,可见孙绰与庾氏家族的关系之一斑。③

孙绰正是在与庾氏交往的约十年间形成了他的玄学思想,并在庾亮

---

① 孙绰生卒年,一般记载为公元314—371年,日本学者蜂屋邦夫《孙绰的生平和思想》一文则据《世说新语·文学》所载孙绰与支遁、竺法深同在瓦官寺听"北来道人"讲《小品》之事,推定孙绰可能生于公元306年。蜂屋邦夫文中论据似嫌不足,今不从其说。

② 《晋书·孙楚传》附《绰传》。案关于孙绰任职,《全晋文》所录孙绰《聘士徐君墓颂》自称"晋南昌相太原县君",则孙氏还曾任"南昌相"之职。至于"章安令",日本学者蜂屋邦夫以为应是扬州刺史庾冰的安排。虽属推断之辞,亦可备一说。

③ 参见[日]蜂屋邦夫著,隽雪艳、陈捷等译《孙绰的生平和思想》,《道家思想与佛教》,辽宁教育出版社2000年版,第114—153页。

"心无义"与"以玄对山水" ◆◆◆

去世后为庾所作的《太尉庾亮碑》中提出了其著名的"以玄对山水"的山水审美观。据《世说新语·方正》记载：孙绰在写《庾亮碑文》时还写作有《庾公诔》，且"文多托寄之辞"。可见其提出"以玄对山水"说，虽是他对庾亮山水审美观的概括，但实际又是其本人思想的表述，或至少是他与庾亮共同的归趣。故其《庾亮诔》文中有："咨予与公，风流同归。拟量托情，视公犹师。君子之交，相与无私"诸句①。

昔陈寅恪先生考证"心无义"之指，屡引《高僧传·康僧渊传》所载"豫章山僧"康僧渊事迹为说，而《开元释教录》亦称支愍度为"豫章山沙门"，汤用彤先生因此曰"则（僧渊、愍度）二人同过江，而又同居此山"②。《世说新语·言语》载"康法畅造庾太尉，握麈尾至佳，公曰：'此至佳，那得在？'法畅曰：'廉者不求，贪者不与，故得在耳。'"同书《栖逸》又云：

> 康僧渊在豫章，去郭数十里，立精舍。旁连岭，带长川，芳林列于轩庭，清流激于堂宇。乃闲居研讲，希心理味，庾公诸人多适往看之。观其运用吐纳，风流转佳。加已处之怡然，亦有以自得，声名乃兴。后不堪，遂出。③

以上二事《高僧传·康僧渊传》亦载。支愍度与康僧渊、康法畅诸道人"俱过江"，又一同居"豫章山"，庾亮此时领江、荆、豫三州刺史，居武昌，为此方诸侯，故得常往看之。孙绰此时为庾手下属官，常参与太尉之"理咏"，并曾任"南昌相"之职，虽史未有明其常随庾公往豫章山看康僧渊、支愍度，但依其时地推之，孙亦当与焉。《世说新语·文学》载：

> 有北来道人好才理，与林公相遇于瓦官寺，讲《小品》。于时

---

① 《世说新语·方正》及刘注引《庾亮诔》，《世说新语笺疏》，上海古籍出版社1993年版，第315页。
② 汤用彤：《汉魏两晋南北朝佛教史》（上册），中华书局1983年版，第120页。
③ 《世说新语笺疏》，上海古籍出版社1993年版，第625页。

三 哲学智慧

竺法深、孙兴公悉共听。此道人语,屡设疑难,林公辩答清析,辞气俱爽。此道人每辄摧屈。孙问深公:"上人当是逆风家,向来何以都不言?"深公笑而不答。林公曰:"白旃檀非不馥,焉能逆风?"深公得此义,夷然不屑。①

孙绰每于新来道人谈理时"悉共听",其对支遁、法汰诸僧并皆倾倒,常共谈论。料当日支愍度与康僧渊、康法畅过江讲"心无义"新理时,必能引起孙氏之兴趣。孙氏尝著《至人高士赞》,对原宪、老子、商丘子以至释道安、竺法汰、竺道一等人大加表彰,而当时于豫章山立寺之康僧渊、康法畅、支愍度三人亦皆在其列,若非孙氏曾与三人交往,每往听讲,岂有他故?孙氏《支愍度赞》云:

支度彬彬,好是拔新。俱领昭见,而能越人。世重秀异,咸竟尔珍。孤桐峄阳,浮磬泗滨。②

由所谓"支度彬彬"来看,支氏非如《世说新语》所载"假谲"之人,其立"心无义"应是其于中印文化长期体悟思索所得,这样才能超越前贤时侪。"世重秀异,咸竟尔珍",又说明"心无义"在当时影响之大。最后两句,语出《尚书·禹贡》:"羽畎夏翟,峄阳孤桐;泗滨浮磬,淮夷蠙珠暨鱼。"或许是说支氏乃是位"夷人"(天竺人?西域人?),而能在邹鲁洙泗文明礼乐之邦畅其清音,实在可赞!《世说新语·轻诋》"孙长乐作王长史《诔》"条载孙氏所作《诔》文中再次将"澄心"与"玄味"并列,似可进一步说明孙绰"以玄对山水"的山水审美观中"玄"义之所在:

余与夫子,交非势利,心犹澄水,同此玄味。③

---

① 《世说新语笺疏》,上海古籍出版社1993年版,第218页。
② 同上书,第859页。
③ 同上书,第842页。

至此，我们可以明确地说，孙绰"以玄对山水"的山水审美观，应曾受支愍度"心无义"佛理新义的影响。如果说支氏"心无义"的提出，是以天竺佛教"空心"之理与老庄玄学"无心"之说相结合的产物的话，那么孙绰"以玄对山水"的山水审美观，则是以老庄玄学"无心"理论融合佛教"心无"新义的结果。前者反映了西晋佛教寻求融入中国固有文化的努力，后者则显示出玄学接受佛理新义，欲从佛学中获得新的思想资源的理论取向。

（原载香港浸会大学编《汉魏六朝文学与宗教》，上海古籍出版社 2005 年版）

论先秦教育思想观念的演变

——由楚简中"教"字的几种不同写法来考察

在近年公布的出土楚简（主要是郭店简和上博简）中，"教"字的用例较多。只是在这众多的"教"字用例中，除少数用例写作"敎"或"敩"①，大多数写作"𢼂"，或写作"斈"，或写作"效"，很少与今天从"孝"从"攵"的写法相同。那么，新出楚简中的众多写法各异的"教"字，与后世常见的"教"字是什么关系呢？其产生是早于"教"还是晚于"教"呢？人们在合用包括"教"字在内的各种文字符号表达"教"这个词时，是随意使用呢，还是有所选择地使用呢？这既是一个语言的使用问题，实际也是一个思想史的问题，它包含深层的历史文化原因。

一

"教"字，《说文解字》为其特立了一个《教部》，许慎的解释是：

> 教，上所施也，下所效也。从攵、孝。凡教之属皆从教。𤕝（斆），古文教；𤕝，亦古文教。

根据传统的观点，"教"应该是个形声字。"教"字的右边："攵，

---

① 楚简中的"敎""敩"二字，有些地方写作"敄""勖"。

所执以教道（导）人也"；左边："孝，音教，效也。"[①] 应该说，自许慎以来，学者们对"教"的字形字义解释，是很有道理的，值得后人相信。问题是，许慎在解释"教"字之后，还列举了两个古文"教"字："𤕝"（𤕝）和"𤕟"，宋代郭忠恕的《汗简》里也有这两个字，《汗简》还把《说文解字·子部》的"𡥈"也直接作为"教"的异体字补入[②]，新出楚简里又有"𢾭""𡥈""𢿳"等几个"教"的新异体字。那么，这些"教"字之间是什么关系呢？许慎认为"𤕝"（𤕝）、"𤕟"是"教"的古文，而将"𡥈"字归入《子部》，楚简中又有"𢾭""𢿳"等字——许慎是否认为"𤕝"（𤕝）、"𤕟"要比"教"产生更早，而"𡥈"与"教"则是构形原理完全不同的两个字呢？从楚简文献到郭忠恕的《汗简》，很多人把"𡥈"当成"教"的异体字看待，而且楚简中还同时使用了"𡥈"的异体字"𢾭"和"𢿳"，它们之间又是什么关系呢？

如果从文字的构形来看，"教"字与"𤕝"（𤕝）"𤕟""𡥈""𢾭"（𢿳）等字可分为两种类型：（1）如前所言，"教"或"𤕝"（𤕝）"𢿳""𤕟"等，皆由"𡥈""𢾭"或"爻"加"攴"两个部件构成左右结构的合体字。（2）"𡥈""𢾭"二字，尽管按照许慎《说文解字·子部》的说法："𡥈，放也，从子，爻声。"似乎也可以归入形声字之列，但由于这两个字在"教""𤕝""𢿳"等字中只是作为这些"合体形声字"的声符出现的，所以我们在这里可以暂且将"𡥈"和"𢾭"视为两个独体字来对待。根据这一思路，我们认为在"𡥈""𢾭""教""𢿳""𤕝""𤕟"这些字中，"𡥈""𢾭"二字的出现应该是早于"教""𢿳""𤕝""𤕟"等字的。因为根据汉字造字的一般规律，在汉字造字的过程中，总是独体字的出现在前，而合体字的出现在后。

---

① 徐锴：《说文解字系传》卷七，《四部丛刊》本。
② 郭忠恕：《汗简》卷上卷之一，《四部丛刊》本。案：《说文解字》中的"教"写作"𣪘"，从"𡥈"（𡥈），不从"孝"。左边写作"孝"，当是"𡥈"在隶化过程中的讹变：先是"𡥈"被隶化为"𣥚"，再由"𣥚"讹变为"孝"。于省吾主编：《甲骨文字诂林》第四册，中华书局1996年版，第3264页有辨，可参。

◆◆◆ 三　哲学智慧

当然，这只是我们从理论上所做的一个推断，而实际情况则要复杂得多，甚至于有可能会颠覆我们上面的结论。

从现有文献来看，"教"这个字在甲骨文和金文文献中已广泛使用。教，甲骨文中写作"󰀀""󰀁""󰀂"等，金文中则写作"󰀃""󰀄"等，但都没有出现楚简中的"𡥈""𧮎"两种写法。因此，对"教"字的字形，应当如李孝定考察甲骨文中该字的字形时所说："（教），当云从攴、子，爻声，会意兼形声也。"而不应该简单地认为它是"从攴从𡥈"的形声字。我们前面的"教"字为"从攴从𡥈"的形声字，"𡥈""𧮎"二字的产生当早于"敎""㪉""𧮎""󰀅"等字的推断，从甲、金文献中"教"字的写法来看，也是不能成立的，应当加以修正。在甲、金文字时代，汉字中本来就没有"𡥈""𧮎"二字。或者说，"𡥈""𧮎"二字在甲、金时代还并不是两个具有独立意义的文字，而只是"爻"与"子"或"爻"与"言"的临时性组合，因为当时的"教"字也可以直接以"乂"或"爻"为声符、以"攴"为意符构成，而不必以"𡥈"或"𧮎"为声符构成。"𡥈"或"𧮎"成为具有独立意义的文字，并把它们视为"教"字的声符，应该是"从爻从子"的"𡥈"（或"从爻从言"的"𧮎"）作为"教"字的声符使用了很长时间之后的事。许慎的《说文解字》虽认为"教"字"从攴从𡥈"，但却既不认为"𡥈"是"教"的异体字，也不认为"𡥈"与"教"是古今字，而是将"𡥈"另列于《子部》，仿佛"𡥈"与"教"没有任何关系。这说明许慎心中应是十分清楚的："教"即使是"从𡥈"，其中的"𡥈"也并不是《子部》的那个"𡥈"字，而是由"爻"和"子"两个符号组成的新的字符；"教"中的"𡥈"则只是个临时性的组合，并不具有《子部》"𡥈"字的字义——如果说"教""󰀆"（𧮎）"㪉""󰀅"之间是异体字的关系的话，那么"教""󰀆"（𧮎）"㪉""󰀅"与"𡥈"或"𧮎"之间，就只能是"教""󰀆"（𧮎）"㪉""󰀅"产生在前、"𡥈"或"𧮎"形成在后的古今字的关系。

二

以上是我们就"教"（敎）字与"斈""敩"及"季""斈"等字形，对其相互关系的分析。但汉字是世界上公认的具有鲜明表意特征的文字，特别是在上古时代。因此，"教"（敎）与"斈""敩""斈"及"季""斈"之间的上述字形结构上的关系，也必然反映了这些文字在字义上的某种关联。

自许慎《说文解字》以来，人们多倾向于"教"（敎）字"从攴、季"，其字义为"上所施，下所效也"。那么，什么叫"上所施，下所效也"呢？徐锴《说文解字系传》认为，因为"教"（敎）这个字中"季"只是声符，"攴"是义符，"上所施，下所效"就是施教者手执鞭敲击学习者，以使其学习，仿效："攴，所执以教道（导）人也。"清人惠栋说："《书》，攴作教刑，故从攴。"① 段玉裁则把"季"等同于《说文解字·子部》的"孛"字，他说："孛，见《子部》，效也。上施故从'攴'，下效故从'孛'。"②

上文我们已经指出，不论视"教"（敎）为形声字或形声兼会意字，将"教"（敎）字左边的偏旁等同于《说文解字·子部》"孛"字，都是不合适的。理由除了《说文解字》不把"孛"、敎同列一部（以"孛"为部首）之外：一是因为甲、金文献中只有"敎"字，而根本就没有"孛"（或"斈"）字，缺乏"（孛）当为（敎）此字之古文，先有孛字，后有教字"之说的文献根据；③ 二是因为甲、金文献中"教"（敎）字的偏旁"季"，有时仅作"爻"或"乂"，可见，此时"教（敎）中的"季"还不是一个固定的表示教导之义的文字；"爻"是不能表示"教"义的。因此我们认为"教"应该是个形声兼会意字："爻"当是声符，"所从之'子'义为小儿，表示施教的对象；所从之

---

① 丁福保：《说文解字诂林》第四册，中华书局1988年版，第3724页。
② 案："孛，效也。"段玉裁依《集韵》改为"仿也"，不妥，今改回。
③ 于邶：《说文职墨》。参见于省吾主编《甲骨文字诂林》第四册，中华书局1996年版，第3262页。

三 哲学智慧

'攴',义为小击,也应是表示施教的方式"。① 所谓"上所施;下所效也",与其说它说明该字的造字者认为最好的施教方式是既重示范又须小击,二者须相辅相成的话,还不如说"教"(敎)的字形和字义正好反映了当时我国社会生活和思想中存在的"正教合一"现象②。《说文解字系传》所谓:"(教),攴所执以教道(导)也",其中既包含着温和的教导、引导,也包含了明确的强制命令之意。故《广韵·效韵》既说:"教,语也";"教,教训也"。又曰:"教,法也。"即是把行政命令和教诲、引导二者结合起来的。而从语义学的角度来看,中国早期的"教"字的字义本是和"政"字相近的,因而可以和"政"字字义互见。甲骨文"政"写作" ",金文写作" ",表示敲击人以使人走正道之意。《说文解字·攴部》:"政,正也。从攴,正,正亦声。"《字汇·攴部》"以法止民曰政,以道诲人曰教。"似乎已点明一为强制,一为开导。《论语·为政》曰:"道之以政,齐之以刑。"何晏注:"政,谓法教也。"这也说明"教"和"政"的关系,当初是"政"中有"教"、"教"中有"政"、"政""教"合一的。所谓"上所施",是指施教者采用行政命令、强制逼迫这一方面说的;所谓"下所效也",则是就施教者使用道义与情理,温和地教训、开导,从而使受教者自觉地学习、仿效这一方面说的——"教"的字义最初应为这两方面的结合,又正说明了中国早期的政治和教育是合一的;或至少可说,当时的教育是同时包含着行政命令和循循诱导两种方式的。

但是,随着社会的发展和社会分工的日益细化,中国早期的这种政教合一的教育思想和教育形式必然会发生分化。如果从文字的角度来说,就是出现了"教"(敎)字形义的分化。先前那个统一的从爻从子从攴的"教"(敎)字,其政治和教育两方面的内容也发生了分裂:温

---

① 周光庆:《"教"族词的形成及其文化意蕴》,《古汉语研究》2005 年第 4 期。案:周文以"教"字为"从子从攴会意"。又与朱芳圃等人一样,认为"爻就是敪字之省,表示施教的方式和内容(持网)"。此盖误会。因为甲骨文中"爻"常写作"乂",而"网"字从无这种写法。何琳仪认为"敎"字"从攴从子,会以杖教子之意",其说可参。何琳仪:《战国古文字典》上册,中华书局 1998 年版,第 285 页。

② 案:"政教合一",一般指政治与宗教合一,此处为"政治与教育合一"之义。

和的开导教诲式的"教"（育）、被用"𱴥"字来表示，而强制和行政命令式的教育则继续采用"教"（敎）或直接以"𣁾"来表示。《说文解字》中的"教"字的两个古文（实即"教"的两个异体字）——𱴦（𱴥）和𣁾，就应该是在这种思想背景下产生的。

"教"（敎）的异体字"𱴦（𱴥）"和"𣁾"产生之后，人们在使用这几个"教"字时逐渐发现，如果说笼统的表达一种"政教合一"的教育思想观念时，应该使用从爻从子从攴的这个"教"（敎）字的话，那么分别表达一种行政命令式的教育方式和内容就应该使用"𣁾"字，表达一种温和的教训、开导则应采用"𱴦（𱴥）"字。而若对"𱴦（𱴥）"这个表达温和教训开导字义的文字的字形和字义做进一步分析，我们又会发现，如果不考虑教育的对象是儿童还是成人，而只着眼于其教学手段需采用言语、言辞以诲人的话，那么，"𱴦（𱴥）"这个字就可简化为一个新的形声字——"䕻"；如果不考虑其教学手段是采用言语还是棍棒，而只着眼于教育对象为小孩或儿童的话，那么"𱴦（𱴥）"这个字就可以不要右边的"言"字偏旁，而直接简化为"孝"。这样"䕻""孝"这两个"教"（敎）的简化字就产生了。但由于"䕻""孝"都不是直接从"教"（敎），而是由"𱴦（𱴥）"字简化而来，故许慎的《说文解字》不把"孝"作为"教"的异体，而将其另立于《子部》。而也可能因为人们在平常使用"𱴦（𱴥）"的两个简化字"䕻""孝"时存在混淆情况，故在信阳楚简中又出现了"教的新异体字——敨"。

现在有很多人把"孝"当成为"教"的古字或初文，从新出楚简文字来看，这一观点显然是错误的。"教"（敎）衍生出"𱴦（𱴥）"和"𣁾"等异体，并简化成"䕻""孝"二字，乃是中国早期教育思想和教育观念导致字义、字形分化的结果。

三

综合现有甲骨文、金文和楚简文字的资料来看，中国先秦时期上述

三 哲学智慧

教育思想观念大约是在西周开始发生变化的。在甲骨文中,"教"都写作"𢼂"或"𢽳",虽有"𢽉"字,但学术界认为这个字在甲骨文中都是地名,"与教用法有别,当区分为二字"。[1] 在殷商时期,处于"政教合一"时代,人们思想观念中尚未对教育中命令的成分和教诲的成分加以区别。到了两种教育思想观念或者说"教"(敎)字的两项字义才开始分化。这种分化的标志,就是"教"的异体"季"和"𢽉"的出现。从汉字的构形学来看,"𢽉"字省去了所从之"子",便由形声兼会义字,变成了一个纯粹的形声字——它表示的字义也应该由兼含行政命令与教诲、开导,而变成了单一的强制和命令——就是例证。而"季"也由"敎"中临时性松散的组合,而变成了单纯表达温和教导方式与内容的符号——《盂鼎》《师毁簋》《静簋》《令鼎》《者沪钟》等器中从攴或不从攴的"學""斅"字,则可说明"季"已是具有独立意义的文字。《说文解字·教部》曰:"斅,觉悟也,从敎、冂。冂,尚曚也,臼声。學,篆文斅省。"

我认为,如果说"斅"是从"敎"的话,那么"學"则不必说是"篆文斅省",而应该直接说是在从"季"。段玉裁注文曰:"《兑命》曰:'學學半'……按:《兑命》上'學'字谓教……教人谓之'學'者,学所以自觉,下之效也。"[2] 这说明,學字所从的"季"表达的含义和"教"或"𢽉"是有所不同的,它不是强制命令受教育者应如何如何,而只是让受教育者仿效某种行动,使他们自己觉悟。而这样的手段明显就是要摆事实,讲道理,使受教育者心悦诚服提高认识。——这个过程既是施教者施行教育的过程,也是受教育者主动学习的过程——故从"季"的"學"字又可表达学习的含义,并最终成了表示学习的"學"(xué)字。

---

[1] 于省吾主编:《甲骨文字诂林》第四册,中华书局1996年版,第3264页。又甲骨文中还有多种"教"的不同字形,或以为即"學"字,或以为否。本文认为此字或许是"学"的初文,但与后来的"學""斅"通用的"學"的造字原理并不相同,与"敎"无关。郭店楚简《老子》中的"行不言之教"和"学不学,复众人之所过","教"和"学"都写作"季"。很显然,这时的"季"应该看成是"學"的简省,而"學"则为"斅"的简省——"季"已是一个独立的文字了。

[2] 许慎撰,段玉裁注:《说文解字注》,上海古籍出版社1981年版,第127页。

论先秦教育思想观念的演变

当然，在现有文献中，最能明确地集中地反映先秦时"教"字这个演变的文字材料，就是近年出土楚简中众多的"教"字了。这种形体各异的"教"字，不仅可以清楚地说明"教"字的字形字义演变情况，而且也真实记录了两千多年前中国人的教育思想和观念发展的历程。

从新近出土楚简中"教"字的使用情况来看，其中使用最多的是"䇂"字，其次是"孚"和"㸚"，"敎"和"斅"用例最少。而且，在新近出土楚简中这些"教"字的不同结构与其字义所表示的人们的教育思想观念是并不存在一致性的。下面我们就从郭店楚简中略举数例，以考察"孚""䇂""㸚""敎"或"斅"之文字结构与字义及其所反映的教育思想观念的不同。

（1）子曰：长民者䇂之以德，齐之以礼，则民有劝心；䇂之以政，齐之以刑，则民有免心。（《缁衣》）

（2）有率人者，有从人者，有使人者，有事人者，有敎者，有学者。（《六德》）

（3）是故先王之孚民也，不使此民也忧其身，失其偏。（《六德》）

（4）夫圣人上事天，㸚民有尊也；下事地，㸚民有亲也；时事山川，㸚民有敬也；事祖庙，㸚民孝也……（《唐虞之道》）

在以上引文中，例（1）中的两个"教"字，都写作从"爻"从"言"。我们认为，这种写法是与"教"的内容有关。因为郭店简同篇又云："子曰：君子道人以言，而恒禁人以行。"《尊德义》云："是以为政者䇂道之取先。"这是说，"为政者"或"长民者"所施行的"教"，主要是用言语来教导，即徐锴《说文解字系传》中说的"以言教之"和《广韵·效韵》中所说的"教，语也"。《礼记·缁衣》："君子道人以言，而禁人以行。"郑注："道，音导。"孔颖达疏曰："道（导）人以言者，在上君子诱道（导）在下，以善言使有信也。"[①] 可

---

① 《十三经注疏》（下），中华书局1980年版，第1648页。

三　哲学智慧

见，楚简中从"爻"从"言"的"詨"字都表示以言语来教导人，所以才如此写。例（2）中的"教"保持着其初文的形体——敎，说明它所反映的是一种兼有行政命令和温和开导、教训的教育方式——"敎"字表示的教育思想和教育观念是综合的、全体性的。而例（3）中的"教"字仅从"爻"从"子"，则表示"长民者"视民如子，凸显教育中的温和爱恤的一面。《礼记·缁衣》曰："故长民者，章志，贞教，尊仁，以子爱百姓，民致行已。"似正可说明此处"季"字从"子"的原因。当然，正如《缁衣》所云，教育既要"詨之以德""以政"，也要"齐之以礼""以刑"。故例（4）的"㪻民"的"教"，同时也要从"攴"，表示要强制和逼迫受教育者就范。

由以上的分析我们可以看到，自西周春秋战国时期"教"（敎）字的字形、字义以及其所反映的教育思想观念发生了很大的变化。"敎"字原先所包含的"上所施，下所效也"两方面的观念已被不断地细化：表示行政命令式的强制教育的方式和内容时，皆使用"㪻"字；而表示温和的教训和开导时，则使用不加"攴（攵）"的"季"或"詨"字。而如果说"季"字的使用侧重于一种富有父子温情的以身示范的教育，即所谓"动之以情"的话；"詨"字则更侧重于一种言语的教诲与开导，即所谓"晓之以理"。至于"敩"字，则只是一个使用较少的、与"敎"字并无实质区别的替代品。

四

中国社会早期通行的是一种"政教合一"的教育思想观念，这种观念反映在文字上就是当时只使用从"爻"从"子"从"攴"的"敎"字。西周、特别是春秋战国时期，这种教育思想观念发生了明显的变化，分化出行政命令型和温和教导型两种教育观点和方法；与之相应的，"教"（敎）字也乳孳出了"㪻"和"詨"两种写法。随后，由于人们对温和教训和开导型教育认识的深化，又产生了富有父子温情的、以身示范型教育思想观念和更侧重于言语开导和教诲型的两种不同的教育思想和观念。前者通常用"孝"字来表示；后者则多作"荟"字。当然，又由于此时的政治思想中出现了"爱民如子"的观念，即使是行政命令或强制的教育中，也包含了某种要求温和教育、开导的因素，导致了某些"先王"或"长民者"本属行政命令的强行教育，也出现了使用"孝"或"荟"字的情况。

那么，中国先秦时期，这种"教"（毄）字的字形、字义及所反映的教育思想观念，又是如何形成的呢？它和当时社会的整个学术思想和历史文化背景有无关系呢？

我们认为，这二者之间是存在着必然联系的。在我国的殷周之际及以前，整个学术思想处于发轫期，人们对政治和教育的界限并没有清晰的认识。由于殷商尚处于野蛮的奴隶制度下，战俘和奴隶被杀戮的现象司空见惯。当时刑法严峻，教育的方法也极为简单粗暴。根据现代甲骨文专家对殷墟卜辞的研究，殷商实行的"是地地道道的专制独裁统治"，"商代奴隶主阶级对奴隶动辄施以酷刑"。[①] 传世文献也有所谓"商有乱政而作汤刑"（《左传·昭公六年》）、"刑名从商"（《荀子·正名》）等记载。《韩非子·内储说上七术》曰：

> 殷之法刑弃灰于街者。子贡以为重，问之仲尼，仲尼曰："知治之道也。夫弃灰于街必掩人，掩人，人必怒，怒则斗，斗必三族相残也。此残三族之道也，虽刑之可也。且夫重罚者，人之所恶也；而无弃灰，人之易也，使人行之所易而无离（罹）所恶，此治之道。"
>
> 一曰：殷之法弃灰于公道者断其手。子夏曰："弃灰之罪轻，断手之罚重，古人何太毅也？"曰："无弃灰，所易也；断手，所恶也。行所易，不关所恶，古人以为易，故行之。"

《慎子·佚文》亦曰："孔子云：有虞氏不赏不罚，夏后氏赏而不罚，殷人罚而不赏，周人赏且罚。"孔子是否如韩非所云，真的有如上

---

① 吴浩坤、潘悠：《中国甲骨学史》，上海人民出版社2006年版，第226—230页。

言论，因为没有其他文献佐证，此处固无得而知。但由"弃灰于街"而被处以"断手"的重刑和所谓"罚而不赏"，我们仍不难看出殷商时期是把批评教育和刑法专政相混淆，而且刑罚是滥且重的。

西周时期，中国社会的礼乐文化得到了极大的发展，故孔子有所谓"周监于二代，郁郁乎文哉！吾从周"之说（《论语·八佾》）。而这种文化上的进步，又必然带来教育思想和教育观念上的重大变革。根据《周礼》的记载，西周从中央到地方都有明确负责教育的官吏。中央为大司徒、小司徒负责，地方则相应配备有乡师、乡大夫、州长、族师等行政官员掌管政令教化。可见，西周虽然在官吏的职掌上还有政教不分的现象，但教师的选拔和教学的内容已经明显与政令有别。《周礼·春官·大司乐》曰："凡有道者、有德者使教焉。"这就说明，西周的教育已主要是"道"和"德"的教育，担任教师者需要的也是"道""德"，而不是强力。《礼记·王制》亦曰："大司徒以乡三物教万民而宾兴之。一曰六德：知、仁、圣、义、中、和，二曰六行：孝、友、睦、姻、任、恤；三曰六艺：礼、乐、射、御、书、数。"这又可以见出当时教育内容和政治的分离。故甲骨文中的"𤰔（𤰔）"，在金文中分化成了"𢽤"和"𠣉"两个字，并出现了从"孚"或"𢽤"的"學"或"敩"。这种文字学字形的演变，也正好从另一个侧面印证了西周教育思想观念的变革。

到了春秋战国时期，中国社会发生的变化更大。先是"天下无道，礼乐征伐自诸侯出"（《论语·季氏》）；接着，天下纷争，七雄并起，"田畴异亩，车涂异轨，律令异法，衣冠异制，言语异声，文字异形"[①]。各国的思想文化的发展也逐渐形成比较鲜明的地域特色，例如北方的秦晋和南方的楚国。

秦人在统一天下之前，活动在以今陕西关中、汉中为中心，东起函谷，西至陇中，南到秦岭，北达贺兰山的广阔地带；西周的晋国到战国时期被韩、魏、赵三家所瓜分，范围包括今山西全部、河北中部和南

---

① 许慎：《说文解字叙》。

部、河南中部和北部。秦晋地域相接，处于黄河中下游地区，属中华文化的内核区，在传统的中国地理上被视为北方。春秋战国时期的楚国，经过不断的扩展，其疆域大致包括长江中下游地区的湖北、湖南及河南、安徽、江西的大部地区，被视为当时中国南方文化的代表。不同地理环境及生产、生活方式，形成了秦晋与荆楚互不相同的思想文化特点："大抵北方之地，土厚水深，民生其间，多尚实际。南方之地，水势浩洋，民生其间，多尚虚无。"① 故秦晋"津津乐道的问题都是农战、攻伐、垦荒、开塞、徕民、重本、抑末等对国计民生有直接利害关系的事"；而"法家思想则构成了三晋思想文化的主体"②。南方的楚国："地广人稀，饭稻羹鱼，或火耕而水耨。果隋蠃蛤，不待贾而足；地势饶食，无饥饿之患"③。故楚人充满浪漫情怀和玄虚精神。古代典籍中多有所谓"三晋多权变之士"（《史记·张仪列传》），"秦国之俗，贪狼强力，寡义而趋利，可威以刑，而不可化以善"之说（《淮南子·要略》）。晋国先有"被庐之法"和"夷蒐之法"，赵鞅、荀寅又铸《刑书》。李悝、商鞅、吴起、申不害、韩非、李斯等人，或起自秦晋，或在秦晋推行其法主张，严刑峻法。楚国则奉行老庄道家的哲学，其文辞"气铄往古，辞来切今，惊采艳绝，难与并能矣"（《文心雕龙·辨骚》）。

秦晋与楚国这种地域文化上的差异，必然会反映到他们的教育思想和观念上来，并影响到他们对不同"教"字的选择和使用。大体而言，秦晋之地主要是一种法家的教育思想和观念。他们的教育内容非常单纯，就是耕战。从李悝的"尽地力之教"，到商鞅的"国之所以兴者农战也"，再到韩非的"是故（耕战），无事则国富，有事则兵强，此之谓王资"。他们都强调应该"壹教"。《商君书·刑赏》说：

> 所谓壹教者，博闻、辩慧、知廉、礼乐、修行、群党、任誉、

---

① 刘师培：《南北文学不同论》。
② 冯天瑜、何晓明、周积民：《中华文化史》（上），上海人民出版社1990年版，第422页。
③ 《史记·货殖列传》。

三 哲学智慧

清浊，不可以富贵，不可以评刑，不可以独立私议以陈其上……夫故当壮者务于战，老弱者务于守，死者不悔，生者务劝，此臣所谓壹战也。

教育的目的既统一于耕战，教育的方式或手段也被极度地简化，即威胁和利诱——法家称之为"二柄"。商鞅既说："圣人之为国也，壹赏，壹刑，壹教。"（同上）韩非也说："明主之所导其臣者，二柄而已矣。二柄者，刑、德也。何谓刑德？曰：杀戮之谓刑，庆赏之谓德。"（《韩非子·二柄》）当然，要让刑、德"二柄"发挥作用，还需要相应的教育原则与方法。这就是刑多赏少或"刑九赏一"，就是一个"严"字。《商君书·开塞》说："治国者刑多赏一，故王者刑九而赏一；削国赏九而刑一。"《韩非子·六反》说："故母厚爱处，子多败，推爱也；父薄爱教笞，子多善，用严也。"而商、韩都对殷商以来已有的所谓"步过六尺者有罪，弃灰于道者被刑"的重罚政策十分欣赏，处处体现着"严教"的粗暴。《韩非子·心度》说："圣人之治民，度于本……刑胜而民静，赏繁而奸生。"《五蠹》也说："故父母之爱不足以教子，必待州部之严刑者，民固骄于爱，听于威。""故明主之国，无书简之文，以法为教；无先王之语，以吏为师。"秦晋法家的这套教育理论和教育方法，可以说完全混淆了政令与教育的区别，是殷商以来政教合一、以强制命令取代说服教育之方法的翻版。清人章学诚曾认为这种"禁《诗》《书》而但以法律为师"的做法，正是殷商"政教合一"的古制。①

与北方秦晋的教育思想观念不同，南方楚国的教育思想和教育观念已显示出政教分离、更多地关注于人的道德和精神层面的特点。《国语·楚语上》记载：

楚庄王使士亹傅太子葴，辞曰："臣不才，无能益焉。"王曰："赖子之善善之也。"对曰："夫善在太子，太子欲善，善人将至，

---

① 《文史通义·内篇·史释》。

若不欲善，善则不用。故尧有丹朱，舜有商均，启有五观，汤有太甲，文王有管蔡。是五王者，皆有元德也，而有奸子。夫岂不欲其善，不能故也……"王卒使傅之。问于申叔时，叔时曰："教之《春秋》，而为之耸善而抑恶焉，以戒劝其心；教之《世》，而为之昭明德而废幽昏焉，以休惧其动；教之《诗》，而为之导广显德，以耀明其志；教之《礼》，使知上下之则；教之《乐》，以疏其秽而镇其浮；教之《令》，使访物官；教之《语》，使明德而知先王之务用明德于民也；教之《故志》，使知废兴者而戒惧焉；教之《训典》，使之族类，行比义焉……"

首先，从教育的目的和意义来看，楚人认为教育是要培养受教育者的"善"德，帮助其建立起内在的道德人格，即使其由欲"善"而至于"善"。这就与秦晋法家单纯使人臣服并为其实现"治世"目标所用的政教目的完全不同，而近于孔孟儒家的"成人（仁）"或通过"尽性""放心"，使人"明人伦"的道德教化目的。因此也可以说，楚国的这种教育已基本与政治法令划清了界限，它不再如秦晋法家那样，认为外在的强制命令可以威慑或改变受教育者；相反，它和孔孟儒家一样，也认为"唯上智与下愚不移"（《论语·阳货》），人的仁、义、礼、智"四善端"都是人所固有之者，"非由外铄也"（《孟子·公孙丑上》）。外在的强制命令发挥不了多大的作用，教育既要靠教育者的引导，更要靠受教育者的自觉、自求与自得。孔子所谓："我欲仁，斯仁至矣。"（《论语·述而》）孟子所谓："君子深造之以道，欲其自得之也。"（《孟子·离娄下》）"予不屑之教诲也者，是亦教诲之而已矣。"（同上，《告子下》）《国语·楚语上》所谓"夫善在太子，太子欲善，善人将至"云云，所述正是孔孟之意。

其次，从教学的内容来看，与上述秦晋法家的思想观念相比较而言，此时楚国的教育思想也是远于秦晋法家而近于儒家的。楚国"东宫之师"教太子的教育内容虽然已包含有《令》（韦昭注："先王之官法，时令也。"），这类政令法律的成分；但其主要部分则为《春秋》（韦昭注："以天时纪人事，谓之《春秋》。"）、《世》（韦昭注："先王之世系

◆◆◆ 三　哲学智慧

也。"）、《诗》（韦昭注："谓若成汤、文、武、周、邵、僖公之属，《诗》所美者。"）、《语》（韦昭注："治国之善语。"）、《故志》（韦昭注："谓所记前世成败之书。"）、《训典》（韦昭注："五帝之书"）这些历史文化典籍，这与《礼记·经解》《孔子家语·问王》所记孔子："入其国，其教可知也"："温柔敦厚，《诗》教也；疏通知远，《书》教也；广博易良，《乐》教也；洁静精微，《易》教也；恭俭庄敬，《礼》教也；属辞比事，《春秋》教也。"或先秦其他典籍所载孔子治《诗》《书》，以"六艺"（"六经"）教弟子的史实也是一致的。有人将孔门儒家的"六经"称为"鲁儒家"的典籍，而《楚语》中所说的这些典籍，为"楚儒家"的典籍。但"它们正是后来鲁儒家所定诸'艺'、诸'经'的前身"[①]。

再次，从教学原则和方法来看，楚人采取的也是不同于秦晋的法家威胁利诱和严刑峻法，而主要是一种教诲、开导，使受教育者明理和觉悟的方式。《国语·楚语上》在记载申叔时答士亹问时又说：

> 若是而不从，动而不悛，则文咏物以行之，求贤良以翼之。悛而不摄，则身勤之，多训典刑以纳之，务慎悖笃以固之。摄而不彻，则明施舍以导之忠，明久长以导之信，明度量以导之义，明等级以导之礼，明恭俭以导之孝，明敬戒以导之事，明慈爱以导之仁，明昭利以导之武，明精意以导之罚，明正德以导之赏，明齐肃以耀之临……

尽管楚人的教育中也有"赏"和"罚"，但这种"赏""罚"却只是教育的很次要的内容，而不是教育的原则和方法。楚人真正的教育原则和方法是上文所说的"明"和"导"，即讲明道理，进行引导。很显然，楚人的这种教学方法也是近于儒家而远于秦晋法家的。儒家的孔子本着"仁者爱人"的精神因材施教、诲人不倦，即使施政，也主张"为政以德"，"道之以德，齐之以礼。"（《论语·为政》）教育则不仅

[①] 涂又光：《楚国哲学史》，湖北教育出版社1995年版，第120—126页。

重言传而且要重身教:"己欲立而立人,己欲达而达人。"(同上,《雍也》)"其身正,不言而行;其身不正,虽令不从。"(同上,《子路》)故孔子特别重视启发诱导、因材施教。思孟又把孔子的"为政以德"发展为"行仁政",把孔子的"成人之美"的教育目的扩展为"尽己之性""尽物之性"和"与天地参"。故孟子明确以教育为君子的"三乐"之一,强调教育方法的重要:"善政不如善教之得民也。善教得民心。"并认为最好的教育方法完全与行政命令无关,而应当"有如时雨化之者"(《孟子·尽心上》)。而《国语·楚语上》中申叔时的上述长篇"明"而"导之"的言论,也可以说把孔孟儒家循循善诱、讲明道理、晓谕大义的教育方法,详细地做了一番演绎。

秦晋北方占思想主流的法家的教育思想观念,和以楚国为代表的南方具有儒家色彩的教育思想观念的差别是十分明显的。而且,南北双方的这种教育思想观念又反过来影响到它们的社会的政治和文化实践。这种影响可以从两方面加以考察。

南北这两种不同的教育思想观念导致了南北迥异的政治面貌。北方的秦晋法家不断将其法家的教育思想观念付诸实践:李悝在魏国推行法治,"食有劳而禄有功,使有能而赏必行、罚必当"(《说苑·政理》),以使魏国兵强。吴起也曾在魏国试行他的法治思想。申不害相韩国实施法治,韩国治强;商鞅直接推动秦孝公变法:"公孙鞅之治秦也,设告相坐而责其实,连什伍而同其罪,赏厚百信,刑重而必。"(《韩非子·定法》)到李斯相嬴政,即请秦始皇下令:"诸有文学、《诗》《书》百家语者,蠲去除之。令至满三十日弗去,黥为城旦……若有欲学者,以吏为师。"(《史记·李斯列传》)在此残酷的政治之下,北方的秦晋诸国虽然"狃之以赏庆,道之以刑罚,使其民所以要利于上者,非战无由也。"(《汉书·刑法志》)——最终实现了强秦国富兵强、独霸天下的目标,但北方的文化教育却是一片凋零:《诗》《书》被燔,儒生文士被坑,文字因籀文繁难,诸国有异,先被统一于李斯的小篆,再被简省为狱吏程邈的隶书——简单地命令和服从,这就是秦晋社会所要求的"机器人式"生活。

而由于楚国人近于儒家的文人主义的教育思想观念,故吴起能在魏

三 哲学智慧

国顺利实行自己的法治主张,在楚国却最终以身死政废的失败而告终,以致韩非在其著作中反复为这位"仁贤忠良有道术之士"扼腕。另外,楚国的思想文化却异常活跃与繁盛。不论从传世文献还是出土文献来看,当时楚国的政治都较为温和,儒、墨、道、法、阴阳、纵横诸子学说自由传播多元并存,并最终产生出楚辞骚体这一中国古代文学史和文化史上的奇葩。

当然,北方以秦晋为代表和南方以楚国为代表的南北不同的教育思想观念,对当时社会政治和文化现实产生了不同影响的另一个具体例证,就是秦系文字和楚简文字中"教"字的不同写法。由于秦晋法家所谓的"教育",实际就是"法教",是殷商以来的"轻罪重罚",是严父简单粗暴的鞭笞,故他们使用的文字由籀文而小篆、秦隶,被不断地简化,但在所有现存秦晋文献中——不论是由传世文献,还是出土文献《偃侯簋》《王何戈》《十钟》等器,以及出于秦统一天下后的云梦秦简——在这些出于北方秦晋范围的文献中,"教"字都无一例外地牢固保持着"攴"字偏旁,写作"敎";而在楚地出土的竹简中,"教"字则多写作"孝"或"斈",较少写作"敎"或"荖"——与楚人所持远于秦晋法家,而近于儒家的注重言语开导、仁爱教诲和以教育为培养受教育者内在道德人格的教育思想观念,具有惊人的一致性。

五

楚简文献中的多数"教"字都写作"孝"或"斈",反映了一种有别于秦晋法家而近于儒家重言语开导、爱心教诲和注重培养受教育者的道德人格的思想观念。但是毋庸讳言,楚简中也有一些教字写作"敎"或"敎"(敎),楚地又是道家哲学的发源地,老庄都有反对"言教"的观点,对这些问题又该如何解释呢?

我们认为,如果"教"写作"斈"反映了造字者和用字者以为教育是一种言语的开导与教诲,写作"孝"反映了造字者和用字者以为教育重在以一种对儿子般的温情和爱心去感化受教育者的话,那么,

"教"被写作𢽳或"𢼄"(嫛),就必然说明造此字者和用此字者心目中的教育,是不能缺少棍棒的威严或强制命令的。如果说楚简中的"教"字多写作"孝"或"𦥑",较少写作"𢽳"或"𢼄"(嫛),反映了楚人所持的教育观念为远于秦晋法家的简单粗暴、政教不分,而近于儒家的重言语开导、爱心教诲和以教育为培养受教育者内在道德人格的教育思想观念的话,那么,楚简中有些"教"字被写作"𢽳"或"𢼄"(嫛),则正应该说明了当时楚国思想文化界诸子百家学说自由传播、多元并存,而法家学说亦有其地位和影响的事实。在传世文献中,不仅道家学说源于楚国、在楚地盛行,而且儒家孔子很早即曾南游,与楚国的叶公讨论过"躬直"问题,又曾困于陈、蔡。"七十子"后学游楚者更众,荀子晚年任楚国的兰陵令,退而讲学,终老于楚。(《史记·孔子世家》《仲尼弟子列传》)墨家不仅墨翟本人曾"至于郢",其弟子苦获、已齿等更形成了"南方之墨者"一派——"由此可知,战国中期楚国的墨学相当兴盛"①。楚庄王时楚国已有著名的"茅门之法",法家的吴起又曾在楚国变法:"明法审令,捐不急之官,废公族疏远者以抚战斗之士。"(《史记·孙吴列传》)纵横家的苏秦、张仪更以朝秦暮楚著称。可以说,在春秋战国时期楚国曾是中国思想文化的中心之一。这些诸子百家的思想都会在当时的楚国产生或多或少的影响,这是不言而喻的。

而且,从现有文献来看,即使是诸子中那些完全不同的学派,其教育思想观念也有某些近似或相通之处。例如道家的老庄以反对"言教"著称:"是以圣人居无为之事,行不言之教。"(《老子》第四十三章)儒家的孔子则"学而不厌,诲人不倦",二者似乎正相反。但孔子又有所谓"其身正,不令而行;其身不正,虽令不从"之说,又并不把命令看得高于无言的"身教",似乎更赞成"不言之教"——以身垂范——这又是和道家的老庄相同或相近的。儒家的孔孟和法家的申韩,其教育思想观念是针锋相对的,但韩非、李斯都曾学于儒家的荀卿。荀

---

① 李学勤:《简帛佚籍与学术史》,江西教育出版社2001年版,第332页。

三 哲学智慧

子认为"人之性恶,其善者,伪也"(《荀子·性恶》)。"干越夷貉之子,生而同声,长而异俗,教使之然也。"(同上,《劝学》)而教学不仅靠仁爱,而且应以礼法为主,即所谓"学也者,礼法也"(同上,《修身》)。教育须"严刑罚以戒其心"或"严刑罚以防之"。(同上,《富国》《王制》)这就与孔孟所谓"人性本善""唯上智与下愚不移"或教育"有如时雨化之者"大异其趣,而直接成了秦法家教育观的先声。如果说楚简中的某些篇章的著作者或书写者为荀子学派中人、或是接受了荀子教育思想观念者,那么他们在使用"教"字时就必然会选择带有"支"旁的"教"或"敎"(敩),以表达他们要"严刑罚"的思想观念。而由此而论,则楚简中将"教"字写作"教"或"敎"(敩)的篇章的著作者或书写者,就应该是属于荀子学派或持荀子学派教育思想观念的人了。

从新近出土的楚简(主要是郭店楚简和上博简)来看,其中既有儒家学派的著作(如《缁衣》《五行》《孔子诗论》等)和道家学派的著作(如《老子》甲、乙、丙和《太一生水》等),也有墨家的著作(如《容成氏》《鬼神之明》等)和法家或纵横家的著作(如《语丛四》《慎子曰恭俭》等),但其中占绝大多数的还是儒家著作。① 因此,简文中凡论及教育思想和方法的地方,所反映出的教育思想即与传世文献一致,是远于秦晋法家,而近于儒家重言语开导、爱心教诲和以教育人培养受教育者道德人格的思想观念的。郭店楚简《性自命出》说:"教,所以生德于中者也。"《六德》说:"即生畜之,或从而孝诲之,谓之圣。"《尊德义》说:"教非改道也,教之也。""夫生而有识事者也,非教所及也。教其正,不教其人,正弗行矣。"上博简《季庚子问于孔子》曰:"执民之中,绝(施)教于百姓,而不服焉,是君子之耻也。"等等,无不如此。在这样的历史文化背景之下,楚简文献中的"教"字多写作"孝"或"教",而较少写作"教"或"敎"(敩),就

---

① 参见夏世华、丁四新《中国大陆郭店楚简思想及其相关问题研究综述》,黄敦兵《新出楚简接史籍中外时彦续文脉——2006年武汉大学新出楚简国际学术研讨会综述》,二文均载丁四新主编《楚地简帛思想研究》,湖北教育出版社2007年版。

是势所必然了。根据我们的研究，在新出楚简中"教"字被写作"㸚"或"𢼄"（斆）的，主要是郭店楚简中的《唐虞之道》和《语丛一》两篇，前者的"教"都写作"㸚"，后者的"教"都写作"𢼄"。学者们都认为这两篇是儒家的著作，而根据上述我们所阐述的"教"字与其所反映的教育思想观念的关系来看，我们有理由认为可以进一步将这两篇著作的作者及书写者划归于儒家荀子学派之列。

（原载《中国文化研究》2010年秋之卷，原题为"先秦教育思想观念的演变史——论楚简中'教'字的几种写法"）

试析庄子对先秦诸子的学术批评

庄子是老子学说的继承者,也是先秦道家的重要代表人物。司马迁在《史记》中说,庄子"其学无所不窥,然其要本归于老子之言"(《史记·老子韩非列传》)。庄子的思想是在"百家争鸣"的历史背景下形成的,也是在对诸子的学术批评与反批评中被记录和确定下来的。说到庄子对先秦诸子的学术批评及与各家的关系,不能不提到《庄子》书中的最后一篇《天下篇》。这不仅因为此篇对包括庄子本人在内的先秦诸子之学有全面的评述,而且它还被称为中国学术史、特别是学术批评史的开山之作。前人尝曰:"不读《天下篇》,无以明庄子著书之本旨,亦无以明周末人学术之概要也"①,可见此篇的重要。本文拟对《庄子》一书的学术批评进行梳理,以抉发其对各家意旨及关系得失的评论及态度。

一 《庄子·天下篇》的作者问题

在研讨《庄子·天下篇》之前,首先面临的一个问题就是该篇的作者是谁。根据严灵峰的研究,对于《天下篇》作者问题,历来都存在"是庄子自己所作"和"不是庄子自己所作"两种截然相反的结论。持前一种即"庄子自己所作"论者的理由,主要为三点:一是"古人著书,叙录在全书之末",《天下篇》殆如其例;二是《天下篇》笔力奇

---

① 顾实:《〈庄子·天下篇〉讲疏》自序,张丰乾编:《庄子天下篇注疏四种》,华夏出版社2009年版,第3页。

试析庄子对先秦诸子的学术批评

幻,庄周之外无其他人;三是《天下篇》"浩博贯综,而微言深至",庄子之外无人能如此"精通一个时代的学术",更难有"这样的大手笔"[①]。持后一种观点即"不是庄子自己所作"的则认为,《天下篇》至少有三点与庄子的思想风格不符:一是"庄子齐小大,一是非",而此篇有圣人、君子等种种分别;二是此篇评骘百家,独于儒家超越百家之上,明言其"于道所得独厚","乃儒者的口气";三是列庄子于百家之中而"最尊"之,"庄叟断无毁人自誉至此"[②]。

如果从现有文献来看,笔者以为,历来认为《天下篇》是"庄子自己所作"者所提出的理由,乃多推测之辞,是站不住脚的,如以"古人著书,叙录在全书之末",遂断定《天下篇》即《庄子》一书之"自叙",此乃是以汉人的著书体例衡《庄子》一书,以今本《庄子》一书即是先秦原貌,而不知太史公《老子韩非列传》叙庄子著作仅言其"作《渔父》《盗跖》《胠箧》《畏累虚》《亢桑子》之属"——既未有《庄子》一书,又何来《天下篇》呢?更何来《天下篇》是庄子自己为自己书所作"叙录"之说呢?至于以《天下篇》"笔力奇幻""浩博贯综,而微言深至"认定其为"庄子自己所作",那就更是论者的主观臆测了。

比较而言,笔者认为,《天下篇》"不是庄子自己所作"的观点可能更接近于事实。这不仅因为在现有《庄子》三十三篇中,历来学者都视"《庄子》一编,固道家者流之一大丛书"[③],"《内篇》七篇为庄周自作",《外篇》十四篇、《杂篇》十二篇为庄子弟子或后学所编著,而《天下篇》在《杂篇》之中,本不为庄子所作,而且还因为,如果我们将《天下篇》与内七篇中的人格类型进行比较的话,就会发现,除了内篇中的至人、神人、圣人、真人、君子之外,《天下篇》中天人、神人、至人、圣人、真人、君子的人格类型,不仅多出了内篇中没有的"天人"——"不离于宗,谓之天人",而且其中至人、神人、圣

[①] 严灵峰:《庄子·天下篇的作者问题》,张丰乾编:《庄子天下篇注疏四种》,华夏出版社2009年版,第339页。
[②] 同上书,第337—338页。
[③] 蒙文通:《古学甄微》,巴蜀书社1987年版,第250页。

人、真人、君子的排序及其内涵，也与内篇不完全一致。那么，《天下篇》为什么会特别重视"天"而把"天人"置于诸人格类型之首呢？顾实《庄子天下篇讲疏》以为："宗者，天地之德，大本大宗也。累言之曰天地，省言之曰天也。"（张丰乾，第12页）但这种解释尚不够圆满。就《庄子》全书来看，"天人"这一人格类型，不仅《庄子》内篇中没有，外篇中也没有。① "天人"概念只在《庄子·杂篇·庚桑楚》出现过一次，曰："介者拸画，外非誉也；胥靡登高而不惧，遗死生也。夫复謵不馈而忘人，忘人，因以为天人矣。"此处所谓"忘人，因以为天人"，是说"忘掉"或消除"人"的"非誉""死生""知欲""喜怒"等一切内外之物，不仅要如"儿子"（即婴儿）以及"至人""圣人"那样"不以人物利害相撄，不相与为怪，不相与为谋，不相与为事，翛然而往，侗然而来"，或"动不知所为，行不知所之，身如槁木之枝而心若死灰"——"工乎天而拙乎人"，而且还要进一步"自然化"，变成飞虫走兽："唯虫能虫，唯虫能天。"（《庚桑楚》）这种完全"自然化"的"人"，才能称之为"天人"。这种完全"自然化"的"人"，有"人之形"，因而谓之"人"；但他们却与"儿子"（即婴儿）以及"至人""圣人"都不相同，即他们不只是"身如槁木之枝而心若死灰"的"如"或"若"，而是真正的"牛马四足，是谓天"（《庄子·秋水》）或"唯虫能天"的"天"——完全动物化的"人"或纯粹的"自然人"，故谓之"天人"。

《庚桑楚》篇这种以"天"或"天人"为首的人格序列，在《庄子》一书中，与外篇《在宥》所谓"贱而不可不任者，物也；卑而不可不因者，民也……中而不可不高者，德也；一而不可不易者，道也；神而不可不为者，天也"，以及外篇《天地》所谓"技兼于事，事兼于义，义兼于德，德兼于道，道兼于天"，表述一致。其更早的源头则可追溯到郭店《老子》甲组中与传世本和马王堆帛书本《老子》"道大，

---

① 今本《庄子·外篇·秋水》云："知天人之行，本乎天，位乎得。"王孝鱼点校云："《阙误》引江南《古藏》本'天'作'乎'。"案：王说为是。此处意为"人之行""本乎天"，故前面的"天"字当作"乎"为宜，"天人"非一复合词。

天大，地大，王亦大"（第二十五章）不同的"天大，地大，道大，王亦大"。也就是说，《庄子·天下篇》中天人、神人、至人、真人、圣人的人格类型及其排序，应该与《庄子》外、杂篇中相同排序的篇章出于同一作者之手；而《庄子》内篇中的至人、神人、圣人、君子的人格类型及其排序，则应出于庄子本人之手。

二 庄子对道家学派的批评

《庄子》一书对先秦道家的批评，仍当以《天下篇》最为集中。《天下篇》称赞道家的关尹、老聃为"古之博大真人哉"！又称庄子"其于本也，弘大而辟，深闳而肆！其于宗也，可谓稠适而上遂矣！"这实际是说，"庄周之能明发'内圣外王之道'，与关尹、老聃同"①，给予了庄子以关尹、老聃同样高的评价。不仅如此，《天下篇》还对宋钘、尹文、彭蒙、田骈、慎到等道家或近于道家的人物进行了评述，对他们的学术提出了系统的批评。

不过，由于《天下篇》并非"庄子本人所作"，所以，包括先秦道家在内，《天下篇》对先秦诸子的批评也并非庄子本人对先秦诸子的批评。在《庄子》一书中，代表庄子本人对先秦道家学术批评的，仍是《庄子》中的《内篇》七篇。在这七篇中，庄子批评的道家人物，除了《天下篇》中论及的老聃（老子）、宋钘（宋荣子）和庄子本人之外，还有列子（列御寇）、接舆、南郭子綦（南伯子綦）、阳子居（杨朱）等。在《庄子》内篇中，未言及关尹（《庄子》全书除《天下篇》言"关尹、老聃"之外，只有《达生篇》有一处列子与关尹的问答）。或许庄子本人持与司马迁相同的观点，认为关尹只是东周边境上的"关令尹"，而不是道家人物，故不将其作为批评的对象。在《庄子》内篇中，老聃（老子）共出现过两次。第一次是在《养生主》篇："老聃死，秦失吊之"；第二次是在《应帝王》篇："阳子居见老聃。"在《养

---

① 钱基博：《读〈庄子·天下篇〉疏记》，张丰乾编：《庄子天下篇注疏四种》，华夏出版社2009年版，第131页。

三 哲学智慧

生主》中,因为老聃已死,并没有任何言行,但由"夫子之友"秦失对老聃之"死"的看法——"适来,夫子时也;适去,夫子顺也。安时而处顺,哀乐不能入也,古者谓是帝之悬解"——而言,这其中无疑包含了老聃的生死观和庄子本人的评价。老聃的这一生死观,与内篇《大宗师》中子祀、子舆、子犁、子来"知死生存亡之一体",而"与之为友矣"正相一致,都是一种"且夫得者,时也;失者,顺也;安时而处顺,哀乐不能入也"的人生态度,合于所谓"古之真人,不知悦生,不知恶死;其出不䜣,其入不距;翛然而往,翛然而来而已矣"之义。阳子居(杨朱)是老聃(老子)之后先秦道家的重要人物(详后),内篇《应帝王》说他曾问老聃通过"响疾强梁,物彻疏明,学道不倦"的方式,是否可成为"明王",而老聃则认为真正的"明王"也就是"圣人",他们"功盖天下而似不自己,化贷万物而民弗恃;有莫举名,使物自喜;立乎不测,而游于无有者也"。此实即《老子》所谓"圣人处无为之事,行不言之教,万物作焉而不辞,生而不有,为而不恃,功成而弗居"(第二章)之义。

在《庄子》内篇中,老聃(老子)虽然只出现过两次,但仍然不难看出老子的基本思想及庄子本人对老子之学的态度。在庄子看来,老子是道家学派的导师,其主要的学术思想,一是其自然主义的生死观或人生哲学,二是其无为而治、功成弗居的政治哲学或处事原则。在《庄子》内篇中,老子的这一思想观点主要由老子这位先秦道家导师的身份传递出来,并被一再重复。可见,庄子本人对老子及其思想是极为赞赏和认同的。《庄子·至乐》记庄子妻死鼓盆、《列御寇》记庄子将死时对葬身何处的议论,都正是对老子"死生存亡之一体"观点的演绎。而所谓"无为而治""功成弗居"的观点,在《庄子》一书中更是比比皆是。《天下篇》称庄子之学"上与造物者游,而下与外死生无终始者为友",这与内篇中其所称述的老聃之学也是互相吻合的。

和《天下篇》比较,《庄子》内篇对先秦道家的批评,至少可看出两点差异:一是先秦道家的代表人物,除老聃之外,最重要的应该是阳子居其人其学,而非《天下篇》所说的关尹——以关尹继老聃之学,应该只是《天下篇》作者的意见,而非庄子本人的观点;二是对于老聃之学，庄子只称其生死自然的人生观和"无为而治""功成弗居"的政治哲学或处事原则，而《天下篇》则重在论述老聃"以濡弱谦下为表，以空虚不毁万物为实"和知雄守雌、知先守后的人生哲学——这似乎不够全面，或至少是不合庄子的"内圣外王"之旨的——尽管《天下篇》称"关尹、老聃古之博大真人哉"，这很可能是由内篇《大宗师》中的所谓"古之真人"而来，但《天下篇》和《庄子》内篇在批评先秦道家旨趣上的差异则仍是难以否认的。

《天下篇》完全没有涉及、但《庄子》内篇却多次出现的先秦道家人物，是接舆、南郭子綦（南伯子綦）、列子和杨朱（阳子居）等。杨朱，前面已经提到，即阳子居，有时也称为阳朱，《孟子》则云杨子或杨朱。杨朱之学，孟子概括为"为我"，"拔一毛利天下而不为也"。（《孟子·尽心上》）《吕氏春秋·不二篇》称为"贵己"，《淮南子·氾论训》名之为"全性保真，不以物累形"。《庄子》书中除《天下篇》之外，外篇之《骈拇》《胠箧》《天地》三篇合"杨、墨"而批其好辩，"使天下之人，不得安其性命之情"[①]；而《杂篇》中的《山木》《徐无鬼》《寓言》诸篇，亦曾叙及杨朱其人。《山木》记"阳子之宋，宿于逆旅"，见逆旅人有美丑二妾，丑贵而美贱，故得出应"行贤而去自贤之心"的结论；《徐无鬼》则合"儒、墨、杨、秉"批评其"相拂以辞，相镇以声"；只有《寓言篇》叙"阳子居南之沛，老聃西游于秦，邀于郊"，老聃批评阳子居"睢睢盱盱（郭象注：'睢睢盱盱，跋扈之貌。'成玄英疏：'睢盱，躁急威权之貌也。'），而谁与居？"即批评杨朱与孔子相同的"态色与淫志"（《史记·老子韩非列传》），此与《庄子·内篇·大宗师》所记之事近似，侧重则各有不同。《寓言篇》的重点在宣扬老聃"大白若辱，盛德若不足"的思想，而《大宗师》则重点批评杨朱"响疾强梁，物彻疏明，学道不倦"的政治哲学或处世风格。

从《庄子》一书及《管子》《孟子》《荀子》《吕氏春秋》《韩非

[①] 顾实：《〈庄子·天下篇〉讲疏》，张丰乾编：《庄子天下篇注疏四种》，华夏出版社2009年版，第30页。

三 哲学智慧

子》《淮南子》等先秦两汉著作来看,杨朱思想的要点包括:(1)全性保真的养生之道;(2)去"自贤"、骄矜的处世哲学;(3)追求"明王之治"的治国之道。杨朱学术的主要表现形式"好辩"和全性保真的养生思想在当时及其身后都具有广泛影响,因而受到孟子、稷下《管子》学派和荀子的激烈批判。杨朱去"自贤"、骄矜的处世哲学,则因其"好辩"的表现形式而受到了庄子后学的诸多批评。至于庄子本人,则只是批评了杨朱所追求的"明王之治"不合老聃"无为而治""功成弗居"的主张。

杨朱之外,庄子本人批评的另一道家人物是列子。列子,司马迁《史记》无其事迹,但《汉书·艺文志》道家类有"《列子》八篇"。班固自注:"名圄寇,先庄子,庄子称之。"在今本《庄子》书中,内、外、杂篇《逍遥游》《应帝王》《至乐》《达生》《田子方》《让王》《列御寇》皆言及列子其人其事。近人蒙文通以为"列子先于杨朱,则杨氏之学源于列御寇,而下开黄老"[①]。可见列子在先秦道家中的重要地位。《庄子》内篇中言及列子的地方,分别是《逍遥游》和《应帝王》二篇。《逍遥游》称:"夫列子御风而行,泠然善也,旬有五日而后反。彼于致福者,未数数然也。此虽免乎行,犹有所待也。"《应帝王》则记列子从壶子学道时,因"心醉"于郑巫季咸的巫术而轻视其师,但当其见出壶子与季咸的高下时,即能幡然悔悟,"三年不出"。在《庄子》内篇的这两处言论中,庄子一律称列御寇为"列子",可见庄子本人对列子其人实比庄子后学直呼"列御寇"怀有更多的敬意。庄子重点评述了列子其人其学的两个特点和不足:一是列子善于术数(很可能是巫术),能"御风而行""泠然善矣";二是其学道达到了"于致福者未数数然也","于事无与亲,雕琢复朴,块然独以其形立。纷而封哉,一以是终"的境界。当然,列子最终也未能如至人、神人、圣人那样"无所待"而"逍遥游"。从这个意义上讲,这也就是列子其人其学的不足,即他尚未能"超凡入圣"。《庄子》外篇之《至乐》记列子于"道从"与百岁髑髅语生死,《达生》载列子与关尹之问答,

---

[①] 蒙文通:《杨朱学派考》,《古学甄微》,巴蜀书社1987年版,第267页。

《杂篇》中《列御寇》记列子"为昏伯无人射",《让王》载列子虽"容貌有饥色"而仍拒受郑子阳之馈,或表现其达观生死,或显示其安贫乐道,或讥其未臻至人之境。这些虽不是庄子本人对列子的评价,但与《庄子》内篇的观点之间似仍有脉络可寻。

从《庄子》内篇来看,庄子本人对先秦道家给予了最高评价的人物,除道家的创始人老聃之外,另外就该数楚狂接舆和南郭子綦了。《庄子·内篇·逍遥游》载:

> 肩吾问于连叔曰:"吾闻言于接舆,大而无当,往而不返。吾惊怖其言,犹河汉而无极也;大有迳庭,不近人情焉。"
> 连叔曰:"其言谓何哉?"
> "曰:'藐姑射之山,有神人居焉,肌肤若冰雪,绰约若处子。不食五谷,吸风饮露。乘云气,御飞龙,而游乎四海之外。其神凝,使物不疵疠而年谷熟。'吾以是狂而不信也。"
> 连叔曰:"……之人也,之德也,将旁礴万物以为一。世蕲乎乱,孰弊弊焉以天下为事!之人也,物莫之伤,大浸稽天而不溺,大旱金石流土山焦而不热。是其尘垢粃穅,将犹陶铸尧舜者也,孰肯以物为事!"

对于《逍遥游》中的这段话,旧注多以为其中的"之人也,之德也"二"之"字,是指代"神人"的,是说"神人"之"尘垢粃穅,将犹陶铸尧舜者也,孰肯以物为事"!但在笔者看来,"神人"既然是接舆以"大而无当,往而不返"等令人"惊怖"之"言"塑造出来的,则"之人""之德"也就可以视为接舆其"人"和接舆其"德",是说接舆"不肯以物为事",其"大而无当,往而不返"的"荒唐之言","将犹陶铸尧舜者也"——这实际是给予了接舆以最高的评价。

笔者之所以这样认为,除了因为"神人"乃出于接舆令人"惊怖"和"不近人情"之言的塑造,而"神人"又是庄子的理想人格之外,还与《庄子》内篇中《人间世》和《应帝王》两篇所述接舆的言论有关。《人间世》记楚狂接舆游孔子之门曰:

◆◆◆ 三 哲学智慧

> 天下有道，圣人成焉；天下无道，圣人生焉。

郭象《庄子注》认为接舆这两句话的意思，是说圣人之于天下："付之自尔，而理自生成。生成非我也，岂为治乱易节哉！治者自求成，故遗成而不败；乱者自求生，故忘生而不死。"这实际上也就是《老子》所谓"功成事遂，百姓皆谓我自然"（第十七章）和"以辅万物之自然，而不敢为"（第六十四章）的意思。亦即所谓"居无为之事，行不言之教，不以形立物，故功成事遂，而百姓不知其所以然也"（同上，第十七章王弼注）。从这个意义上讲，《人间世》中的这个接舆，虽然表面上被称为"楚狂"，但实际则是另一位讲述着老聃至妙"道言"的"古之博大真人哉"！（《天下》）由此也就不难想见庄子会对他有怎样的评价了。故《庄子·内篇·应帝王》记楚狂接舆论日中始"以己经式义度"的君人之道曰："是欺德也，其于治天下也，犹涉海凿河而使蚊负山也。夫圣人之治，治外乎？正而后行，确乎能其事者而已矣"，传达的仍然是老子"圣人无为而治"和"以辅万物之自然而不敢为"的观点。

楚狂接舆之外，庄子本人给予最高评价的道家人物是南郭子綦。南郭子綦首见《庄子·内篇·齐物论》，《人间世》则称南伯子綦。郭庆藩曰："南伯子綦，《齐物论》作南郭子綦。伯、郭古声相近，故字亦通用。"[①] 成玄英《庄子疏》曰："（南郭子綦），楚昭王之庶弟，楚庄王之司马，字子綦。"但此说误甚，子綦当为楚平王之庶子，楚昭王之庶兄、司马。[②]《齐物论》以对南郭子綦的描述开篇（《庄子·杂篇·徐无鬼》与此略同）：

> 南郭子綦隐机而坐，仰天而嘘，荅焉似丧其耦。颜成子游立侍乎前，曰："何居乎？形固可使如槁木，而心固可使如死灰乎？今

[①] 成玄英：《庄子疏》。郭庆藩：《庄子集解》，中华书局1961年版，第43页。
[②] 南郭子綦，即司马子綦，其与楚昭王之关系，笔者曾有论述，见《墨子生卒年新探》（《江西师范大学学报》2018年第1期）。

之隐机者，非昔之隐机者也。"

在这里，庄子虽未直接赞美或评价南郭子綦，但由其描述的南郭子綦"隐机而坐，仰天而嘘，荅焉似丧其耦"的神态和"形如槁木""心如死灰"的面貌而言，实际是在凸显一种"离形去智，荅焉坠体，身心俱遣，物我兼忘"的精神境界，"故庄子羡其清高而讬为论首"（同上）。要知道，在庄子及其后学那里，"身如槁木，心如死灰"，并非一般人、甚或非普通学道者能达到的境界，而实只有天人、至人、神人、真人、圣人才能达到。《庄子·杂篇·田子方》曾以"形体掘若槁木，似遗物离人而立于独也"描述老子其人，《知北游》则以"形若槁骸，心若死灰"歌赞许由之师啮缺。故不难想像，此处庄子以"形如槁木""心如死灰"形容南郭子綦，并非是随意之笔，而是一种极高的评价。

南郭子綦的另一重要特点，是他以"不材"成其"大材"的处世哲学。《人间世》曰：

> 南伯子綦游乎商之丘，见大木焉有异，结驷千乘，隐将芘其所藾。子綦曰："此何木也哉？此必有异材夫！"仰而视其细枝，则拳曲而不可以为栋梁；俯而视其大根，则轴解而不可以为棺椁；咶其叶，则口烂而为伤；嗅之，则使人狂酲，三日而不已。子綦曰："此果不材之木也，以至于此其大也。嗟乎神人，以此不材！"

南伯子綦（南郭子綦）此处对商之丘大木以"不材"而"以至于此其大也"的感叹，很容易使人联想到《逍遥游》中庄子因惠子之大树而论"无用乃大用"的观点，说明二者正有相通之处。不同之处在于，南伯子綦此处讨论的重点是"材"与"不材"，而《逍遥游》中庄子论述的重点在"有用"与"无用"。但由于对"材"与"不材"的价值评判，也是以"有用"与"无用"为标准进行的，故二者实际是相通的，即它们都涉及到道家的处世哲学。庄子在此篇中借南伯子綦之口嗟叹"神人"之所以能成其"大材"，乃因其"以此不材"。这正说明了庄子本人对南伯子綦的这一人生处世哲学是高度认同和赞赏的。

三 庄子对儒、墨的批评

《史记·老子韩非列传》曾说《庄子》一书："善属书离辞，指事类情，用剽剥儒墨，虽当世宿学不能自免解也。"后世也往往以斥儒墨或讥孔墨为庄学的基本特点。但这只是受了司马迁之说的影响，其实是不准确的。在《庄子》一书中，只有《天下篇》中对儒墨有系统的批评。《天下篇》说："古之人其备乎！……其在于《诗》《书》《礼》《乐》者，邹鲁之士搢绅先生多能明之。"这是将"儒"置于"天下多得一察焉以自好"的"百家众技"之上；文中又称赞墨翟"泛爱兼利而非斗"，"好学而博"，"以绳墨自矫而备世之急"，等等——尽管《天下篇》也批评墨子"为之大过，已之大循"，但并未简单地"剽剥儒墨"。

从《庄子》一书来看，它批评先秦诸子学派时，经常"儒墨"并举。《齐物论》曰："道隐于小成，言隐于荣华，故有儒墨之是非。"《在宥》曰："下有桀跖，上有曾史，而儒墨毕起"，"而儒墨乃始离跂攘臂乎桎梏之间"。皆是如此。但在《庄子》书中，有时也和《孟子》一样，将杨（朱）、墨（翟）连"辟"，以取代"儒、墨"。如《骈拇》曰："枝于仁者，擢德塞性以收名声，使天下鼓簧以奉不及之法非乎？而曾、史是已；骈于辩者，累瓦结绳窜句，游心于坚白同异之间，而敝跬誉无用之言非乎？而杨、墨是已。"《胠箧》曰："削曾、史之行，钳杨、墨之口，攘弃仁义，而天下之德始玄同矣……彼曾史、杨墨……皆外立其德而以爚乱天下者也。"至《徐无鬼》则曰："名若儒、墨而凶"，又曰："儒、墨、杨、秉四，与夫子（指惠施——引者注）为五。"将儒、墨、杨，乃至公孙龙、惠施等名家合而"辟"之。①

但必须指出的有两点：一是《庄子》书中的所谓"辟儒、墨"，真正落实起来，更多的则只有对孔门儒家、特别是孔子本人的"批评"，而墨翟的名字，除《天下篇》外，其他各篇一次也没出现；二是这种

---

① 成玄英：《庄子疏》："秉者，公孙龙字也。"案：公孙龙、惠施，《汉书·艺文志》属"名家"。

"批评",并非只是一味的贬斥,而是如章太炎所说:"庄子有极赞孔子处,也有极诽谤孔子处。"① 如《庄子·人间世》曾借楚狂接舆"行歌讽刺"孔子时值乱世、不知韬光晦迹以全生;《德充符》借叔山无趾和老聃对话,批评孔子"蕲以淑诡幻怪之名闻",而不知"以死生为一条,以可不可为一贯者",但《人间世》中同时又记孔子对颜渊谈"心斋"、对叶公语"知其不可为而安之若命,德之至也",俨然已成为庄子本人哲学思想的代言人。《天地篇》借汉阴丈人语子贡,批评孔子为"独弦哀歌以卖声名于天下者";《天道》《天运》借老聃之口批评孔子"何为偈偈乎揭仁义,若击鼓而求亡子焉"("又奚傑傑然若负建鼓而求亡子者邪")?并以孔子所治"六经"为"先王之陈迹",但《秋水》《至乐》《达生》《山木》等篇述孔子事迹,则并不批评孔子,而以孔子为"知穷之有命,知通之有时";知"用志不分,乃凝于神",或"削迹捐势",不为功名,"绝学捐书","逃于大泽",以至于"入兽不乱群,入鸟不乱行"。《田子方》既以孔子之言赞老聃"游心于物之初"为"得天地之大全",《知北游》则借老聃之教而论"至道",托孔子之教弟子以明庄子"死生一体""圣人无己"之道,批评"儒墨之师,更相是非,(是)天下之难和者也"(郭庆藩,第766页)。《徐无鬼》既以孔子称赞孙叔敖、市南宜僚为"古之人乎"!《则阳》则以孔子之楚而"蚁丘之浆"逃去,暗讽孔子为"佞人也"。《让王》既以孔子与颜回的问答宣扬安贫乐道的人生观和"穷通为寒暑风雨之序矣"的人生态度,《盗跖篇》则以孔子见盗跖批判儒家的价值观,宣扬杨朱学派"纵性情"的哲学观点。② 如此等等。

《庄子》一书各篇中"辟儒、墨"的不可信和其对儒家、特别是对孔子态度的自相矛盾和牴牾之处,显而易见其并非庄子本人的观点,而多出自《庄子》外、杂篇——它们本非"庄子自己所作",而是出自庄子弟子或后学之手。故如《徐无鬼》中将孔子与孙叔敖、市南宜僚同列于楚庄王之朝;《天运》中老聃批评"禹之治天下","天下大

---

① 章太炎讲演,曹聚仁整理:《国学概论》,上海古籍出版社1997年版,第32页。
② 《盗跖》应为杨朱学派的作品,前人已多有论及。(参见蒙文通《杨朱学派考》)

三 哲学智慧

骇，儒墨并起"，后人皆不以严肃的学术批评视之，如《释文》解"孔子与孙叔敖、市南宜僚同列于楚庄王"云："案《左传》，孙叔敖是楚庄王相，孔子未生。哀公十六年，仲尼卒后白公为乱。宜僚未尝仕楚。又宣十二年《传》，楚有熊相宜僚，则与叔敖同时，去孔子甚远。盖寄言也。"① 即言此处孔子对儒墨的所谓"批评"，是根本不可能发生的。

在《庄子》书中真正代表庄子本人对儒墨态度的，仍然是内篇七篇；直接批评儒墨的，是《齐物论》中的"道隐于小成，言隐于荣华。故有儒墨之是非，以是其所非而非其所是"。庄子此处的目的，是以《老子》的"大道废，有仁义"和"信言不美，美言不信"，批评儒墨"唯行仁义"，文辞浮辩华美，虽有小得小成，却使"世薄时浇"，湮灭了"大道"，"蔽隐"了"至言"。② 而在同属内篇的《人间世》和《德充符》中，庄子批评孔子不知师法老聃而"强以仁义绳墨之言术暴人之前"，"蕲以諔诡幻怪之名闻"，其批评的锋芒显然是指向孔子"知其不可而为之"和墨子"以绳墨自矫，而备世之急"的。由此也可看出，《庄子》外、杂篇《胠箧》《在宥》言儒墨"外立其德而以爊乱天下"，"离跂攘臂乎桎梏之间"；《天地》《天道》《天运》称孔子"独弦哀歌以卖声名于天下者"，"若负建鼓而求亡子者"，等等，其实都只是内篇中庄子本人批评儒墨观点的演绎。

总的来看，庄子本人对儒墨并未进行过多的激烈批评，而只是对儒墨提倡的浮辩华美的仁义之言和过于积极的用世之举进行了客观冷静的剖析。庄子的批评是出于道家老聃的立场，其批评的目标与其说是抨击儒墨，不如说是阐发自己的思想主张。而庄子之所以未对儒墨及孔子进行激烈的批评，其中的原因可能是，"儒墨"学者及孔子在作为与道家学派相对的思想家出现之前，其身份首先是"师儒"。冯友兰在《原儒墨》一文中曾经指出："儒"并非是诸子学派的儒家，而是"指以教书

---

① 郭庆藩：《庄子集解》，中华书局1961年版，第850页。
② 郭象《庄子注》及成玄英《庄子疏》。郭庆藩：《庄子集解》，中华书局1961年版，第64页。

相礼等为职业之一种人"①。故庄子本人少言"儒墨",其所批评之"儒墨",乃指"士"阶层中喜谈仁义、并汲汲然以此在社会中谋取功名者。《庄子》内篇除《人间世》引楚狂接舆之歌讥讽孔子不知遁世全生、《德充符》因叔山无趾之言以讥刺孔子"蕲以諔诡幻怪之名闻"外,其余如《齐物论》等述孔子与颜渊论"心斋"、与叶公语"天下之大戒二",所显示的孔子其人其学,不仅与庄子思想不存在矛盾与冲突,而且几乎就是庄子思想的复述或传声筒。对于这样的学说,庄子本人怎么可能进行激烈的批评呢?

从另一方面看,庄子之学,"或谓子夏传田子方,田子方传庄子",章太炎则说,先秦儒道之间,"老子传孔子为儒家",孔子传颜回,颜回"再传庄子,又入道家了"②。尽管两说皆缺乏确证,但由儒者本为"师儒""教书"乃其职业而言,"古之学者必有师",说包括道家的庄子在内皆出于"儒",庄学之渊源可追溯至孔子,这也是可以成立的。庄子本人是否是一个"尊师"之人,我们不得而知,但庄子必有师承、并有许多受业弟子,则是无疑的。在这种情形下,庄子本人对于"儒墨"及孔子学说并无激烈的批评,也就是可以理解的了。

四 庄子对名家的批评

上文曾经指出,《庄子》书中对"儒墨"的批评,有时是和"儒、墨、杨、秉"连在一起的,甚至是用"杨、墨"代替的,这既说明庄子对杨朱道家也是多有批评的——当然,对于这一点,以往的学者多有误解。如陈澧的《东塾读书记》既以"杨朱是老子弟子",《荀子·儒效》"所谓老墨,即杨墨也";又以《列子·杨朱》所载杨朱之言与《庄子·盗跖》人生若白驹过隙、当及时行乐之论,"二说正同",故而认为"庄子是杨朱之学,故言儒墨之是非而剽剥之"③。但如果就我们

---

① 冯友兰:《原儒墨》,《中国哲学史补》,中华书局2014年版,第5页。
② 章太炎讲演,曹聚仁整理:《国学概论》,上海古籍出版社1997年版,第32页。
③ 陈澧:《东塾读书记》(外一种),生活·读书·新知三联书店1998年版,第139—140页。案:陈澧所谓"老墨",今本作"墨子"。

◆◆◆ 三　哲学智慧

曾指出的《庄子》书中存在"距杨、墨"的事实而言，则陈澧所谓"庄子是杨朱之学"的观点是不能自圆其说的。因为正如郭沫若所说：庄子后学所谓杨、墨，实乃"把由道家出发的名辩一派惠施、公孙龙等划为杨"的结果。①

那么，《庄子》书中为什么要将"儒墨"与"儒、墨、杨、秉"连在一起加以批评、甚至以"杨、墨"代替"儒墨"呢？其批评"杨、墨"的着眼点又何在呢？回答这些问题，必须先要还原《庄子》书中批评"儒墨"或"杨墨"及"儒、墨、杨、秉"的具体语境。笔者在上文曾经指出，《庄子》书中第一次批"儒墨"，是在内篇中的《齐物论》：

> 夫言非吹也，言者有言，其所言者特未定也。果有言邪？其未尝有言邪？其以为于鷇音，亦有辩乎？其无辩乎？道恶乎隐而有真伪？言恶乎隐而有是非？道恶乎往而不存？言恶乎存而不可？道隐于小成，言隐于荣华。故有儒墨之是非，以是其所非而非其所是。欲是其所非而非其所是，则莫若以明。

庄子在批评"儒墨"的什么呢？在批评"儒墨"之"是非"——"是其所非而非其所是"。那怎么会产生这种"是其所非而非其所是"的"儒墨之是非"呢？庄子认为是因为"道""言"被"小成"和"荣华"遮蔽了，是因为人们的眼睛被"儒墨"的这些"明"所眩惑而失去判断力了——庄子把这种通过混淆人的视听而达到"是其所非而非其所是"的形式，称之为"莫若以明"。可以说，这个"明"，既是形成"儒墨之是非"的原因，也是庄子批评"儒墨"的真正着眼点。因此，在庄子看来，要想"大道"和"至言"不被遮蔽，真正做到泯灭是非，与其把矛头对准"是其所非而非其所是"的"儒墨"，还不如釜底抽薪，消除导致这些"是非"的根源，即"小成""荣华"

---

① 郭沫若：《十批判书》，东方出版社1996年版，第161页。

试析庄子对先秦诸子的学术批评

或"明"①。

《庄子·齐物论》中这种所谓以仁义之说、浮辩之辞或华美之言为内容的"小成""荣华"或"明",在先秦诸子那里,通常被称为"辩""名辩""说""谈说"等等(在孔子那里为"正名",在墨家则为"墨辩",在孟子为"好辩",在荀子则为"解蔽"和"正名",在惠施、公孙龙为"合异同""离坚白",而在现代的学术概念中,则是"名理学"或"逻辑学")。《庄子·在宥》曰:"骈于辩者,累瓦结绳窜句,游心于坚白同异之间,而敝跬誉无用之言乎?而杨、墨是已。"这里的"杨墨""骈于辩""坚白同异",与其说是指杨朱和墨翟,不如说是指名家的惠施、公孙龙更为合适。《庄子·胠箧》曰:"削曾、史之行,钳杨、墨之口,攘弃仁义,而天下之德始玄同矣。"成玄英疏曰:"削,除也。钳,闭也。攘,却也。玄,原也,道也。曾参至孝,史鱼忠直,杨朱、墨翟,禀性弘辩……削除忠信之行,钳闭浮辩之口……故与玄道混同也。"②(郭庆藩,第356页)这既说明了所谓"杨、墨"的"弘辩"或"浮辩"的特点,也说明《庄子》书中之所以以"杨墨"代替"儒墨"、或以"儒、墨、杨、秉"及惠施并列为"五",其根本原因,乃在于这些人都有相同的特点或表现,即所谓"弘辩"或"浮辩"。而所谓"弘辩"或"浮辩",其核心都在一个"辩"字。关于"辩",《墨子》一书有详细的解说:"辩,争彼也。"(《经上》)"辩,

---

① 成玄英《庄子疏》曰:"小成者,谓仁义五德,小道有所成得者,谓之小成也。世薄时浇,唯行仁义,不能行大道,故言隐于小成,而道不可隐也。故老君曰:'大道废,有仁义。'"又曰:"荣华者,谓浮辩之辞、华美之言也。只为滞于华辩,所以蔽隐至言。故《老君经》云:'信言不美,美言不信'。""道"本幽暗玄深、朦胧不明,唯五色、五音、五采,浮华鲜明,令人目盲耳聋,故可谓之"明"。《墨子·经上》曰:"恕,明也。"《经说上》曰:"恕也者,以其所知论物,而其知之也著,若明。"这里所说的"明",是指人的逻辑思维或逻辑推理活动。"恕"这个字,是指人的大脑(古人认为人的思维器官是"心",故凡表思维的文字皆字加"心"符)由已知推求未知的思维活动。《墨子·经说上》对"恕也者"的解释,说的正是这个意思。老庄哲学超越形式逻辑,是从辩证思维的角度来看问题的,故而认为大道浑然,至言无言,形式逻辑不仅无法把握至道,反而会造成混乱,进而把这个形式逻辑领域的"明",当成了"儒墨""欲是其所非而非其所是"的根源,故曰"欲是其所非而非其所是,则莫若以明"。

② 郭庆藩:《庄子集解》,中华书局1961年版,第356页。

395

◆◆◆ 三 哲学智慧

或谓之牛，或谓之非牛，是争彼也。"（《经说上》）"辩也者，或谓之是，或谓之非，当者胜。"（《经说下》）"夫辩者，将以明是非之分。"（《小取》）这些解说表明，所谓"辩"，其实就是《齐物论》中"儒墨"的"是非"之争。庄子本人在《齐物论》中所要表达的，是"道"与万物一体，无彼此、是非之分的观点；批评的，是那些以"名辩"为手段的"小知""小道"遮蔽"大道""至言"的行为。庄子弟子或后学看到了当时诸子各派皆以逻辑分析的"浮辩之言"彼此争论的共同点，故在"儒墨"之外，又以"杨墨"或"儒、墨、杨、秉"及惠施作为这一学术思潮的代表。实则不论是说"儒墨""杨墨"，还是"儒、墨、杨、秉"及惠施，都只是对先秦名家及名辩作风的一种批评。①

如果从学理上讲，无论是名家或名辩学者，还是庄子对当时名家及名辩思潮的批评，对中国古代逻辑思维的发展，无疑都具有重要的贡献和影响。从思维方式来看，前者在论辩中所使用的都是名家的"名辩"方法，即形式逻辑的同一律和矛盾律：一定要"是其所非而非其所是"，不能允许相互矛盾的命题两可两不可。如儒家要尊"天命"，墨家则"非命"；儒家提倡礼乐，墨家则"非乐"。这就形成了所谓"儒墨之是非"。庄子通过批评名家和诸子的"名辩"作风，揭示了用概念或"名言"来把握世界统一原理的困难，促使中国哲学得以进入到辩证思维的领域。

庄子之前，老子已提出"道"无形无名，只能以"损之又损，以至于无为"（第四十八章）的"负方法"，才能达到"无名"之域。"庄子发展了老子的学说，更深入而全面地揭示了逻辑思维能否把握天道问题的难点。"②《齐物论》说："夫道未始有封，言未始有常，为是而有畛也。"所以，大道是不可分割、浑沌恍惚、玄之又玄的；只有以"无知"之"大知""无言"之"至言"方可把握。而现实的世界则是

---

① 参见郭沫若《十批判书》，东方出版社1996年版，第161页。
② 冯契：《冯契文集》第一卷《认识世界和认识自己》，华东师范大学出版社1996年版，第270—275页。

"大知闲闲，小知间间；大言炎炎，小言詹詹"，使"大道"遭到了人为的分割："有左，有右，有伦，有义，有分，有辩，有竞，有争"——"儒、墨、杨、秉"及惠施都是这样："从左右的界限到求物理和人事的规范，越是分辩便越争竞不休，樊然殽乱。"《齐物论》中的古代著名琴师昭文，"虽云巧妙，而鼓商则丧角，挥宫则失徵，未若置而不鼓，则五音自全"。这就说明，"成"与"亏"本是联系在一起的——惠施好谈名理，以"坚白""同异"之论眩惑世人，与昭文鼓琴一样，"虽弘辩如流"，然"终有言而无理也"，"竟无所成"。故《齐物论》又说："古之人，其知有所至矣。恶乎至？有以为未始有物者，至矣，尽矣，不可以加矣。其次以为有物矣，而未始有封也。其次以为有封焉，而未始有是非也。是非之彰也，道之所以亏也。道之所以亏，爱之所以成。"这说明，"是非"之争、"仁义之言"既是"道之所以亏"的结果，也是"道之所以亏"的原因。如何才能把握天道呢？如果将《齐物论》中"古之人"所讲的三重境界颠倒过来，也许就是庄子所提供的"损之又损"的三个阶段或途径："第一，'未始有是非'，即忘了彼此间之是非；第二，'未始有封'，即忘了彼此的分别；第三，'有以为未始有物者，至矣，尽矣，不可加矣'，即忘能所、主客，内外浑然一体……我和世界、主体和客体的对立全都泯除了。"① 庄子的这一观点，显然是对老子辩证学说的继承和发展，使中国哲学得以进入辩证思维的新阶段。

当然，庄子对于形式逻辑、对名家或名辩学者本身，也并非简单的否定。正像郭沫若所说："庄子也是异常好辩的人"，他和惠子"有着同一的归趣"，都是当时名辩思潮"很辉煌的代表"②。在内篇的《逍遥游》中，庄子与惠施反复讨论"有用"与"无用"，在《德充符》中，又与惠施讨论人到底是"有情"还是"无情"，在外篇的《秋水》中，他还与惠子同游濠上，讨论鱼是否快乐，等等。这些都说明，庄子本人

---

① 冯契：《认识世界和认识自己》，《冯契文集》第一卷，华东师范大学出版社1996年版，第270—275页。

② 郭沫若：《十批判书》，人民出版社1954年版，第327页。

◆◆◆ 三 哲学智慧

不仅对名辩有着浓厚的兴趣，经常与惠施这样的名辩高手辩论，而且还长于概念（"名言"）的分析，对形式逻辑的同一律和矛盾律的运用也极为娴熟。可以说，庄子与惠施等名辩学者的争论，并非出于个人恩怨，而只是纯粹的学术之争，而且主要是对名家学说、即逻辑学或名理学问题的探讨。庄子把自己与惠施间的这种理论讨论所形成的默契，以郢人和匠石作比：郢人鼻翼有垩，"匠人运斤成风，听而斫之，尽垩而鼻不伤"，而"郢人立不失容"矣。故庄子对惠施之死极度伤心，说："自夫子之死，吾无以为质矣，吾无以言之矣！"

余 论

庄子本人在《庄子》内篇中，对儒、墨、道、名诸家及其代表人物孔、老、杨、惠等展开了学术批评，但就《庄子》全书而言，其在外、杂篇中对先秦诸子批评的范围更广，批评的诸子人物也更多。如儒家孔子的"七十子"及其后学，道家的老莱子、庚桑楚、关尹、詹何（瞻子）、公子牟（魏牟）、子华子等，墨家的墨翟、禽滑釐、相里勤、苦获、已齿、邓陵子等，以及墨家向法家过渡的尹文、由道家向法家过渡的田骈、慎到等，还有名家的桓团、公孙龙，纵横家的犀首（公孙衍）和不知学派归属的季真等。因为学术界早已形成共识，《庄子》中内七篇为庄子自作，外、杂篇则为庄子弟子或后学所作，故内篇中对诸子学派的批评，应代表了庄子本人对先秦诸子的批评；而外、杂篇中对先秦诸子的批评，则只能算是庄子弟子或后学对先秦诸子的学术批评。二者之间虽存在差异，但也有着某种内在的联系。这种联系，大致可从两方面加以考察：

其一，《庄子》内篇中庄子本人对先秦诸子的学术批评，规定了外、杂篇中庄子弟子或后学先秦诸子批评的范围和重点。内篇对先秦诸子的学术批评，并未涉及更多的诸子学派和人物，学派大致为儒、道、名、墨数家（"儒墨"之"墨"指"墨辩"，实为名家），人物则有老聃（老子）、孔子及其弟子、阳子居（杨朱）、庄子、惠施等人，此外还提及宋荣子（宋钘）、列子（列御寇）和南郭子綦（南伯子綦），仅此而已。《庄子》外、杂篇中庄子弟子或后学对先秦诸子的学术批评，涉及到的学派和人物更多，但比较二者即可发现，其批评的范围和重点，仍然是与内篇一致的。外、杂篇中那些内篇中没有的学派和人物，其实多属于内篇中老、孔、杨、庄、惠之弟子，或是"寓言"人物，而并未出现与内篇中那几家无关的学派，更未改变内篇中庄子本人对先秦诸子学术批评的重心和格局。只有墨家的墨翟、禽滑釐等人，内篇中并未出现（内篇中只有"墨"），但外、杂篇除《天下篇》外，其他各篇也只有"墨"而无墨翟、禽滑釐其人。这说明，在外、杂篇中对先秦诸子的学术批评，与内篇中庄子本人的学术批评，其实是相当一致的。《天下篇》独异，只能说明其写作的年代可能更晚，其作者即使属于庄子弟子或后学，也与庄子本人的观点存在较大差异。

其二，《庄子》内篇中庄子本人对先秦诸子的学术批评，基本规定了外、杂篇中庄子弟子或后学先秦诸子批评的基调和思想倾向。如在内篇中，庄子本人把老聃（老子）定位于儒道之师和"古之真人"，而外、杂篇中老子教孔子、阳子居（杨朱）、庚桑楚弟子南荣趎等，亦无不以这样的面貌出现；而孔子、阳子居（杨朱）则多以"躬矜"与"自贤之心"出现。或许有人会说，内篇中孔子谈"心斋"与叶公论"天下有大戒二"，这与外、杂篇中《胠箧》《骈拇》《在宥》《盗跖》《渔父》诸篇中的孔子及对孔子的评价互相矛盾——内篇中并没有对孔子及儒家的这种激烈批评。笔者认为，尽管二者在言辞的温和与激烈或显隐上存在一定的差异，但二者在批评的指向上则是完全一致的，即它们都只是如《齐物论》《德充符》一样，在批评儒家孔子"强以仁义绳墨之言术暴人之前"，"蕲以諔诡幻怪之名闻"，并导致了"儒墨之是非"。故显然，外、杂篇中《秋水》《山木》《知北游》等篇对孔子的称赞，其实也只是由内篇《人间世》中孔子谈"心斋""知其不可为而安之若命"而来；其对儒家及孔子的抨击，则主要是内篇《齐物论》《德充符》相关观点的发挥，这些都能从内篇庄子本人对先秦诸子的学术批评中找到根据。

（原载《哲学研究》2017年第7期）

阴阳"八卦"的演变及阴阳家与《周易》的关系

阴阳家是先秦诸子中的一个重要学派。自庄子提出"《易》以道阴阳"之说以来,历代都有学者认为阴阳家源于《周易》,乃至于有所谓"阴阳家言又为《易经》之别派"的观点。[①] 但自近代以来,学者们经过考证,发现真实情况并非如此。如梁启超说:"《易经》一书,庄子'《易》以道阴阳'者,《卦辞》中仅《中孚》九一之一条单举一'阴'字";故"阴阳"作为一个统一概念在《易经》中"未尝齿及",在当时亦"绝不含有何等深邃之意义"[②]。也就是说,阴阳家的起源与《易经》之间其实并无多少关系。那么,阴阳家与《周易》的关系到底怎样呢?这涉及阴阳"八卦"及《周易》的演变、阴阳家与《周易》的关系等诸多问题。探讨这些问题,无论是对阴阳家的研究,还是对《周易》的研究本身,都具有十分重要的意义。

一 卜与筮之关系——八卦的性质及《周易》的来源

《周易》一书包括《易经》和《易传》两部分。自古以来,即有所谓伏羲画八卦、文王"重《易》六爻"而"演《周易》"以及孔子作

---

① 刘师培:《古学出于官守论》,《刘申叔遗书》下册,凤凰出版社1997年版,第1484页。
② 梁启超:《阴阳五行说之来历》,顾颉刚编著:《古史辨》第5册,上海古籍出版社1982年版,第347页。

"十翼"(《彖》上下、《象》上下、《文言》上下、《系辞》上下与《说卦》《序卦》《杂卦》)之说,即阴阳"八卦"源于《周易》古经(即《易经》)之说。在我看来,历代学者不论是认为阴阳家与《周易》有无关系者,实际都难以确证自己的观点,因为他们都忽视了《周易》古经的性质这个根本性问题:《周易》古经是一本占卜之书、还是一本占筮之书?只有解决了《周易》古经或"八卦"的关系问题,才能真正解决阴阳"八卦"的演变问题,并最终解决阴阳家与《周易》的关系问题。

也许有人会说:所谓伏羲画八卦、文王演《周易》之说,不是已经说明"八卦"和《周易》古经的起源和演变了吗?此并不然。因为此说解决的其实只是《周易》古经产生的年代问题,它只是说明了《周易》古经产生的起点是远古的"八卦"、经由周文王"重"六爻而成六十四卦,在产生的时间上是早于作为春秋战国诸子学派之一的阴阳家的。问题的关键在于,《周易》古经中并没有出现"阴阳"概念,《周易》一书中的"阴""阳"的符号(━、━ ━)并不是它与生俱来的。因此,作为《周易》古经中六十四卦卦象源头的所谓"八卦",其最初是不可能具有所谓"阴阳"观念的。因为根据张政烺等人的研究,中国上古的《周易》筮法实际上乃是一种"数字卦","八卦"乃是一种源于中国古代"数字卦"的占筮方法。它"利用蓍策按照一定的方法左数右数,求得几个数目字借以判断吉凶,所以古人说'筮,数也'(《左传》僖公十五年)"[①]。很显然,不论是出土文献还是传世文献,都无法证明这种"数字卦"会产生出阴爻(━ ━)和阳爻(━)叠加而成的"八卦"。故我认为,后世所见《周易》中这种由阴爻和阳爻叠加而成的"八卦"符号,一定是另有其来源的。根据"八卦"的性质和传世文献的记载来看,现在所见《周易》古经所采用的"八卦"符号,最初只能来源于占卜,应是占卜时产生的卜兆。

---

① 张政烺:《帛书〈六十四卦〉跋》,《文物》1984年第3期。按,《中国方术考》第4章《早期卜筮的新发现》"二、'奇字'之谜:中国古代的数字卦"对这个问题有较详细叙述。参见李零《中国方术考》,东方出版社2001年版,第251—271页。

三 哲学智慧

"八卦"到底是什么呢？汉代的纬书《易纬乾凿度》认为乾（☰）、坤（☷）、离（☲）、坎（☵）、巽（☴）、震（☳）、艮（☶）、兑（☱）是天、地、火、水、风、雷、山、泽八个文字。这显然是出于纬书的附会。但它同时似乎也在暗示："八卦"的每个卦画都是一个整体，是不能将它的组成部分再进一步拆解为三爻的。《说文解字·卜部》说："卦，筮也。从卜、圭声。""八卦"的"卦"字是形声字，它由"卜"这个义符和"圭"这个声符构成，"卜"表义而"圭"表声。"卜"和"筮"在中国古代本是两种不同的占测方法——"卜"是指以烤灼龟甲或兽骨而获得的裂纹（兆象）来占测吉凶，"筮"则是"利用蓍策按照一定的方法左数右数，求得几个数目字（即'数字卦'）借以判断吉凶"。故许慎的这种解释存在矛盾和混乱。

从字形看，"卦"字从"卜"得义，故其本义必与"卜"（即"占卜"）有关。《玉篇·卜部》即不用许说，而改释曰："卦，八卦也，兆也。""兆"（小篆作"𰁩"）正是上古龟卜于火上炙烤龟甲或兽骨时烤出的裂纹。《周礼·春官·大卜》："大卜（即'太卜'，下同）掌三兆之法：一曰玉兆，二曰瓦兆，三曰原兆。"郑玄注："兆者，灼龟发于火，其形可占者。其象似玉、瓦、原之罅罅，是用名之焉。"① 可见，"卦"即是"兆"，是"灼龟"时产生的裂纹。以其有形可睹，有"象"可视，故可曰"卦形""卦象"。龟卜"其经兆之体皆百有二十"，或因对诸多兆形（兆象）加以精简、归纳，最终形成了八种经典的"兆体"（或"兆形""兆象"），故谓之"八卦"。筮法与卜法则是明显不同的。《左传·僖公十五年》载韩简曰："龟，象也；筮，数也。物生而后有象，象而后有滋，滋而后有数。"② 韩简即将"龟"（即"卜"）与"筮"明确进行了区分；而且，在此还有"龟"先"数"后、"数"源于"象"的意思。按此思路，以龟而卜，即是依龟兆——"兆象"而占；筮法则是依蓍筹演算所得的数目字而占。前者名之曰"占卜"，后者应称之为"占筮"。二者所得的结果虽然后来皆被名之曰

---

① 阮元校刻：《十三经注疏》（清嘉庆刊本）第 2 册，中华书局 2009 年版，第 1732 页。
② 同上书，第 3923 页。

阴阳"八卦"的演变及阴阳家与《周易》的关系

"卦",但前者更确切的名称应为"兆"或"卦";后者则只宜被称为"数"——因为以蓍筹演算所得的结果是无论如何也得不出具体的"兆"或"象"来的,所得到的永远只能是抽象的"数"。故杜预注"龟,象也;筮,数也"曰:"(此)言龟以象示,筮以数告。"孔颖达《正义》明确以"象"为"兆"、以"筮卦"为"蓍策之数",曰:"卜之用龟灼以出兆,是龟以金、木、水、火、土之象而告人;筮之用蓍揲以为卦,是筮以阴阳蓍策之数而告人也……"①

"八卦"属远古时代人们从众多卜兆或卜象中精简、提炼出来的八种龟卜之"兆"("象"),与占筮的"蓍策之数"在性质上是完全不同的,二者并无多少关系。现代考古实物也支持这一结论。1959年在山东泰安大汶口出土的一把约5000年前的象牙梳上,画有一个S形图案,不少人认为其为迄今可知的最早的"八卦"图案。仔细考察就会发现,该图案中每个"卦形"皆由三横构成,无一例为两短横(--)之形。也就是说,如果所谓"伏羲画八卦"说确实无疑,那它只是以短横线条摹拟了龟卜的"兆"或"象",并提炼出了八种"兆"("象"),而非后世所谓以阴爻(--)和阳爻(—)组成的筮数"八卦"。因为,至少当时是没有作为对偶范畴的"阴""阳"("阴阳")观念的,自然也就不可能有由阴阳爻构成的"八卦"图形。《周礼·春官·大卜》有"大卜掌三《易》之法,一曰《连山》,二曰《归藏》,三曰《周易》"之说,郑玄注、贾公彦疏,或引杜子春说,以为"《连山》,伏羲;《归藏》,黄帝";或以为《连山》《归藏》"为夏、殷也","《易》者,揲蓍变易之数可占者也……此《连山易》其卦以纯艮为首;艮为山,山上山下,是名《连山》……此《归藏易》以纯坤为首,坤为地,故万物莫不归而藏于中,故名为《归藏》也……《周易》以纯乾为首,乾为天,天能周匝于四时,故名《易》为'周'也"②。实际上这些都是在以后世所见之筮书而论"三《易》"。这种论述虽然在讨论《易》学的源头时有一定的意义,但它们将"三《易》"皆理解为后世乾(☰)、

---

① 阮元校刻:《十三经注疏》(清嘉庆刊本)第2册,中华书局2009年版,第3923页。
② 同上书,第1733页。

坤（☷）、离（☲）、坎（☵）、兑（☱）、巽（☴）、震（☳）、艮（☶）排列顺序的不同，完全看不到事物发展过程中"质变"的存在，显然都是毫无根据的猜测。《周礼·春官·大卜》既将此"三《易》"归为"大卜"所掌，而"大卜"的职掌乃是龟卜，故此"三《易》"显然属于卜书，而非一般的占书，更非后世所见之筮书。东汉桓谭《新论·正经》曰："《易》：一曰《连山》，二曰《归藏》，三曰《周易》……《连山》藏于兰台，《归藏》藏于太卜。""太卜"即《周礼》之"大卜"。桓谭所言固已非先秦之旧，但此时《归藏》仍藏于"太卜"，则说明其原属卜书而非筮书明矣。故顾炎武颇疑："《连山》《归藏》非《易》也；而云三《易》者，后人因《易》之名以名之也。"[①] 我认为，不仅"《连山》《归藏》非《易》也"，而且后世所见之所谓《周易》，亦非《周礼》"大卜"所掌之《周易》；1993年在湖北荆州王家台曾出土的一向被人称为"秦简《归藏》"的文献，因其中也采用了与《易》卦一样的卦名、卦象，并"观象系辞"，因而可以说它与《周礼·春官·大卜》中"大卜"所掌之《归藏》也没有任何关系，更不可能是殷商之《归藏》。

要之，《周礼·春官·大卜》所谓"大卜"所掌之"三《易》"都属于占卜之书，而作为其基础的"八卦"，则属于龟卜时灼龟所获得的"兆体"或"兆象"。《周礼·春官·大卜》又曰："（三《易》）其经兆之体皆百有二十，其颂皆千有二百。"郑玄注："颂，谓繇也。三法体、繇之数同，其名占异耳。百二十，每体十繇。体有五色，又重之以墨坼也。五色者，《洪范》所谓曰雨，曰济，曰圛，曰蟊，曰尅。"[②] 则其"兆"体每条裂纹皆各有繇辞，其名曰"颂"。因为《史》《汉》诸书皆有"文王重《易》六爻"而"演《周易》"之说，所以我认为：大约是在西周初年，原本重筮的周人继承了殷人的卜法，再以自己的筮法对夏、商的《连山》《归藏》加以改造，这才形成了与《周易》一致的所

[①] 顾炎武著，黄汝成集释，栾保群、吕宗力校点：《日知录集释》第1册，上海古籍出版社2006年版，第1页。
[②] 阮元校刻：《十三经注疏》（清嘉庆刊本）第2册，中华书局2009年版，第1733页。

阴阳"八卦"的演变及阴阳家与《周易》的关系

谓"三《易》"。周人的这种改造可能分为两个方面或两个步骤：一是以《周易》的筮法改造夏、商二代的卜法，将卜兆中原来多达"三千"的"颂"加以筛选，改造为更精粹的"繇辞"或"爻辞"，进而使整个龟卜中灼龟所形成的的"八兆"与比较固定的"繇辞"或"爻辞"作为基础而形成《周易》"八卦"系统；二是以夏、商以来卜法中固有的以三兆为一——"卦"）的模式，改造周人原有的筮法成卦法则，使之成为筮法中以三"繇"或"爻"为一"卦"（"经卦"）的"卦形"（著数模式，亦即"筮象"），并让每一"卦"及"卦"中各"兆"（"爻"）配上"颂"（"繇辞"或"爻辞"），再"重《易》六爻"为《周易》六十四卦——《周易》六十四卦每"卦"为六爻的"卦形"及卦爻辞系统当由此而来。

我们之所以这样说，是因为从现有出土的《易》筮符号看，殷商及西周皆尚未出现以一阴爻（--）和一阳爻（—）叠加构成一"卦"的"卦象"（卦画符号），而基本都是由三位数字或六位数字构成一"卦"的"卦象"（卦画符号）。如殷墟出土的卜甲上刻有"上甲六六六"，西周周原岐山凤雏村出土的周二六三号卜甲上刻有"七八八"、青铜器堇伯簋上刻有"八五一"、青铜效父簋上刻有"八一六"、青铜戍卣上刻有"六六八"、青铜戈上刻有"一六一"，西周镞骨上刻有"一六一"等，都是由三个数目字成一"卦"；殷墟小屯南地出土卜骨上刻有"七七六七六六贞吉"（甲）、"六七八九六八"（乙）、"七五七六六六曰魁"（丙），西周周原岐山县凤雏村出土周八十一号卜甲上刻有"七六六七六六"、同一地出土八十五号卜甲上刻有"七六六七一八曰其亡咎既鱼"，周原扶凤县齐家村出土西周六号卜骨正面刻有"一六一六六八"，等等，则都是由六个数目字构成一"卦"的。这在当时还并不是固定不变的，在出土文献中也有由四个乃至十几个数目字构成一"卦"的。周原扶凤县齐家村出土西周六号卜骨背面右边刻有"六九八一，八六九一一一六五"，其背面左边刻有"六八一一一八八八六六六六一八六八五五六八一一一一"二十四个数字。[①] 这说明：首先，殷、周时代

---

① 徐锡台：《〈周易〉探源》，《人文杂志》1992年第3期。

虽以三个或六个数目字构成一"卦"为主，但并没有成为必须遵守的"铁律"；其次，在殷商和西周早期，筮法中还只有奇偶数概念而并无阴阳观念，那种以《归藏》为"殷阴阳之书"的观点①是不能成立的。所谓文王"重《易》六爻"而"演《周易》"，只能理解为：在西周初年，周文王可能因受占卜之"兆"中多"颂"叠加成为"兆体"现象的启发，遂将数字占筮中的"卦象"定为三个数目字组成一"经卦"（"八卦"）、六个数目字构成一"重卦"（"六十四卦"）。

"易"之名，《说文解字》解为象蜥蜴之形，清人朱骏声《说文通训定声·解部》曰："三《易》之易读若觋。"后人遂有"易即为巫"之说，而以《易·系辞上》及汉人"易一名而含三义：简易一也，变易二也，不易三也"，乃"属骈枝之说矣"②。在甲骨文中，"易"作 （前·六·四三·三）或 （前七·四·一）等，前者为将一器皿之水倒入另一器皿之形，后者则省为将一器皿之水倒出之形；金文《德簋》中的"易"字亦为有水倾入一带耳壶之形，或省为带耳壶之把手及倾水之形。此形既不可误认为蜥易之形或鸟形，亦不可解为赐予等义；而应直接解为会意字，会变换、变易之义。殆因变换、变易之义本极抽象，故需借形象以"会"之。占卜之"兆象"（"卦象"）本为固定之形，一成即不再变化；占筮演蓍每一"演"结果皆有不同，极具变化性，故人引筮入卜，将此占卜与占筮结合预测吉凶之书以"易"而名曰《周易》。

二 "阴阳"观念的历史演变与《周易》的形成

《周易》可以说是占卜与占筮结合的产物。此前占卜属太卜所掌，占筮由巫史所掌，泾渭分明。观《左传》一书中周人及姬姓之国多用筮之例，而宋人和楚人皆只用卜而竟无一占筮之例，或可为《周易》

---

① 阮元校刻：《十三经注疏》（清嘉庆刊本）第3册，中华书局2009年版，第3064页。
② 高亨著，王大庆整理：《〈周易〉九讲》，中华书局2011年版，第5页。

阴阳"八卦"的演变及阴阳家与《周易》的关系 ◆◆◆

乃周人发明、而商人则"国之大事，卜而不筮"的例证。但自周人正式建国之后，则有卜、筮合流之势。从《周礼》的记载看，这种趋势首先应是筮人参与到太卜的龟卜活动之中。《说文解字》中的"筮"写作"**筮**"，曰："**筮**，《易》卦用蓍也。从竹、**巫**。**巫**，古文巫字。"这说明了"筮"的特点，但没有涉及筮与卜的关系。《周礼·春官·簭人》曰："簭（筮）人掌三《易》，以辨九簭之名。一曰《连山》，二曰《归藏》，三曰《周易》。九簭之名：一曰巫更，二曰巫咸，三曰巫式，四曰巫目，五曰巫易，六曰巫比，七曰巫祠，八曰巫参，九曰巫环，以辨吉凶。凡国之大事，先筮而后卜。"《周礼·春官·大卜》也说："大卜掌三《易》之法，一曰《连山》，二曰《归藏》，三曰《周易》。"二者有什么区别呢？这大概是说大卜以"三《易》之法"占卜，而簭人则在卜人以"三《易》之法"占卜之前先进行占筮，看看有无龟卜的必要。故郑玄注《周礼·春官·大卜》"凡国之大事，先筮而后卜"说："当用卜者，先筮之，即事有渐也。于筮之凶，则止不卜。"[1]这还算不上占卜与占筮的真正结合，只是占卜与占筮正式建立起联系的开始。《周礼·春官·占人》曰："占人掌占龟，以八簭占八颂，以八卦占筮之八故，以眡吉凶。"郑玄注曰："占人亦占筮，言掌占龟者，筮短龟长，主于长者。'以八簭占八颂'，谓将卜八事，先以筮筮之……其非八事则用九筮，占人亦占焉。"郑玄把"以八簭占八颂"理解为龟卜"八事"时"先以筮筮之"，似将"八颂"当成了"八事"。这与其注《周礼·春官·大卜》时解"颂"为"繇也"，是并不一致甚至互相矛盾的。尽管他又说"言'颂'者，同于龟占也"[2]，但仍不足以弥合二者之间的抵牾。所以我认为：这里的"八颂"之"颂"，似仍以解为"繇也"为是，是说占人在太卜主持的占卜活动中，先用"八簭"对灼龟产生的繇（爻）辞进行占筮，以确定其吉凶；而非如《筮人》篇所说，只是在龟卜前简单地用占筮决定是否有进行占卜的必要。如此，筮人就在占卜的过程中以内在的形式参与到占卜之中。

---

[1] 阮元校刻：《十三经注疏》（清嘉庆刊本）第2册，中华书局2009年版，第2739页。
[2] 同上。

◆◆◆ 三 哲学智慧

筮人作为大（太）卜的属官既合情合理，卜与筮也就可以并列而称为"卜筮"。

筮法在占卜活动中的运用，还产生了一系列的连锁反应：一个反应是在日常生活中，由于龟卜的繁难和条件要求很高，导致了太卜及其属官常常舍卜而用筮。上引《左传·僖公十五年》载"晋饥，秦输之粟；秦饥，晋闭之籴，故秦伯伐晋。卜徒父筮之"云云，杜预注："徒父，秦之掌龟卜者。卜人而用筮，不能通三《易》之占，故据其所见杂占而言之。"孔颖达曰："徒父以卜冠名，知是掌龟卜者。卜人当卜，而今用筮，知其本非所掌。"① 这是卜官而用筮，说明当时卜、筮的界限已经模糊，用卜用筮乃随机而定。卜、筮结合引起的另一反应，则是人们可用"兆象"来比拟筮数，将占筮的结果也称为"卦"，将龟卜"兆象"中的"颂"也称为"繇"或"爻"，并将"繇"的断续与蓍数的奇偶对应，演变出阴爻（--）和阳爻（—）的概念。

对于阴阳观念的起源，学术界已有较多探讨。甲骨文中已有阴、阳二字："阴"作"雀"；"阳"多作"𰀀"，或作"𰀀"。这说明当时虽已有"阴""阳"两个概念，但它们显然还不是对应概念，更不是对偶范畴。因为根据专家研究，甲骨文早期的"旱"（易），"从日，从示，会日出祭坛上方之意"②。后来，"易"边加"阜"，则表示人们已观察到山坡向阳面（南面）多阳光的现象。甲骨文中的"阴"皆写作"雀"，既无后世从"阜"的"陰"，也无从"今""黔"的"阴"，这是因为"造字之初，雾与阴无法形容，故以形声字的雀、翟以明其音与义。但是，雀与翟之所以从隹（与鸟同用），是由于某种鸟鸣预示天气将变的缘故"③。从汉字形义学看，"阴""阳"要成为对应的概念，则二者在构形上应同时以"阜"（《说文·阜部》："阜，山无石者，象形。"）为义符，这样才表示人们是以同一视角（山的南北两面）来考

---

① 阮元校刻：《十三经注疏》（清嘉庆刊本）第4册，中华书局2009年版，第3919页。按：《公刘》一诗向被认为是周代史诗，故应非一人所作。即使所谓"召公作诗"确能成立，亦当只是对之加工整理。
② 何琳仪：《战国古文字典》，中华书局1998年版，第660页。
③ 于省吾：《甲骨文字诂林》，中华书局1996年版，第1763页。

虑阴阳问题的。从现有的出土文献看，最早出现以"𨸏"为"阴""阳"二字义符的材料，是西周中期偏后的《𢾭簋》，其中有"阴阳洛"之语①，"阴阳"写作"𨸏"（阴）"𨸏"（阳），皆从"𨸏"。郭沫若考定此物为周夷王时器。周夷王是周厉王之前的君主。周厉王的统治结束于中国有确切纪年的"共和行政"之时（公元前841年），在位十四年。则周夷王即位的时间应在公元前855年。此距西周建国的公元前1037年已有182年，距西周灭亡的公元前771年则有84年，故可将《𢾭簋》定为西周中期偏后的器物。《𢾭簋》中"阴""阳"二字同时以从"𨸏"的形体出现，这可为此时"阴""阳"已成为对应概念的确证。

在传世文献中，"阴""阳"最早作为对应概念，出现于《诗经·大雅·公刘》："笃公刘，既溥既长，既景乃岗，相其阴阳，观其流泉。"郑笺"相其阴阳"之义为"观相其阴阳寒燠所宜"②。这说明此诗中的"阴阳"已是一对立范畴，而不是殷商时期两个单独存在的概念。《毛诗·大雅·公刘》之《小序》及《毛传》皆将此诗的写作时间定在周初召公与周公即将结束辅政之时。根据《尚书·召诰序》的说法，成王正式莅政后："成王在丰，欲宅洛邑，使召公先相宅，作《召诰》。"③则此诗很可能是召公在"营洛邑"时，因修建周王的宗庙，安置周先公先王的牌位而整理出了《公刘》一诗。《尚书·周官序》说《周官》一篇，乃成王"灭淮夷""即政后"所作，其中有"兹惟三公，论道经邦，燮理阴阳"之语，也与《诗经·公刘》时代相当。若如此，则"阴阳"观念的确立应在西周前期。此外，传世文献中明确以"阴阳"为对应概念出现的，一是《国语·周语上》记西周中期的

---

① 郭沫若：《两周金文大系图录考释》（三），科学出版社1957年版，第110页。按：此器北宋《宣和图》《集古录》有收录，孙诒让《古籀拾遗》题作《𢾭敦》。又，对《𢾭簋》中的"阴阳洛"三字存在不同句读，郭沫若以"阴"字与上"敏"连读为"敏阴"，而以"阳洛"为一地名词。

② 阮元校刻：《十三经注疏》（清嘉庆刊本）第1册，中华书局2009年版，第1170、448页。

③ 同上。

◆◆◆ 三 哲学智慧

宣王时代，太史告农官曰"阳气俱蒸，土膏其动"，"阴阳分布，震雷出滞"；二是在西周末期的周幽王初年（公元前780年），当时"三川皆震"，《国语·周语上》记伯阳父说，此乃因"天地之气"之"失序"："阳伏而不能出，阴迫而不能蒸，于是有地震。"① 从哲学上讲，这是中国哲学史上第一次"把事物简单的多样性抽象为本质的对立性"，使阴、阳成为一个表示事物对立的"两端"或两方面的极具普遍性的概念。②

"阴阳"概念在殷周时代的发展历程再次表明：在传世文献中，"阴阳"范畴的正式确立，最早可追溯至西周夷王莅政之后（约公元前855年）；如果以出土文献为准，则应迟至西周末年的孝、厉之间。故"阴阳"观念的形成和演变的历程是漫长的，不可能有一步到位的所谓"文王重《易》六爻"而"演《周易》"形成的六十四重卦。对所谓"伏羲作八卦"和"文王演《周易》"的准确理解应该是："圣人"创作出占筮《周易》，实现由龟卜之占到《易》筮的转变，乃如《说卦传》所说"幽赞于神明而生蓍"，暗中如有神助，"蓍命如响，不知其所以然而然也"③；故能将一到十这十个自然数分为"天数五""地数五"两相掺杂，从而建立起七、八、九、六之奇偶筮数；然后再进一步将奇偶之数赋予阴阳观念，使偶数成为阴数，奇数变成阳数——使原本平常的"数字卦"，变成了偶数代表所有阴类事物、奇数代表所有阳类事物的"阴阳八卦"。此时，如果将这个"阴阳数字八卦"改成龟卜"兆象八卦"的形式，这也就是我们今天所见的《周易》"八卦"。由于这个"阴阳八卦"中的繇（"爻"）还只是卜兆之"颂"的身份，还必须使爻依筮数的刚柔特性而发生变化（《系辞上》曰："爻者，效天下之动者也。""道有变动故曰爻。"），并规定为或阴或阳的爻象，这样才可谓真正完成了由龟卜"八卦"到《周易》占筮八卦的转变。

---

① 徐元诰撰，王树民、沈长云点校：《国语集解》，中华书局2002年版，第26页。
② 萧萐父、李锦全主编：《中国哲学史》上卷，人民出版社1982年版，第51—52页。
③ 阮元校刻：《十三经注疏》（清嘉庆刊本）第1册，中华书局2009年版，第195页。

三 阴阳家对《周易》的利用、改造与发展

早期具有"阴阳"观念的思想家将自己的"阴阳"观念渗透、引入到象数《周易》之中的历史，其源头最早当在西周成王莅政以后，由参与太卜占卜的史官在"史占墨"或"与执事卜日"的祭祀活动中，将占卜的兆体"八卦"变为占筮"八卦"的行为。当筮法《周易》正式成立后，占筮早已由原始时代为巫觋所掌的局面，转变为史官的职掌之一。史官既是先秦阴阳家的直接来源，也是阴阳家利用、改造和发展《周易》最主要的"操盘手"。这与《汉书·艺文志》阴阳家"出于羲和之官"一说也是并不矛盾的。

《汉志》阴阳家"盖出于羲和之官"一说，实本于《尚书·尧典》所谓"乃命羲和，钦若昊天，历象日月星辰，敬授人时"，以及命羲仲、羲叔、和叔等"世掌天地四时之官"，"历象其分节，敬记天时，以授人也"。《周礼·春官·大史》"大（太）史掌建邦之六典，以逆邦国之治"，郑注："大（太）史，日官也。《春秋传》曰：'天子有日官，诸侯有日御。'日官居卿以厎日，礼也；日御不失日，以授百官于朝。"孔颖达疏曰："云'大史，日官也'者，以其掌历数，故云日官……服（虔）注云：'是居卿者，使卿居其官以主之，重历数也。'按……与《尧典》云：'乃命羲和，钦若昊天，历象日月星辰。'是卿掌历数。明周掌历数亦是日官。郑意以五帝殊时，三王异世，文质不等，故设官不同。五帝之时，使卿掌历数；至周使下大夫为之。故云'建六典处六卿之职'以解之。"《周礼·春官·大史》还有"大史"的属官冯相氏和保章氏：其职掌，冯相氏"掌日月星辰不变，依常度者"，保章氏"掌日月星辰变动，与常不同，以见吉凶之事"。[①] 这表明他们也是"与大史同主天文"之官，而"主天文"正是唐尧时代"羲和之官"的职掌。故《汉志》所谓"阴阳家者流盖出于羲和之官"，亦即"阴阳家者流盖出于史官"也。《史记·天官书》称："昔之传天数

[①] 阮元校刻：《十三经注疏》（清嘉庆刊本）第2册，中华书局2009年版，第1768页。

三 哲学智慧

者,高辛之前,重、黎;于唐、虞,羲、和;有夏,昆吾;殷商,巫咸;周室,史佚、苌弘。"张守节《正义》云:"史佚,周武王时太史尹佚也;苌弘,周灵王时大夫也。"①可见,唐尧时"传天数"的"羲和之官",正是西周时期的史官。

《汉书·艺文志》叙道家亦云:"道家者流,盖出于史官。"那么,道家和阴阳家原本也是同出一源吗?为什么《汉志》说道家出于史官、而叙阴阳家则说其"出于羲和之官"呢?此殆因为早期的史官,本有"掌历数"的"日官""冯相氏""保章氏"之属和"掌邦国之志"的"小史""外史"等的区别,"掌历数"的"日官""冯相氏""保章氏"之属的职掌,在唐尧时代原为"羲和之官"之所掌,故《汉志》便将阴阳家的源头进一步上溯到"羲和之官";如果就其在西周的近源来说,则二者皆可谓"盖出于史官",而出于史官的"道家者流",亦正是先秦诸子中"道阴阳"之一大宗。《国语·周语上》伯阳父论"阴阳",韦昭注:"伯阳父,周大夫也。"徐元诰《集解》引《北堂书钞·设官部》二十四载唐固之言曰:"伯阳甫(父),周柱下史老子也。"②唐氏之说固属无据,但老子为周柱下史,而其书曰:"万物负阴而抱阳,冲气以为和。"(《老子》第42章)向被认为是"史家"论阴阳之显例。概言之,史官和"羲和之官"皆属掌阴阳历数之官。《汉志》之所以言道家出于史官、而称阴阳家出于"羲和之官",一是因为"羲和之官"的出现应比史官更早,可能在文字出现之前,人类已有掌日月星辰之官。因为"历象日月星辰"不一定需要文字记载,史官需要秉笔而书,非等文字发明之后不可。二是因为后世史官和"羲和之官"的职掌范围有进一步分化,天文历数在战国以后已非史官的主要职掌,阴阳家思想所及的主要部分自然不再属于史官。《周礼》"大史"属下的众官有"历象日月星辰"的"冯相氏""保章氏",以及"掌书王命"与"书外令,掌四方之志,掌三皇五帝之书""掌邦国之志"等不同职掌的内

---

① 司马迁撰,裴骃集解,司马贞索隐,张守节正义:《史记》第4册,中华书局1959年版,第1343—1344页。
② 徐元诰撰,王树民、沈长云点校:《国语集解》,第26页。

史、外史、小史等，即可见出其分化。

阴阳家是形成于春秋战国时期的诸子学派。《汉书·艺文志》著录的阴阳家著作最早的一种是"《宋司星子韦》三篇"，班固原注："（宋）景公之史。"宋景公公元前515年至公元前451年在位。故此书的内容当属叙宋景公三十七年（公元前478年）宋司星子韦以宋景公三出善言、荧惑徙舍之事①，但这并不意味着阴阳家即以子韦为第一人。司马谈《论六家之要指》叙诸子六家之顺序为"阴阳、儒、墨、名、法、道德"。班固《汉书·艺文志》虽将阴阳家列于儒、道之后，然其序儒家既曰"助人君顺阴阳明教化者也"，其序道家又曰"出于史官"，即以道家之源头亦属阴阳家之远源分支，其序墨家则曰"顺四时而行"，说明儒、道、墨诸家实皆部分得阴阳家之思想资源，可谓含阴阳家之血脉。所以，从某种意义上说，阴阳家可谓先秦诸子中形成时代最早的学派之一。萧萐父先生曾将西周幽王时伯阳父以来哲学思想家称为"早期阴阳家"，将他们的"阴阳"之论称为"早期阴阳家言"②，诚知言哉！

阴阳家与《周易》发生关联的过程，最早即是史官与《周易》的联系，《世本·作篇》《吕氏春秋·勿躬》皆有"巫咸作筮"之说。可见，最初的占筮乃为巫所掌。但这种本为巫所掌的筮术，至迟在周公作礼制乐时即已参与到朝廷"国之大事"的占测活动中了。《周礼》言"大卜"的属官，说"筮人掌三《易》，以辨九筮（筮）之名"。《礼记·祭义》曰："昔者圣人建阴阳天地之情，立以为《易》，易抱龟南面，天子卷冕北面。"郑注："立以为《易》，谓作《易》；易抱龟，易官名，《周礼》曰大卜。"③ 这是说，在当时《周易》这套占筮之法也已为"大卜"所掌。不过，根据《周礼》的记载，更准确地讲，《周易》这套占筮之法应该是归"大卜"的属官"占人"和"筮人"所掌。而且，占筮《周易》在"大卜"所主持的整个占测活动中的作用和地位

---

① 张舜徽：《汉书艺文志通释》，华中师范大学出版社2004年版，第302页。
② 萧萐父：《中国哲学史史料源流举要》，武汉大学出版社1998年版，第92—100页。
③ 阮元校刻：《十三经注疏》（清嘉庆刊本）第3册，中华书局2009年版，第3478页。

三 哲学智慧

都是有限的：一是它只用于占卜之前，即所谓"国之大事，先筮而后卜""于筮之凶，则止不卜"①；二是它只用于比较小和次要之事的占测。因此，占筮和占卜两种占测方法的实际关联应该并不大，卜官和筮官未必同时知晓对方所掌的占测方法。在整个占测活动中，有一个人却是同时参与了的。这个人就是"早期的阴阳家"或具有"早期阴阳家"性质的史官。《周礼·春官·占人》曰："凡卜筮，君占体，大夫占色，史占墨，卜人占坼。"这是《周礼》言"大卜"及其属官职掌中唯一将"卜"与"筮"并言不分的。惜乎自郑注《周礼》以来，历代注家多以卜兆之"象""气""广""霍"解释所谓"体""色""墨""坼"，似乎四者皆属于龟卜灼龟裂纹的形状。②

从现有的文献记载看，"早期阴阳家"或具有"早期阴阳家"性质的史官对《周易》形成和发展的影响，主要有如下几个方面：

首先，是早期阴阳家或具有"早期阴阳家"性质的史官把源自"羲和之官"的阴阳思想观念注入到早期作为纯蓍数之学的《周易》之中，又采用龟卜的兆象或"卦形"，使原始《周易》的"数字卦"变成了由阴爻（--）和阳爻（—）叠加而成的"卦形"，如（☰、☷等）。《管子·轻重戊》说伏羲"造六峜以迎阴阳"，"周人之王，循六峜，合阴阳，而天下化之"。庞朴以为此"六峜显然就是周初易卦的那种符号，后人称之为六爻者"③。《管子·轻重戊》说伏羲"迎阴阳"固不可信，但说伏羲时有类似于易卦的"六"符号，则应该是可信的。"周人之王"时"循六峜，合阴阳，而天下化之"，前有大汶口文化遗址出土象牙梳上的五千年前的所谓"八卦"符号为证，后者亦与周人继承"羲和之官"或"重司天""黎司地"的传统，引"阴阳"观念以入"八卦"——即所谓文王"重《易》六爻"而"演《周易》"的记载相符合，因而是可信的。

其次，是"早期阴阳家"或具有"早期阴阳家"性质的史官，在

---

① 阮元校刻：《十三经注疏》（清嘉庆刊本）第2册，中华书局2009年版，第1739页。
② 同上书，第1738页。
③ 庞朴：《阴阳五行探源》，《中国社会科学》1984年第3期。

实际占测活动中，因为其身兼卜、筮，往往弃卜而用筮，并因为占筮活动的频繁而使占筮《周易》的地位日渐提高，以至于到春秋时在中原地区的各诸侯国到了凡事即用《易》占的地步。在占卜与占筮结合时，不仅"国之大事，先筮而后卜"，"于筮之凶，则止不卜"，而且在占人"占龟"时，也要用占筮来占测龟兆的吉凶。《周礼·春官·占人》："占人掌占龟，以八簭（筮）占八颂，以八卦占簭之八故，以眡吉凶。"郑玄注曰："占人亦占筮，言'掌占龟'者，筮短龟长，主于长者。言颂者，同于龟占也。'以八卦占簭（筮）之八故'，谓八事不卜而徒筮之也。"① 也许开始时只是"以八卦占八颂"，但史官却在占卜时"史占墨"，将占筮独立出来，遇事单独用筮而不卜。上文引《左传·僖公十五年》："故秦公伐晋，卜徒父筮之，吉。"很可能"卜徒父"只是"大卜"之"徒"中名"父"者也。"大卜"之徒有卜师、龟人、簭氏、占人、筮人等，史官因在占卜中"史占墨"，故亦可视为"卜徒"。《左传·昭公三十二年》有"赵简子问于史墨"，而史墨以《周易》卦象论"季氏出其君"的合理性之事。可见，史官在占卜中因有"史占墨"之职掌而得名，谓之"卜徒"并非无稽之谈。此时的史官已全与占卜无关，而是在直接以《易》象论事。所以，将《周易》占筮从占卜活动中重新独立出来，乃是先秦"早期阴阳家"或具有"早期阴阳家"性质的史官对《周易》所发生的又一重要影响。《左传·庄公二十三年》（公元前682年）载："周史有以《周易》见陈侯者，陈侯使筮之。"这是历史上首次出现的史官单独以《周易》占筮的记载，说明最迟至东周前期，《周易》已由史官掌管并独立运用。

四 邹衍学说的阴阳家思想特点及其成因

《汉书·艺文志》著录的"阴阳家"著作，第一种是"《宋司星子韦》三篇"。上文已经指出，这并不意味着（先秦）阴阳家就以子韦为第一人。学术界亦皆不以"宋司星子韦"为阴阳家这个先秦诸子学派

---

① 阮元校刻：《十三经注疏》（清嘉庆刊本）第2册，中华书局2009年版，第1738页。

◆◆◆ 三　哲学智慧

正式成立的代表人物，而认为阴阳家正式成立于战国中后期，稷下学者邹衍方是先秦的"阴阳家大师"①。

司星子韦，班固于《汉志》原注："（宋）景公之史。"东汉高诱的《吕氏春秋注》曰："子韦，宋之太史，能占宿度者。"近人范耕研说得更细："按：《宋世家》言司星子韦，《周礼》司星属保章氏，职于太史之次，故高氏以宋之太史释之。"② 我推定此事当发生于公元前478年，而且此司星子韦的确为宋太史。据《左传·哀公六年》和《史记·楚世家》记载：公元前479年春，楚昭王"病于军中，有赤云如乌，夹日而飞"，咨询的就是"周太史"。周太史提出的对策亦与子韦之说完全相同，所以宋司星子韦即是"宋之太史"。大概春秋末期的太史，已不再如《周礼》中的"大（太）史"那样分工细致。

宋司星子韦只是"宋之太史"。尽管他是以和阴阳家同样的方法在处理宋景公时"荧惑在心"这一"阴阳之化"的天象，但他却完全只是从史官的职责出发，遵循史官的立场和原则来处理此事的；而且他解释天象所依据的理论基础也是天文历数，亦即阴阳家学中的术数。因此，如果说子韦是阴阳家，那他还只是由史官向阴阳家过渡的人物，算不得先秦诸子阴阳家的真正代表人物。

先秦诸子中阴阳家真正的代表人物，历来首推稷下学者邹衍。邹衍的学术思想，《史记·孟子荀卿列传》记为："乃深观阴阳消息而作怪迂之变……称引天地剖判以来，五德转移，治各有宜，而符应若兹。"③ 现代学者主要归纳为"五行相生——《主运》的四时教令思想""五行相胜——《终始》的历史哲学"和关于大小九州的地理观等几个方面，并认为这乃是邹衍集阴阳五行家之大成的"思想创造"④。问题是《汉志》著录的"阴阳家二十一家，三百六十九篇"，其中并没有一篇是言

---

① 吕思勉：《先秦学术概论》，岳麓书社2010年版，第127页。
② 陈奇猷：《吕氏春秋集释》（上），学林出版社1995年版，第355页。
③ 司马迁撰，裴骃集解，司马贞索隐，张守节正义：《史记》第7册，中华书局1959年版，第2344页。
④ 白奚：《稷下学研究——中国古代的思想自由与百家争鸣》，生活·读书·新知三联书店1998年版，第260—272页。

"五行"的；《汉志》著录的言"五行"之书，只有《数术略》中的"五行"类"三十一家，六百五十二卷"。《汉志》序之曰："貌、言、视、听、思，心失而五行之序乱，五星之变作，皆出于律历之数而分为一者也。其法亦起五德终始，推其极，则无不至。而小数家因此以为吉凶，而行于世，寖以相乱。"① 若依此，则邹衍的"五德终始"之说不仅不能视为一种以五行相胜说解释朝代更替的学说，而且还可以说正是这种以五行相胜说解释朝代更替学说的源头，而不能如以往人们所理解的那样，以为《管子》等书中的五行相生相克理论，才是邹衍"五德终始"说的"思想来源"。

从逻辑上讲，邹衍作为阴阳家的代表人物，其学术思想的根基和根本特点都应在"阴阳"二字，而不可能是别的。《汉志》将"阴阳家者流"的思想特点定义为"盖出于羲和之官，敬顺昊天，历象日月星辰，敬授民时"云云，也是完全落实在"阴阳"上面的。尽管历代都有人将邹衍的"五德终始"之"五德"解释为"五行"，试图抹除二者的差异。但如果就邹衍全部学术思想的中心和基本倾向而言，则显然应该在"阴阳"而非"五行"上。况且，即使就所谓"五德终始"之说的来源看，也似乎不能简单看成是"将五行相生的关系引入社会历史"的领域，以人间五个帝王（朝代）之"德"有金、木、水、火、土之不同，故彼此存在相生相克、"变化终始"的关系；而应该是原本职掌天文历数的史官对天人关系的一种理论思考——属于"阴阳家"而非"五行家"的思想成果。《周礼·天官·大宰》"祀五帝，则掌百官之誓戒"，贾公彦疏："五帝者，东方青帝灵威仰，南方赤帝赤熛怒，中央黄帝含枢纽，西方白帝白招拒，北方黑帝汁（《史记正义》'汁'作'叶'）光纪。"② 贾公彦的这一以"五帝"为东、西、中、南、北五方天帝的解释，显然并不出于他的创造，而是来源于"历象日月星辰"的"天官"（即"日官"或"史官"）。《史记·天官书》既以"五帝"为苍帝、赤帝、黄帝、白帝、黑帝，其所言"五帝"之"德"亦与《大戴

---

① 班固撰，颜师古注：《汉书》第6册，中华书局1962年版，第1769页。
② 阮元校刻：《十三经注疏》（清嘉庆刊本）第2册，中华书局2009年版，第1799页。

三 哲学智慧

礼记·五帝德》以为儒家仁义道德之"德"不同,而解为"五帝行德"。其言曰:

> 苍帝行德,天门为之开。赤帝行德,天牢为之空。黄帝行德,天夭为之起。风从西北来,必以庚、辛。一秋中,五至,大赦;三至,小赦。白帝行德,以正月二十日、二十一日,月晕围,当大赦载;谓有太阳也……黑帝行德,天关为之动。天行德,天子更立年;不德,风雨破石。

所谓"五帝",唐人张守节《正义》曰:"苍帝,东方灵威仰之帝也。""赤帝,南方赤熛怒之帝也。""黄帝,中央含枢纽之帝。""白帝,西方白招矩之帝也。""黑帝,北方叶光纪之帝也。"此即贾公彦《疏》所谓"五方天帝",而"五帝德"则为此"五方天帝"之"布德泽"[1]。在现有文献中,尽管我们找不到《史记·天官书》之"五帝德"与邹衍"五德终始"说之间存在渊源关系的线索,但上文曾反复指出《史记》《汉书》论阴阳家皆有"盖出于羲和之官""历象日月星辰"之说,说明先秦阴阳家与"羲和之官"或"历象日月星辰"的"日官"("史官")之间存在渊源关系。依此而言,则阴阳家邹衍的"五德终始"之说与《史记·天官书》中的"五帝行德"之论,应该也存在某种历史的渊源关系。故《史记·天官书》又说:"天则有日月,地则有阴阳。天有五星,地有五行。""为天数者,必通三(辰)五(星)。终始古今,深观时变,察其精粗,则天官备矣。"至少从时间上讲,"天官"的"五帝行德"之说是应先于阴阳家的"五德终始"之论出现的。《史记·孟子荀卿列传》说邹衍在齐地被称为"谈天衍",《史记集解》引刘向《别录》曰:"驺(邹)衍之所言五德终始,天地广大,尽言天事,故曰'谈天'。"[2]《太平御览》卷1《天部》引《五经通义》亦

---

[1] 司马迁撰,裴骃集解,司马贞索隐,张守节正义:《史记》第4册,中华书局1959年版,第1351—1352页。
[2] 司马迁撰,裴骃集解,司马贞索隐,张守节正义:《史记》第7册,中华书局1959年版,第2348页。

曰："邹衍大言天事，号'谈天衍'。"历来也都认为邹衍所谓"五德终始"，是讲"五德从所不胜，虞土、夏木、殷金、周火"（《文选》卷59沈约《齐故安陆昭王碑文》李善注引《邹子》），即"是以五行相胜序为理论基础，来揭示历史演进的原因和规律性"[①]。我们更有理由相信：邹衍的"五德终始"之说其实主要是以天文历数中的"阴阳消息"为理论根据，而非以"五行相生相克"为理论基础。也正因为如此，《史记·历书》才说"战国并争"，"是时独有邹衍，明于五德之传，而散消息之分，以显诸侯"；后世目录书才将邹衍作为"阴阳家的大师"或代表人物，而不将他列入"术数五行家"。

　　同样，对邹衍所谓《主运》的主要内容，我们也不应该简单地认为其"理论基础"就是"五行相生"说[②]，而应该看到其与"羲和之官"或"日官""史官"等"敬顺昊天，历象日月星辰，敬授民时"之间的密切关系。《史记·封禅书》称邹衍之《主运》时，特别以"阴阳"二字限定之，曰"阴阳主运"。这就说明，此《主运》应该如《史记集解》引如淳言所云，虽是指"五行相次转用事，随方面为服"——仿佛也是"术数五行家"的一套；而其根本特点和属性仍在"阴阳"二字上面。因为不论如何对五方水土"依次转用事"，其最为根本的原则还是要遵循季节的自然变化——"敬顺昊天"，即要回到阴阳家的原则和立场上来。正以此，我们认为邹衍的"大小九州"之说，其"谈天"说地仍只是其阴阳家思想的一个组成部分，是其"号'谈天衍'"的原因之一。因为正如刘向《别录》所云，言"天地广大"和言"五德终始"一样，都是在言"天事"，也都只是在谈"阴阳"，自周文王到伯阳父也都是在藉谈"天"说"地"（地震）而论"阴阳"的。邹衍在

[①] 白奚：《稷下学研究——中国古代的思想自由与百家争鸣》，生活·读书·新知三联书店1998年版，第266页。

[②] 白奚：《稷下学研究——中国古代的思想自由与百家争鸣》，生活·读书·新知三联书店1998年版，第261页。按：饶宗颐认为，邹衍"五德终始"之说，"本指五常天道之德，此子思之五德终始说也"，"故邹子乃因子思'五行和谓之德'之说，推而扩之，定德运、征符应，以成一家之学"（氏著：《梵学集》，上海古籍出版社1993年版，第51—52页）。饶氏强调邹衍学说与儒家之说的联系，这是正确的；但以邹衍"五德"等同子思"五常天道之德"，则未必成立。

419

三 哲学智慧

"大言天事"时提出其"大小九州"之说，正是继承了远古"阴阳家言"之遗轨。

由邹衍学说还可以看出，正式形成于战国中后期的以邹衍为代表的阴阳思想家，与所谓"羲和之官"或"日官""史官"的最大区别在于：前者为术数或数术；后者则像整个诸子学派一样，"此务为治者也"，是将天文历数与人间政事相结合，由"天象""天道"而论"人事"——"究天人之际"，形成为中国先秦一门特殊的政治哲学——阴阳家学说。

值得我们关注的是，邹衍学术思想的主要特点，除了"深观阴阳消息"之外，另一点就是："要其归必止乎仁义节俭、君臣上下六亲之施。"《史记·历书》中的"散阴阳之分"，《盐铁论·论儒》中的"变化终始之论"，所言实亦与"阴阳消息"同义。《史记·历书》黄帝"起消息"，张守节《正义》曰："乾者阳，生为息；坤者阴，死为消也。"①所谓"深观阴阳消息"，即是洞悉《周易》阴阳消长的变化之理。《史记·孟子荀卿列传》说邹衍创立阴阳家学说的起因，乃因"有国者"的"不能尚德"。《盐铁论·论儒》在述邹衍"变化终始之论"时亦云："邹子以儒术干世主，不用，即以变化终始之论，卒以显名。"又说："邹子之作变化之术，亦归于仁义。"②可见，邹衍建立阴阳家学说之前本为儒家，他创立阴阳家"五德终始""主运""大小九州"之说的出发点和归宿，都是儒家的"尚德"和"归于仁义"。邹衍之所以会将"阴阳"学说与儒家的"尚德""仁义"之说相结合，发展出作为一种政治哲学的阴阳家学说，这与《周易》一书是有很大关系的。因为在儒家全部典籍中，能将"尚德""仁义"与阴阳观联结起来的唯一经典，就是后来被列为"六艺"之首的《周易》。

从《周易》之学的发展历史看，尽管《易经》和《易传》的关系极为复杂，《易传》的作者和创作时代亦未有定论，但有一点是可以肯

---

① 司马迁撰，裴骃集解，司马贞索隐，张守节正义：《史记》第4册，中华书局1959年版，第1256页。

② 王利器校注：《盐铁论校注》，中华书局192年版，第150页。

阴阳"八卦"的演变及阴阳家与《周易》的关系

定的，就是战国中后期《易》学是极为发达的；而且当时还就《周易》一书的性质和特点形成了广泛的共识，即所谓"《易》以道阴阳"或"《易》长于阴阳"。当然，现代的《易》学研究表明，《周易》并非一部纯粹的关于"天道"之"阴阳"的著作，而是一部以"天道"论"人道""究天人之际"的哲学著作，其中的《易传》尤其如此。"孔子晚而喜《易》"，读《易》以至于"韦编三绝"，原因也在于此。马王堆帛书有类似《易传》的《二三子》《要》《缪和》《衷》等篇，其中《二三子》篇载孔子对《周易》的看法为"圣人之言也，德之首也"，《要》篇又记孔子对《周易》的态度说："《易》，我后其祝卜矣，我观其德义耳也。幽赞而达乎数，明数而达乎德，又仁（守）者而义行之耳。赞而不达于数，则其为之巫；数而不达于德，则其为之史。史巫之筮，乡之而未也，好之而非也。后世之士疑丘者，或以《易》乎？吾求其德而已，吾与史巫同涂而殊归者也。"①

孔子对《周易》的这种态度，规范了儒家乃至中国哲学《易》学的发展方向。此后的学者、特别是儒家学者，对《周易》关注的重点已不再是筮数，而是"观其德义"或"求其德而已"。《周易·系辞上》曰："夫《易》……广大配天地，变通配四时，阴阳之义配日月，易简之善配至德。""夫《易》，圣人所以崇德而广业也。"这是把全部《周易》的主题概括在"崇德"即"尚德"二字。《周易·系辞下》又曰："是故履，德之基也；谦，德之柄也；复，德之本也；恒，德之固也；损，德之修也；益，德之裕也；困，德之辨也；井，德之地也；巽，德之制也。"② 这也是将《周易》各卦的主旨都归结到"尚德"和"归于仁义"之上。当时的儒家学者若要"尚德"而"归于仁义"，必然会"深观阴阳消息"，成为一位精通《周易》的大师。《汉书·严安传》记严安以故丞相史上书引邹衍之书《邹子》曰："政教文质者，所以云救也，当时则用，过则舍之，有易则易也。故守一而不变者，未睹治之至

---

① 廖名春：《帛书〈周易〉论集》，上海古籍出版社2008年版，第99页。
② 阮元校刻：《十三经注疏》（清嘉庆刊本）第1册，中华书局2009年版，第186页。

◆◆◆ 三 哲学智慧

也。""可变易者则变易也。"① 这不正是《周易》主"变易","穷则变,变则通,通则久"(《系辞下》)之义吗?《史记》说邹衍"尚德","要其归必止乎仁义节俭,君臣上下六亲之施";《盐铁论》更直接地说邹衍早年曾"以儒术干世主"。所以,邹衍早年必曾精习于《周易》,他的阴阳家思想正是战国中后期中国哲学思想界对以往天文历数之学和《周易》哲学思想的一种综合和总结。学术界"或认为《易传》与邹衍同调,甚至可能成于邹衍后学之手;或以为《易传》大讲阴阳,当为战国晚期邹衍等盛倡阴阳说之后为《易》学家所采用而写的"②,这些都是合理的推测。

(原载《中山大学学报》2018年第6期)

---

① 班固撰,颜师古注:《汉书》第9册,中华书局1962年版,第2809—2810页。
② 萧萐父:《中国哲学史史料源流举要》,武汉大学出版社1998年版,第101页。